THE PRINCIPALSHIP

SIXTH EDITION

Thelbert L. Drake
William H. Roe

教育科学精品教材译丛

The Principalship

校长学（第六版）

[美] 塞尔伯特·L.德雷克
威廉·H.罗 著

刘润刚 等译
朱永新 胡靖 审校

凤凰出版传媒集团
江蘇教育出版社

著作权合同登记图字：10－2005－001号
图书在版编目(CIP)数据
校长学：第六版/(美)德雷克(Drake，T. L.)，(美)罗(Roe，W. H.)著；刘润刚译. —南京：江苏教育出版社，2008.3
(教育科学精品教材译丛)
ISBN 978－7－5343－8351－9
Ⅰ. 校… Ⅱ. ①德…②罗…③刘… Ⅲ. 校长—工作—研究 Ⅳ. G471.2
中国版本图书馆CIP数据核字(2008)第032412号

教育科学精品教材译丛

校长学(第六版)
The Principalship (Sixth Edition)
[美]塞尔伯特·L.德雷克　威廉·H.罗　**著**
刘润刚　**等译**　朱永新　胡靖　**审校**
责任编辑　韩宇新

出版发行　凤凰出版传媒集团
　　　　　江苏教育出版社
(南京市马家街31号，邮政编码：210009　网址：www.1088.com.cn)
经销　江苏省新华发行集团有限公司
照排　南京展望文化发展有限公司
印刷　江苏淮阴新华印刷厂(厂址：淮安市淮海北路44号　邮编：223001)
开本　787×1092毫米　1/16　　印张　26.5　　字数　562 000
2008年3月第1版　2008年3月第1次印刷
印数　1－5 000册
ISBN 978－7－5343－8351－9
定价　45.00元
批发电话　025－83260760，83260768
邮购电话　025－85400774，8008289797
短信咨询　10602585420909
E-mail　jsep@vip.163.com
盗版举报　025－83204538
苏教版图书若有印装错误，可向承印厂调换。
提供盗版线索者给予重奖。

教育科学精品教材译丛

总序

作为高校教师，我们中的许多人常常为教育科学教材的陈旧落后而痛心疾首；作为教育学人，我们中的许多人也常常对经济学、社会学等显学学科教材建设的突飞猛进而称羡不已。

于是，我们坐卧不安，我们摩拳擦掌，我们立志超越，我们走到了一起。经过几年的努力，涵盖当代高等学校教育学专业的全部主干课程的大型海外教材《教育科学精品教材译丛》(下面简称《译丛》)终于呈现在读者面前。

许多年来，我国高等师范教育和高等学校教育学专业课程改革的步伐极为缓慢，师范教育的教育学、心理学、教材教法这三门课程多年不变，教育学专业的课程内容陈旧，课程的选择空间相当狭小。可以说，改变高等师范教育课程和高等学校教育学课程的落后状况，是《译丛》最为基本的宗旨。

另一方面，随着教育事业改革的深化，教育实践中产生的问题日益复杂，解决这些问题需要极为丰富的教育科学知识和能力。《译丛》追求的另一宗旨正是通过奉献世界上最先进的教育科学知识体系，促进我国教育事业改革的深化。

在过去的几年中，高等学校课程改革已经取得了相当明显的成效。深化课程改革的一条重要途径是引进国外尤其是发达国家的高校教材，藉此提高教育质量和增进学生的学习能力。《译丛》的宗旨和思路与我国高校教材改革的这种方向是一致的，而且是高校教材改革过程的组成部分。

促进学术交流，是《译丛》向往的又一宗旨。学术沟通的障碍，表征是交际语言，而深层原因则是学术语言与学术规范。《译丛》希望通过引进国外的教育科学知识体系和贯穿其中的研究方法与表达方式，促进我国教育科学学术事业的进步，并为其走向世界奠定基础和开辟道路。

《译丛》是建国以来从海外引进的规模最大、门类最全的教育学科教材，被国内媒体称为"又一次重要的拿来主义"。在科教兴国的基本国策背景下，它所蕴涵的巨大社会意义已经超出教材本身。因此，《译丛》的编委会和出版者——江苏教育出版社对此高度重视，并为此做了大量的细致而扎实的工作。第一，组建了强大的编委会和翻译队伍。《译丛》的编委会阵容整齐，有各师范大学的博士生导师、教授以及一批海外教育专家；主要翻译人员和审校者均是教育科学专业的博士或教育科学领域的教授，其中一些译者长期旅居国外，并从事教育科学专业的研究和教学工作，他们均在教育科学领域具有相当深厚的积累，可以确保《译丛》的翻译质量。第二，精心筛选选题。《译丛》的入选图书品质上乘，所有选题皆经中、日、美等国专家反复磋商论证，精选而成。其中一些书目为国外学术机构所推荐，在国外大学拥有广泛的学术声誉。许多教材一版再版，最多的已达第十五版。

我们希望，这套教材能成为国内教育科学的替代课本或重要参考书，同时也能作为各地教师继续教育的重要资料。

我们期待，这套教材能给中国教育理论界带来一些观念和方法上的启示，为我国的教育科学的教学和研究，尤其是教材编写工作提供一定的借鉴。

我们相信，这套教材会得到许多中小学教师、校长、教育行政机关干部、教育科学研究人员、教育专业的研究生以及高校在校学生的关注和选用。

当然，我们更希望、更期待的是创新和超越。希望和期待我国的教育科学工作者编写出高水平的、具有中国特色的教材。站得更高才能看得更远，看得更远才能做得更佳，希望我们这套教材能使中国教育理论界有一个更高的起点，使中国的教师和师范学生有一个开阔的眼界。需要说明的是，原书附有大量的各类索引，但为降低图书成本，减轻读者负担，我们只好割爱，敬请诸君谅解。

我们欢迎各种形式的参与和合作，欢迎专家和读者随时为我们荐书，随时提出各种建议和评论。

《教育科学精品教材译丛》编委会

二〇〇二年四月

前　言

当前校长所处的工作环境与以往越来越不同。信息瞬息万变，在全球乃至太空范围内迅速流动，我们只需轻击键盘，就即时可得。通过互联网技术，我们可以在非面对面的情况下进行交流。因此，现在学生所处的社会环境也变得与以往大不相同了。源于商业和政治对人才的需求也使得学校培养人才的压力不断增加。今天，校长们所面临的挑战与拥有的机遇一样越来越多！在这样的背景下，我们的校长们首先要应对的挑战是回答“该做哪些正确的事”与“该如何去正确地做事”这两个问题。因为，在学校建立之初一些行之有效的基本规则已经逐渐过时，校长们必须去建立新的领导观。

现行的许多管理人员培训计划根据小学、初中、高中等层次将校长学这门课程划分为多种水平，但我们认为，尽管校长管理的学校层次可能会有所不同，但他们所应具备的核心能力应该是相同的。本书中，我们所谓的“校长”不是用来强调对“事”的管理，更反对用“校长”来指代对学生的“领导”，“校长”在这里仅仅是法律意义上的一种职业领域。

作为教育机构的领导者，校长激励所有受学校影响的人群不断作出努力，并运用这种影响领导人们走向未来。本书描述了一些可靠的、操作性强且反应迅速的方法，这些方法既不呆板又不缺乏温情，可运用到校长所面临的各种工作范畴。但需要强调的是，本书所提供的理论、原则与实践的案例，目的并不在于塑造成功的模式，而是鼓励读者根据自己所在的组织与所处的文化、社会环境做一些实践性的应用。

学校赖以生存的终极原因在于学生的学习，这是本书所能提供的最重要的资讯。这尽管看起来非常简单，却极易为人们所忽略。校长的领导功能是至关重要的。在领导过程中，组织与管理上的细节应该被看做是方法而不应该是结果。然而，即使这些简单的细节，也常常被人们忽视。因此，在本书中，我们列举了各类校长在日常管理中所经常遇到的问题。我们相信，只要校长能够坚持与教师、学生、家长以及社区共同努力，建设优秀学校的美好愿景必定能够得以实现。基于上述观点，我们认为，本书适合各类学校的校长、督导长以及校长候选人等阅读。

本修订版新增内容

本修订版新增了一些问题与主题讨论。诸如所有学校都很关注的IDEA（障碍个体教育法）97 法案（这是专为那些具有特殊需求的学生颁布的）的实施情况；为满足共同需求而与社区机构合作的风险以及权力分享的挑战；关于全方位服务型学校的争议；受到标准化运动与高风险测验影响的评价体系；以及其他校长们每天都要面对的许多问题。在讨论有关教师士气、同性恋者权利、统考压力等问题时，我们增加了许多新案例。本书将当前校长所面对的真实挑战带到了我们的读者与教师的面前。其中，我们关于"该做哪些正确的事"与"该如何去正确地做事"的一些个人看法也夹杂于其中。

致　谢

我们衷心感谢本书的审评专家：布里奇波特大学的罗伯特·E. 柯尔斯科曼(Robert E. Kirschmann)；南佐治亚州立大学的迈克尔·D. 理查森(Michael D. Richardson)；宾夕法尼亚州契平斯堡大学的南希·H. 斯坦库斯(Nancy H. Stankus)；加利福尼亚州立大学洛杉矶分校的克林特·泰勒(Clint Taylor)；以及北科罗拉多州立大学的凯思琳·S. 惠特克(Kathryn S. Whitaker)。

此外，我们还要感谢马克·史密斯(Mark Smith)、苏珊妮·V. 德雷克(Suzanne V. Drake)、唐纳德·S. 卡丘(Donald S. Kachur)三位博士。马克·史密斯博士修订了第十一章《为有特殊需要的学生提供支持》，苏珊妮·V. 德雷克博士修订了第十二章《评价体系》、第十三章《个体绩效评价》，唐纳德·S. 卡丘博士则修订了第十四章《通过教工的开发以改进学习》。我们还要感谢南希·罗·英格拉姆(Nancy Roe Ingram)为本修订版所作出的重要贡献。

最后，要将最特别的感谢送给我们两人的妻子——苏珊妮(Suzanne)和维(Vi)，你们再次陪同我们迈过了修订工作中的种种坎坷，在这里，我们将用最诚挚的祝福来回报你们的鼓励！

T. L. D.（塞尔伯特·L. 德雷克）
W. H. R.（威廉·H. 罗）

目　录

第一部分

行动的基础

社会的、政治的、经济的、技术的和法律的因素深刻地影响着学校教育内容和教育方式。学校内部同学之间、教师之间和师生之间的关系，以及学校内部与外部个人、群体和机构之间的关系，都在持续地不断地变化着。

在这样的背景下，任何一位小学校长、初中校长、高中校长如果希望成功，都需要具有相应的观察我们处于其中的正在变化着的社会的基础，这样的基础是校长们理解社会的视角。此外，校长们还应当具有特定的专业技能，藉以构建特定的学习社区，这样的学习社区包括教师和学生。通过学习社区，教师和学生不仅能相互促进，而且能够与学校所在的社区发生良性互动作用。同时，校长们还需努力营造一种反应敏锐、鼓励协作的学校文化，以便在不断变化和充满生机的社会中求得生存和发展。本部分的七章试图为未来的校长们提供担任校长的重要的基础，或者说这种基础的重要的构成要素。

第一章
学校行动的社会基础：神话、真实和观念

全球经济相互依赖，相互竞争；社会价值观念流动漂移，难以捉摸；不负责任的暴力行为纷呈迭现，难以控制；这一切都会招致人们的指责。学校常常处于被指责的情境。有时，人们期望学校发挥解决上述问题的功能，而学校却是盛名之下其实难副；有时，人们把学校看成是巩固法治社会理念的基础，学校同样难以承担这样的重任；有时，人们希望学校承担起这两个方面的职责，学校更是不堪重负。无论出现哪一种情形，学校都会遭到批评。学校的校长们正是处于这样一个由期望、指责、建议、异议构成的汹涌澎湃的海浪中心。历史上，学校曾经承担的使命是，教会年轻一代阅读圣经，抵制罪恶；引导学生掌握知识，从而能够履行民主社会的重要义务；汇聚全世界和各种生活道路上的年轻人，教育他们，使其成为能够对美国作出贡献的公民。在过去的几十年中，学校是孩子们学习的场所，他们在这儿学习能够将来过上好生活的本领，这样的生活比起父辈们的生活更好。这就是人们对学校的信念。

今天，人们对学校的情感和理解都变得难以名状。学校是聚焦的中心，因为人们仍然期望学校消解这个民族的种种罪恶。同时，在许多人的心中，学校也是制造这些邪恶的机构。社会依然在高呼，学校应当培养良好的公民。然而，企业也在呼吁，学校应当形成年轻一代竞争能力，帮助企业在全球经济竞争中制胜。这样的呼吁成为学校改革的基础。在日益激烈的技术、信息竞争中，学校无法摆脱来自企业领域的呼吁，必须培养未来的企业的富有竞争能力的员工。学校面临的情境还不止这些。现在，一方面，人们期望学校为那些过去可能根本没有机会接受教育的人提供教育机会；另一方面，人们又在指责，学校已经沦落为吸纳和排斥不同的人参与实现美国理想过程的帮凶。更具体的是，人们还在批评，学校没有对那些身体、心理、环境适应以及学习经验残缺的儿童尽到责任。

在教育领域，缺少信任、充满迷茫等等现象也在增长。学校能够改变这一切吗？学校怎样改革这一切？我们的校长们正面临“人们对教育普遍失望，对教育者没有具体信

任"的情境，[1]事实果真如此吗？教育领域的教育工作者是否也失去自信？1996年，一本名为《我们还需要公立学校吗》(*Do We Still Need Public Schools?*)的书出版，该书十分尖锐地指责公立学校。2000年的盖洛普民意调查显示，公众对学校工作质量的信心持续下降。[2]

学校与变化着的社会

1932年，康蒂(Counts)撰文指出："学校很少因为办学原则或理念导致争论。"[3]康蒂的意思是，学校不仅应为维持现状，或者说传授过去积累的知识而存在，相反，在他看来，教师应当引导学生走向乌托邦，走向美好的生活。"我们应该告诉学生他们的未来和可能，努力引导学生忠于自己的理想，保持实现理想的热情。我们的社会机构和社会活动，所有一切，都应当严格地接受这种理念的审判。"[4]

康蒂在《学校敢于建立新的社会秩序吗》(*Dare the Schools Build a New Social Order?*)一文中激烈的富有煽动性的言论，在全美的教育专业组织和大学的教育学院中引发起热烈的讨论。这场讨论的勇敢的参与者就是那些倡导变化的人士，而那些保守的参与者则是主张维持现状的人士。70年过去了，这场讨论虽然潮起潮落，却可以说，全美所有的思想教育工作者都卷入了讨论。不幸的是，就学校究竟如何办学而言，讨论散发了大量的热情，却很少付诸行动。控制和资助学校的政治机构始终在制约着学校，并且常常迫使学校陷入困难的进退失措的境地。我们生活于其中的社区的构成不断变化，价值观念差异日益扩大，不平等状态持续存在，各种压力相互交织，催生出许多具有政治意图的解决问题的方案。这些方案包括减少学校需要的用以改善管理的资金，以及依托市长或地方长官的政治干预。

我们现在生活于信息时代，大众媒体丰富，多元冲突不断，全球越来越相互依赖。追求美好生活成为梦想，取而代之的是承受现实，冀望生活如意，免除生活失意的侵蚀。梅德伍德(Medved)指出：悲观氛围笼罩着许多人士，孩子们长期接受文化的畸形成分。[5] 与这种情境相关的一个故事是，一位小孩的母亲告诉孩子的学前教师，当她向自己的孩子说明，祖母生病需要很多照顾时，孩子问她祖母是否得了艾滋病。

---

〔1〕 Roland S. Barth, *Improving Schools from Within* (San Francisco: Jossey-Bass, 1990), 11.

〔2〕 Lowell C. Rose and Alec M. Gallup, "The 32nd Annual Phi Delta Kappa/Gallup Poll of the Public's Attitudes toward the Public Schools", Phi Delta Kappan 82(September 2000): 41 - 58.

〔3〕 George S. Counts, *Dare the Schools Build a New Social Order?* (New York: Day, 1932), 5. 这篇报告是康蒂在教育会议上发表的三篇论文"Dare Progressive Education Be Progressive?"、"Education through Indoctrination"及"Freedom, Culture, Social Planning, and Leadership"的基础上发布的。

〔4〕 同上，37.

〔5〕 Michael Medved, "Protecting Our Children from a Plague of Pessimism." *Imprimus* 24 (December 1995): 1 - 7.

教育信念

美国人民寄予教育无限的期望。我们拥有充分的理由寄予教育厚望。因为我们这个民族的诞生和发展，我们民主制度的活力，都归功于我们的公民接受了良好的教育，并通情达理。可以说，学校始终是国家的有机组成部分。

在殖民地时期，通过传播从宗主国引入的宗教中蕴含着的一种力量，教育就是建立和巩固美国文明的中心力量。那时候，美国人民正在努力实现民族独立。这样的力量是美国社会生活的最为普遍的价值标准，激励着美国人民迈向自己的目标。300 多年前，在马萨诸塞州荒凉的海岸上，早期移民尽管相当贫困，却在信念和意志的支配之下，想方设法，建起了拉丁语学校和哈佛学院。随着岁月的流逝，美国人民建立家庭，繁殖后代，开垦荒地，在这一过程中，孩子的教育逐渐成为人们关注的焦点。人们艰苦地在森林里和土地上劳作，辛勤耕耘，从很少的收获中挤出少许用以建立校舍，给学校教师付薪，为后代的进步储存积累。

正是在美国，为所有人提供教育成为最强有力的声音。美国是免费公立教育的摇篮。正是在美国，大规模的普及教育制度首先形成，儿童必须识字和接受教育。中学和小学教育面向所有儿童开放。正是在美国，人们通过免费的公立教育这一途径，建立了一个广泛的和稳定的中产阶级，从而保证绝大多数美国人能够最终在平等的起点上参与自由的、竞争的、同时也是合作的和建设性的美国社会生活。正是在美国，不同层次的教育形成制度，人们能够根据自己的动机和潜能，逐步从教育的低层向更高的教育层次攀登，在可能的情况下，提升自己，成为艺术、科学、商业、产业、农业、技术、职业和公共生活的精英。正是在美国，教育寻找到了一条既能面向现实处理实际事务，又能面向过去传承先贤们的智慧遗产的合适并适用的途径。德国作家歌德指出：如果能够实现自己早期的理想，孩子会特别卓越，世界也将因此充满天才。永无安宁的美国精神促成了包括小学、中学、学院和大学在内的美国教育制度，也使歌德的理想能够成真。〔1〕

在上述意义上，学校为美国作出了极大的贡献，因为学校教育给了美国人读、写、算这些最为基本的生存工具，这样的工具是文明的公民所不可缺少的。这里没有任何虚幻的成分，美国学校确实在全国传播了文明和知识。

神话

在帮助美国人民成为文明公民的过程中，美国学校教育所发挥的作用不是神话。但是，随着美国人口的增加和社会的日益复杂，以及公立教育和私立教育日益普及，神

〔1〕 关于此概念的详细内容请参考 Lee M. Thurston and William H. Roe, *State school Administration* (New York: Harper & Row, 1957)中的"教育与美国方式的生活"部分。

话却形成了。我们发现，我们的一些信念是虚妄的。学校在国家建设中的意义十分重大，而我们的社会始终无法摆脱城市流动人口、家庭破裂、犯罪、种族主义、贫穷、失业等等社会问题的纠缠。人们转向学校，十分自信和肯定地说："学校将会消除这一切！"在学校掌握更多的知识，就能够相应地解决更多的问题，教育被这种天真的想象笼罩着。"我们所需要做的就是争取更多的资源，让所有儿童在学校接受更长时间的教育，这样，社会问题就会最终得到解决。"但是，只是增加资源，延长接受教育的时间，就解决这些复杂的社会问题而言，实在过于简单。我们自欺地假设：我们拥有基本的价值观念体系，能够组成学校教育的基本内容，无论是白人还是黑人，无论是穷人还是富人，在教室里坐在一起，在学校中共同学习，便能分享理解，相互尊重，养成儿童努力成为公民的良好愿望和优秀能力，从而能够为国家作出独特贡献。

考姆基(Commager)指出，期望学校独立地担当起建立一个新的社会，或者独立地解决国家和世界问题，那是一种非常不切实际的想法。在考姆基看来，这不仅是学校的责任，也是整个社会的责任。学校没有能力也不应该承担社会良心的角色，相应的，社会没有理由要求学校灌输那些连社会自身也没有准备去接受和实践的行为标准。

> 过去40年的教育实践表明，希望学校帮助学生了解社会问题或者世界历史，经由这样的方式改革社会，引领新的世纪向前迈进，是一种严重的失策。在过去的半个世纪中，人们能够更多地接触国外文化、世界历史和国际政策，然而，绝大多数当代人，其中无疑更多的是美国人，却比历史上任何一个时代更多地感到文化异化、政治孤立和大国沙文主义。
>
> 为此责备学校是愚蠢的。学校之所以受到责备，原因在于社会。后者强求学校从事其无能为力的工作，同时迫使学校偏离其过去已经很好地履行，并会在未来更好地履行职责。[1]

考姆基断言学校的社会研究课程和世界历史课程失败，似乎有些夸张。然而，他的观点雄辩有力。我们不应将社会的所有过失归罪于学校。学校神话的核心是，学校能够肩负任何使命，学校所做的一切都是无懈可击的。现实昭示人们，这不是事实！许多人深感失望，那是因为他们深信这样的神话，或者是人们为了回避追究社会问题的深层原因，却让学校担当替罪羊。准确地说，学校被过多地赋予其不应承担的责任，被过多地期望奉献其无法酿制的成果，因而，在许多情况下，学校做了其不应当做的事情。消解这样的神话的途径是坦率确认，学校是现存秩序的维持者和巩固者。这样做

〔1〕 Henry Steele Commager, *The People and Their Schools* (Bloomington, IN: Phi Delta Kappa, 1976), 31.

是否意味着学校在逃避？人们是否希望通过建立学校并给予其充分和广泛的扶持来建设新的社会秩序？如果我们假设学校能够胜任一切，我们是否是追寻“从来都不是这样”的东西？当受到高度追捧的日本学校被视为“失败的奇迹”的时候，学校是否应当继续承受不切实际的厚望产生的后果？[1]

广义教育观念的形成

指出学校神话并非是指责教育者迷信教育的作用。在学校教育能够养成通晓知识和自我完善的公民的信念激励之下，学校校长们不屈不挠地丰富学校的职能，努力为每一位学生提供更多的机会。作为忠诚的公民和教育者，面对纠正各种社会问题这种巨大的挑战，我们的校长们坦然接受，在这一过程中，持续地在家庭、教堂和社会留下的缺漏中拾遗补缺。[2]

这种广义的教育观念并非偶然形成的。如果我们以为如此，那对过去的那些忠于职守的教育者是不公正的。如果人们回顾各种不同的教育协会的历史与记录，如果人们阅读这些协会的宣言，就会看到无数的教师对年轻一代和我们的教育寄予了无限的期望。这些怀着美好的理想和追求的教师们告诉人们美好的生活应该是什么，怎样辛勤地播撒美好生活的种子，教育能够和应该为民主国家奉献什么。典型的例证是1911～1919年高中教育重组委员会(the Commission on Reorganization of Secondary Education)发布的一系列报告。[3] 委员会1918年完成的《高中校长》(*Cardinal Principles of Secondary Education*)核心报告对学校教育产生了深刻的影响。这一报告阐明了教育的主要目的：(1) 培养学生健康的体魄；(2) 引导学生的成长过程；(3) 培养学生成为有价值的家庭成员；(4) 形成学生的职业本领；(5) 使学生成为合格公民；(6) 教会学生富有意义地利用闲暇时间；(7) 塑造学生优秀的道德人格。[4]

其后，在20世纪30年代和40年代，一些富有声望和影响力的教育机构进行了一系列的研究，发布了大量的报告，出版多种多样的学术文献，进一步拓展了高中教育重组委员会的教育宗旨。全美教育协会下辖的教育政策委员会发布了以下报告：《美国民主体制下教育的独特功能》(*The Unique Function of Education in American Democracy*, 1937)、《美国全体儿童的教育》(*Education for All American Youth*, 1944)、《公立学校的道德和精神价值》(*Moral and Spiritual Values in Public Schools*, 1951)、《美国全体儿童的教育：第二次报告》(*Education for All American*

---

〔1〕 Gerald W. Bracey, “The Sixth Bracey Report on the Condition of Public Education,” *Phi Delta Kappan* 78 (October 1996): 128.

〔2〕 Charles A. Tesconi Jr., “Additive Reform and the Retreat from Purpose,” *Educational Studies: A Journal of the Foundations of Education* 15(1984): 1-10.

〔3〕 它由国家教育协会任命并受美国教育局支持。

〔4〕 Department of the Interior, *A Report of the Commission on Reorganization of Secondary Education: Cardinal Principles of Secondary Education*, Bulletin 1918, No. 35 (Washington, DC: Government Printing Office, 1937).

Youth — A Further Look, 1952)。大约在同一时期，进步教育协会(the Progressive Education Association)进行着一项"八年研究计划"，并于1942年发布了五卷本的《教育之旅》(*the Adventures in Education Series*)研究报告。研究的宗旨是增强高中和高校之间的联系，同时主张采用弹性课程计划。那时，人们普遍感到大学和学院的入学标准直接导致高中课程的过度学术化倾向。下列"八年研究计划"引文充分揭示了该项研究的追求和宗旨：

> 学校应当是具有生命的有机体，学生是其重要的组成部分；学校应该是所有学生都非常愉快地向往的场所，因为在这儿，学生能够参与满足自己愿望的活动，寻求日常生活中遇到的各种问题的解决方法，丰富自己的兴趣，拓宽自己的视野。学生全身心地投入学校生活，相应的，学校应当激发其全部身心活动。在学校，学生应当享有充分的机会锻炼身体力量、智慧力量、道德力量和精神力量，在此过程中努力迈向成人社会，赢得承认和荣誉，并发挥作用。[1]

六十多年过去了，学生中心概念、实用课程概念、学生主体概念，或者说，学校整体概念，在许多学校仍然没有得到充分贯彻。指出这一点，难道不是很无奈吗？进步教育协会列出的学生的四种力量中的"精神力量"似乎已经不在学校整体概念之中了。一些人士指出，文化中自然流传的世俗的价值已经取代那种催生激情的精神力量。但是，现在人们仍然可以看到和听到各种政治和社会言论，主张学校应当发掘学生的精神潜能，学校应当在学生的精神发展方面发挥作用。[2]

立法和司法影响

在儿童教育平等和机会平等的观念开始出现的时候，许多少数种族和少数民族的儿童在被隔离的学校中接受教育。1955年，美国联邦最高法院在布朗诉教育委员会案(*Brown v. Board of Education*)的裁决中宣布：联邦各州未经正当法律程序，禁止剥夺任何人的生命、自由和财产。这一规定是宪法第十四修正案的平等保护条款。联邦最高法院在本案中重申这一条款的特殊意义是，公立学校实行种族隔离违反第十四修正案的平等保护条款。最高法院裁定，各州应当在适当时间内消除公立学校中的种族隔离现象。在人们回顾和讨论这一案例的过程中，立法者和公众越来越清楚地意识到了个体受到联邦宪法早期的十个修正案保护的权利，由此引发大量的立法和诉讼。

[1] Progressive Education Association, *The Story of the Eight-Year Study* (New York: Harper & Row, 1942), 17.
[2] Rachael Kessler, *The Soul of Education* (Alexandria, VA: Association for Supervision and Curriculum Development, 2000).

现在人们已经相当清晰地认识到，美国的宪法标准同样适用于公立学校教育。在20世纪50年代和60年代，一些贯彻布朗诉教育委员会案裁决的细则产生了。同时，美国国会在公众舆论的鞭策之下，制定了下列具有里程碑意义的法律：

1964年公民权利法案第六章：这一法律连同相关法案，禁止任何基于种族、肤色和民族的歧视。

1965年初等教育和中等教育法案：这一法律规定，为了满足地方公立和私立学校中那些受到"文化剥夺"儿童的教育需要，联邦政府应当资助地方公立学校和私立学校。

1972年学校紧急求助法案：该法规定面向学区提供资助，消除少数种族群体分离状态。

1972年教育修正法案第九章：本法禁止任何接受联邦财政资源的学校，在课程和其他活动中基于性别歧视儿童。

1975年全国残疾儿童教育保障法案：规定各州制定详细计划，确保全体残疾儿童受到免费的和合适的公立教育。

1990年残疾人法案和1997年障碍个体教育法案：这些法案是1975年全国残疾儿童教育保障法案的修正。

在这些法律颁布之后，学校进行了大规模的重组，以便合法地进行教学和管理。

教育现实

如果认为拓展学校教育作用的观念在教育领域和全社会得到普遍认同，那就大错特错了。在过去的若干年中，这样的观念持续不断地受到批评。许多人士相信，学校应当将自己的职责限于基本的学术教育。1957年10月，当前苏联在人类历史上第一次成功发射人造卫星时，不同教育观念的冲突突然发生。美国的舆论制造者需要寻找替罪羊，说明美国在宇宙竞争时代落后的原因。学校教育成了这样的角色。前苏联之所以能够在宇宙竞争中击败美国，那是因为美国学校教育在课外活动上花费了太多的时间，而在学术课程上的时间严重不足。在这样的情形下，美国青年的智慧被严重地浪费了，结果，我们没有数学家、工程师、物理学家、科学家，没有足够的掌握空间探险技术的专家，领导我们从事空间探险活动。

美国没有预料到的前苏联的成就，主要归功于其教育制度。如果比较两个国家的教育制度，美国的公立学校教育存在着明显的缺点。美国学校忽略了基本的重要的课程，过多地关注"生活调节"问题。批评者指出，这一类问题应当是家庭或非教育机构关注的重点。这一类观点汇集于《重大论争：我们的学校处于危机之中》（*The Great*

Debate: Our Schools in Crises)。[1] 在这篇报告的“前言”中，作者分析了问题严重性，发出了只有在后来的《国家处于危险之中》(*A Nation at Risk*)才能看到的预言：“如果我们没有教育好现在的和马上长大的年轻一代，我们将会在与苏联力量的冲突中失败，从而失去我们心中理想的教育方式和生活方式。这是我们面临的可怕的情形。”[2]

20 世纪 50 年代晚期大量的争论更多地具有情绪色彩，而缺少反思性质。批评在教育领域掀起了惊涛骇浪。教育者普遍反感和否认各种批评，而批评者则是证明和夸大各种教育失误。幸运的是，平衡性的和中肯的批评观点开始浮现。一些深思熟虑的教育者，包括詹姆斯·布赖恩特·科南特(James Bryant Conant)，通过讲演和写作表达了自己的主张。在他们看来，如果人们进行公正的和自由的讨论，那么将会获得有益的解决问题的方法。[3] 在这次广泛的讨论过程中，社会对教育倾注了极大的热情和兴趣，结果，在 20 世纪 60 年代和 70 年代，教育领域获得了史无前例的也是久久盼望的改进机会和资源。典型的例子是 1965 年颁布的初等教育和中等教育法案。这一法案赋予联邦政府历史上从未有过的权力，使联邦政府成为教育机会平等冲突中的赢家。法案催生了十多项联邦计划，学校从中收到大量的经费，同时受到许多条例和规则的规范。但是后来，许多条例纷至沓来，远远超出了学校本身的容量，同时，却没有相应的资源供给，以便实施这些条例。

20 世纪 80 年代和 90 年代的报告

80 年代的研究和报告

1983 年，全美优质教育委员会(the National Commission on Excellence in Education)发布《国家处于危险之中》的报告，进一步深化了对教育的批评。这一报告被喻为“纸质人造卫星”，因为报告发布后，立即引起社会的广泛关注。报告为其他全国性的教育研究和报告开辟了道路。所有这些研究和报告都不是那些对教育不满的或自封的批评家完成的，而是一些享有全国性声望的组织撰写的，包括全美优质教育委员会、卡耐基全国教学促进基金会(the Carnegie Foundation for the Advancement of Teaching)、全国科学基金会(the National Science Foundation)、全美州际教育协会(the Education Commission of the States)、20 世纪基金会(the Twentieth Century Fund)，以及一些著名的职业教育家和学者。

---

[1] Scott C. Winfield, Clyde M. Hill, and Robert W. Burns, *The Great Debate: Our Schools in Crises* (Upper Saddle River, N. J.: Prentice Hall, 1959).

[2] 同上，iii.

[3] 詹姆斯·布赖恩特·科南特无疑是一位受到普遍欢迎的和有影响力的 20 世纪 50 年代晚期和 60 年代早期美国教育的发言人，他的讲演多达数百场，并且出版了多本在教育界和社会上拥有广泛读者的书籍。

这些组织和学者的报告与研究持续不断地面向社会公布，激起强烈的反应，营造出一种呼唤调查和行动的社会氛围。结果，公立学校教育连续在1983、1984和1985年成为国家议事日程的重要组成部分。行政机关的官员和立法机构的议员互不相让，竞相抛出自己的教育立法计划。到了1985年，美国各州都有了自己的委员会、自己的工作机构和公民团体在从事促进教育事业的工作。这些机构研究学校教育，提出不同的行动方案。这种情形在各州和全国促进并助成了教育改革浪潮。改革给出的主流信息就是应当通过改进学校领导、学校管理、学校纪律、教学过程和学生学习，进而改进学校教育的学术质量。

就像面对前苏联人造卫星上天引发的批评一样，教育工作者最初对这些批评的反应是自我辩护。因为舆论和公众起初都将这些报告看成是对公立教育的攻击。当这些审慎的研究和报告向世人昭示攻击公立教育并不是其真正的意图时，紧张的对峙气氛缓和了。事实上，差不多全部研究和报告都在重申，公立教育是支撑我们社会运行的重要基础，都在不断地呼吁整个社会扶持公立教育。因此，在最初的自我辩护之后，教育领域的讨论和研究仍在进一步深入，并为全美教育改革提供了许多有益的措施和计划。越来越多的事实表明，那些建设性地接受批评，并采取相应的措施改进学校教育的教育者，从《国家处于危险之中》引发的广泛批评中收益良多。

90年代的研究和报告

时间在流逝，整个世界在迅速变化。来自欧盟经济伙伴的竞争压力，以及中部美洲、南美和太平洋沿岸国家劳动力市场的压力，增强了美国人的危机感，并导致美国人祈求贸易保护主义。一些东欧国家和中东国家陷入法律真空状态，一些国家基于宗教和经济利益形成政治联盟，技术和大规模杀伤性物资成为经济发展的必要手段，这一切都发生在眼前。学校的民族和种族构成在发生变化，其中增长最快的是亚裔种族和太平洋岛屿国家种族族群，接着是土著美国人、爱斯基摩人和阿留申人族群。[1] 同时，西班牙人口也在增长，并很快会与黑人人口数量持平。针对这一切，政治家主张改革。国家教育目标专门小组(the National Education Goals Panel)，包括六位州长、四位联邦政府行政官员和四位议员，提出了六项公立教育目标，并在1990年得到总统和50个州的州长批准。专门小组希望，截至2000年，六项目标得到全面贯彻：

1. 美国全体儿童准时入学，并作好接受教育的准备。
2. 高中学生毕业率增至90%以上。

〔1〕 U. S. Department of Commerce, *Population Profile of the United States* (Washington, DC: Government Printing Office, July 1995), 13.

3. 学生在四年级、八年级和十二年级离校之际，达到学校教育标准，掌握英语、数学、科学、历史和地理课程的基本知识和相关技能，能够解决课程领域的基本问题。全美学校应当确保学生正确运用智慧，充分准备好履行现代经济制度下的良好公民职责，具有接受继续教育的基础，符合职业的各种要求。

4. 应当培养美国学生成为世界数学和科学成就最为优秀的学生。

5. 全体美国成人应当识字，拥有基本的知识和技能，适应全球范围内的经济竞争要求，具备行使公民权利和履行公民义务的素质。

6. 全美学校彻底消除毒品和暴力，保持良好教育秩序，促进学生学习。

六项目标孕育出许多州制定计划，这些计划没有相应的配套实施资源，或者很少配有资源实施。例如，地方学校发现，在同样的预算下，学校承担了儿童早期教育和学生课后活动方案等等一些原来没有的职责。1992 年生效的《美国残疾人保护法案》，以及吸纳残疾儿童参与活动的观念，持续地增加着地方学校的人力资源和财政资源负担。实业界呼唤学校赢得智慧竞争，保证国家的竞争能力，并据此责备学校没有尽责。在这种时候，学校是否应该退缩？是否应该面对强加的日益膨胀的期望说"不"？

1992 年，国家教育目标专门小组发布了第二份报告，报告内容之一是其自诩为学生和那些没有达到教育要求或工作标准的工人的恩人，因为其报告确定了基本目标，而这些目标给学生和那些没有达到教育要求或工作标准的工人带来了巨大的福利。这份报告指出，一些美国父母在孩子学业成绩位列前 60%时，便不再提高对孩子的期望。与此不同，中国台湾和日本的父母直到孩子学业成绩位于前 20%时，才会感到孩子达到了预定的标准。报告还指出，那些在学生十年级时仍然没有教会他们数学技能的学校，很少对学生抱有高的期望。在这里，人们不禁要问：学校是否无法满足多方面的需求，或者学校压根儿就没有对自己和学生提出要求？如果增加投入，为学校、教师和父母共同努力提供条件，能否提升家长对孩子的期望、学校的自我期望和学生的自我期望？

21 世纪

公立学校教育面临的谴责没有减少。社会各界提出多种改革措施，包括实施担保制度、家庭教育制度、依据成绩付费制度、经费分摊制度、学校承包制度和学校私有化制度，并使多种制度相互制约。在多种改革制度之下，不同特殊利益团体相互圈定利益范围，分割利益，要求从政府教育投入中分得一块蛋糕。教育职责被限定成标准化考试成绩。面对上述发生的一切，或者说面对如此复杂和无序的情境，即使是电影中的最为敏锐的英雄也会陷入困境。但是，正像坦纳(Tanner)指出的那样："十分明显，美国民族的教育信念没有任何动摇，历久弥坚。"[1]学校校长们的一项主要工作就是洞察那些能够影响学校教育的权力影子，从而减少盲目和混乱，更好地履行学校的职责。[2]

我们是否拒绝梦想？

如果教育者们声明，他们的职责仅仅是学生学术成绩，那么，可以说他们是在拒绝教育先驱们的梦想和理想。这些教育先驱为抵抗无知、贫困、社会偏见，为建立内涵丰富、能够自我改善和改善社会的教育制度，奋斗不止，甚至献出了自己的生命。

如果一位校长拒绝梦想和理想，那么，他就绝不可能是一位真正的教师和领导。这些梦想和理想不应被丢弃，但是，教育界的领袖们应当现实地理解自己应该努力实现的目标。现实主义应当受到关注。校长们应当注意以下各点：

- 随着社会复杂程度的增加，校内学习和校外学习之间相互影响的程度日益深刻。虽然教师控制着校内学习，然而，对多样化的校外学习很少有实质性的影响。优秀教师也许希望引导学生的全部学习过程，事实上却很少或几乎无法发挥作用。教育工作者应当帮助社会公众理解这一点，但不是以此为借口掩饰工作中的缺陷，而是呼唤公众在理解这一点的基础上与学校合作。

- 许多问题是社会和世界经济格局的副产品。学校不应为评价或解决这些社会问题承担全部责任，也不应为这些社会问题的产生而受责备。但是，学校作为一种重要的社会机构，应当在唤起地方和社会关注这些问题方面发挥表率作用，并与地方和社会合作，共同解决这些问题。同时，学校应当形成特定的工作规则和程序，当这些社会问题出现在学校时，能够有效地加以解决。

- 公立学校是社会的公立机构，应当关注全体社会成员的愿望，并对其中的主流愿望作出自己的反应。应当清楚，学校无法取悦每一位社会成员，正因为如此，学校始终是批评的对象。在这里，学校面临的最大的困难是如何确定社会主流愿望，并区分那些组织结构完备，却只是代表少数特殊群体利益的声音。

- 校长是地方学校的管理者，需要直接面对各种批评。校长应当接受这一现实，同时懂得，健康的多元化是美国社会的运行方式，同时也是成功的民主制度的组成部分。要学会从容地面对批评，正确地判断和评价批评，将批评引导成为改革学校和改革社会的力量。

- 美国公立学校深深扎根于美国文明之中，无论何时，都必须在社会积累和社会传统中运行，并构成社会积累和社会传统的组成部分。当社会变化时，当社会的价值

〔1〕 Daniel Tanner, "Manufacturing Problems and Selling Solutions," *Phi Delta Kappan* 82(November 2000): 188.
〔2〕 George A. Goens, "Leadership and Illusion," *School Administrator* 8(September 2000): 30 - 35.

观念面临变革时，当技术和通讯手段极大地缩小地球，并使整个地球上的人群相互依赖时，我们需要重新探索、重新界定和重新确认教育目的。学校的意义和功能应当指向未来，那难以捉摸和快速变化的未来。新型学校领导应当超越学校框架，放眼整个社会，形成恰当的未来远景。教育者的梦想和理想应当是公众清楚和理解的。富有成效的交流和沟通既能最大化地促进全体社会成员利益，又能形成引导学校进步的教育远景。教育工作者应当以富有实效的方法，将教育远景寓于学校日常工作之中。教育工作者还应当明确怎样才能依托社会的其他机构，弥补社会遗留下来的"教育死角"。我们必须完成上述所有工作。否则，我们的教育目的就很难得到社会认同，很难付诸实施，结果便是跟随社会公众不断变化着的偏好，持续地和偶然地进行并不重要的教育改革。[1]

上述分析表明，学校实际上处于一种困难境地。如果默认学校能够胜任一切的观念，那么，学校将注定是失败者，因为这将导致学校承受社会不稳、骚乱、滥用毒品、犯罪、贫困、家庭破裂、偏见、仇恨、种族主义和经济危机等等一切问题的责任。

许多善意的以及一些有着机会主义动机的学者和教育者，已经在指责学校失职的声浪中名利兼收。这些人士已经轻率地确信学校能够胜任一切的神话，已经使这样的神话成为永恒，并基于这样的立场，尖锐地、慷慨激昂地指责学校，导致人们包括自由主义者和保守主义者失去了对学校的信任。学校经常过多地扮演这个社会的经济和政治领域决策失误的替罪羊。许多人士，尤其是中产阶级，指责学校压抑、独裁、僵化、枯燥、不平等、不公正和压迫学生。其中保守主义倾向明显的人士特别不满学校没有能够很好地解决毒品、性混乱、暴力、缺乏纪律、学业成绩低下、盲目躁动和学业失败等等问题。

变化着的世界

一方面，人们确信学校应当万能，承担着纠正社会病态的责任。这样的神话依然根深蒂固。另一方面，社会在变化，教育自身也在形成新的压力、新的途径、新的价值体系，这一切向学校校长们提出新挑战。其中一些主要挑战如下：

● 社会上有着文化差异和语言差异的学生常常指责种族主义。

● 信息产业和服务行业的工作环境在变化，贸易竞争压力加剧，这些变化和压力要求学校实行改革，为信息产业、服务行业和贸易竞争服务。

● 学校和社区中威胁生命和财产的暴力活动仍然存在。

● 无家可归的孩子，身受毒品和酒精感染的婴儿，艾滋病感染的孕妇。

● 依据学业成绩确定教育投入水平。

〔1〕 Nicholas Appleton, *Cultural Pluralism in Education Theoretical Foundations* (New York: Longman, 1983).

● “家庭”概念的重新定义，以及由此引发的对儿童的影响。

● 家长为孩子选择学校。

● 社区其他机构与学校竞争有限的资源，而不是与学校合作，以便更有效地使用有限的资源。

● 法律责任，以及与社区的大多数人士愿望相悖的法庭裁决。

我们面临的严峻形势迫使我们认识到，过去那种单纯地依赖学校孤军奋战的观念已经不再适宜。许多人士已经相信，学校传授的许多价值观念和传统因素并不是所有人的价值观念和传统。学校与社区的合作计划常常导致学校提出的一系列价值观念面临尴尬的境地。

学校必须学会与各种团体和个体打交道。可以肯定的是，在通常情况下，校长是与有着特殊利益的团体直接打交道的人。校长必须承受最大的压力，与各种团体正面冲突，成为表达学校愿望、对各种人士作出反应的关键人物。如果重要的决策是在地方层次上展开的，或者说如果校长处于引导全体相关人士努力实现某一目标的主要管理岗位，那么，压力和冲突都会格外强烈。[1]

这个世界是一个令人激动的和不断变化着的世界。在这个世界里，最为稳定的东西恰恰是世界变化速度在加快。校长敢于接受这样的世界，并使之融入学校教育过程吗？作为校长，他是否在回避这个世界？是否觉得未到采取措施的时候？[2]

教育者，尤其是校长，没有必要感到自己是在孤军奋战地引领整个社会走向美好的生活。客观地说，这是一个非常自负的观点。但是，在我们这个社会面对十分复杂的问题时，教育者需要对人们说：“学校是我们这个民族最伟大和最重要的机构。让我们共同努力，明确社会的重要目标，携手实现这一伟大目标。”

小结

学校始终是帮助每一位公民在可能情况下取得最大成绩这一美国梦想的组成部分。在过去的若干岁月里，校长们呕心沥血，强化学校的职能，并导致社会确认学校是医治社会疾病的机构。20世纪早期，一系列声明、研究和报告竭力倡导完全的普及的教育。这些主张在教育政策委员会编制的《美国全体儿童的教育》系列文集中得到了很好阐述。

随着我们这个民族走向成熟和壮大，社会的、政治的、经济的、技术的和环境的因素都在社会进步过程中发挥作用，并不时地放大社会的缺陷。现在我们知道，如果认为学校应该对所有社会缺陷负责，或者学校应当单独努力纠正社会的缺陷，将是一种

〔1〕 Association for Supervision and Curriculum Development, *Preparing Our Schools for the 21st Century*, (Alexandria, VA: Association for Supervision and Curriculum Development, 1999).

〔2〕 Kathy Checkley, “The Contemporary Principal — New Skills for a New Age,” *Education Update* 42(May 2000): 1-8.

错误的观念，因为社会的这些缺陷，以及其引发的问题，是在社会的不同人群和机构共同作用下产生的。儿童和青少年在校外学到了许多东西，而这一过程是学校无法控制的。但是，学校是社会的重要机构，能够也应当率领人们理解社会问题，并与社区和其他机构合作，共同寻求解决问题的方法。

思考题

1. 家长是否真的要求自己孩子就读的学校发生变化？或者他们是否要求别人孩子就读的学校发生变化？

2. 如果我们接受这样的观点，即学校应当从我们期望建立的社会秩序中寻找方向，那么我们应当在我们的文明里增加什么核心价值观念？这些价值观念应当发生变化或不断地给予重新界定吗？

3. 作为校长，你认为下列功能中哪一项与学校最相称？A. 接受现存的社会秩序，同时给予批评性的评价，以便使其在未来变得更好。B. 接受现存的社会秩序，让其自然地发展，自我实现完善。C. 设计一种新的社会秩序，引导年轻一代接受这一新的社会秩序。D. 忘掉社会秩序，专心于学术。

4. 谁应当掌握促进或禁止学校发生变化的力量？

5. 我们时代的变化是否是期望的和必要的，因此我们必须重新思考教育的功能和目标？请解释。

6. 阅读最新的研究美国社会中家庭地位的社会学文献。什么是预测家庭未来地位的因素？这种因素如何影响学校？

7. 列举学校教育的七项主要原则。今天这些原则是否仍然合适？如果不合适，怎样对之进行更新？

8. 列举国家和世界舞台上的 5～10 种冲突领域，说明这些冲突怎样与学校教育发生联系。

9. 1990 年，国家教育目标专门小组提出了六项国民教育目标。比较这六项目标与其他全国性委员会的研究。对这些目标测量，是否会真正导致窄化学校使命和理想？

10. 回顾过去 20～30 年中我们价值体系可能发生的变化。这些变化是否促使学校工作发生变化？

11. 技术和通讯进步潮流是否会催生学校和社会中的精英统治论？

12. 讨论问题：在布朗诉教育委员会案裁决后，司法机关是否是在教育者的影响下禁止种族歧视的？

13. “不是我的过错”是否是影响学校工作的含义复杂的术语？如果是，这一术语是怎样影响学校的？

推荐读物

1. Adler, Mortimer J. *The Paideia Proposal*. New York: Macmillan, 1982.

2. Appleton, Nicholas. *Cultural Pluralism in Education Theoretical Foundations*. New York: Longman, 1983.

3. Barth, Roland S. *Improving Schools from Within*. San Francisco: Jossey-Bass, 1990.

4. Commager, Henry Steele. *The People and Their Schools*. Bloomington, IN: Phi Delta Kappa, 1976.

5. Department of the Interior: *A Report of the Commission on Reorganization of Secondary Education: Cardinal Principles of Secondary Education*. Bulletin 1918, No. 35. Washington, DC: Government Printing Office, 1937.

6. Counts, George S. *Dare the Schools Build a New Social Order*: New York: Day, 1932.

7. Educational Policies Commission. *Education for All American Youth*. Washington, DC: National Education Association, 1944.

8. National Science Board Commission on Precollege Education in Mathematics, Science, and Technology. *Educating Americans for the 21st Century*. 2 vols. Washington, DC: National Science Foundation, 1983.

9. Ravitch, Diane. *The Troubled Crusade: American Education 1945 - 1980*. New York: Basic Books, 1983.

10. Tanner, Daniel. "Manufacturing Problems and Selling Solutions." *Phi Delta Kappan* 82(November 2000): 188 - 202.

第二章
校长：人和职业

一位母亲坚持要求知道，学校怎样处理她女儿在校车上遇到的性骚扰事件；两位烦躁的教师要求关注一位受到体罚的学生的报告；学校电子媒体技术工人冲进办公室，彻底切断了广播电路，因为广播六点钟报道了一位企图自杀的学生的新闻。这些就是校长周一上午的部分日程。这样的情境令人吃惊，而实际上确实发生着。那些担任校长的人是怎么选出来的，从而能够应付如此稀奇古怪的局面？选拔校长的标准是什么？是否有足够的选拔程序来选拔校长？当发现自己的大名置于校长办公室门前时，新校长们将面临什么？

人们差不多随便拿起一份专业刊物或日报，就会发现校长汇集了众多的期望。他们应当管理好学校，保证全体学生的学业成绩都在平均分之上，保证学校环境安全和卫生，保证学校的一切安排完美。如果即将举办足球赛或篮球赛，人们的期望值随之提高。学生遇见校长时，将会眼睛发亮，就像遇到朋友、自己的拥护者，或者父母代理人。校长们还会发现一位学生父亲紧紧地握着自己的手，因为他默默地承认校长为自己的十几岁孩子做了应该做的事情；或者校长紧紧地握着学生的手，这是在毕业典礼上学生走过毕业典礼舞台的时候，而无论是校长还是学生之前都没有想到某一位学生此刻会在这舞台上。

一些委员会、利益团体和专业组织发布了一些报告，赞扬校长，使校长们所凝聚的聚光灯灯光比历史上任何其他时候都多。在每一份报告中，强有力的学校领导都被特别提到，因为人们需要这样的领导将学校引向最为优秀的状态。在人们阅读这些报告、理解这些报告和讨论这些报告内容时，“优秀”这个词明显地需要具体化。念及于此，人们似乎很清楚，提供教学的基本单位是学校而不是学区。那些杰出的学校是那些历史上学生学业成绩优秀的学校。区分出这类学校，并对其进行研究，就会发现致使这些学校的学生优秀的许多因素，其中一个重要因素就是这些学校都有一位强有力的学校领导。

强调校长这一关键角色的领导作用，使学校校长获得了期望担当的那种强有力的教育领导的独特的机会。但是，对那些发号施令，关注管理细节的校长来说，未来岁月将是相当困难的。在过去，校长（包括小学校长、初中校长、中学校长和高中校长)的义务和角色究竟是什么,在很大程度上是仁者见仁智者见智。翻阅文献,参加州的和全国的会议,与政府官员商谈校长职业,人们将会在脑海里形成四分五裂的校长职业形象。在人们心目中,如果强烈地关注并期望领导好学校教学,积极履行"管理好学校"的义务,这样的校长是在恰如其分地行使管理职责。但是,另一方面,也有与此不同的情形。布莱克(Black)发现:"学校委员会成员倾向于欣赏校长的管理技能,包括列出完满的议事日程,或者善于见缝插针,把握时间。"[1]如果学校委员会如此高度地评价具体的管理技能,那么,校长面临的压力是不出差错地管理学校,而不是甘冒风险地进行改革。在这样的情形下,校长将会长期地在改革和确保平安之间挣扎,最终,强有力的教学领导角色会被淡化,因为每天日常琐碎和刻不容缓的事务已经使校长气喘吁吁。

人们已经反复地研究过校长的义务。一般地说,这些研究反复重申的是校长在具体管理细节上花费时间太多。教育管理全国职业标准委员会(the National Professional Standards Board for Educational Administration)、美国教育管理者协会(the American Association of School Administrators)以及其他研究学校领导的文献多次提出,校长应当是优秀的学校领导。然而,介于理想与现实之间的问题是,校长的权力是否给予校长足够的时间和必要的支持,允许其从事学校领导应当履行的领导职责?另一个问题是,校长自身是否拥有成为真正的学校领导的力量、能力、耐力和倾向?

阻碍校长成为学校领导的因素

分析校长职业的沿革过程,人们会吃惊地发现,由于强调管理,校长职业内在地包含着冲突。在早期,选拔校长的主要依据是其学术水平和教学能力。校长们常常被称为"教授",因为校长是学校社区中有着高深学问的人。那时候,据说人们之所以称呼一个人为校长,是因为其被广泛视为最好的和最有才能的教师,所以人们也称校长为首席教师。在早期的大多数情形下,校长追求的最为重要的哲学宗旨是书本知识。如果儿童反应迟钝,缺乏学习兴趣,或者在某种程度上学习态度、能力、背景与优秀学生存在差异,通常会受到冷落。但是后来,一些追求卓越的校长的态度相当进步,他们声明,所有美国儿童平等地享有接受全面教育的权利。

第二次世界大战后,一些不寻常的情形似乎在妨碍校长成为学校的教学领导。一个主要因素是令人难以置信的适龄人口的增长。幼儿充满教室,拥挤不堪;同时,"全体儿童享有接受基本教育的权利"这一观念开始深入人心。这种情形改变学校管理的性质。校长的教学领导角色受到淡化。最初,校长忙于建设新教学设施,聘用教师,组

[1] Susan Black, "Finding Time to Lead," *American School Board Journal* 187 (September 2000): 47.

织和管理不断膨胀的学生人口。20 世纪 50 年代至 60 年代期间，校长的主要职责变成了主要从事管理工作。长期担任校长职务的人士非常多见，时间过长后，一些校长将转为督导长。校长-督导长循序渐进，成为一种模式，也在叙说校长的自我期望和教育领域对校长的期望。结果，管理成为校长的永恒职责。

社区也在强化着校长的管理职责。家长与校长谈论孩子的管理工作，而与教师谈论孩子的教学工作。社区的人们希望自己的子女就读的学校管理优秀、秩序井然、清洁整齐。教师们的希望同样如此，并在这样的环境中，加上其他资源的支撑，从事教学工作。今天，这样的期望仍然存在，所不同的是，校长和其他人士都认为，校长应当对学校传授知识和学生学习的结果负责，同时应当营造良好的环境。实际上，现在的情形是，学校应当怎样工作，这样的理想要求校长来传达，并通过校长自身的行为来表现。

校长应当是一种职业。这一观念是另一个没有被特别强调的相关因素，同样也在影响着校长履行职责。许多人士认为，校长是通向督导长的一级阶梯，如果校长没有转为督导长，那么，其校长生涯就不是非常成功。学院和大学助长了这一观念的形成。在许多学院和大学，校长培训包容全面的管理课程，这样的管理课程突出的是督导长工作。更多的情形是，学生们之所以努力取得基层管理许可资格，就是为了在未来获得督导长资格证书，而管理资格证书课程主要集中于教授学生管理知识和技能，而不是帮助学生理解教学、课程、课程计划、教学评价和教学改进。

各州和学区的教育管理机关是强化校长管理意识的又一因素。这一因素发挥作用的过程有时是自觉的，有时是无意识的。我们常常看到，各州和学区的教育管理机关规定学校递交报告的期限，遵守各种要求，执行各种程序，降低风险，减少麻烦。正是在这样的过程中，校长们在增强着管理意识。如果校长允许教学和课程中的实验，如果教室中有人没有遵守预先制定的规定，如果教师和专家确定怎样实现教学最优成绩的方案，那么，就有可能涉及风险。维持已经形成的系统，循规蹈矩地使用学校设施和资源，按时递交各种报告，比起在模棱两可的领域中自作主张要稳妥和安全得多。

督导长期望校长成为管理团队中的一员。通过督导长和校长的接触，担任领导团队中的一分子，同时成为督导长和校长的意识。

工会的压力，以及不同教育团体之间的冲突，进一步促使校长成为专门的管理者。管理者不能成为工会的成员。这种情形造成劳资双方对立思想，使得校长与教师共同工作并成为同事变得非常困难。集体谈判话题常常涉及教学和课程领域。在这样的谈判中，校长的处境艰难，需要在忠诚上级管理或者忠诚学校教师和学生之间徘徊。在面临集体提出的问题时，校长的困难更甚。那种“你做你的校长，我们当我们的教师”的态度日益盛行。这一切都在催促校长成为专门的管理者。在经济领域，管理占据着公司或集团中的富有声望的地位，承担行政职能。毫无疑问，经济领域的这种状况也在校长成为专门管理者的过程中发挥促进作用。但是，评价和计量经济领域中的工作，比起评价和计量以人为对象的教育工作，要容易得多，评价会计账目程序，比起评价如何处理思想、变化和教学也要容易得多，而管理知识并没有让人们认识到这些问题。更为不幸的是，要求校长成为专门的管理者的观念，至今仍然盛行。

各州政府和联邦政府制定的各种规则，对校长的时间形成了额外的压力。这方面的一个例子是，各州政府和联邦政府要求校长参加残疾儿童教育安排计划和相关会议。校长的主要职责是领导教学。同时，校长的时间是有限的，校长面临的要求却是无限的。更加严重的是，"校长职业内涵是相互冲突的"，[1]需要制定各种特殊的规划，建立各种特别的工作小组，解决各种不同的问题。在这种高度紧张的环境中，校长们容易迷失自己的工作重心。

指出校长在担任教学领导角色时面临的多种困难，并不意味着对专业协会、管理工作者、大学、各种委员会成员和公民失去信心，或者低估其价值。我们只是对一位新任校长在学校和社区可能遇到的如前所述的境遇，以及更加沉重的压力持有现实的态度。管理者协会、各种州的和全国的政策委员会、学校委员会协会、校长协会、大学等等机构，正在努力通过发表文章、举办会议、职前培训，甚至政治活动来缓和校长面临的处境。

一些善意的专家们提出了一种容易实施的也是一种极端的方式，这就是完全删除学校校长培训课程中的管理知识内容。我们并不认同这样的做法，因为这样的做法瓦解了校长培训课程的核心，是一种不负责任的做法。在我们看来，校长应当学习一些管理知识和技能，这样能使校长的工作过程更加有序。

解决问题的途径

毫无疑问，校长应当履行管理职责，而且应当履行得很好。在给定的和适当的资源投入下，学校应当运转流畅和富有效率。但是，在观察学校系统运作过程的基础上，在访谈数百位校长的基础上，我们感到，一方面假设校长是真正的教育领导，另一方面坚持要求校长关注具体工作和管理细节，并经常名列一流，是一项十分困难的事情。在这样的情况下，听到要求评估校长角色的呼声，会有耳目一新之感。我们应当构建符合实际的校长工作内容体系，通过这样的体系实施变革，在这样的情况下，就能够使校长的教育领导和管理职责处于和谐状态。但是，校长的上级机关应当明确校长多种职责的优先次序和程序，并保证校长的管理职责服从教育领导角色，而不是相反。

我们解决问题的设想是，所有学校聘用一名部门协调员，其主要工作是帮助校长摆脱具体的细节的管理工作，从而使校长有足够的时间专注于学校的教学领导工作。校长仍然是学校的主要管理者，并且对学校的正常运行秩序负责。如果有这样一位协

〔1〕 Thomas R. Hoerr, "Collegiality: A New Way to Define Instructional Leadership," *Phi Delta Kappan* 77 (January 1996): 380.

调人员主要处理一些细节性的管理工作，校长就可以将自己的主要精力用来承担教育领导的角色。本书第八章专门讨论学校的部门协调员的职责。

政治的和经济的数据，以及专业组织的报告都在说明，附加给校长的期望，正在成为校长承负的主要期望。随着决策过程移向具体的学校，随着教学方式变得更为弹性，以及教育技术日益发达和教学时间更少受到限制，校长更应当成为决策者这样一位真正的教育领导。[1] 同时，学校的中心工作是学生的学习，是学校全体成员的生活质量，是学校全体成员辛勤耕耘之后的成就和激动。

工作描述与现实

翻阅整个美国的关于校长工作的描述，可以发现其中教学领导和管理义务大致平衡。我们面前的这份校长职务描述或校长任职标准曾以这样或那样的形式出现于校长职务聘用广告："与教师、家长、学生和社会保持广泛接触和联系"；"协调并与各种家长团体进行沟通"；"认真听取不同意见"；"确定学校发展方向和发展远景"；"实施学校全员性的参与式管理"。在这份描述中，关于校长知识基础的描述同样清晰："校长应当具有改革、技术、课程和儿童发展方面的知识。"其中一项内容特别明确校本决策对校长提出的要求："校长承担学校经费筹措职责。"不同区域的学校对校长的标准通常会有一些差异。一所美国西部学校校长的任职标准规定："熟练运用西班牙语和英语。"另一所学校学生人口构成是47%西班牙裔学生，40%盎格鲁裔，7%土著美国人，5%非洲美籍人，1%亚洲人，该校的校长任职标准同样反映了学校的独特要求。

文献表明，在校长任职标准中，沟通能力、远景描绘和课程理论受到特别重视。但是，在访谈实际工作者的过程中发现，校长报酬制度中是将处理具体细节管理工作能力、执行纪律能力和教育评价能力置于特别重要的位置。抱负远大的校长应当知道，具体管理能力是校长个人声誉的基础，这种基础直接影响到在人们心目中校长究竟发挥了什么作用。

社会背景

校长工作于其中的社会制度或社区氛围，是制约校长角色行为的主要因素。图2.1简要地说明了这些影响校长工作，并在某种程度影响校长作用的因素。同样的道理，这些因素同时也在影响着学校中的其他职位，以及任职这些职位的人的个人期望。

社会组织的所有成员，都会对组织中的特定角色持有特定的角色行为期望。教师对学生持有特定的角色行为期望，反过来也是这样。学生期望教师和校长表现出特定的行为，家长、餐厅工作人员、门卫和其他所有人员，都会对教师和校长持有不同的角

---

[1] National Association of Elementary School Principals, *Principals for the 21st Century* (Alexandria, VA: National Association of Elementary School Principals, 1990), 11.

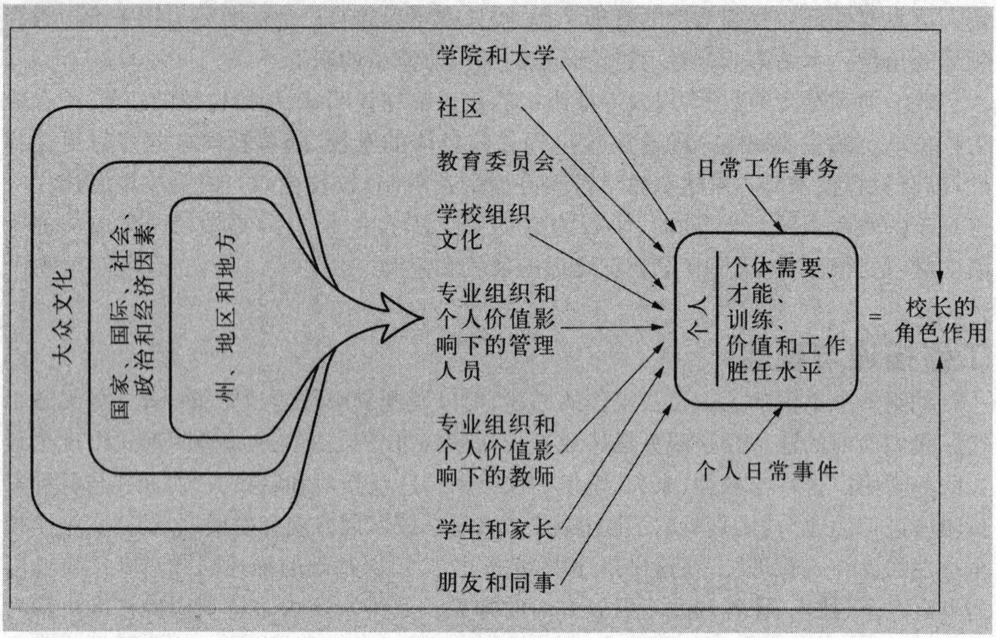

图2.1　社会背景因素影响校长角色

色行为期望，同时，所有组织中的人员相互之间都存在着特定的角色行为期望。所有与校长打交道的人对校长角色持有不同的角色行为期望。达斯(Daresh)指出：校长应当把主要精力集中于学生和学生的学习，然而，这样的观念可能会受到其他目标的牵制，“某天一个人走进校长办公室，校长突然发现，周围同事的都是学生，需要从事基础性的学习。”[1]如果希望改善这样的状况，要想形成追求卓越的文化，那么，教师、父母、员工和学校社区的其他成员都会成为校长心目中的学习者，这些学习者与学生不同，却影响着学生学习的效果。

如果一位新任校长是在一个复杂的社会组织中任职，并且与其打交道的人们都将校长看成管理具体事务、保护和支持周围同事的时候，那么，这样新任校长全身心地履行教育领导义务注定会遇到困难。在这方面，马歇尔(Marshall)提供的一个例证很有说服力。通过这一例子，可以看到与校长打交道的人对校长行为和角色的期望，是如何影响校长的意图、行为和工作效果的。一位校长希望能给教师提供帮助，经常走进教室与教师接触，听课或观摩教室活动，并撰写反馈意见，对教师加以肯定，或提出一些具体的建议，不久，校长发现自己成为教师怨恨的对象和督导长派驻学校的忠实地贯彻上级规定和程序的执行者，同时，校长感到自己处处受到限制，因而开始淡化原来

〔1〕 John C. Daresh, “Improving Principal Preparation: A Review of Common Strategies,” *NASSP Bulletin* 81 (January 1997): 4.

的行为方式，并严格地依法办事。[1] 社会秩序仍然在正常运转，而校长的意图却在社会秩序正常运转的过程中被扭曲了。幸运的是，校长们没有放弃。

在讨论校长职责方面，普莱士丁(Prestine)曾经指出："目前，全国各地的校长角色都在发生90度的转变。"[2]这样的描述很好地勾勒出校长任职的那种玻璃房，在这样的玻璃房中，外面的人可以清楚地看到里面，从里向外看时，有时却是一片云雾。澄清由里向外的视角，也就是澄清校长肩负的期望，理顺已经存在的社会关系和社会传统是一项十分复杂却是持续的和真正有意义的工作。

校长的工作是复杂的社会制度的一部分。制度理论和思想正在沿着人类组织的多种角度发展。学校自身是制度中的制度。忽略这一事实，将会导致学校以及其中的各种角色混乱。拉齐客和斯汪森(Razik & Swanson)指出："如果学校在未来蓬勃兴盛，那么制度思想也会掀起高潮。"[3]第三章图3.1将会说明审视学校环境的复杂性及其对学校的影响的视角。还应看到这幅图景的另一侧面，这就是学校在接受环境影响的同时，在对社区和社会的观念发挥着作用。这样的复杂关系对校长提出极为复杂的挑战。其中的道理可以这样理解，一方面，管理者可以被看做实现组织目标的奴隶，另一方面，管理者必须在组织内部对组织目标的形成发挥领导作用。

准备担任校长

组织中任何一个职位的任职者，在担任这一职位的过程中，与组织内部的各种人士发生关系，并且接受人际互动的影响，同时，作为一位具体的个人，在任职过程中也总是会通过自己独特的需要、动机、才能、训练和其他各种能力，扮演自己的职业角色，并对职业角色发生作用。基于这一立场，我们面临的问题是，怎样才能训练个体高效率地履行自己的职业角色，并很少发生冲突。

前面曾经叙述，校长过度关注具体的管理细节的一个原因是过去的校长培训课程过多地关注管理理论和知识。但是，现在全美和各州的职业标准委员会，以及其他一些协会，包括州际学校领导资格认证协会(the Interstate School Leaders Licensure Consortium, ISLLC)已经改变自己的领导方向，并运用不同的语言体系描述学校领导培训。以州际学校领导资格认证协会描述校长预备课程的语言为例，其追求的培训结果与过去完全不同：

---

〔1〕 Kim Marshel, "How I Confronted HSPS (Hyperactive Superficial Principal Syndrome) and Began to Deal with the Heart of the Matter," *Phi Delta Kappan* 77 (January 1996): 336-345.

〔2〕 Nona A. Prestine, "Ninety Degrees from Everywhere," in *Reshaping the Principalship: Insights from Transformational Reform Efforts*, ed. Joseph Murphy and Karen S. Lewis (Thousand Oaks, Calif: Corwin, 1994), 150.

〔3〕 Taher A. Razik and Austin D. Swanson, *Fundamental Concepts of Educational Leadership and Management*, Second Edition(Upper Saddle River, NJ: Merrill/Prentice Hall, 2001), 53.

1. 学校管理者应当是教育领导，肩负帮助全体学生获得成功的使命，应当为学生提供学习的目标，充实学习目标的各种要素，并使这样的学习在更大的学校组织系统中发生，受到更大的学校组织系统的支持。

2. 学校管理者应当是教育领导，肩负帮助全体学生和教职员工获得成功的使命，应当倡导、支持和营造能够促进学生学习和员工成长的学校文化和教育课程。

3. 学校管理者应当是教育领导，肩负帮助全体学生和教职员工获得成功的使命，应当保证组织的管理、运行和资源的效率，营造安全、高效的学习环境。

4. 学校管理者应当是教育领导，肩负帮助全体学生获得成功的使命，应当与家庭、社区合作，充分关注社区的不同利益和需要，动员整个社区的资源，促进教育的进步。

5. 学校管理者应当是教育领导，肩负帮助全体学生和教职员工获得成功的使命，应当行为真诚、公正，符合道德标准。

6. 学校管理者应当是教育领导，肩负帮助全体学生和教职员工获得成功的使命，应当理解和影响政治、社会、经济、法律和文化环境，并对政治、社会、经济、法律、文化环境作出恰当的反应。〔1〕

典型的校长培训课程的另一弱点在于其常常划分为小学、初中甚至高中校长培训类型，这种划分弱化了校长的专业领域性质，同时，强化了已经存在的小学、初中和高中的距离。随着校长培训的整个语境的变化，这种情形同样在发生变化。

改革学校管理者培训课程的呼声同时来自外部和内部。卡耐基-梅隆大学开设的非传统性的校长培训课程，提出校长应当是通过课程和教学造就的卓越教师。这样的课程强调“职业敏感、人际交流技能和领导能力”。〔2〕 还有一些人士主张通过问题解决方式培训校长，就像医学和法律领域培训医生和律师那样，通过临床和实践培训校长。〔3〕 另一些人士建议加强校长的教学能力培训，通过这种方式培训的校长能够正确地影响学校的发展方向和具体事务。校长应当把握并能熟练运用最新管理方法，校长培训应当深深扎根于学校的实际工作。在日益普遍的校本决策形势下，保证校长始终立足于教和学方法的变革和发展的最前沿，是校长培训课程中特别重要的目标。

---

〔1〕 选自印第安纳卫斯理大学 2001 年领导预备课程。读者可登陆www. ccsso. org/standards. html 获取有关 ISLLC 标准的详细内容。

〔2〕 Daniel Gursky, “At University without School of Education, Principals Are Trained Like Business Leaders,” *Education Week*, 5 February 1992, 6 - 7.

〔3〕 Phillip Hallinger and Joseph Murphy, “Developing Leaders for Tomorrow's Schools,” *Phi Delta Kappan* 72(March 1991): 514 - 520.

任职校长的专门学习

前面曾经反复提及，许多因素对校长职务产生影响，包括培训课程。许多州已经建立或正在建立校长任职资格委员会，制定校长任职资格，这种情形将对学校管理人员的培训课程产生重要影响。大多数州将采用全美教育管理政策委员会（the National Policy Board for Educational Administration，NPBEA）编制的“专业领域”培训模式。

全美教育管理政策委员会由十个专业组织发起成立，1993 年出版了一本培训手册，勾画学校校长的主要实际工作知识和技能，包括以下主要的专业领域：

功能领域

领导、信息收集、问题分析、判断、组织视野、执行、授权。

课程领域

教与学的环境、课程设计、学生指导和学生发展、教师发展、测量与评价、资源筹措。

人际沟通领域

激励、人际敏感、口头和非声音表达、写作。

环境领域

哲学和文化价值、法律和规则运用、政策和政治影响、公共关系。〔1〕

在日常生活中，学校中个体行为如何，人际相互作用怎样，校长应当具备何种准备处理这些问题，以下要点能够提供一些知识基础对此进行探讨和思考：

1. 校长应当拥有广泛的教育基础和坚实的知识基础，赖以形成自觉和独特的教育哲学，藉以引导自己的校长工作。能够清楚地表述并实践自己的与学校相关的信念、价值和理想，领导学习化社区不同成员之间的相互交流和互动。

2. 应当精通与人的本质、成长和学习相关的心理学的全部最新进展，这些知识是教学方法和课程结构的基础。学生如何学习？其不同的学习方式在构建课程、教学和经验方面有什么意义？这些问题应当是校长能够根据学校的实际生活加以回答的问题。

3. 应当拥有扎实的社会学背景，藉以理解社会制度中的学校和社区关系。校长尤其应当掌握组织社会学理论和文化差异，在此基础上理解学校中的人，理解世界观的差异、社区家庭和成员的个体需要，以及社区的目标、角色、功能，社区的家长组织和资源，并懂得如何依托这一切促进学校的发展。

4. 不仅应当辨认社区内的各种必须满足的需求，而且应当知道社区内的何种人

〔1〕 Scott D. Thompson, *Principals for Our Changing Schools* (Lancaster, PA: Technomic, 1993).

士具有支持教育事业的实力，是学校潜在的合作者，能够为改进学校设施和满足各种需求提供帮助。

5. 应当知道各种学校课程的优点和缺点，能够熟练地运用有效的方法帮助人们运用这些课程和方法，对之加以改进，同时，学习改进管理和改进教学的知识与技术，懂得如何与同事一起持续地促进学校进步。

6. 应当清楚怎样才能最好地利用辅助教学设施，包括课件制作者、图书管理员、媒体专家、健康和心理辅导人士、医护人员提供的服务，以及社区机构可资利用的服务，并能很好地协调这些服务。

7. 与教师和员工保持最密切的接触，敏锐地感受并解决员工即时的和重要的问题，不断提高士气。掌握教师聘用政策的所有内容和程序，尤其是在聘用教师后，懂得如何引导新教师适应自己的工作。

8. 掌握处理学生入学、就读、转学、收费的方法和程序，懂得如何引导学校相关人士形成有效的评价学生进步的方法、向学生家长报告学生学习进展的方法和向社区报告学生学习情况与学校整体办学情况的方法。

9. 必须把学生看做公民，以这样的方式掌握与学生群体共同工作的技巧，形成真正的学生自治组织，引导学生组织进行有意义的和健康的活动，评价和促进学生的社会贡献。

10. 能够担当各种试图影响学校办学目的的力量之间协调者、矫正者的角色，并正确引导各种力量。

11. 熟练掌握学校内部各种技术工作的知识，包括学校法律、财政、预算、会计、信息管理以及促进这些领域工作的技术。没有这些知识，校长将无法在教和学、在管理方面发挥最佳领导作用，学校教学和管理也将因此弱化。

校长伦理

如果仅仅探讨作为人的校长，而不讨论其伦理，那将是一种不负责任的行为。本章前面曾经提到，州际学校领导资格认证协会号召校长诚实地、公正地和符合道德标准地工作。校长代表学区的重要的管理机构进行工作，处于引人注目的地位，每天都会面临考验其道德品质和职业行为的各种情境。许多文献都曾指出，大量的日常性的具体决策行为，都会受到模模糊糊的道德偏好影响。但是，校长应当清醒地认识到，没有什么比起校长的职业道德或诚实品质受到怀疑对学校教职员工的士气具有更大的破坏作用。偏离或违反诚实规范，将会迅速传染下层管理者，并很快瓦解整个组织。对新任校长来说，中肯的建议是形成有意义的和符合标准的行为方式，以此表明自己的诚实。这样的行为方式有助于校长避免各种问题行为的诱惑。

尼伯(Rebore)依据黑格尔的伦理命题，指出："……如果管理者的决策没有在其核心价值的支配下形成，这样的决策必然与管理者真正的自我本质分离，并会受到环境因素和一时的兴致操纵。"[1]在校长职业生涯的任何时候，反思自己的决策与自己所属的信念之间的关系，都是十分有益的事情。如果两者之间经常分离，那么，校长需要检讨支配自己作出决策的原则。一些校长声称，除非可以首先保住自己的工作，否则，其力量很难把事情做好，在这样的情况下，有时候，为了能够工作，即使没有促进教师和学生的利益，也会进行妥协。这样的情形昭示，工作中的行为准则是，为了能够保住工作，可以做任何必要的事情。无疑，妥协需要付出，甚至牺牲一些基本信念，但是校长必须恪守自己的道德底线，即使失去工作，校长也不应该把自己的诚实作为妥协的对象。

如果伙伴和同事确认了校长的诚实，将有助于保护校长免受含沙射影的攻击，或者偶然出现的不当管理行为的怀疑，人们将会十分清楚，校长代表什么。校长的行为方式将会成为他人决策的考量。

许多专业组织一致认为，校长伦理具有十分重要的意义。这些组织包括全国学校校长协会(the American Association of School Administrators，AASA)和全国学校行政官员协会(the Association of School Business Officials，ASBO)，不仅如此，这些协会也形成了一些校长行为模式。需要说明的是，尽管这些模式是在认真思考后形成的，但是，在特定的情形下，这些模式没有为个人形成自己的伦理判断标准以及确定什么是对或什么是错留有余地。大家都知道，对于校长来说，仅仅懂得服从和遵守法律并不能应付一切事务，仅仅服务和遵守学校政策或学校政策的基本精神也不足够，校长必须懂得如何在特定的情形下判断是非对错。

不道德的行为可以有多种表现。公然的违法行为，包括种族歧视、宗教偏见、不公正地对待学生和员工、拒绝履行协议和合约、性骚扰或体罚，都是一些容易确认的不道德行为。校长的更微妙的不道德行为可能是对自己的朋友或部分员工的偏爱，这些员工对校长溜须拍马，争宠邀功，与校长形成裙带关系。雇用一位员工的配偶或亲戚，以便留下这位员工在本校工作，可能就是一种不道德的行为。有人寻求与学校做生意，或者努力从学校获得生意，为此可能会向校长或学校的管理者送礼，也是难以捉摸的不道德行为。在节日，校长和教师收到家长的礼物，这些家长希望自己的孩子得到特别照顾。对校长和教师来说，收下礼物同样是不道德的行为。

一些校长可能认为，让一位员工与另一位员工相互争斗，这样对组织有利，或者在政治上是聪明的，因为制造"假想敌"，有利于团结员工为特定的事业或目标努力。另一些行为与此类似，但目的是以马基雅弗利(Machiavellian)的方式，取得自己个人的职业的成就，这一类的例子包括以牺牲别人的利益为代价，操纵政策、人事和程序，取

[1] Ronald W. Rebore, *The Ethics of Educational Leadership* (Upper Saddle River, NJ: Merrill/Prentice Hall, 2000), 74.

得有利于自己的职业成就，增强自己的权力，贬低同事或对手的职业能力，在这里，虽然结果公正，并通过结果矫正了手段，但这样的行为仍然是不道德的。

大家都希望别人认为自己忠诚。但是，如果人们与陷于问题困境的雇主或组织发生关系，甚至忠诚也会产生问题。在这方面，许多行为都可以被看做是不道德的。然而，倘若缺乏对专业、组织或者同事的忠诚，而这位同事的观念和理想受到专业的充分肯定和高度评价，在这样的情况下，校长又将怎么办？不忠诚是否意味着不道德？如果这位同事的观念恰好与完全循规蹈矩依法办事的组织对立，这时，校长对同事忠诚与否需要进行道德选择吗？

专业和社会持续变化，常常使管理者面临选择，遇到伦理的和道德的问题。如果希望建立规则、法律和政策，为选择正确的行为方式提供可靠的指南，那么，校长就得长期地自觉地进行行为选择，并检验自己的行为，观察行为后果是否与自己的真实信念一致，在此基础上形成自己个人的道德标准。这一过程需要阅读、研究和思考，严肃地与同学、教授、同事、哲学和宗教专业的人士讨论，这对陶冶和洗礼自己的价值观念、信念及其在此基础上的行为标准具有重要的意义。“人们必须深入内心，关注行为，全身心地维持自己的信念和立场。”[1]

案例研究

问题争论

阿普克莱弗特高中，以及整个学区，都在卷入一场重大争论。爱恩·特罗格德——一位高中教师向校长报告，一些家长对她和她的同事抱怨，因为家长们认为学校正在纪念同性恋月。她说，斯蒂弗·斯莫特——一位英语教师，在学校的主要宣传栏上张贴了同性恋历史，托姆·弗兰克——一位数学教师，在自己教室中的布告栏中张贴了同性恋少年的数据。约翰·肖特校长要求清除这些画面和数据。但斯莫特向工会和阿普克莱弗特人际关系协会提出抗议，声明校长的行为触犯言论审查法规，并进一步向学校的督导长投诉，同时向媒体报告这样的事情。其后，经过媒体报道，这件事在社区中引起了很大的争议。一篇标题为《战争爆发：同性恋历史宣传受到学校禁止》的报道更是为这场争议火上加油。

最初，督导长和学校委员会支持校长的行为。接着开始品头论足，并得到一份报纸刊登的社论的支持。这篇社论认为，工会不应当卷入这件事，学校管理者享有自由决定什么样的言论可以在学校展示。报纸始终支持学校的决定，但同时说明，学校应当充分尊重学生的选择，确认学生的主体地位，而不应当在学生面前倡导一种生活方式优于另一种生活方式。

争议没有消失。工会对整个事件提出了强烈的不满。州的反诽谤联盟聘请了一名律师，威胁提出史无前例的诉讼。律师约见学校委员会，声明委员会不能无视事实，假装同性恋学生不存在。同时呈示一份材料，这份材料表明，一所公立学校承认同性恋权利，另有八个州禁止歧视同性恋。

〔1〕 Jerry Patterson，*The Anguish of Leadership*（Arlington，VA：American Association of School Administrators，2000），71.

一位善于表达的家长站出来总结了社区关于这件事的观点。她说："同性恋并不需要任何宣传来展示其历史。它们的亚文化是对一切正当事物的打击。"这一总结受到社区的充分的肯定。

思考题 学校是否应当参与谴责或赞同一种生活方式？保护学生免受反同性恋暴力侵害和骚扰是否是校长的职责？如果大多数社区成员和家长反对某种言论，校长是否有权禁止其在学校展示？回顾和展示同性恋历史，是否与回顾和展示黑人历史、西班牙裔历史相同？这一案例的伦理问题是什么？

校长选拔

在意识到校长职务的巨大的冲突和压力时，如果是刚刚开始学习学校管理课程，那么应当再次想一下，是否应当选择校长作为自己的职业。随着更多先进的州和学区越来越关注校长职务，并改善校长选拔过程，以便选拔更优秀的教育领导担任校长，这一职务会变得越来越复杂。自然，那些维持现状的学区（许多学区如此）将越来越落后。

在大多数情况下，校长选拔尚未制度化。通常，"形象"和"适应"这样的模糊术语是地方人才市场中校长选拔程序的最为重要的标准。这样的标准将使专业位于次要地位，因为"形象"可能意味着身体外表而不是领导资格证书；同时，"适应"可能指政治、文化和人际因素，而非领导能力。当后者成为主要考虑因素时，强调有力的学校领导的考虑就会淡化。如果按照长期形成的习惯和地方规范，新的校长感到自己的才能受到限制，即使最佳的候选人可能被选上，"领导"和领导必须具备的"首创精神"这些概念也会受到贬低。

狄龙(Dillon)的校长选拔研究提出了下列选拔小学和中学校长的标准：

小学

1. 领导。
2. 人事技能。
3. 沟通技能。
4. 目标的清晰程度。

中学

1. 人事技能。
2. 领导。
3. 沟通技能。
4. 品质。[1]

本章前面指出，选聘校长职位的广告强调沟通技能，同时具有与学校内外各种团

---

〔1〕 William D. Dillon, "Public School Principal Selection by Indiana Public School Superintendents" (Ed. D. diss., Ball State University, Muncie, IN, 1995), 125.

体合作的能力。未来的校长必须表现这样的技能以增加选中的机会。在这里，选拔过程涉及双重视角："适合"和"面试"。面试在选拔过程中占据十分重要的地位，因为通过这一环节，能够看出候选人的沟通能力。金和布鲁姆（King & Blumer）指出，那些能够熟练地预测什么品质在选拔过程中最为重要的候选人，容易被选中，却会感到新的校长职位并不一定适合自己。他们指出："……候选人应当在面试中清楚说明自己是谁，追求的价值是什么，藉此判断自己的面试成绩，而不是反复强调自己将会怎样做好校长工作并得到同事接受。"〔1〕

人们正在努力动员女性准备并应聘学校校长职位。女性的沟通技能、对管理职位的兴趣和多年的教室工作经历都会有助于其担任校长职务。女性作为一个群体，担任校长职务将更具有交互作用、善于表达和包容特征。吸引家长参与学校活动，需要具有更多的交互作用和包容特征的领导。因此，校长选拔过程应当更多地关注未来校长的这些表现。

如果学校主要关注学生的学习，未来校长应当关心全体学生，不仅应取消对任何学生群体的偏爱或歧视，而且应促进全体学生的最大发展。坎贝尔和拉姆（Campbell & Lam）指出：

> 学校中的性别平等应当列入学校的议事日程，这将同时有利于女性学生和男性学生，以及有利于我们的女性同事和男性同事。性别主义消解了一切可能性。如果学校是一个"家"，这个"家"必须是人类一切"可能性"之家，必须是我们所有人的家。〔2〕

当然，未来的校长也应当得到鼓励，因为校长职业满布灰暗。美国中部一城市面临相当困难的局面，这座城市现任校长中的80%在未来的三年内都将届退休年龄。随着更多的社区将依据学生学业成绩，而不是依据学校默默的不引人注目的功能评定学校是否优秀时，社区将倾向于相信，学校很快就会面临人们积聚了足够的情感、呼唤学校学业成绩优秀、要求实施政治变革的时机。当这样的时机来临时，会有更多的校长职位留给那些教育背景优秀，具有教学领导能力的校长候选人，因为准备不足和专注于具体事务的学校领导将会被时代淘汰。

进入校长岗位

幸运的是，校长培训课程通过实习和实习场所作业，包容了校长职业的真实经验。

---

〔1〕 Matthew King and Irwin Blumer, "A Good Start," *Phi Delta Kappan* 81(January 2000): 357.

〔2〕 Meg Campbell and Liane Lam, "Gender and Public Education: From Mirrors to Magnifying Lens," in *Gender and Education*, ed. Sarah K. Bilken and Kiane Pollard (Chicago: National Society for the Study of Education, 1993), 220.

实习内容包括长期实习作业和教学实习，或者指定时间完成规定的作业(例如，一学期)。还有一些课程依赖模仿和案例分析增加了课程的真实性。尽管接受了这些课程培训，一位新校长在上班的第一天上午步入校长办公室时，依然感到十分孤独，即使这时候众多的人在包围着他，许多电话和电子邮件在等待他，以及一长串工作需要他完成。

学校协会、州的教育部、大学、校长联谊会等机构，通过会议、研讨和新校长之间的交流，对新校长就职提供一些帮助。学区也会提供辅导课程、工作坊、物质资源、时间和道德上的支持。[1]

新校长(包括有经验的校长)应该成为地方、地区、州和全国校长协会的积极分子，并且利用这样的优势，尽快成为胜任的校长。即使在协会中只是被动的一员，也就是只是阅读刊物和学术动态，聆听别人的讲演，那也比没有参与好。成为对协会作出贡献的一分子，一名会议成员，一名讲演者，或者其中一个组织的协调者，都会对尽快胜任校长有所帮助。在这样的过程中，新校长可以与他人交换观念、视角、肯定、建议和忠告，并获得进步。还有一些校长中心或类似部门可以帮助新校长评价自己的优点和缺点。[2]

新校长如果拥有反馈信息的多种渠道(360 度反馈法)，直接获取多种信息，那会幸运许多。[3] 如果无法正式获取反馈信息，新校长也应当建立非正式的信息反馈渠道，以便帮助自己度过上任的充满困难的第一年。

在正式担任校长前，如果有机会担任校长助理，那也将对任职校长大有帮助。需要明确的是，校长助理获取的经验通常非常有限，常常取决于校长布置校长助理的工作任务。本书第八章专门讨论校长助理角色。

如果没有正式的和有计划的就职前的准备工作，新校长需要独立地通过阅读文献，与同事接触，承担起校长应该承担的责任。有时候，新校长仅仅获得了一把办公室钥匙和一份教师名单，便开始担任校长职务。这时，校长需要尽早作出决策：追求稳妥，确保职位；抑或认真选择职业发展通道。如果没有认真思考，慎重决策，作好准备，便贸然行动，在上任伊始，新校长就可能付出代价。因此，新校长应当反思自己的信念，检讨自己的价值观念，并恪守自己的价值观念，理解教师、学生和学习，进行相应的准备，然后开始投入工作。进行认真的准备，坚持自己的价值观念，无疑有助于新校长获得一个好的开端，而不是上任之初便举措失当。新校长应当明白，这样的过程是无法避免的。

---

〔1〕 Elizabeth McCoy, "The Learning Needs of Principals," *Educational Leadership* 58 (May 2001): 75-78.

〔2〕 可以从 www.principals.org/training/04.html 处获得自我评价工具。

〔3〕 David Giber, Louis L. Carter, and Marshall Goldsmith, *Linkage Lnc.'s Best Practices in Leadership Development Handbook* (San Francisco: Jossey-Bass, 2000), 44.

小结

校长是众多期望的焦点。许多研究和报告强调，校长的教育领导能力在将美国教育带向优异的过程中具有十分重大的意义。通常，校长感到，在履行教育领导义务和从事具体管理工作之间，处于一种两难的境地。这样的焦虑真实地存在着，因为学校和社区的期望存在很大差异，或者期望校长成为优秀的教育领导，或者期望校长介入具体管理工作，并且经常变化，这对校长的工作产生极大的影响。但是，认真选拔出来的校长候选人，在任职前和任职初期认真准备，加以激励，是能够管理好学校，并将履行教育领导义务视为自己的主要工作。

近几年来，教育部、专业协会、教育委员会、学院和大学发起了大量的研究和探讨，并进行实地调查，希望寻求优质学校的基本特点，以及高效、成绩优异的校长的主要能力。在这些研究结果的启发下，一些州和国家的中心已经建立了机构，努力提高校长的胜任能力。校长任职资格标准也在发生变化，折射着社区和学校对校长期望的变化，以及最新的研究成果。

思考题

1. 一般地说，什么是导致教育变革的最为主要的因素，教育领导、政治家，还是时代的经济、社会、政治环境的变化？

2. 学校员工、家长和学生应在何种程度上参与新校长的选拔？编制一份校长选拔程序并对之进行解释。

3. 列举赞成或者反对一般学校管理者的专门教育课程和学校校长的专门教育程度的观点。两种课程是否应当成为关注的焦点？

4. 说明你所在的州的校长任职资格的具体要求。这些要求是强调教育领导还是强调管理？这些要求与督导长的任职标准有何差异？

5. 比较成功的和不成功的学校管理者的个人特点。

6. 你所在的州依据什么预测具体的管理潜能？（例如，是否有评估中心、机构和学区培训课程？）

7. 在你看来，学校校长应当具有何种品质？你能依据客观的事实性论据说明你的主张吗？

推荐读物

1. Black, Susan. "Finding Time to Lead." *American School Board Journal* 187 (September 2000): 46 - 48.

2. Giber, David, Louis L. Carter, and Marshall Goldsmith, *Linkage Inc.'s Best*

Practices in Leadership Development Handbook. San Francisco：Jossey-Bass，2000.

3. Gursky，Daniel. "At University without School of Education，Principals Are Trained Like Business Leaders." *Education Week*，5 February 1992，6－7.

4. Hallinger，Phillip and Joseph Murphy. "Developing Leaders for Tomorrow's Schools." *Phi Delta Kappan* 72(March 1991)：514－520.

5. King，Matthew，and Irwin Blumer. "A Good Start." *Phi Delta Kappan* 87 (January 2000)：356－360.

6. McCoy，Elizabeth. "The Learning Needs of Principals." *Educational Leadership* 58(May 2001)：75－78.

7. Rebore，Ronald W. *The Ethics of Educational Leadership*. Upper Saddle River，NJ：Merrill/Prentice Hall，2001.

第三章 学校及其社区

目前，无论在美国当地，还是在国际上其他地方，学生、教师、学生家长以及纳税人都能够获得通过技术途径源源不断传出的各种声音。与此同时，包括网络在内的各种媒体所发布的思想言论也在影响着与学校有关的种种决策。那种仅把学校看成一个远离世俗喧嚣的学术孤岛的观点，直至今天，从来就没有实现过。在任何社会中，公立学校问题都只能算做社会活动的一部分，只能算现存许多社会问题的其中之一。教育非常复杂，必须通过许多公共机构、社会部门以及社会活动之间的合力才能实现其目的。通过正式途径组建起来的公立学校也只是其中的一种重要形式而已。对于如愿以偿地实现教育产出目的而言，社会各部门之间的协作显得至关重要。

在美国，公立学校最初只被视为家庭及当地社区的一种延伸。当时，这种形式还是经由公民通过公共法案对各州进行特别授权才得以实现的。正因为这种授权行为的出现，一种存在于家长与学校之间的伙伴关系才应运而生。这种伙伴关系不仅促使家长积极关注教育计划，而且还促使他们以明智的方式参与其中。自 1642 年至今，各种法令、司法决议及著作等一直都在宣扬这种伙伴关系。当地社区往往通过选举学校董事会的形式来控制教育活动以维护这种伙伴关系。在有些学校，学生家长和其他市民可以在某种程度上通过正式协会参与学校教育；在其他一些学校，他们更多的是通过顾问、校务管理理事会、各类扶持学校型项目、校企合作项目、为课堂提供共同工作人员以及物资人员的项目，以及诸如此类的学校-社会合办机构等途径来参与学校教育。

学校是市政管理的一部分

从当地社区乃至从州社区角度看，公立学校都是市政管理的一部分。市政管理一般由公共建设工程、公共安全与健康、娱乐行业、社会福利以及教育等部分构成。另外，教堂、社会机构、娱乐机构、福利机构、志愿者文化以及各种各样的经济活动也可以保持社区不致显得过分结构化。对于当地社区的人们而言，这些活动都显得非常重要。尽管他们中有些人在不同的时候会强烈关注不同的焦点问题，但这还有赖于所涉及的人以及他们所面临的问题。当地社区中的这些组织机构确实使社区影响更为复杂，但是它们都不能自给自足。因此，所有这些组织机构只能受制于地方、州与国家的强大影响。这样，公共教育自然也就成为这种错综复杂的局面中的一部分。在绝大多数情况下，由于学校活动与这些组织机构的行为之间在很大程度上相一致，因此双方必定少不了合作；同时因为学校是社会公共机构，自身的福利问题需要靠这些机构的帮助才能得以解决，所以学校又必须对所有这些组织机构保持敏感与关注。最后，为了赢得公众支持，学校还必须与这些组织机构进行竞争。

社区对学校的影响以及学校对社区的影响是一个持续的互动过程。其中，学校对社区的影响更具微妙性、长期性以及间接性的特点。然而，社区对学校的影响却没那么微妙。图 3.1 所示的就是公共教育与社区之间相互影响的不同来源。

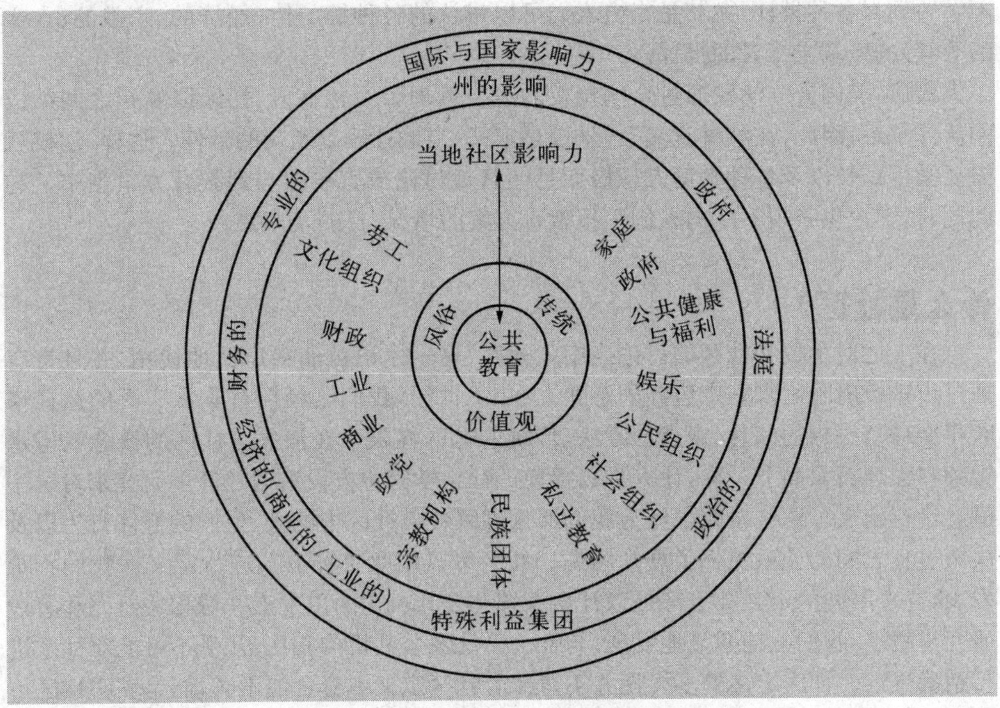

图 3.1 影响公共教育的因素

作为负责社区青少年教育的机构，学校感到自己受制于社区中每一次有组织或无组织的活动所产生的压力与限制。而且，学校在各方面都要接受学生家长以及一般人的详细检查，这就将校长与教职员工置于非常敏感的境地。有些人倾向于反对社区干预学校。然而，开明的校长则认为，对于一个像公立学校这样重要的公共机构而言，这种关注是很自然的。其实，成功的学校管理者不怨不恨、不斗不争，也不漠然视之，而是全身心地投入到社区及社区事务中去，如同投入到自己学校事务中去一样。多年来，当地社区与学校之间的伙伴关系经由风俗、立法以及司法理念而形成，它并非是某种理所当然应该去做的事情。

基本原则

下列原则能够为管理人员评估和规划学校与社区之间的关系提供坚实基础：

首先，教育过程要扩展到公立学校围墙以外的地方。外部力量的影响非常重要，学校与其他社区机构、部门以及组织之间的紧密合作对教育项目的健康发展及对资源的充分利用具有非常重要的作用。

其次，美国公立学校反映了文化环境，并且自身就是文化环境的组成部分之一。它不仅负责保存有价值的历史事件，而且为未来的发展与变革开拓道路。必须密切关注所有人的愿望，因为学校需要在达成普遍共识的情况下开展工作。然而，它也总免不了要面对各种批评，尤其是来自人们可以辨认的各种统一体（经济的、宗教的、人文的等等）的极端主义者的批评。

最后，美国公立学校通过合法授权的途径体现了一种在人、社区以及州之间结成的伙伴关系；因此，在某种意义上，学校是家庭、当地社区以及州的延伸。这样，学校就需要学生家长以及各种赞助人积极而且明智地讨论或直接参与到教育方案当中。与此同时，学校也必须不断向人们汇报教育方案的情况、目的及需要。

什么是社区？

在上述对学校和社区的讨论当中，“社区”这一术语被非常广泛地使用，并且带有通过市镇政府限制来划定边界的意味。在 21 世纪，我们已经拥有非常广泛的途径来获得全球范围内的信息、观点与看法，传统的社区界限正在消失。社区的概念就像水银掉在大理石桌面上一样，让人难以捉摸。社会学家想方设法通过许多研究来对这一概念进行定义。这些研究已经为我们深入理解各类社区中的人、他们的群体行为以及决策过程之间的关系提供了真知灼见。社区可以用数十种方式进行定义。我们不难发现，许多不同的定义几乎都是以社会系统和公共机构为出发点。对相关研究和著述研究得越多，我们就越明显地发现，与社会系统及公共机构相比，几乎不可能对社区进行精确界定。社区定义的多样性并不意味着社区定义本身含混不清，而是表明社区不是一种简单的社会现象。许多人也都对此深信不疑。更为确切的问题是，要让教育学者对属于不同群体的人的活动以及他们的组织等方面的复杂性保持警觉。社区的定义非常之多，它取决于各人的角度和目的。

人们已经从空间、人口群体、共享性公共机构及价值、当地人之间的互动、权力结构、种族结构以及社会系统等角度对社区进行了研究。[1] 有些学者引用了社区的领

〔1〕 有关社区的此类观点，参见 Roland F. Warren, *The Community in America*, 2d ed. (Chicago: Rand McNally, 1972), 21-52.

土系统观点来对社区进行论述。该理论认为，社区是一个框架，在此框架内，无论社会联系还是政治联系都不紧密，教育“游戏”可以在一个由行政区划定的领土范围内进行。很多著作也将社区概念强调为一种社会系统。该系统包含多个组成部分，拥有固定边界，接收可控或不可控的输入，并将输出到其他一种或者多种系统当中去。社区已被视为由多种系统组成，而这些社会系统又依次由各种次级系统组成。[1] 在今天，这些系统表现得越来越独立，但是相对于法庭、政府机构或特殊利益集团等各种外部影响而言，学校中的这些系统则表现得相当脆弱。

关于学校管理的书籍一般认为，社区是一种政府性单位，也就是人们所知的学区。从而，这些在行政区划范围之内交互作用的各种单位就被统称为社会系统。在试图分析该系统中的个体系统角色时，这些书籍经常提到盖茨尔斯和古巴(Getzels & Guba)的观点。他们认为，社会行为中互动的组织维度(研究一般规律)与个体维度(研究特殊规律)会影响组织中的个体行为。

在社会系统中，人(管理者、教师或者学生)会作出某项决策或者表现出某种行为。由盖茨尔斯-古巴模型可知，这种决策或行为的构思源自一般规律与特殊规律两种维度。换句话说，学校中的行为是一种由社区和学校对人们的期望以及人们由其需要所限定的人格共同作用的结果。

在考虑管理者、教师或学生的特定行为时，这个模型虽然已经提供了一种有益的途径，但除非予以详细解释，它还是显得过于简单。在考虑组织维度或个体维度时，人们往往会假设，认为只有一种机构——学校——影响这种角色。因此，情形就成了静态而非动态的了。实际情况是，对于任何特定个体而言，在特定时间内其所属机构——教堂、政党、社会性质的俱乐部、种族群体、社区、专业组织——都在对这种角色产生影响。

对于个体维度而言，情况或许同样如此。个体维度通常被认为是人格中基于早期经验和影响的静态状态。这些影响非常重要。然而，在特定时间点上，现存各种影响(朋友、意外、不同寻常的经历等)也会在很大程度上改变人格与行为。[2]

从这些探讨影响行为的著作来看，在许多社区中，个体与这些社区之间的互动显然会对这些个体在社区中所表现出的不同角色行为产生影响。虽然我们并不打算在本章中就各种机构、社会系统以及公共社区等方面进行详细探讨，但在此我们建议校长们研究这些领域，并将其作为校长预备项目的内容。

因为社区隐含着人、关系以及各种共同的兴趣爱好与价值观等意义，并且比“系统”和“公共机构”这些术语更加针对个体，所以在讨论学校中人们彼此之间的关系时，我们使用“社区”这一术语进行分析。从这个意义上讲，社区的定义非常简单：通过共同

---

〔1〕 Nicklas Luhmann, *The Differentiation of Society* (New York: Columbia University Press, 1982).
〔2〕 J. W. Getzels, “The Communities of Education,” *Teachers College Record* 80 (May 1978): 659 - 682.

的物质、认知以及情感上的教育关系来自觉确认集体身份的人群。在这一定义基础上,若干个社区就存在于范围更广的学区之中。学区中的每一个社区也可以表现为多个不同的社区,但是所有这些社区最终将整个学区变成一个具有共同价值观和期望值的复杂网络。

学校的社区

每所学校都只是范围更大的学区的一部分。这种学区也被称为学校行政区,它是该学区中所有公立学校的管辖单位。校长直接关心的是学区中属于自己学校的那一部分。在这个广阔的学区(行政区)中,校长与督导长、中央办公人员以及其他学校的校长们共同承担有限的领导责任。对于居住在该地区或就学区的家长和居民而言,邻近学校的校长就成了逻辑上的第一教育联络人。这个非常有限的社区的边界由学校本身的就学区来确定。所有就学区内的居民以及该所学校雇用的人都是这个小社区中的一部分。他们可能是:(1) 孩子不在校的居民;(2) 在校学生的家长;(3) 在校学生;(4) 该校教师及其他雇员。

在很大程度上,学区拥有固定的边界。然而,随着择校、家庭教育、有吸引力的学校、远程教育以及通过边界交叉措施来实现教育机会平等等各种情况的出现,社区被扩大和分散了。这种分散使描述学区构成变得更加困难,同时也使沟通变得更加困难。然而,它并没有消除学校或社区是什么的理念。

社区的变革和复杂性以及 20 世纪下半叶随之而来的学区变革及其复杂性,要使学校像 18、19 世纪那样联系紧密并拥有当时的号召力变得非常困难。除非作出特别努力,否则人们的实际归属感、参与感以及成为学校合作伙伴等都会与灵活性和多样性一起很快消失。这些年来,学校和学区都不断发展,有些发展是有计划的,而有些则具有偶然性。一些较大的学区已经趋向于发展成为高度官僚化的组织。我们需要作出特别努力来帮助学校变得更具有责任感。虽然通过组建更大规模的教育单位增加了人们的受教育机会,但在规划教育单位的过程中,没有人创造或者发展一种现实的、有组织的途径来让学生家长及广大市民与学校保持密切联系。对于新创建的学区,人们不得不通过与其他学区相比较才能感受到社区的缺失。

对于规模庞大与签到式官僚结构的一个简单答案就是,要更加重视每一个学区,同时将每个学校都视为组织中最重要、最敏感的单位。另一方面,通信技术的进步推动了兴趣社区的形成。例如,关注某所学校的人们彼此可以通过许多网络进行沟通,从而克服时间乃至空间限制,而在此之前,空间限制一直阻碍着沟通。

人们发现,各州的学校规则都强调这种理念:提供恰当的课程与资源;小学校舍容纳人数应当不少于四百人,初中不少于六百人,高中不少于八百人。人们也许会针对此类规则的限制提出许多问题,但趋势表明,这些规则和限制在继续得到巩固,甚至发展到不得不让那些能形成内部社区归属感的小部分师生在学校内部自行组织起来。

关于“旨在重建社区并让社区保持生态可持续性的教育新设计”方面的方案已经制定出来了。[1] 这种方案将在生态区域(即一个在相当长时间内能自主发展的生态系统)的基础上创建政治实体。新的居民关系将被培育起来,教育在可持续性区域长期自给自足的过程中可以将现实生活作为基础。

“社区感”这个短语常常被用来描述人与组织之间的关系。它认为,这些关系是可信任的、公开的、诚实的、挑战性的却又互相支持的,可以描述组织成员之间的联系与联合。鲁宾和鲁宾(Rubin & Rubin)解释说,“社区”这个术语是指社会整合,是“将人们连在一起的事务与纽带”。[2] 这些联结体通过感情和兴趣将人们连在一起。爱齐欧尼(Etzioni)注意到:“个体与社区彼此互相‘制造’,不与他人以及社区紧密相连的个体将不能有效地发挥其作用。”[3]

萨乔万尼(Sergiovanni)注意到,社区成员会对理念的实质内容作出响应,这暗示着领导者能建立一种“共享式伙伴关系……着眼点不在于谁在追随,而在于追随什么”。[4] 因而,一个学区就是对教育、学习以及此类事物目的等持有共同理念的一群人。

这些含义对于学校领导者而言是很清楚的。社区中的人们需要成为群体的一部分,要朝共同利益方向努力,同时也要分享学校中的一系列价值观。作为社区实体的学校需要成为另一个更大的拥有共同价值观以及为共同利益努力的团体中的一部分。

鉴于诸多原因,学校作为一种机构,在以社区成员的身份进行运作的过程中,已经表现出了广泛的兴趣与有效性,尤其在教学、课程以及利用诸如商业机构和服务机构资源等方面更是如此。一般而言,学校并没有跟上人们对它与经济以及程度相对较轻的政治相联结的期望与步伐。难道阻止与社区及与学生家长之间的互动是基于控制教育事业的需要吗?

学校控制:一场论战

政府性与经济性实体通过设定考试达标水平、拒发财政支持或者设法通过权威人士念出“公立学校失败”的“咒语”来影响公众等手段来控制学校。默菲(Murphy)指出:“……教育控制的图画正在重塑……也许新的治理法则——一批控制机制——正在出现……它有许多关于治理的想法可供选择……”[5] 俄勒冈大学教育政策与管理

---

[1] Paul Theobold and Paul Nachtigal, “Culture, Community, and the Promise of Rural Education,” *Phi Delta Kappan* 77 (October 1995): 35.

[2] Herbert J. Rubin and Irene S. Rubin, *Community Organizing and Development*, 2d ed. (New York: Macmillan, 1992), 82.

[3] Amitai Etzioni, *A Responsive Society* (San Francisco: Jossey-Bass, 1991), 139.

[4] Thomas J. Sergiovanni, *Leadership for the Schoolhouse* (San Francisco: Jossey-Bass, 1996), 83.

[5] Joseph Murphy, “Governing America's Schools: The Shifting Playing Field,” *Teachers College Record* 102 (February 2000): 79-80.

中心(the Center for Educational Policy and Management of the University of Oregon)的研究人员对学校控制各阶段的历史回顾研究表明,学校控制在过去一直都为"人们所曲解"。[1] 他们的主论题是,地方性控制先是被教育专业性发展破坏,现在又进一步被"政治改革精英"攻击。在这些精英看来,学校是社会经济变革的代理人,尚有待通过联邦与州立法的途径来运作。

许多新玩家已经加入到这个游戏中来。政治人物及商业领袖已经形成团体并试图通过多种途径来影响公众和立法,从而改善学校。家长们已经通过在家教育孩子的方式把有些事情掌握在自己手中。在美国,这种现象不断增加。关于自己孩子到哪所学校就读的问题,家长们要有选择余地的想法也成为现实。在3~12年级中,约25%的学生报名参加的公立或私立学校是由他们家人选择的。在高收入家庭(年收入达50 000美元甚至更多)中,选择某种备选形式的比例高达72%。[2] 如今,很少发现政治候选人不支持为学生家长们准备的多种择校形式。

布雷西(Bracey)注意到了另一个强调学校负面影响的部门——媒体。他指出,自20世纪70年代以来考试成绩的小幅下降引起了人们的广泛关注。考试成绩的提高,其中1995年在十年中增幅最大,并没有成为头版消息,在有些情况下甚至根本未曾提及。[3] 这些报道的幕后主谋也许想通过强调学校的负面影响来获利。有些人对学校选拔合格雇员的有效性进行谴责,有些人把自己的想法作为攻击公立学校择校或私立学校择校的跳板。有时候,他们的动机相当明显。对教育领导而言,在时有敌意的环境中建立起社区感可是一种挑战。然而,良好教育的构成内容方面的想法如果确实具有实质性和可用性,那么教育领导者所面临的挑战可能就会转化为机遇。[4]

案例研究

教师士气是校长的问题吗?

乔治·古德费勒沮丧地坐在桌子旁。他刚与二年级教师布鲁斯·卡维尔进行过一次令人气馁的谈话。年轻教师布鲁斯·卡维尔一直都被乔治·古德费勒看做最有前途的教师之一。当时,布鲁斯·卡维尔犹犹豫豫地走进了乔治·古德费勒的办公室。他想和乔治进行一次私人谈

[1] L. Harmon Zeigler, Harvey J. Tucker, and L. A. Wilson, "How School Control Was Wrested from the People," *Phi Delta Kappan* 58 (March 1997): 534 - 539. 另外可参见 *Phi Delta Kappan*1984 年 12 月卷,其中有一部分专门讨论"The Vanishing Myth of Local Control."

[2] Lawrence Hardy, "Public School Choice," *American School Board Journal* 187 (February 2000): 22 - 26.

[3] Gerald W. Bracey, "The Fifth Bracey Report on the Condition of Public Education," *Phi Delta Kappan* 77 (October 1995): 153.

[4] 有关此方面的深入讨论,参见 Jack L. Nelson, Kenneth Carlson, and Stuart B. Polansky, *Critical Issues in Education*, 3d ed. (New York: McGraw-Hill, 1996).

话。布鲁斯以相当有试探意味的方式开始了谈话。"虽然成为学生生活的重要组成部分让人感到满足——教师、社会工作者、朋友、兄弟、家长……但是,听到那些脱口秀主持人对公共教育的冷嘲热讽实在让人感到气馁。在最近的政治竞选中,政客们虽然说他们已经把教育改善问题定为优先考虑的主要事情,但是他们的评论把公立学校置于更为不利的境地,他们的言下之意就是说,教育需要修理。报纸、电视以及广播一遍又一遍地重复着这些消极言论,意图似乎是谴责美国儿童与其他国家儿童比赛过程中的拙劣表现。古德费勒先生,我开始感到自己好像正处于一个二流行业!公立学校所处的消极氛围正在消磨我当教师的愿望。坦率地讲,我正在为自己是一名教师感到羞耻。我需要被欣赏,需要对自己的所作所为感到自豪。我打算放弃教学,并想在本学年末递交辞呈。"

乔治虽然被这种抱怨弄得哑口无言,但是很明显,他通过思考这次私人谈话而大有收获,而且还能很好地将它复述出来。虽然他就人们如何变得气馁这一问题发表了一番评论,但教学是一种历来令人尊重的职业。当时,他说:"布鲁斯,请仔细考虑一下,在你真正作出决定之前再跟我谈一次。"

当年轻的布鲁斯·卡维尔关上门离开时,乔治用手捂住了脸。天哪,好家伙!这场全国范围内关于教育的争论正在破坏教师们的士气。当时,"为教育提供优质服务"这种说法正在产生消极影响。乔治·古德费勒已经当了九年校长。他总为自己能与那些精神饱满的同仁一起工作而自豪。他们的工作虽然是为了解决一些普通问题,但是他们的作为远远超过了那种提倡为学生和老师提供良好场所的号召所具有的分量。他从来没有对自己同仁的专业性或士气担心过,但最近几年中,与他一起共事的许多最富支持精神、最可靠的教师已经提早退休,一些年轻人取代了他们的位置,有时候还是些言语消极的家伙。

乔治意识到形势很严峻。他已经感觉到花言巧语的竞选活动中把教育当成需要修理的失败的对象进行鞭挞所带来的刺痛。他心里清楚这些评论会对那些相信自己正在献身崇高事业而又未获欣赏的年轻教师们产生怎样的影响。但又能怎么办呢?

思考题 乔治·古德费勒应当做些什么去消除那些抨击带给公立学校的负面影响呢?最近,一名政客在谈论家庭教育的优点时说了这样的话:"业余人员做得比专业人士好。"乔治怎样才能或者应该如何设法去补偿诸如此类的评论所产生的不良影响呢?难道他要对整个学校系统或者教育行业担起责任吗?

专业人士处于控制之中吗?

专业人士、教师以及行政人员屡遭指责,指责他们通过使用行话、规章以及摆出一副"我们拥有与学生打交道的专长"的常见架势来压制其他那些试图改进社区感的行为。一般而言,在联合承担对个体或者全美年轻人进行教育的责任的过程中,这种对别人作出力所能及的举动进行疏远的立场不利于建立起伙伴关系。或许这些教师和行政人员认为,"外部"参与是对他们正统权威性的一种侵蚀吧!

在与学校打交道的过程中,学生家长经常发现他们处于一种可觉察到的无助、挫折与自卑的境况之中。凭借特殊的证书和术语,各种组织,包括学校中的专业人士在实质上获取了对儿童的控制权。尽管这种情形已获得改变,但人们仍不时听到教师们希望独立工作而不受外来干扰的请求。

州控制与联邦控制

越来越多的证据表明,"地方控制"这个术语已经更多地变成了一个口号而不是现实,因为自从1950年以来,州以及联邦立法已经将地方对学校的控制力侵蚀几乎殆尽。对于二战之后的那些联邦特别援助项目以及在教育领域赋予联邦政府空前权力的《1965年中小学教育法案》,人们也持有这样的看法。他们也提到了让联邦政府在教育机会均等问题上成为赢家的民事权利立法,该立法通过拒拨基金的惩罚性手段或者其他强制性措施强制执行。虽然民事权利立法对于消除针对黑人以及其他少数民族的不公正待遇显得既必要又重要,但是它改变了公众对当地学校董事会(它们对自己学区中的公立学校拥有最大的控制力)的看法。数十个联邦项目确实为学校提供了大笔新资金。同时,这些项目也设定了新要求以及许多规定来限制当地社区学校的正常特权。

在尼克松当政期间,加强联邦制度受到了越来越多的关注。因此,一部分联邦资金开始被州教育部门或者其他某些机构分流掉。这往往明显地增大了各州的权力,因为当它们在分配这些资金的时候也针对资金的使用制定了制度。在里根当政的"蜜月"年份中,当整笔教育拨款获得通过时,这种处理方式的势头更厉害。整笔拨款把联邦政府无条件支持的资金转换到了那些几乎可以统称的一般性援助上面,以学龄人口作为基础划拨到各州。有了这些资金和权力的武装,又被《国家处于危险之中》(*A Nation at Risk*)以及其他报道激起了公众关心,各州通过了众多针对课程、教师培训、课本、毕业要求、胜任能力测试以及其他各方面的规定。来自联邦执行机构的压力在不断地增加测试,把基于学校表现的结果与学校可用的联邦资金进行捆绑。有些州立法机构在对这种测试-奖赏型思路进行反思,或者在对支持学校改革的观点进行抑制。数十年中,这种"基于结果进行拨款"的项目已经重新改头换面。第一个此类项目始于19世纪的英国。当时,对每个学生的援助只有在学生通过阅读、写作及数学等考试的情况下才能进行拨款。[1]

假定社区差异性遍及全美国,并且每个社区都存在差异,虽然这些社区的领导者合作利用州及联邦机构所提供的机会非常必要,但当这种必要性变得绝对时,他们也应当保护他们自己的特权以便能够为自己所属的特定社区提供最好的教育。

重建新的地方观念及伙伴关系

当家长、市民、政客以及教育专家开始把注意力转向学校改革并藉此消除大量报告、书籍以及媒体报道中所提及的不足时,第一个被提到的问题就是:我们从哪里获

〔1〕 Wade Nelson, "Timequake Alert," *Phi Delta Kappan* 82 (January 2001): 384 - 389.

得资金去聘请更加训练有素的行政人员、受过更好培训的教师，从哪里购买更好的设施、更好的设备并设置更长的学年呢？这不一直都是实现学校改革的途径吗？然而，试图利用更多资金来改善机构的基本要素的做法，正如以前已经多次尝试过的那样，也许在对改善学习这一点不作要求的情况下可以有所效果。

对任何学校而言，学生才是真正的关键因素，学校的主要目的就在于改善学生的学习。幸运的是，有些改革者已经开始把注意力放在学生身上。他们意识到了一个显而易见的问题：学生并非孤立的个体，而是家庭、同龄人群体、邻里以及社区的成员。改进学生的学习是学校的主要目标，这就需要将学生的学校经历与生活联系起来，把他们向超越他们当前现状的积极目标引导。这种联系意味着要把对学生有意义的关系及经历的其他形式也考虑进来。虽然改善后的服务未必会如此，但是那些形成此类关系与经历的人身上所具有的合作、支持及伙伴精神能够创造一种珍视学习价值的环境。因此，在学校获得大幅改进之前，学校与社区之间的伙伴关系必须先得到改进与重构，因为这种关系已经由于双方都感到对地方丧失控制力而受到了严重侵蚀。

如前文所述，自从 1642 年（老迷惑者撒旦条例，the Old Deluder Satan Act[1]）以来，这种学校-社区伙伴关系就已经一直存在着。但除学校董事会及家长联合会之外，还没有出现一种具备下列特点的模式：全国认可；可以用来组织上述伙伴关系；藉此为课程及学习过程提供巨大力量；并不侵占教师专业特权。许多积极人士提供了自己在某些服务项目中的成功经验。这些项目将青少年与社区[2]以及那些通过互动性更强的方式为青少年和学校提供服务的机构联系起来。希思和麦克劳克林（Heath & McLaughlin）指出："成功的组织……要授权给青少年，而不要使他们幼稚化。"[3]他们还列出了成功组织的一些特征：

1. 把青少年看做有待开发的资源，而不是需要管理的问题。
2. 关注那些公认有产出的活动。
3. 把发展责任授予青少年本人。
4. 植根于社区并从社区汲取资源。
5. 随社区生态变化而变化，满足社区生态变化中出现的需求。[4]

学校有必要与家长形成伙伴关系已经达成共识数十年了。农业导向型的学校日历在今天仍然很常见。这就是需要与家长及社区形成合作关系的证明。

早在 1924 年，约瑟夫·K. 哈特（Joseph K. Hart）就曾提醒他的读者要对一种更

---

〔1〕 我们经常会遇到一些早期的条例，但我们很少去阅读其中的哪怕只是一部分。我们可以通过以下资源来查阅诸如此类的殖民学校的条例：Ellwood P. Cubberly, *The History of Education* (Boston: Houghton Mifflin, 1920), 363－366.

〔2〕 参考第十章中关于学校中学习服务的讨论。

〔3〕 Shirley B. Heath and Milbrey W. McLaughlin, "Community Organizations as Family," *Phi Delta Kappan* 72 (April 1991): 625.

〔4〕 同上，626－627.

为强大的社区-学校伙伴关系予以关注，他当时写道：

> 教育并不远离生活……教育民主问题并不是孩子训练中的一个主要问题，而是让社区中的孩子们禁不住想成为民主、聪明、自由守纪、生活虔诚以及热心分担时代重任角色的问题。学校并不能产生结果，只有社区才能做到这样。[1]

早在1939年，埃尔西·R. 克拉普(Elsie R. Clapp)所写的她在肯塔基州和西弗吉尼亚州发展社区学校的成功经验时就曾发问："学校终于何处，生活又始于何处呢？"她当时回答道："它们之间并没有什么区别。一所社区学校就是一个习惯了的地方，一个为了满足生活和学习的一切需要而进行、自由并非正式使用的地方。实际上，它是生活与学习相结合的地方。"[2]

W. K. 凯洛格基金会(W. K. Kellogg Foundation)将数以百万计的美元投入到那些推动社区-学校型伙伴关系的项目中去，尤其是在20世纪30年代晚期到20世纪50年代中期。在20世纪40年代早期，密歇根州弗林特的莫特基金会(the Mott Foundation)就开始对社区-学校型伙伴关系给予财务和理论支持，并且现在还继续支持那些为其提供领导的项目。

社区所要面对的压力还有快速变化的种族结构问题。据估计，到2020年，美国18岁以下的孩子中将有一半不是白色人种。[3] 美国移民中有五分之四来自亚洲和拉丁美洲，这使语言和文化差异在绝大多数情况下成为挑战。这些变化在丰富学校生活的同时，"在我们处理日常事务时"，也经常被看做障碍。学校需要与所有家长保持联系。沙因(Schine)指出，学校在"……承认它们与学生家庭共同承担让每个孩子都获得成功的义务"上面临着挑战。[4] 麦凯莱布(McCaleb)指出："必须创造一个新的伙伴关系模型，家长在模型中被看成资源，而不是令人讨厌的角色。"[5]可见，形成伙伴关系并共担风险对满足学生的不同需要至关重要。

在多数情况下会出现这种情形：当学校需要大力支持时，它们就会采用特定程序让家长或社区参与进来，但当目的达到时，这些程序就会因缺乏努力与关注而失去作用。这种趋势已经使公众对学校寻求支持的动机产生了怀疑。有一件事是肯定的：在回顾社区-学校型伙伴关系的成功案例时，有人发现，虽然中央行政管理部门不得不

---

〔1〕 Joseph K. Hart, *Discovery of Intelligence* (New York: Century, 1924), 382.

〔2〕 Elsie R. Clapp, *Community Schools in Action* (New York: Viking, 1939), 89.

〔3〕 "Children of 2010, Child Trends," U. S. Department of Education in *Principal* 79 (May 2000): 18.

〔4〕 Joan Schine, "Home and School Face Changing Partnership Roles," *Schools in the Middle* 8 (November/December 1998): 20.

〔5〕 Sudia Paloma McCaleb, *Building Communities of Learners* (New York: St. Martins Press 1994), 7.

出台政策来认可社区与学校之间的紧密伙伴关系，但相对于那些增强这种伙伴关系的主动性、维护性的活动而言，学校校长所占据的领导岗位显得非常关键。对教师以及在任何一所特定学校中形成直接社区的市民而言，校长是双方的第一联络人。任何社区-学校型行动项目都需要从校长那里获得积极的创新想法以及持续不断的投入和支持。

学生社区

学生与学校治理

学区的目标列表中很少会忽略那些准备让学生发展成有能力、有贡献的市民的陈述。回顾关于中小学课程、监管以及管理等方面的教科书，不难发现，人们非常关注公民教育以及那些表明民主如何发挥作用的成人经历的原型。这种善意的儿童教育方式只是遍布教育系统的人为事例之一。我们不需要用虚构的情形、事例以及案例研究将学校与生活联系在一起。学生社区不是虚构的，而是真实的情境。它与所有因素共同构成真实的民主社区。学生不是虚构的公民，他们是真正的公民，他们不仅是学区的一部分，而且也是整个社区的一部分。在某种意义上，学生容易成为“隐形公民”，因为家长与学校双方的努力虽然在主观上都是为了实现学生利益最大化，但双方经常忽视孩子作为公民所享有的权利。

学校除了忽视发展学生公民观念和能力的机会外，还一直为忽视学生的公民身份而感到内疚。在“旗礼”一案中陈述最高法院意见的审判员杰克逊(Jackson)这样告诫那些忽视学生基本公民权利的学校当权者们：

> 现已应用于全美国的《第十四修正案》保护公民免受州及其所有机构的侵害——教育委员会也不例外。当然，这些机构拥有的职能具有重要性、精细性以及高度任意性。虽然如此，但是它们中没有谁可以在《权利法案》的限制范围之外进行活动。如果我们不打算扼杀自由思想及其源头，也不打算教育青少年忽视政府纯粹陈词滥调式的重要原则的话，那么它们教育青少年成为合格公民就是谨慎保护个体宪法所赋予的自由的原因。[1]

这给我们带来一种非常敏感的学校运作平衡模式，而且也提出了关于管理-学生、教师-学生以及成人-学生等关系的问题。人们很快就听到以下常规问题：“谁控制这里——是我还是学生？”“你是想让学生们来管理学校吗？”“如果校长和教师们不能告

〔1〕 *West Virginia State Board of Education v. Barnette*, 319 U.S. 624, 63 S.Ct. 1178 (1943).

诉学生如何去做、做什么以及不做什么,那么还要他们干什么?”

允许学生完全自治被认为是对最基本的价值系统的威胁。这种最基本的价值系统其实是一种神权价值系统,其源头可回溯至中世纪,它倡导成人控制青少年、校长控制学生。例如,“孩子应当被看管,而不是教导。”“孩子应当顺从家长的意愿。”“老师知道什么最好。”“家长知道什么最好。”教师与学校管理者要对学生拥有绝对控制权目的在于不失去其控制权,这种长期存在的不朽民间传说是疏远学生同时也疏远学生家长的潜在源头。

回应学生的机构

教育家经常把自己对学校的考虑事项限定在他们所创立的这一正式组织之上。任何机构过分频繁地回应外部压力与动荡往往会产生更为复杂的系统,相应的,它就更加不太会对个体作出回应。目前,有大量研究关注学生与学校环境、正式或非正式的学生组织、学生社团、学生社会系统、学校和课堂的氛围以及校内外同龄人群体的影响力等问题,而且此类研究不断增多。在任何学生团体中,日常发生的学生之间交互影响的事情也许数以万计,教师与管理人员却倾向于认为这些交互影响并不重要,除非他们自己也亲历其中。事实上,教室、学校以及社区的氛围对学生的行为与学业有着重要影响。

包括学校在内的任何社会系统,都是发明创造出来的现实。成人世界创造出自己的现实,并且将这种现实强加给学生,忽视了他们世界的现实并非学生世界的现实这一可能性。有一项关于教师行为对完成药物治疗项目的学生的恢复或复发所产生的影响的研究对此予以了强调。许多教师对学生作出回应并没有什么区别,或者很少有教师认为有必要这样做,学生对教师行为的解释却明显表明他们对现实感知的差异。[1]

随着我们在电子、网络等领域的不断进步,每位使用者很可能只生活在自己设计的社区空间内。互动可能变得越来越不需要当面进行,而且越来越不针对个体。个人社区也许就是由工作、学校、家庭、网络/媒体、宗教等不同“马赛克碎片”以及一些在一天或一周当中共享某块“马赛克碎片”的熟人镶嵌而成的世界。这种情形也许显得问题很多,但它也为学校提供了机遇,使学校成为能够让许多看似分离的个体与其他人一起实现共同目标的地方。

每个人,成年人或者学生,都有自己的目标,每个群体也有其目标,有些目标清楚,有些则比较隐晦。在学生团体中,当问题成为焦点时,学生们就会感到压抑、拒绝或束缚,因为这个机构没有向既定目标顺利发展,或者因为学生们没有被尊重——他们之所以没有被尊重是因为人们没把他们看做社会系统的重要组成部分。无论问题性质

〔1〕关于学生与教师之间感知差异的基本观点,请参阅 Karen S. Boling,“The Effects of Teacher Behavior on Students Who Have Completed Treatment for Alcohol and Drug Dependency”(Ph. D. diss., Ball State University, Muncie, IN, 1992).

如何，第一个符合逻辑的步骤就是需要进行变革。采用遵循管理层级的传统观念，学生们就需要通过各种权力级别才能使变革发生。因而，如果他们没有能够成功地说服"权力"作出变革，那么他们就只有三种选择：让步、逃避或者反抗。无论何种选择都会在学校中产生特殊的问题区。如果学生们让步——按照他们被告知的那样去做，就是一种屈服的表现，它会产生怨恨、挫折与逆反。学生们也可以选择逃避——心理上表现为漠视或者过分心不在焉，或者是行动上则表现为真的离开学校。最后需要指出的是，各重要主张中的极端言论、回击以及反抗等现象的出现是由于这种系统的僵化与顽固所致。许多类似观点在涉及哥伦伯恩(Columbine，1999)暴力事件或桑塔纳(Santana，2001)中学暴力事件时曾被提起过。

为社区所接纳给社区成员本身提供了支持感、认同感，在某种程度上，也是安全感。当人们对种族、残疾人或者团体（比如，有色人种团体）等的期望改变了人们对个人是否被接纳为成员还是成为社区重要成员的观点的时候，有些学生的学习、兴趣与目的受到了影响，他们是一些处于外围或者人们出于政治考虑而容忍的学生。歇普斯等人(Schaps et al.)解释说："少量研究……将学校看做社区，这些研究明显表明，把注意力放在社区可以为……学校进步提供明确方向。"[1]

如果一个系统不对身处其中的人们作出回应，那么随着时间的推移，就会聚集起越来越多的敌视该系统并且对它无动于衷的人群。这些人不仅包括在校学生，而且也包括不断增多的由于毕业或者辍学等原因已经离校的人群。所以，无论从内部还是从外部看，都有一股不断发展的敌对力量正在形成，或者正在形成一个漠然的、无动于衷的团体（这是最乐观的情况）。它要么破坏这个系统，要么迫使这个系统发生变革。无论出现哪种情况，这种不作回应的公共机构都会逐渐失去支持，而这种支持正是作为一个回应人民需求的公共机构所需要的力量。任何一所学校如果持有这样的看法——大多数市民算不上学校文化或社区感的一部分——并且采取体现这种看法的方式去对待大多数市民的话，那么它的所作所为就是一种傲慢自大的表现。

校内社区

对于教师、管理人员以及对各州与国家的公众和商业领袖作出反应的机构的评估与责任问题，人们做了大量的工作。责任意味着对公众的要求作出恰当的回应，这里所说的公众由学生家长和整个市民群体构成。然而，最受影响的公众还是学生自己。流行的或专业的文学与媒体经常谴责青少年观看数以万计小时的电视并受其影响这一现象。有时候，被忽视的倒是学校社会文化功能对学生所产生的影响——在一个热情的社团或文化中花掉 5 500 小时，正如绝大多数学生在一所 K～5 年级学校中那样，

[1] Eric Schaps, Victor Battistich, and Daniel Solomon, "School as a Caring Community: A Key to Character Education," in *The Construction of Children's Character*, ed. Alex Molnar (Chicago: University of Chicago Press, 1997), 138.

或者与在四年制高中大约花掉 4 400 小时一样。作为这种文化的意外结果，公民身份学习正在发生些什么？虽然学生自治会已经成为应对实质性剥夺公民权问题的组织形式，但是在太多情况下，这一组织是在学生与管理机构共同操纵下"不诚心地"运作。他们知道，校长随时可以参与进来，可以否决任何提案，并且没有简便的程序可供上诉或方法可供中立团体来对校长的决策进行评估。这种信息很清楚地告诉学生，他们的投入并不重要，或者说，他们最多只是在"试管"或者类似实验室的环境中才能被容忍。

如果学生们想要理解他们所生活的这个由人制定出的法律所统治着的民主社会，那么他们就应当熟悉民主程序。在此我们并非建议学生完全自治。更确切地说，我们是在建议：每个学校系统应当建立完善的政策基础去引导学生参与到学校社会系统；学生权利法案应当清晰地确定所有学生的基本权利；应当在整个系统范围内确立明确而且简便的程序以便对教师或者校长所宣布的决策进行审查与上诉；学校系统中的个体学校都要建立在学区政策及学生权利法案限制之内运作的某种自治形式。这种管理方式应当成为学生真正参与事关整个学校的决策的入口。每所学校的管理应当根据学校社会系统成员所制定、为其利益服务的章程运作，这种社会系统由学生、全体教员、管理部门以及非教学人员等组成（图 3.2）。如果学校要响应并贴近人民，如果要市民和学生成为学校的宣传者而不是成为学校的敌对者，那么消除对抗状态就必定成为一项重要目标。不管是教师还是管理者个人定下的规则，都应当被法治管理所取代，而且那些置身于学校系统的人应当对这一法治管理的发展予以有意义的投入。一种"我们的学校"的感觉应当遍及整个文化。

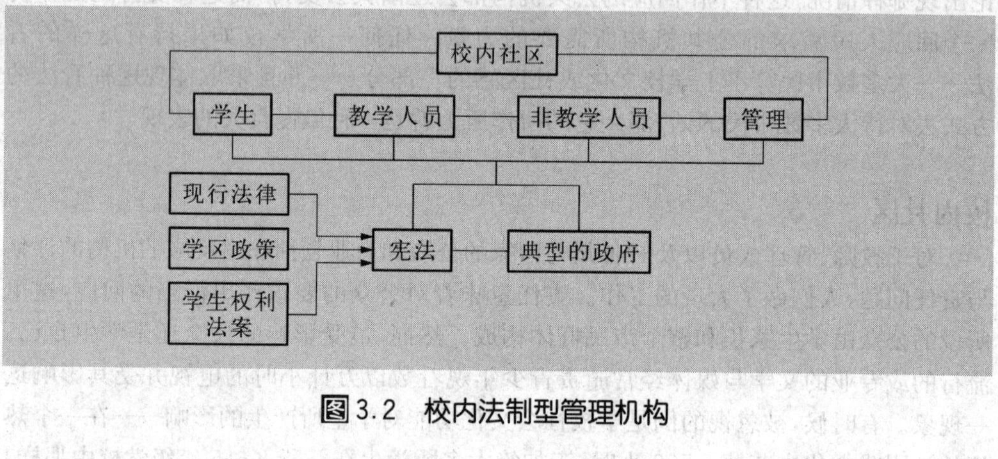

图 3.2　校内法制型管理机构

创造一个自律的学校社区

斐德尔塔卡帕纪律委员会（the Phi Delta Kappa Commission on Discipline）对拥

有先进学生社区的学校进行了综合性研究，这些社区中很少甚至根本不存在违纪行为。在对项目及定性数据进行查验之后，该委员会得出结论认为，学生自律是先进学生社区的关键，并指出："学生自律好的学校发展出一种社区感，双方达成行为规范共识的特征也比较明显……如果要学生们重视学校，监督自己的行为，那么学生参与绝对是关键。学生必须相信学校是他们的而非他人的。"[1]

当时，该委员会发现并确定出建立一个积极社区所必要的特征。这些特征在斐德尔塔卡帕开发的《纪律良好学校发展手册》(*Handbook for Developing Schools with Good Discipline*)[2]中得到了充分体现，其主要表现如下：

1. 创造学生归属感与责任感——这些学校认可学区中每个人的重要性。所有学生都感觉到自己重要、被需要以及值得出力。教师和管理人员帮助学生认识到他们的归属感以及学校值得归属。

假设学校的差异性正在增大，那么基于孩子准备参与这一假设的管理运作就会导致学生产生严重问题。通过关注那些英语水平有限的学生，福斯和巴克纳(Foss & Buckner)注意到，学校可以采取的措施主要有成立学生与家长支持小组、招聘能与英语水平有限的学生共同学习的教师、实施教师发展项目。[3]

2. 追求高级学校目标——在这些学校中，教师、管理者与学生共同建立一套核心价值观，然后将这些价值观转化为具有目的性的定性说明。这些学校的管理者提倡集体决策，让学生参与识别问题并让学生提供建议方案。

3. 设计身份与优秀的象征——这些学校创作口号与警句，以此加强并证明学校社区所建立的价值观。此类口号是对期望行为的持续性提示，而且在敦促每个学生争取优秀表现的过程中也很有影响。

4. 培养领导去保持积极的学校价值观——这些学校公认，要保持积极的学校价值观，领导是必需的。他们期望校长与教师成为保持并形成目标和价值观的领导者。此外，他们创立了奖励体系，学生们因遵守学校行为规范而被选为学生市民模范时，他们就会被因此确认为"英雄"。

5. 创造明确的正式和非正式的规范——这些学校拥有一系列合作制定、阐述清晰、系统化解释的学生行为规范。拥有严格纪律的学校知道，没有参与制定这些规范的个体对这些规范既没有承诺也不理解。下文描述了纽约的罗伊·C.凯特嵌姆中学是如何集体制定其相应规则的：

---

〔1〕 William W. Wayson, Thomas J. Lasley, Gary G. DeVoss, and Susan C. Kaeser, "Climates for Excellence: Schools That Foster Self-Discipline," *Phi Delta Kappan* 65 (February 1984): 419 - 421. 这只是对一些研究结果的简要论述。有关纪律的更多讨论，请参阅第十六章。

〔2〕 William W. Wayson, *Handbook for Developing Schools with Good Discipline* (Bloomington, IN: Phi Delta Kappa, 1982).

〔3〕 关于更为完整的讨论，参阅 Angela Foss and Kermit Buckner, "The Principles of Compliance," *Schools in the Middle* 9 (February 2000): 34 - 40.

> 我们的纪律规范是由委员会制定出来的，该委员会由学生家长、教师、学生以及管理人员共同组成。这一规范制定出来之后，就会在晚间会议时通过工作坊的形式将相关情况陈述给学生家长，而且学校会花上一整天时间将这一纪律规范教给学生。这个委员会的每位成员与25个学生一起工作，同时回答有关问题并且对规则与规章进行解释。另外，也会为教学人员及学校中的班长提供一个工作坊。同时，一个常设的回顾检查委员会履行不断更新纪律规范并确保纪律规范正确实施的职责，该委员会由教师、学生、管理人员以及学生家长组成。[1]

学生与社区冲突

我们需要认识到，学生置身于多个社区可能是个主要问题，每个社区都对学生有所期望，这些期望不仅彼此之间可能互相冲突，而且也可能与学校的期望相冲突。

校长和老师很难了解这些冲突有多严重，也很难了解它们会在多大程度上影响在校学生的行为，因为它们的效应不能通过严格研究来进行测定。这些社区可能就是以宗教、种族、同龄人团体、家庭甚至是性取向等因素作为基础的。它们可能是主流，也可能是“另类”。在任何情况下，学生们每天都把自己对这些社区的认识以及自己在这些社区中适合哪里或者不适合哪里等方面的认识带到学校。在一个只有他们自己才了解的环境中，学生们会以很平常的心态去面对那些认识。

当校长或者教师在有意无意中识别出某位男生或女生时，这说明孩子已经成为学区的一部分。虽然校长或教师对所有其他那些冲击学生并影响学生在校行为的影响力不予以考虑的情况司空见惯，但是那些与学生存在互动关系的人至少应当尽力识别出学生所参与的可能存在冲突的系统，他们至少还应当尽力认识到在理解面向每位学生的价值观和期望值的过程中存在严重冲突的潜在可能。一个让学生感觉到自己在发挥重要作用或者至少让学生体验到自己被接纳的社区与一个让学生感觉到自己最多只是被容忍甚至被忽略的社区相比，这种相对重要性对学生而言是很容易理解的。

教员社区

在任何学校中，教师都自成一个社会体系，该体系是一个正式-非正式的组织，它看上去拥有明确的特征、大量的构成全局的不同个体成分、盘根错节的相互关系以及从极端到中性的不同意见等。但是，教学的挑战、与学生之间关系的复杂性以及重要的职业目标将不同的个体组合成为一个能够运转的整体，我们将其称为全体教员。虽然能把全体教员的典型性描述得恰如其分的说法可能不存在，但是全体教员真实地描

〔1〕 Wayson, *Handbook*, 43.

绘出了一个组织系统的定义，而且在这个组织系统中它是一个交互性的实体，它的健康存在依赖于不同部分之间的有效运转。破坏该系统中的任何一个要素都会引起压力，还可能会对整个系统产生重要影响。

在某种程度上，管理人员可以将教师作为一个孤立的个体加以对待；但是，如果他们相信在所有情况下都应当这么做，那么他们就会犯严重的错误。每位教师虽然代表自己，但同时也代表全体教员。全体教员不仅由个体构成，而且也由许多基层团体构成，这些基层团体由一系列的“关系桥”连接在一起，这些“桥”有的非常牢固，有的是临时性的而且很虚弱。许多力量在塑造着教师的思维与行为，如图 3.3 所示。

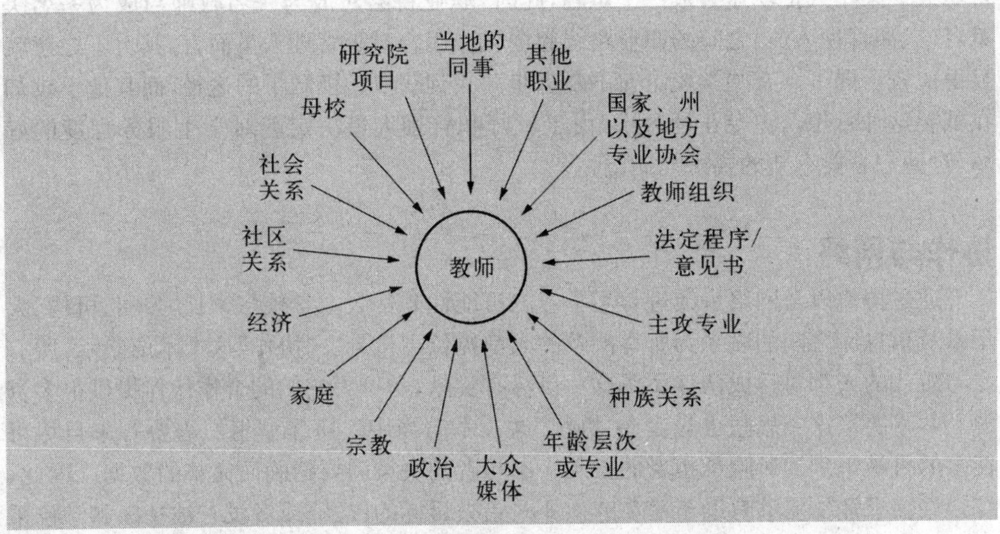

图 3.3　对教师产生影响的力量

专业组织

关于学校教员组织的许多早期研究，都倾向于将它描绘成一个由学校管理机构批准并控制的组织。这种方法通常忽视了那些形成教员影响空间的专业协会。这些协会的数量与力量再也不允许一个人将它们视为非正式或者不受法律支配的组织。国家级以及地区性的专业协会成百上千，而州级的、州内的以及地方性的协会也有很多。所有这些专业团体都意识到，数量中存在着力量。面对现代生活的教员认识到，除非通过组织来说话，否则一般不会引起注意，也不会从地方、州以及国家那里获得他们所需的资源，或者甚至不能正式获悉可能性与需求等方面的信息。这样，一名典型的教师就归属于地方、州以及国家级的协会或者联合会。此外，一个专业组织通常也与专业有关，比如工业技术、英语、阅读、课程以及儿童发展等。通过这些专业组织，教师就有了与其他人沟通的途径，同时能在州以及国家舞台上影响事件的进程，也能对发生在当地学区的事件的进程产生影响。

那么，与特定教员共事的管理人员就得与专业多面手合作，也得与那种有着几种个人影响力的人打交道。抛开社区的非专业性影响不谈，我们看到，每个教师都是一个受到一般教育组织、专业教育组织、地方性初等教育团体以及课堂上的个人专业事务等方面影响的人。

专业组织的巨大发展使得专业协会在全美发起了为教师谋取利益的谈判运动。要求进行现场决策的压力使得学校管理程序不断变革。从某种意义上说，教师有机会发展，并且可以在一定程度上控制自己的命运；然而，并不是每个人都以积极的心态看待职业。某些人把职业看成一个难题，此时，职业将会对成为一名教师与成为一名决策者（比如管理人员）之间的职业路线起弱化作用。对于管理人员而言，其言下之意就显得比较含混了。有些学校正在不断进步并找到获取积极结果的途径，而其他学校却在抵制这种思想。在专业社区中，由于教师和管理人员决定着对学生服务程度的好坏，对他们需要有新的要求与期望。

协作与网络

通过协作以及网络来改进学生学习的可能性非常大。学校与家长、公司、机构、大学以及信息库之间的联系为所有涉及的人都提供了机会。“协作”这个术语暗示，所有参与游戏的人都对达成伙伴关系这一目标有贡献，学校为它们的合作伙伴提供很多资源。共享决策这一思想也隐含在“协作”这一术语当中。协作型组织需要有来自尽可能多的可被识别的风险承担者的投入。参与者的决策需要精确而完整的数据。因此，综合性需求评估能够有助于避免产生那些错失目标的以及/或者没有被社区和学校采用的项目。[1]

朝协作型事业发展

在计划协作型事业时，要避免缺陷就需要有对一般社区文化、需求以及潜在资源等方面的意识。校长可以把充满活力的服务显现给学生和/或社区；但是，要达成一项有用的服务必须要有许多部分的组合才能实现。设在学校的健康诊所就是其中之一。在最终敲定计划之前，有必要回答下列问题：

1. 在一企业单位中，比如设在学校的健康诊所，谁将成为风险承担者？学生、家长、教师以及潜在的健康服务提供者将成为出发点。在基于宗教/信仰而形成的社区，尤其是在咨询服务涉及怀孕或者安全套分发等问题的情况下，会有利害关系产生吗？假如某学生的 HIV 可能呈阳性，那么儿童福利机构甚至青少年法院系统是风险承担

〔1〕 Nick Caruso, “Lessons Learned in a City-School Social Services Partnership,” *Social Work in Education* 22 (April 2000): 108-115.

者吗?[1]

2. 关于探索协作型事业,学区在与外部机构进行沟通方面有哪些政策呢?校长与谁合作或者通过谁评估健康服务提供者和基金机构在学校开设健康诊所的意愿?

3. 社区中有哪些资源?是否存在复制人家努力成果甚至存在明显侵扰另一机构"领地"的情况?

4. 现有什么协作型事业成功运作?其历史与发展如何?

5. 社区有哪些详细的社会与经济性数据支持正在考虑的各种需要?

6. 发起并维持协作型事业需要什么样的财务资源?哪些基金资源是现实中可资利用的?

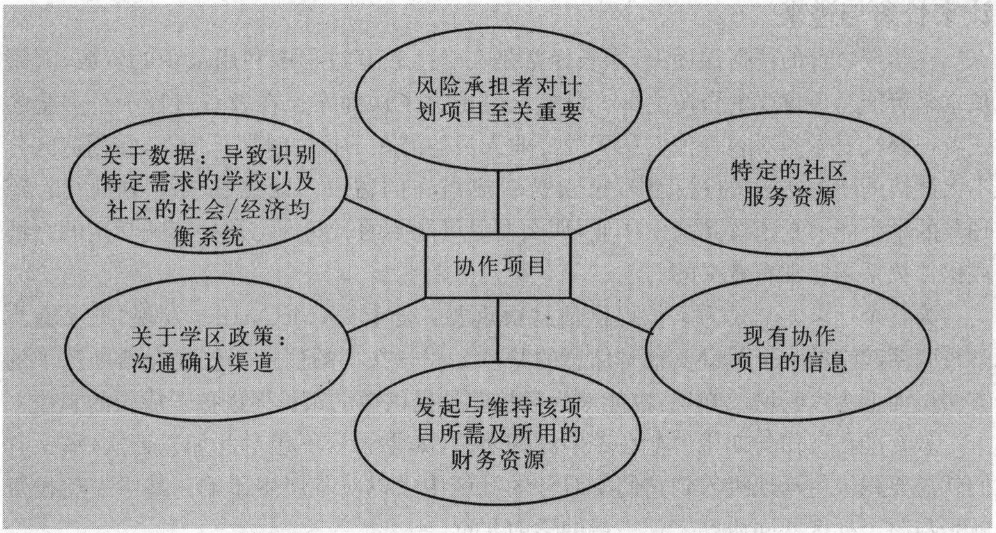

图 3.4 规划协作型事业所需要的发展要素

图 3.4 所描绘的内容就是与协作型事业项目相关的组成要素。显然,虽然校长将会与他人共同决策,也将会对那些与本来想法不同的构架保持开放,但仍会提出要求,而且还不能违背自己的伦理价值观。弗兰迪诺(Ferrandino)号召校长们:"……找到创新性途径与他们的社区打成一片,恢复社区学校在美国人生活中的中心位置。"[2]因为我们的社会仍在发生改变,这种挑战使人们预想到将来会出现一种不断变革、积极主动的学校以动态地满足教育需求。

〔1〕 关于机构间协作复杂性方面信息,读者可参阅 Melissa Jonson-Reid, "Understanding Confidentiality in School-Based Interagency Projects," *Social Work in Education* 22 (January 2000): 33-45.

〔2〕 Vincent L. Ferrandino, "Challenges for 21st Century Elementary School Principals," *Phi Delta Kappan* 82 (February 2001): 441.

学生社区服务

为他人服务的机会很多，增强社区概念的机会也很多。学生服务的地点包括健康中心、疗养院、传道区、儿童玩具项目区、食品运送区以及社区清洁项目区等。虽然任何一所学校的学生都能通过服务项目使社区中成千上万的人受益，但是更重要的是，这些项目也可以让这些学生从中获益，因为他们在学校生活中找到了意义。代沟可能会消失；社会经济的裂口可能会被架上桥梁；社区可能确实会形成。请参见第十章中关于服务学习的更多讨论。

让家长参与进来

在学校教育的任何层面上，家长经常是在学生教育过程中利用最少的资源，而家长本来可能是最重要的资源之一。学校已经走过了认为家长在教育过程中是多余的或者把家长看做是对教育他们孩子的专业人员的潜在干扰的时期。现在，在创造区分不太严格的学习方法的过程中，家长被看成潜在的盟友。既然在校生中只有大约13％的学生能够真正读到高中毕业，那么在尽可能多的时间内与那些影响学生的人结成伙伴关系是非常有意义的。

为整个社区尤其是为家长提供信息很重要。麦卡锡（McCarthy）发现“把家庭与学校联系起来的一个关键要素是信息的共享”。[1] 共享的信息不仅能在帮助孩子的方法层面上为家长增长知识，也能够为学校职员提供帮助家长促进孩子成长的想法。

教育准备工作与期望中存在着广泛的矛盾，如果学校不想对此加以证实，那么它们就需要积极主动地投入到它们所服务的社区中去以对其产生影响。其中一项投资就是与整个社区共同协助家长去帮助学前儿童。

要让家长及监护人有安全感，学校职员需要对此保持敏感，学校职员要使用能够与所要接近的人沟通的语言来达到目的，而不能回到满口行话、常常显得过分疏远的老路子上去。假如已经获知单亲家长、祖父母以及其他关心学生的人的数目，那么就有必要为这些沟通机会做好时间安排。

学校在种族、文化以及语言等方面正变得更加多样化。一定要注意不能给学生贴标签。霍尔曼（Holman）声称，在某个就学区，即使有一个“少数民族”群体已经在那里定居，也可能还会有最近刚刚搬迁到该就学区的成员出现在那里，他们与那些已经定居于此的群体属于同一种族，却可能有着不同的沟通方式及/或社会需求。[2]

---

〔1〕 Sarah J. McCarthy, “Home-School Connections: A Review of the Literature,” *Journal of Educational Research* 93 (January/February 2000): 151.

〔2〕 Linda S. Holman, “Working Effectively with Hispanic Immigrant Families,” *Phi Delta Kappan* 78 (April 1997): 647 - 649. 读者还可参阅 *Education and Urban Society* 1996 年第 11 期，其中从学生和家长角度讨论了拉丁美洲的教育经验。

纵观学生的组成，从由两个具有生物学意义的一婚家长（20 世纪五六十年代《留给海狸》中的情形）组成的家庭到学校去读书的学生占 26%；单亲家庭占 26%；混合家庭占 21%；机构与寄养家庭占 12%。剩下的 15%都是些收养家庭、无父无母家庭或者是某种形式的大家庭。[1] 在我们年轻一辈的教育过程中，各种家庭众口一词赞同家长成为孩子的学习伙伴。伯格（Berger）提供大量有助于学校与家长共同合作的留宿条件。这些条件包括孩子看护、学习中心、家长对家长型支持团体、电话目录、交通、图书馆接入、夏季度假活动以及更多的项目。[2] 秉持全方位服务理念的学校为学生和家长双方提供连接社区资源的服务。[3] 对于整个社区而言，学校是一种支持性、协助性与学习性的资源，帮助家长认识到这一点将增强学校帮助学生学习的有效性。

校企伙伴关系

如今各种伙伴合作关系很常见，从客座管理人员完成一小时定额的教学工作到一些企业"收养"一所学校并倾注大量时间和金钱到教学结果的改进领域等。虽然在一些优秀的合作项目中，企业确实为学校提供从纸张到电脑光盘等方面的额外供给，但是校企伙伴关系导致的结果应当不仅仅止于学校接受施舍这种水平。企业领导人能够为来年的学校相关业务提供真知灼见，也能够提供管理技术层面上的支持，或者也能为那些并非学校职员任教的专业领域提供指导。

但是，这种伙伴关系还存在另一面。即，企业也能够从学校方面获益良多。学校里的电脑专业技术、语言开发、文化底蕴、人员技能以及其他许多方面可能正等待着企业去开发。夏季教师工作项目可能不仅可以磨砺教师的洞察力（他们可以将这些洞察力带回课堂），而且也可以为企业提供它们所需要的思想与视角。这些结果在社区中可能正在形成网络效应，这种社区就能为今天的学生和明天的发明家、销售员以及分析员等提供"真"教育。对于那些处在学校工作与成人工作这对关系当中的学生而言，这样的伙伴关系也许会产生一种更为清晰的愿景。它们也可能会减少这样的观点：学校想方设法让自己保持与世隔绝，而且相对于社区其他部分而言，学校是作为一个封闭系统在发挥作用。

其他构架

伙伴关系可能由若干个实体形成。比如，一家公司、一所大学、一个研究机构或一所学校可以形成一种伙伴关系，利用城市中心区域作为运作若干个整合项目的实验

〔1〕 Chandler Barbour and Nita H. Barbour, *Families, Schools and Communities* (Upper Saddle River, NJ: Merrill/Prentice Hall, 1997), 47.

〔2〕 Eugenia Hepworth Berger, *Parents as Partners in Education* (Upper Saddle River, NJ: Merrill/Prentice Hall, 1995), 135 - 157.

〔3〕 参见第十章"全方位服务学校"部分。

场。一所大学需要牵涉到三个部门以及若干个学区才能得以开发数学学习视频资料。利用智囊团方式产生思想火花并提供剧本，媒体和教育设计专业人员制作视频录像。这样，激光盘片上的材料就可以为教师上课提供有效的教学工具。其他伙伴关系，比如商业媒体或服务机构，能够对学生教育以及社区市民的福利作出有价值的贡献。

学校有许多资源可以提供给社区。在社区中进行资源交换，能够让所有牵涉其中的人都获得益处。然而，面对社区中包括学校在内的各种各样的机构，额外资源需求问题还继续存在着。结果，学校和其他社区机构需要花费大量时间去获取更多的资金。事实上，为获得这些额外的财务资源，它们彼此之间也在进行竞争。这种方式使得要做成如下三件相关的事情变得异常困难，在实践上几乎不可能：抵制资源将会变得有限的可能性；对问题与方案之间的公认关系审慎地进行检验；在没有财务资源作为讨论的先决条件或者交换基础的情况之下，提出让各种机构学会以互利方式进行资源交换的方法。任何时候学校都有不同的或额外的事情需要完成，如果没有更多的人员、支持以及设备，这些事情就无法完成，这就需要更多的资金。由于各种机构对获得更多资源的必要性心领神会，所以它们试图去赢得更多资源。绝大多数机构不得不参与争夺基金。它们感到孤独无援、遭到围攻，却感觉不到自己是互相支持的社区家庭中的一部分。关键在于，不要老是惦记新的资金，要与伙伴服务机构共同建立一个资源交换网络。“让我们一起干！我们可以用这种方式帮助你们，你们怎么帮助我们？让我们用一种有意义、有效率的方式进行交换吧。”

因此，社区是一个需要参与者彼此积极互助、共同进步的概念与过程。结果，一种让人觉得安全、有回报以及有教养的感受可能会取代一部分消极性，而这些消极性存在于那些人们没有共同目的、很少互动、孤独无望的地区之中。

小结

在任何社区中，公立学校只是许多社区活动及问题中的一种资源。外部力量的影响非常重要，以致社区生活中的所有单位与机构之间的合作对于如愿以偿地实现教育结果显得至关重要。我们将社区定义为，通过物质、认知以及情感教育等关系来感知到集体身份的一群人。这样，个体就代表着多种不同的社区。在广义上，学校社区被整个学区所代表，而整个学区内可能会有许多学校（小学、初中、高中）。这些学校中的每一所都形成了一个更亲密的、更明确的，由家长、市民以及居住在相应就学区内的孩子共同组成的社区。对这个直接社区而言，校长是第一联络人；这样，校长就需要成为一个满腔热情的、改革创新的以及细心专注的领导，从而去创造一个高效、充满生机的学校社区。

至于学生，他们是与成年人享有同等宪法权利的公民，他们也参与到各类社区当中去。这些社区中的每个社区也许都抱有一些与其他社区或学校彼此竞争、相互冲突的期望。教师与管理人员必须对这种情形保持敏感。学生需要有被接纳并参与到更大学区中去的感觉，只有这样他们才会投入到他们的学习中去。认识到学校可能会导致学生学习的入不敷出，校长就应成为发动、支持各种努力去创建一种社区文化的关键职位，以关注学习以及为每个人的成功有所贡献。

思考题

1. “在不给未成年学习者提供参与性‘公民身份’的情况下，公民身份也可以被有效地教育出来”与“我们在行动中学得最好”是否存在关系？如有，请加以讨论。

2. 如果某校是一所好学校，那么还需要公关项目吗？这种公关项目可以与当地企业中的公关项目相比较吗？“学校宣传”、“公关项目”以及“学校沟通”这些术语是同义词吗？

3. 年轻人及其家长或者其他监护人把教育机会看成是由学校提供的事情或者看成是由双方共同达成的事情，应当支持这种想法吗？

4. 你所熟悉的学校在影响自己的社区时采取了积极主动的姿态吗？它们面临什么障碍？

5. 回顾一所具有代表性的学校在教学过程中使用社区资源的程度。你能提出提高学校-社区型教学活动互动性的建议吗？

6. 有可能让学校成为当地社区的一个互动的、有响应的部分吗？学校应该致力于通过启用各种可资利用的技术、聘用具有全球视野的教师以及将国际观点纳入课程内容等途径来将自己变成全球社区的一部分吗？

7. 选取一所你熟悉的学校，回顾一下该校学生积极参与课程制定与决策的程度。学生的参与有意义吗？在学生参与程度与他们对学校的“感情”之间是否存在关系？

8. 设计一种能代表你对学校-社区型参与问题观点的学校组织结构或结构图。其中何种角色将要改变？学生将扮演什么样的角色呢？

9. 在你所在的学区，需要何种真正的协作事业来改进学习、让家长参与和/或利用校外资源？

推荐读物

1. Barbour, Chandler, and Nita H. Barbour. *Families, Schools and Communities*. Upper Saddle River, NJ: Merrill/Prentice Hall, 1997.

2. Berger, Eugenia Hepworth. *Parents as Partners in Education*. Upper Saddle River, NJ: Merrill/Prentice Hall, 1995.

3. Caruso, Nick, “Lessons Learned in a City-School Social Services Partnership.” *Social Work in Education* 22(April 2000): 108 – 115.

4. Chance, Paul. "Speaking of Differences." *Phi Delta Kappan* 78 (March 1997): 507. Etzioni, Amitai. *A Responsive Society*. San Francisco: Jossey-Bass, 1991.

5. Ferrandino, Vincent L. "Challenges for 21st Century Elementary Principals." *Phi Delta Kappan* 82 (February 2001): 440 - 442.

6. Lockwood, Anne T. "Sharing Responsibility." *Focus in Change* (Fall 1991): 3 - 9.

7. Maehr, Martin L., and Carol Midgley. *Transforming School Cultures*. Boulder, CO: Westview, 1996.

8. McCarthy, Sarah J. "Home-School Connections: A Review of the Literature." Journal of Educational Research 93 (January-February 2000): 145 - 153.

9. Schine, Joan, ed. *Service Learning*. Chicago: National Society for the Study of Education, 1997.

10. Sergiovanni, Thomas J. *Leadership for the Schoolhouse*. San Francisco: Jossey-Bass, 1996.

第四章 行动基础：理论、研究及原则

严格意义上的教育管理研究始于一种叫做“最佳实践”的方法。当时，这种方法很简单：询问那些“老手”（表面上成功的校长或者督导长）都做了些什么才取得成功的。这种被一些人称做“描述性的”研究学校管理的方法一直都受到人们的欢迎，而且在20世纪30年代，它还是研究和培训教育管理人员的基本方法。

在20世纪30年代晚期和40年代早期，随着教育管理课程在美国主要大专院校中的普及，该领域的一些教授开始认识到：几乎不存在可以适用于所有情形的答案。当时，我们的社会处于不断变化之中。每个学校组织都是一个动态的、有差别的系统，由生活在不同管理风格的管理人员管理之下的学校所组成的不同社区中具有不同个性的人构成。

一些容易混淆的变量使原本很适用的方法失去了效用。在随之进行的关于为管理行为提供指导的普遍真理的研究中，几位管理学教授——密歇根大学著名的阿瑟·B. 默海姆(Arthur B. Moehlman)以及哥伦比亚大学教育学院的保罗·莫特(Paul Mort)[1]——提出了这样的见解：虽然没有标准答案，但是存在关于我们文化的大量知识，而且这些知识从根本上说衍生自行为科学文献。这些知识经过适当提炼，就能与符合逻辑的教育发展目的结合在一起，从而形成一些可以对管理行为的智慧进行检验的原则。他们两人都表达了这样的观点：对研究管理而言，原则与管理技术是相互支持的两种方法，而且，他们在陈述书面材料时用的也是这种模式。

默海姆和莫特的著作被全美绝大多数研究生院所采用。他们的原则方法本身是很有用的，因为他们确实用一种逻辑连贯的方式搜集了许多关于管理行为的概念，而且这些概念已经在各地获得了广泛的专业认可；不过其中也包括其他一些组织得不够好的地方。无论如何，这些原则都建立在可感知的文化基础之上，而且它们在政治、社会以及经济等学科中也有充分的根据。

〔1〕 Arthur B. Moehlman, *School Administration: Its Development, Principles and Function* (Boston: Houghton Mifflin, 1951); Paul R. Mort and Donald H. Ross, *Principles of School Administration*, 2d ed. (New York: McGraw-Hill, 1957).

随着教育管理研究的兴起，校长及督导长的培训也变得更加重要了，教育从业者与教授双方都认识到需要有一个科学的、分析性的基本原则或基础原理来为管理行为提供指导。面对快速发展变化的社会，这些原则与原理显得价值非凡，而且也具有普遍意义。它们从理论基础发展而来，而且该理论基础也确实为教育管理研究的新潮流指明了方向。

理论运动的开始

教育管理学的理论运动始于 20 世纪 50 年代。默海姆及莫特等教授为它打下了基础，教育管理合作项目为它播了种，[1]全国教育管理学教授会议让它开了花，[2]它在教育管理大学理事会(the University Council of Educational Administration)的领导之下结了果。[3] 许多代表这些组织以及通过这些组织开展工作的人都作出了贡献，虽然关于这些贡献的故事很有趣，但是它们都很长，在此不再赘述。通过强调研究，学校管理所关心的范畴内的重点就是开展跨学科研究(尤其是行为科学)以及认真进行对比分析。通过这样的方式让教育管理研究开始从民间传说与奖状证明的阶段向一个建立在更加科学、更加训练有素的基础之上的阶段发展才是重点。[4]

这一变化并不意味着教育管理学立即就能培养出它自己的研究人员和理论家。尽管人们注重理论以及言论和著作的数量，但还是很难选出凭自身头衔即可称得上研究人员及理论家的教育管理学的早期教授。[5] 尽管如此，那些教授的主要贡献就在于他们将社会学、心理学、政治学、商务以及军事等方面的知识、研究以及理论应用到教育管理研究中去了。

管理理论

管理理论可以从许多方面来进行定义。教育管理理论的早期文献专注于对其定义进行争论。我们不想加入这些争论。我们这样定义理论：经过系统化组织过的信息及知识，带有一系列的设想或假设，它们可以用来帮助分析、预测，或者用来解释人与其组织的特定本质及/或行为。

图 4.1 所示的内容就是对组织及管理理论的简单回顾。一般来说，这些理论是多

---

〔1〕 Hollis A. Moore Jr., *Studies in School Administration: A Report on the CPEA* (Washington, DC: American Association of School Administrators, 1957).

〔2〕 National Conference of Professors of Educational Administration, *Administrative Behavior in Education* (n. p.: Author, 1957).

〔3〕 University Council of Educational Administration, "A Consortium of Universities Having Educational Administration Programs," Arizona State University, Tempe.

〔4〕 Jonathan W. Lathey, "Toward Theory-Based School Leadership," *School Administrator* 41 (April 1984): 24-26.

〔5〕 Daniel E. Griffiths, "Evolution of Research and Theory: A Study of Prominent Researchers," *Education Administration Quarterly* 19 (Summer 1983): 201-221.

时期	管理效率论	人际关系论	社会组织系统论	问题解决及决策论
1900	马歇尔	马瑟	韦伯	
1910	泰勒 法约尔 吉尔布雷斯			
1920	甘特	梅耶		
1930	穆尼 吉利克	梅奥 怀特黑德		
			林德和林德 巴纳德	
	厄威克			
		罗斯利斯伯格		
1940	阿姆德·福斯	福利特 勒温	帕森斯 沃纳	巴纳德 西蒙 阿姆德·福斯
	迪安	李皮特		
1950	范·纽曼	马斯洛 国家培训 实验室	亨特 霍曼斯 马斯洛	坦南鲍姆 布劳斯
	戴尔	罗杰斯		兰德实验 西蒙
1960	孔茨 希奇	布拉德福德 利克特	默顿 西蒙 盖茨尔斯 古巴 利克特	马奇 辛尔特
		本尼斯		阿什比
1970	德鲁克	罗克奇 坎贝尔	布劳 威克	科恩
1980		沙因	爱尊尼 鲍德里奇	
1990			戴明	
2000			圣吉 诺特博姆	

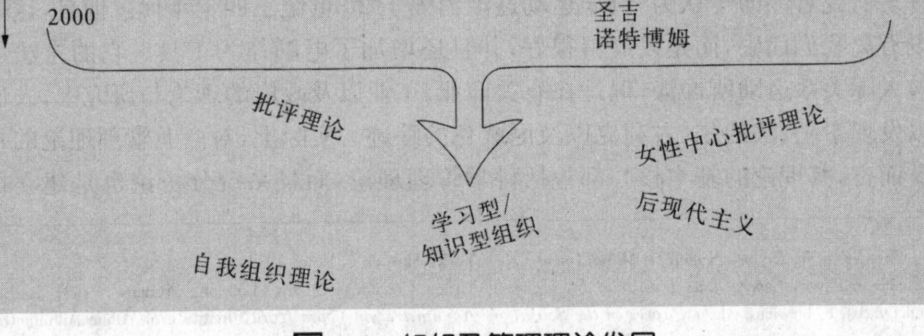

图4.1 组织及管理理论发展

年来行为科学家与思想家所作贡献的成果。鉴于存在许多理论运动，而且由于这些运动牵涉到的人非常多，时间上也相互重叠，所以将其划成若干推动力量或根据作出特别贡献的人来命名都是不对的。然而，相对于人和组织的管理理论而言，至少经过这些年的发展，还是形成了一些主要的思想分支，比如管理效率论、组织及社会系统论、人际关系理论、问题解决及决策理论、人力资源管理论以及文化视角等。

后现代主义者及批评理论家目前的思想将要对组织及管理理论方面的思想提出挑战。图 4.1 中箭头以下的部分说明了一些正处在发展当中的、在未来将对经理/领导行为的思想产生影响的理论。

管理效率论

组织效率管理运动可以描述为不通过所用方法或者所涉及的人员的关注达成组织目标的运动。如果我们以前就真正认可其价值，那么马基雅维里(Machiavelli)可以称得上该运动的真正"鼻祖"。事实上，弗雷德里克·泰勒(Frederick W. Taylor)往往被认为是"科学管理之父"。他的"时间-动作研究"人所共知，他率先将科学方法应用到管理问题的研究之中。[1] 他一再指出，管理学是一门建立在明确界定的原则与规律基础之上的科学。即使在今天，泰勒的观点仍被该领域的其他学者所修正和采纳。这些观点构成了大多数商业及工业效率管理程序的基础。

法约尔、古利克以及厄威克(Fayol, Gulick & Urwick)将管理作为一个过程进行分析。[2] 他们的工作最终使如下广为人知的概念得以改进，如一致性指令、控制范围、职能与职员、标量链、职责授权、权威、权力以及士气等。当然，人们不应当忽略对执行过程的逻辑职能进行识别，这些职能可以简写为一个首字母缩略词——PODSCRB(planning—计划，organizing—组织，directing—指挥，staffing—人事，coordinating—协调，reporting—报告，以及 budgeting—预算)。在紧随其后的二次世界大战中，美国空军与美国政府推动了正式组织程序的合理化进程。在此期间，许多后来成为商业、工业、政府以及教育等领域高级管理人员的人都曾参加过空军与政府主办的基于上述这些概念而开发出来的培训项目。

许多研究者倾向于认为，科学运动逐渐消失于20世纪三四十年代。但是，这一运动并没有离我们而去，而是发展得很好，并且还增加了电脑作为工具。它的方法虽然有点被人际关系运动所冲淡，但是在有关商业、工业以及政府的理论与研究中，人们仍然可以发现泰勒、法约尔、古利克以及厄威克的踪迹。实际上，对商业管理理论的每一个分支而言，其理论的基本核心都包括科学管理理论，而且系统分析论也是建立在它

〔1〕 Frederick W. Taylor, *Scientific Management* (New York: Harper & Row, 1911).

〔2〕 Henri Fayor, *General and Industrial Management*, trans. Constance Storrs (London: Pitman, 1949); Luther H. Gulick and Lyndall F. Urwick, eds., *Papers on the Science of Administration* (New York: Institute of Public Administration, 1937).

的基础之上的。在教育领域，[1]要想在目标管理(MBO)、项目计划与预算系统(PPBS)、项目评估与回顾方法(PERT)、作业研究、关键路径计划、系统分析，连同许多其他评估及计算程序等方面寻找到这些早期先驱们的影响也不是什么太难的事情。

组织及社会系统论

德国社会学家马克斯·韦伯(Max Weber)是研究组织的早期学者之一。[2]当时，他关注人为判断的一般不可靠性问题，并且提倡去个性化组织。他创建了一种官僚型组织理论，该理论鼓励建立大型组织，藉此来将组织活动变得正式化、系统化，从而达到人为误差最小化的目的。塔尔科特·帕森斯(Talcott Parsons)研究了韦伯的著作，在其早年工作中，他甚至还翻译了韦伯的部分著作。[3]然而，帕森斯通过将人放进系统进行研究，从而大大超越了韦伯。他发展出一套社会目标理论，该理论覆盖面广、选择性大。他主张，行动是一种发生在系统的两个组成部分、两个行动者或两种情境之间的过程。后来，他建立了五种变量模型来对行动进行分类。虽然帕森斯的工作因为缺少研究基础而常常引发争议，但是，即便如此，他也会因为自身工作所激发出的与其他著者或理论家同样多的关于社会系统本质问题的深邃论述而声名远播。[4]

一般而言，人们不应当忽略早期社区研究对组织及社会系统理论发展所作出的贡献。这些研究除了提供关于权力结构如何发展以及社区领导如何影响公立学校及其他公共机构等方面的描述之外，还提供关于社区民众的正式及非正式关系方面的精彩描述。[5]

切斯特·巴纳德(Chester Barnard)是新泽西州贝尔电话公司的首席执行官，他算得上是一位商人的好榜样，因为他对组织及管理的理论作出了重大贡献。他的著作《执行官的职能》(*The Functions of the Executive*)提出了大量关于组织合作及激励方面的理论。巴纳德相信，正式组织与非正式组织是紧密联系的。他的中心论题认为，一个组织的生命力在于个体为合作系统作贡献的自发性。[6]

当人际关系运动正盛的时候，它明显对心理学家与社会学家产生了决定性影响，他们中的许多人开始着手对组织中的人进行研究。E. W. 巴克与克里斯·阿吉里斯

---

〔1〕读者如对商业和工业效率模型如何影响教育管理感兴趣，请参阅 Raymond E. Callahan, *Education and the Cult of Efficiency* (Chicago: University of Chicago Press, 1962).

〔2〕Julien Freund, *The Sociology of Max Weber* (New York: Random House, 1968).

〔3〕Max Weber, *The Theory of Social and Economic Organizations*, trans. Talcott Parsons (New York: Free Press, 1974).

〔4〕Talcott Parsons, *The Structure of Social Action* (New York: McGraw-Hill, 1973); Talcott Parsons and Edward A. Shils, *Toward a General Theory of Action* (Cambridge: Harvard University Press, 1951).

〔5〕例如，可参见 Robert S. and Helen M. Lynd, *Middletown in Transition* (New York: Harcourt Brace Jovanovich, 1937); William L. Warner et al., Democracy in Jonesville (New York: Harper & Row, 1949); Floyd Hunter, *Community Power Structure* (Chapel Hill: University of North Carolina, 1953).

〔6〕Chester I. Barnard, *The Functions of the Executive* (Cambridge: Harvard University Press, 1938).

(E. W. Bakke & Chris Argyris)提出了"融合理论",该理论认为,从根本上看,领导的职责就是使个体与组织相互"融合",从而使双方都能获得最大程度的自我实现。[1]

A. H. 马斯洛(A. H. Maslow)[2]指出,导致人们留在组织中工作的力量是需要的层次,该需要层次按照满足的顺序从生理需要、安全需要、社会需要、尊重需要、自主需要到自我实现需要。当需要在低层次上得到满足时,更高层次的需要就出现了。因此,这就支持了这样一种思想:人是连续不断"需要"的生命体。一项研究马斯洛理论的研究指出,如果行为需要被激发的话,那么就必须满足目前尚未满足的需要。也就是说,在教育领导者通常关心的情境中,满足了的需要就再也不是一种需要了,因此也就不是一个有效的激励因素了。

道格拉斯·麦格雷戈(Douglas McGregor)的X理论与Y理论试图对组织动作非常重要的某些动机因素进行解释。[3] 其中一种理论与另一种理论相对立,所以接受其中任何一种理论肯定会对管理者在组织中的行为表现产生影响。

X理论假定,一般人不喜欢工作,而且会尽可能地逃避工作;因而,个体必须受到控制、指挥,必须受到或明或暗的威胁,这样他们才会工作,从而达成组织目标。而Y理论的假定则相反,它认为,工作是令人满足的事情;因此,人们如果对一个组织的目标许下承诺,那么他们就会自我引导、自我控制。对实现承诺的最佳奖励就是自我满足及自我实现。

J. W. 盖茨尔斯和E. C. 古巴(J. W. Getzels & E. C. Guba)是两位社会科学家。他们把社会系统研究方法及理论发展应用到了教育管理领域。[4] 角色与人格是社会性权力及领导力的关键因素,他们对这两者的研究在教科书中得到了广泛引用,而且对理解学校管理者的行为也作出了重要贡献。

即使在今天,将组织作为社会系统来进行研究及其理论化的步伐仍继续在加快。但是,在20世纪60年代早期,一个新术语"组织发展"开始出现,而且在管理理论文献中出现的频率不断增加。[5] 组织发展是行政管理中心在组织范围内进行的一种有计划的努力,目的是为了增强"团队精神",以及通过应用行为科学知识的特定发展项目来达到提高组织效能的目的。理查德·贝克哈德(Richard Beckhard)指出了运营发展中的重要因素,它们看来很切合教育领导者协会(the Educational Leaders Consortium)所建立的旨在强调管理团队重要性的基本原理:

1. 需要重点改进的基本单位是团队。

---

[1] E. W. Bakke, *The Fusion Process* (New Haven, CT: Labor and Management Center, Yale University, 1955); Chris Argyris, *Personality and Organization* (New York: Harper & Row, 1957).

[2] A. H. Maslow, *Motivation and Personality* (New York: Harper & Row, 1954).

[3] Douglas M. McGregor, *The Human Side of Enterprise* (New York: Mc Graw-Hill, 1960), 35-57.

[4] J. W. Getzels and Egon C. Guba, "Social Behavior and the Administrative Process," *School Review* 65 (Winter 1957): 423-441.

[5] Ralph B. Kimbrough and Michael Y. Nunnery, *Educational Administrational* (New York: Macmillan, 1983).

2. 通过层级内以及层级间的沟通与协作来增进信任与增强信心。

3. 决策必须在新信息源的基础上作出。

4. 组织目标必须不断修正，要适应组织单位及其次级单位，而且组织活动与控制也必须灵活地适应这些目标。

5. 受变革影响的人们应该被允许去制定计划以及参与整个变革过程。[1]

读者也许会认为，这些基本原理及人际关系的思想与那些曾经使20世纪晚期的日本生产力成为奇迹的管理技术有着惊人的相似。在20世纪80年代早期，美国管理专家开始访问日本并试图找出日本成功的答案。让人感到不可思议的是，这种成功背后的萌芽思想还是在二次世界大战后的日本重建期间从美国引进的。这种实践现在被称之为“Z理论”，它信奉的思想是“参与性的工人是最具效能的工人”。因此，通过共同参与管理达成共识的方法来进行决策的动作使工人对公司产生的忠诚感及对工作产生的满意感——所有这些都会提高组织的生产力。全面质量管理也可被视为考察日本管理过程中的一大发现。虽然决策是由数据驱动的，而且这些决策又是在生产场所作出的，因而一定要考虑到工人因素，而不仅仅是考虑到主管与管理层。

人际关系理论

人际关系理论运动引入了将人及其福利视为管理与组织研究中的一个重要因素的思想。让人觉得不可思议的是，在这一运动取得上风之前(即使在今天情况仍然让人感到遗憾)，太多的情况下，雇员只有在自己对组织有所贡献的基础上才能获得认可。个人福利连同内外部的动机，在很大程度上还是被忽视了。

在美国，莱缪尔·沙塔克(Lemuel Shattuck)是早期帮助改善工人生活状况的先驱之一，他在1839年成立美国统计学会(the American Statistical Society)的过程中发挥了辅助性作用。更晚些时候，英国的威廉·马瑟与C. S. 迈耶斯(William Mather & C. S. Meyers)在工作条件及其与生产效率关系的研究上作出了重大贡献。马瑟通过减少工作周期进行了实验研究，迈耶斯则指导了许多关于工人疲劳以及一般福利等方面的研究，这些研究都是通过成立于1921年的美国国家工业心理学研究所(the National Institute of Industrial Psychology)进行的。[2]

玛丽·帕克·福利特(Mary Parker Follett)是首批把人际关系作为行政与管理的关键因素的思想进行理论化的学者之一。她相信，组织中不断发展的、持续变化的

[1] 参见 Richard Beckhard, *Organization Development: Strategies and Models* (Reading, MA: Addison-Wesley, 1969); Freemont E. Kast and James Rosenzweig, *Organization and Management: A Systems Approach* (New York: McGraw-Hill, 1974); Wendell L. French and Cecil H. Bell Jr., *Organization Development* (Upper Saddle River, NJ: Prentice Hall, 1973); Robert R. Blake and Jane S. Mouton, *The Managerial Grid* (Houston, TX: Gulf, 1964).

[2] William G. Monahan, *Theoretical Dimensions of Educational Administration* (New York: Macmillan, 1975); Bertram Gross, *The Managing of Organizations* (New York: Macmillan, 1964); William H. Roe, *School Business Management* (New York: McGraw-Hill, 1961), 42-43.

融洽的人际关系是组织取得成功所必需的。她进一步指出，冲突与争议是正常的，如果引导得当的话，它们可以被认为是一个"有社会价值的差异签名报到的过程"。[1]实际上，福利特早期的著作在当时并没有产生什么影响，今天却被该领域的许多学者视为经典之作。[2]

直到20世纪30年代晚期，在埃尔顿·梅奥(Elton Mayo)、托马斯·怀特黑德(Thomas Whitehead)、德国人罗斯利斯伯格(Roethlisberger)以及其他人所进行的研究的帮助下完成了人际关系理论的概念化工作，并将其发展成为一种受人关注的重要理论。作为这些研究的结果，人在管理当中变得真正重要起来。正如大家所知道的霍桑研究或西部电气公司实验，这些研究表明，有必要开发出一种更加规范的新方法来激发工人的动机并处理组织中的人际关系。

这些研究结果的主要报告是罗斯利斯伯格与威廉·迪克森(William Dickson)合著的著作——《管理与工人》(*Management and the Worker*)，[3]该书于1939年面世。另外，基于霍桑研究的其他著作还有《工业文明中人的问题》(*Human Problems of an Industrial Civilization*)、《产业工人》(*The Industrial Worker*)以及《管理与士气》(*Management and Morale*)等。

从霍桑研究中得出的结论被许多研究人员和学者推广并发展了。即使有些关于人类动机的研究是在一些社会科学家的主持之下进行的，并且这些科学家一直都把组织作为社会系统加以关注，他们的研究也还是与人际关系理论有着很强的联系。

在20世纪30年代，人际关系理论运动的主要推动力量在爱荷华大学。当时，库特·勒温(Kurt Lewin)正在那里进行有关领导与人类行为方面的实验并发展起备受关注的心理学理论。那些致力于群体动力学和人际关系学的理论家和实践者都被这些理论所吸引，并且几近狂热地追随这些理论。

这次运动的一大主要发展就是1947年在美国缅因州的贝瑟尔成立了美国国家培训实验室(the National Training Laboratory)。这个实验室的主要职责就是进行个体性或群体性人际互动实验，同时开发一种可以用群体动力学理论来对个体进行培训的技术。这个实验室通过训练小组、交友小组以及敏感性训练等方法很快就将自身变成了非常受欢迎的训练商业领袖、工业领导者以及教育领导人的培训基地。对这一运动作出贡献的人实在太多，以至于无法一一提及。[4] 完全可以说，这次运动为传统的

---

[1] Mary Parker Follett, *Creative Experience* (London: Longman Group, 1924), 300.

[2] Mary Parker Follett, *Dynamic Administration: The Collected Papers of Mary Parker Follett*, ed. Henry C. Metcalf and Lyndall F. Urwick (New York: Harper & Row, 1941).

[3] Fritz J. Roethlisberger and William Dickson, *Management and the Worker* (Cambridge: Harvard University Press, 1939). 另可参见 Elton Mayo, *Human Problems of an Industrial Civilization* (New York: Macmillan, 1933); Thomas N. Whitehead, *The Industrial Worker* (Cambridge: Harvard University Press, 1938); Fritz J. Roethlisberger, *Management and Morale* (Cambridge: Harvard University Press, 1939).

[4] Leland Bradford, Jack R. Gibb, and Kenneth Benne, eds., *T-Group Theory and Laboratory Method* (New York: Wiley, 1964).

由上而下的权威观念引入了一个重要的选择。它完全将重点放在了组织中的人的重要性以及它们的个体关系或集体关系之上。这种重点定位在理论和操作层面都得到了很好的表达，而这种表达是在“决策分享”、“集体权威”、“共同掌权”、“民主式领导”、“参与性领导”、“士气”、“权威分享”、“群体动力学”以及“团体互动”等术语中得以体现的。

问题解决及决策理论

因为校长的大量工作需要解决问题以及进行决策，所以与该领域相关的理论就显得非常重要。[1] 问题解决公认的一般步骤如下：

1. 发现并识别问题。
2. 根据组织目标来定义、界定问题。
3. 决定谁应当参与问题解决过程以及如何参与。
4. 具体收集与问题相关的合适数据。
5. 形成并选择可能的方案。
6. 预测可能性方案的结果。
7. 用合理的方法选择首选方案，并将备选方案的优先顺序排列出来。
8. 将首选方案付诸实施。
9. 确立用来测定成功的评估程序。[2]

巴纳德是首批对决策过程进行理论化研究的学者之一。[3] 他的观察入木三分。他发现，管理者在试图解决一个问题或者在作出一个不适当的决策时往往会产生一些不必要的问题。他指出，好的决策方法应由以下方面构成：(1) 不对与现在无关的问题进行决策；(2) 不鲁莽进行决策；(3) 不做那种无法实行的决策；(4) 不做应当由别人做的决策；(5) 有时候决定按兵不动。

D. J. 布劳斯(D. J. Bross)对社会系统中的决策理论所作出的贡献在于他通过观察发现，一个特定的决策会对组织及其子系统中的人们产生不同程度(积极或消极)的影响。管理者职责中与决策有关的一项职责便是识别受到某项决策影响的个体与群体，并且以该决策是否让人感到满意作为基础分析人们的情感强度。恰当的方法是，在决策付诸实施时，有效的管理者随时准备根据群体感受对决策作出必要的调整。[4]

---

〔1〕“问题”可以简单定义为组织中引起不满意的一种事件状态。“决策”则是用来解决不满意的有计划的措施。

〔2〕问题解决在众多文献中得以广泛讨论，因此无法确定具体作者。尽管不能予以明确识别，但 Frederick Taylor 和 Henry L. Gantt 曾使用上述方法作为建立科学管理的基础。有些教育管理著作对此领域曾做深入研究，其中包括 Daniel E. Griffiths 的 “Administration Is Decision Making” 和 John K. Hemphill 的 “Administration as Problem Solving,” 这两章都可参见：Andrew W. Halpin, ed., *Administrative Theory in Education* (New York: Macmillan, 1967)；以及 Daniel L. Stufflebeam et al., *Educational Evaluation and Decision Making* (Itasca, IL: Peacock, 1971).

〔3〕 Barnard, *Functions of the Executive*, 194.

〔4〕 Irwin D. J. Bross, *Design for Decision* (New York: Macmillan, 1953).

赫伯特·A. 西蒙(Herbert A. Simon)的理论学说认为，决策是管理的中心。[1]决策实际上与行动同等重要；因此，必须建立能够确保决策过程正确的组织原则。西蒙同时也指出，组织中的所有人作出的决策各不相同；因此，决策过程就应当有横向说明，也应当有纵向说明。他主张，为了达成决策，应当对规则的惯例路线进行识别，不管它们来自组织中哪个层级。这些决策可称为"程序化决策"，西蒙试图将它们发展成为管理科学的一部分。[2]

詹姆斯·G. 马奇(James G. March)基于标准的选择理论为决策提出了一个框架：(1) 准确确定备选择项；(2) 明确定义价值取向；(3) 评估每一种选择可能发生的后果；(4) 确定后果发生的可能性；(5) 挑选可实现期望价值最大化的选择。[3]

马奇和西蒙把标准决策过程中的问题或故障看做是在制造"冲突"。[4] 这种故障会导致个体或群体在选择行动方案的过程中遇到困难。冲突管理研究对管理领域至关重要。它毫无疑问与决策及不同的目标和目的如何影响组织决策有关——甚至与这些决策怎样才能影响外部环境都有关。

最近，理性作为决策基础已经受到人们质疑。韦恩·霍伊(Wayne Hoy)认为，"我相信非理性选择才是自然状态。甚至，决策也是由标准化的和情感性的考虑因素所驱动。"[5]假定这一观点成立，那么拥有一套广为人知、遍及各决策层的信念与价值观就显得重要了，因为这些信念与价值观可以塑造学校行为并影响随后所作出的决策。

文化视角

从 20 世纪 80 年代以来，组织的文化及亚文化已经成为研究人员与理论家关注的焦点。观察发现，每一个组织以及每一所学校在某些方面都具有唯一性。这种观察结果引发了人们对使这些组织具有唯一性的因素进行更为细致的验证。组织拥有一些不同的行事方式，这些方式则衍生自组织成员解决问题的过程。一种"我们在这里怎么做事情"的感觉就逐步显现出来了。组织成员拥有某些共同的价值观和信念，并且他们的实践都是围绕这些信念与价值观展开的。这样，每所学校的职员有意无意地就形成了他们认为重要或者正确的思想。埃德加·沙因(Edgar Schein)认为，关于事实、时间、空间、人性、行为，以及相互关系等方面的假设形成之后才导致了价值观的产生，然后才产生了可观察到的人造物品以及行为。[6]

---

[1] Herbert A. Simon, *Administrative Behavior* (New York: Macmillan, 1950).

[2] Herbert A. Simon, *The New Science of Management Decisions* (New York: Harper & Row, 1960).

[3] James G. March, "Theories of Choice and Making Decisions," *Society* 30 (November-December, 1982).

[4] James G. March and Herbert A. Simon, *Organizations* (New York: Wiley, 1958).

[5] Wayne K. Hoy, "Science and Theory in the Practice of Educational Administration: A Pragmatic Perspective," *Education Administration Quarterly* 32 (August 1996): 374.

[6] Edgar H. Schein, *Organizational Culture and Leadership* (San Francisco: Jossey-Bass, 1985).

一所学校的某些成员也许这样认为，作为由各自不同背景所决定的一些个体可能在学术表现上永远都不能像其他背景所决定的个体一样。因此，"轨道"就被造出来用以容纳不同的行为表现者，而且教师也要依据自己正在教授那一轨道的情况对自身行为作出调整。如果从学生的标准考试分数来看，这种信念也许被看似起作用的方式强化了。在此情境中，如果拥有那种"文化"的人们觉得他们的处事方式在起作用的话，那么他们将倾向于改变那种文化吗？答案显然是否定的。

言下之意很明显，领导是必需的；只不过对如何进行最佳领导说得不甚清楚。关于职业文化思想的著作颇丰，使得至少有些权威重新分配给了教师。[1] 一直把焦点集中于学校使命的领导也许会阻止作出那些基于方便或者大多数人的偏见的决策。其实，价值观、信念以及被看做是好方案的传统解决方法不大容易被取代。对组织生活的文化观点进行持续的研究与分析对长期持续的变化是富有成效的。

人力资源开发

人力资源开发"关注使组织参与者融入该组织中的过程和推动力量：他们如何发展与组织有关的认知、价值观及信念，以及这些内部状态对行为产生什么影响。"[2] 人力资源开发理论认为，当员工效率提高时，他们将会趋向于更加满意，而不是不太满意。虽然该研究的基础也许要追溯到 20 世纪 30 年代梅奥曾问个不休的问题上去，但是关于文化和气氛的思维已经改进了人们对个体信念和价值观的过滤系统的关注中心。这些信念和价值观部分是通过经验形成的。

虽然大量的工作都是在集中关注成年工人以及学校教师，但是以一种相似的思路来考虑学生也许会有所裨益。学生在发展用以处理经验、学校信息以及社会信息的过滤系统的过程中，什么力量在起作用呢？在学校中，认真考虑学生提出的关于有效解决他们问题的看法会导致出现解决这些问题的不同方式吗？

批评理论

批评理论家将学校看做一个置身于更广阔的社会、政治以及权力关系等环境中的实体。如果学校领导者把自己的角色视为一个在更广阔社会环境中与其他权力相连的角色的话，那么领导角色的边界就被从改良了的管理层面延扩至包括思想及价值观在内的层面了。批评理论家将当前的组织状况视为整个社会及组织中的问题产生的主要原因。

---

〔1〕如参见 Ann Lieberman, ed., *Building a Professional Culture in Schools* (New York: Teachers College Press, 1988).

〔2〕Robert G. Owens, *Organizational Behavior in Schools* (Upper Saddle River, NJ: Prentice Hall, 1991), 166.

后现代主义

后现代主义基于解构主义思想而形成，后者对我们所知的组织存在提出了质疑。解构主义者将消除那些导致某些社会层面出现压抑或疏远的或者使其长期存在的组织作为自己的目标。对于那些获得很好服务的人的经济利益而言，解构主义者认为学校是在用其他人付出的代价来满足某些人的需要。

玛格丽特·格罗根(Margaret Grogan)指出："……后现代主义为我们提供观点……包括演说、主观性、权力、知识以及抵抗等。"她解释说："我们根据演讲中所表述的占优势地位的价值观和信念为我们的经历赋予意义。从这种意义上讲，我们就被一场演讲模式化或者主观化了。"[1]因而，后现代或者解构主义者的观点是不确定性的，而且这些观点就是人们互动所产生的结果，或者说，它们就是演讲的结果。词语的意义能够通过被质疑或者被媒体或政治人物重新定义等方式而发生改变，我们已经见证了这一点。在这种观点的支配之下，道德或者做什么正确可能是由投票去定义的，或者是由多数票决定的，也可能是由经济或政治权力所决定的。

女性中心理论也对组织的目的和过程提出了质疑：组织是男性导向的，因而它以满足男性作为目的；它在专制环境中履行职能，而且像台机器一样运转；它以集中关注底线作为衡量成功的方法。一般而言，这种方法通过让人们变得更加平等和理性来呈现组织的女性化。塔赫尔·拉希克和奥斯汀·斯汪森(Taher Razik & Austin Swanson)这样描述女性领导者："更可能感觉到她们是事情的中心，而不要把她们视为'高高在上'。"[2]这种看法与校长的角色从任何角度看都是 90 度的思想相一致(参见第二章相关内容)。

学习/知识型组织

一些观察者和理论家已经将成功存活下来的组织视为学习/知识型实体。C. W. 乔(C. W. Choo)指出，成功组织中的意义创造、决策以及知识创造都有一个周期。[3]创造出来的知识也许包括如何既有差别又更有效地开展学校工作在内。巴特·诺特博姆(Bart Nooteboom)观察指出："……没有单纯的、通用的最佳治理模式。"[4]克服惯性和根深蒂固的文化也许很困难，但是一所正在持续学习的学校可以对何种学习重

〔1〕 Margaret Grogan, "Laying the Groundwork for a Reconception of the Superintendency from the Feminist Postmodern Perspectives," *Educational Administration Quarterly* 36 (February 2000): 127.

〔2〕 Razik, Taher A. and Austin D. Swanson, *Fundamental Concepts of Educational Leadership*, 2d ed. (Upper Saddle River, NJ: Merrill/Prentice Hall, 2001).

〔3〕 C. W. Choo, *The Knowing Organization* (Oxford: Oxford University Press, 1998).

〔4〕 Bart Nooteboom, *Learning and Innovation in Organizations and Economies* (Oxford: Oxford University Press, 2000), 167.

要以及如何才能最好地达到目的等问题提出质疑。

虽然持续不断地对学校所做工作的基础提出疑问显得很重要，但是如果我们能够意识到我们为何做事的基本原理存在缺陷的话，那么提供选择方案也显得同样重要。如果学校被用来作为社会分类的机制，如果学校确实是在被塑造为经济部门劳动力的供应者，那么校长就拥有了绝好机会，不仅可以去抵制一些关于学校目的性方面的观点，而且还可以帮着去形成可能对个体和社会双方都更有益的其他观点。这种可让领导作出贡献的机遇几乎是无限的。[1]

与校长相关的理论与研究

在上述理论的发展以及随之而来的质询过程中积累了大量研究，尤其是在行为科学领域。如果不作更高要求的话，这种研究可以和这些理论本身一样对校长行为的方向起指导性作用。然而，校长必须准备对这些结果作出解释并且把它们应用到自己的工作环境中去。如果研究是基于工业环境进行的，当它们被用到学校环境或者某一个教育问题中去的时候，那么结果可能会有很大差异。在考虑把关注工商业的理论与研究应用到学校去的时候，人们应当非常清楚地意识到学校作为一个组织与商业、工业或军事组织之间存在差异性。在试图把学校调整到适合工商业组织框架的过程中去的时候，人们无法说明教育组织具有怎样的特殊性。

实际上，没有组织恰好像公立学校。威廉·格林菲尔德（William Greenfield）指出，学校与其他组织不同，用他的话说就是："学校具有唯一的道德特性；教职员工教育程度高、自治能力强；而且存在一些对组织稳定性构成常规的和不可预测的威胁。"[2]有关学习的关键决策由教师作出，教师或多或少独立于那些在组织层级中高于他们的人，并且在一定意义上与同事相分离，这些事实让学校具有了独特性。不需要太多想象就可以列举出对稳定性构成不可预测性威胁方面的例子，例如常规的学校董事会选举以及那些决定候选人成功与否的事件。可感受到的学校道德特性也许是其最能区别于其他组织的特色。学生容易受到攻击，他们需要待在学校里。社区以及父母相信学校能给予孩子恰当的教育、关爱和保护。很明显，校长不能单靠职权去管理学校，也不要对自己能为高效能的学校提供某种特质的领导抱太大希望。

理论：行动的指南？

前文对组织及管理理论的发展过程所作的简单回顾并不是要给读者形成这样的

[1] Cerylle A. Moffett, "Sustaining Change: The Answers Are Blowing in the Wind," *Educational Leadership* 57 (April 2000): 35 - 39.

[2] William D. Greenfield, "Toward a Theory of School Administration: The Centrality of Leadership," *Educational Administration Quarterly* 31 (February 1995): 61.

印象：存在一种可供校长运用到学校管理当中去的可靠的理论主体。情况并非如此。确切地说，所描述的那些内容都是一些正在发展中的理论，它们需要实践者的研究和思考。

虽然理论运动试图使教育管理研究来得更加科学、有序，但是与期望正好相反，还没有出现一种普遍理论或者一套理论体系能为管理行为提供全面指导。在更多情况下，它成了一种“时髦”的概念，与这些年来研究过的所有事物都有联系。没办法，教育管理理论家们也开始失望；当一种被提倡的理论在重复性研究中站不住脚时，当其与教育实践的关系不能具体化时，他们感到困惑。花了时间才认识到，理论并不是必要的事实真相。

韦恩·霍伊和塞西尔·米斯克尔(Cecil Miskel)提供了一种理论观点，他们认为："当我们的知识存在缺陷、或者不完整时，我们不应当气馁；它只不过是在强调知识具有试验性本质而已。"[1]但是，这与学校校长有什么关系呢？如果没有一种普遍的理论能够为行动提供基本原则，那么理论究竟有什么用处呢？尽管理论被过度吹嘘或者误解，但是它仍然对管理者有很大用处。

虽然理论被认为可以用来解释行为或者组织现象，它仍然可以用来应付快捷、简单的问题。罗伯特·欧文斯(Robert Owens)提醒我们："系统理论……让我们警惕那种将现象归因于一种简单因素的强烈趋势。"[2]我们必须充分认识到，人是在同理论而不是事实打交道，因此，要时刻准备对行动作出相应调整。

当理论性的概念化工作对于管理者所做的工作显得恰当而且适用时，它就是一件好事。人们也许经常讨论和描述管理方面的理论，但是却未能理解如何把这些理论应用到校长所遇到的问题中去。虽然我们常常认为应用性是显而易见的，但是实践者却常常忽视它。掌握如何应用理论要比学习理论本身难得多。无论是否意识到理论的存在，校长都在不断地运用理论。来源于他们自己对如何使事情按照自己希望的方向发展的解释(无论正确与否)，对解释现象的其他方式的认识也许可以扩大实践者的思路，从而扩大他对情境作出反应的范围。

校长应当有原则吗？

我们认为，校长应当有遵循的原则。就像世界上实际存在的其他事物一样，虽然原则可能会过时，而且会有文化偏见，但是如果人们认识到这些问题并且作出相应调整的话，那么原则还是能够为行动提供一个坚固的框架的。

随着我们社会价值观的不断改变，一些价值概念在我们社会的特定时间得到认

---

[1] Wayne K. Hoy and Cecil G. Miskel, *Educational Administration: Theory, Research and Practice*, 5th ed. (New York: McGraw-Hill, 1996), 22.

[2] Robert G. Owens, *Organizational Behavior in Education*, 6th ed. (Boston: Allyn and Bacon, 1998), 42.

同，这些就可以为原则体系的形成提供基础。基于教育哲学和法律先例的逻辑目的与程序能够为原则体系提供构架。同样的，一些实践行为已经被彻底检验，能够被人们所认可乃至可以作为原则来运用。

另外，我们相信，当校长成为自己管理艺术领域的学者时，他们可以在自己的经验、价值观、风格以及知识领域的基础上来发展自己的管理原则。这些原则可以给校长和学校提供行动的一贯性。因此，杰出的校长都是那些成为他人、组织及领导的研究者的人，他们通过掌握教育及其相关领域的广泛知识、领会理论与研究、理解自己的价值观、技能以及经验等途径，从而发展出一套为他们自己的行动提供指导的原则。

原则示例

我们相信，下面举例说明的原则在逻辑上能够被接受并作为管理行为的指南。通过分析每条原则，人们能够不同程度地看到文化、政治与教育哲学、教育实践、法律观点以及理论与研究等所带来的影响。我们相信，在现存文化中，这些原则包含足够的普遍性，因此可以应用到具体的实践中去。我们承认，随着社会的发展，它们可能会过时，因为与政策一样，原则必须适应不断变化着的文化；然而，这不会减少它们此时此地的价值。

1. 没有看不见的公民。与 30 岁或者 93 岁的男人或女人一样，一个四岁的孩子同样是一个公民。当然，在校学生到了我们应当细心保护其宪法所赋予的自由的年龄。应当注意，我们不要因为我们的教育方式或对待青少年的方式而不知不觉地教育他们忽视我们政府的那些纯属陈词滥调式的重要原则。

2. 教育过程的延伸超出了正式的、有组织纪律的教室范围。重要的学习活动在教室中进行，也在社区中进行。学校全体职员必须努力配合社区以便让这种学习变得积极、有效和多产。

3. 校外力量的影响非常重要，使得与其他机构、单位以及组织之间的紧密合作对发展一个健康的教育项目显得必不可少。

4. 美国公立学校虽然只是反映了文化环境的一部分，但是它仍有责任去对需要改进的社区进行改进。它不仅负责保护有价值的过去，而且也为进步和变化铺道。公共机构尤其需要留心全民的愿望。然而，一个机构，例如学校，因为无法取悦所有人，所以它和它的领导者就常常遭到批评。

5. 学校的目标、目的和作用必须有效地传达给学校所在的不同社会系统。那些负责任的学校必须时刻准备与这些社会系统共同合作，来对这些目标、目的和作用加以调整，以适应时代变化。

6. 受管理行为影响的那些人应当参与到与所采取的行动相关的政策发展中来。

参与情况将要取决于不同情境之下职员及学生的熟练与成熟程度。

7. 所有学校都应当有书面政策来指导它们的行为。这些政策应当不断发展和修订。与在内部进行从冲突到冲突的管理不同的是，领导必须对社会系统中发生的变化保持敏感，这些变化可能要求出台新政策或者对政策进行修正。

8. 首席管理者和主要职员(不同程度上)对所有社会系统以及作为机构一部分的权力要素负责。

小结

在过去的半个世纪中，教育管理研究通过重点进行跨学科研究、行为研究以及进行强有力的对比分析等途径已经将自身从如何做、民间传说以及奖状证明阶段发展到了有更加科学的、以理论为导向的以及训练有素的基础的发展阶段。教育管理研究的科学理论方法已经对该领域作出了较大贡献，而且也在很大程度上改善了管理者筹备计划以及他们的行为方式。更新的理论方法建议领导者成为一个更加紧密联系、互动的角色，其中就包括了形成教育目的这一方面。

然而，如此强调理论而对管理原则的重要性不予重视是一个错误。原则应当为个体的管理行为提供一个坚实基础。当校长成为自身管理艺术领域的研究者时，他们就可以发展自己的管理原则了。我们相信，杰出的校长都是那些对他人、组织及领导进行研究的人，他们通过掌握教育及其相关领域的广泛知识、领会理论与研究、理解他们自己的价值观、技能以及经验等途径，为他们自己发展出一套为行动提供方针的原则。

思考题

1. 霍桑研究已经被所谓的霍桑效应弄得失去了部分光泽。什么是霍桑效应？它能够发展成为一种对管理者来说是重要的理论或者原则吗？请加以讨论。

2. 管理理论与管理原则之间的差异是什么？不能成功地为这些术语进行操作性定义会在管理研究中导致混淆吗？

3. 指出一些基本原理，并藉此告诉社区企业领导人没有一个组织恰好像公立学校一样。

4. 相信一些基于你个人价值观系统的管理原则有什么危险吗？

5. 对马基雅维里的管理哲学与玛丽·帕克·福利特的管理哲学进行比较和对照。

6. 讨论："决策分享"这一概念是基于可靠的研究结果而提出的。

7. 由于学校满足经济或者政治经纪人的目的，那么什么样的反应可能对那些要"解构"学校的人有效呢？

8. 如果学校确定为这些目的服务，那么你将采取什么样的特定课程或者进行什么样组织变革呢？

推荐读物

1. Argyris, Chris. *Reasoning, Learning and Action: Individual and Organizational*. San Francisco: Jossey-Bass, 1982.

2. Barnard, Chester I. *The Functions of the Executive*. Cambridge: Harvard University Press, 1938.

3. English, Fenwick W. *Theory in Educational Administration*. New York: HarperCollins College Publishers, 1994.

4. Griffiths, Daniel E. "Evolution of Research and Theory: A Study of Prominent Researchers," *Educational Administration Quarterly* 19 (Summer 1983): 201 - 221.

5. Grogan, Margaret. "Laying the Groundwork for a Reconception of the Superintendency from the Feminist Postmodern Perspectives." *Educational Administration Quarterly* 36 (February 2000): 117 - 142.

6. Hoy, Wayne K., and Cecil G. Miskel. *Educational Administration: Theory, Research and Practice*, 5th ed. New York: McGraw-Hill, 1996.

7. Lieberman, Ann, ed. *Building a Professional Culture in Schools*. New York: Teachers College Press, 1988.

8. March, James G. "Theories of Choice and Making Decisions." *Society* 20 (November-December 1982): 29 - 40.

9. Moehlman, Arthur B. *School Administration: Its Development, Principles and Function*. Boston: Houghton Mifflin, 1951.

10. Mort, Paul R., and Donald H. Ross. *Principles of School Administration*, 2d ed. New York: McGraw-Hill, 1957.

11. Nooteboom, Bart. *Learning and Innovations in Organizations*. Oxford: Oxford University Press, 2000.

12. Owens, Robert G. *Organizational Behavior in Schools*, 6th ed. Boston: Allyn and Bacon, 1998.

13. Razik, Taher, A. and Austin D. Swanson. *Fundamental Concepts of Educational Leadership*, 2d ed. Upper Saddle River, NJ: Merrill/Prentice Hall, 2001.

14. Schein, Edgar H. *Organizational Culture and Leadership*. San Francisco:

Jossey-Bass, 1985.

15. Senge, Peter M. *The Fifth Discipline: The Art and Practice of the Learning Organization*. New York: Doubleday, 1990.

第五章 组　织

在美国，教育是一项州政府的职能，而不是像大多数国家把它作为一项国家的职能。这一宗旨由于得到宪法制定人的认可而被写入各州地方宪法，并经法院作出的决定得到了进一步的承认，从而导致了一个国家有五十多种不同的州立学校教育体系。并且这种体系差异在不断加大，因为几乎所有的州立法机关已把学校的大部分管理权力委托给了学校所属的社区组织机构。

虽然各种体系不尽相同，但所有的体系有许多共同之处，所有校属地区都有一位最高行政官，通常被称为督导长，有一个教育委员会或当地管理委员会，所有学校有各自称呼的校长，所有公立学校体制中的学校都有一些联邦政府的、州政府的和地方政府的拨发的经费，各州都有公认的当地学校组织机构形式和学校教学大纲，各州在某种至少达标的范围内开展工作，各州都尽力提供至少12年的学校教育。这些相同之处的存在是因为有法律的限制，是因为委员会成员和教育工作者一直在观察周围各州教育体系的发展和创新，并把它们的教育思想部分或完全地运用到本州的教育体系中。

什么是组织？

一所学校的组织机构是其运作的构架或平台，也可能是体现决策者关于组织应如何运行理念的一个框架。因此，对于学管理的学生来说，专门了解一下组织的概念是重要的。根据卡普罗(Caplow)的解释："组织是一个社会系统，该系统有明确的集体身份、正确无误的成员名册、活动计划以及更换组织成员的程序。"[1]

霍尔(Hall)给出了一个简要的组织定义的发展历史，强调了组织有边界、由社会关系和协调的活动组成以达成目标的观点。他将组织定义为：

> 一个组织是一个集体，有一个相对可识别的边界，一个规范的制度，权力层级，交流系统和成员协

〔1〕 Theodore Caplow, *Principles of Organization* (New York: Harcout Brace Jovanovich, 1964), 1.

调系统;这个集体在某种环境中的一个相对持续的基础上生存,并且这个集体所从事的活动通常与一系列目标关联;该活动的结果是有利于组织成员、组织本身和社会。[1]

对于组织边界的观点,阿什克努斯(Ashkenus)和其他人提出了质疑,他们指出一个无边界的组织在它需要时更能够进行变革。[2] 边界被认为是存在于等级制度中的层级之间、组织部门之间、内部组织和外部组织之间的。

考察文献中的组织定义,可以发现构架、控制和建立职能关系等常见于各种定义。建立组织就是一种系统地建立恰当的关系以推动集体完成工作任务的过程。在建立一所正规学校的行政单位时,也就是意味着组织手头上已有了做事的工具、规章制度,已把监督、制定规章制度的责任落实到了有能力的人身上,并且已建立起了工作程序,这样,决策人可作出决策或者更容易作出被别人认可的和有效的解决方案。在一个效率高的组织中,人们可以在一个恰当的时间计划内出色地完成工作任务。在一个效率低的组织中,人们所完成的工作任务可能往往是不重要的,人们忽略了重要的工作;决策程序可能贯彻不下去或是处在无决断的状态中;最后,正当的合法权力机构被越权,取而代之的是由一个没有被正当地授予职责权力的系统作出含糊不清的决策。

在当今学校体系中,组织机构的模式常常很混乱,有点像人们所知道的旧时建造英格兰式农舍那样——就是说,没有任何的总体规划。偶尔,不知从什么地方来了一道命令导致学校采用一些临时的做法或是临时照搬一些其他学校的做法。这种在组织中进行修修补补的做法的危害在于可能使组织失去工作重心,甚至被偏离组织目标的活动所取代。这样,组织就变成了一个有了问题才作出反应的组织,而不是有工作重心并积极适应变化的组织。

关于组织的观点

组织被认为是机器、头脑、有机体和社会文化。另外一些对组织的描述语包括"理性的官僚政治"、"有组织的无秩序"、"封闭和开放系统"、"松散的结合体"、"社团的和政治的"。那些考察商业组织、工业组织和军事组织以及研究这些组织中的人如何行为的学生已试图把学校归入诸如此类的术语之中。在非学校背景中发展起来的理论经常影响组织理论家如何看待学校。

与公立学校一模一样的公共机构或代理机构是不存在的。因此,如果有人硬要把所有学校归纳为一般的工业组织模式而建立理论,那么他注定会失败,因为这种模式

[1] Richard H. Hall, *Organizations, structures, Processes and Outcomes* (Upper Saddle River, NJ: Prentice Hall, 1991), 32.

[2] Ron Ashkenus, Dave Ulaich, Todd Jick, and Steve Kerr, *The Boundaryless Organization* (San Francisco: Jossey-Bass, 1995).

不易包含学校所具有的特质和特征，其重要的方面经常被忽略或漠视。此外，一个典型的错误是把学校看做封闭的系统来研究，而没有认识到学校所具有的非常复杂的"开放性"，它包括了社会范畴中的两极群体。[1]

另一个混淆的方面是研究人员把学校当做一个独立的社会系统来分析，而忽视了学校是一个更大系统之中的一个组成部分，涉及一个或更多的社区、县、州，并且在有限的范围内，还涉及联邦政府。这种批评不是指我们应当无视行为科学家的理论和研究。他们的方法和结果帮助我们从多元的角度来考察学校和更好地了解学校的本质。然而，我们应当以他们的工作作为起点来关注学校的特质和特征。

阿利森(Allison)在这方面提出了一个极好的观点。阿利森在对学校组织进行研究中断言，教育工作者太依赖于使用特殊的行为科学的术语和理论。因此，他们精心造出"一串让人迷惑不解的形象来代表学校性组织，而这些形象与其说是理清理论概念，不如说是反把概念搞糊了"。[2] 他呼吁对行为理论学者的理论内涵要加以正确判断后谨慎使用，而不是不加分析辨别地全盘接受和使用。

机械论的观点

韦伯(Weberian)的官僚式结构是一种顽固的、机械式的组织，在此组织中有一个自上而下的、金字塔式的、等级分明的权力机构，有书面的规章制度、特定的合理行为、专业化分工以及基于等级职位的权威。机器型的组织作为一个封闭的系统运作，在该系统中，组织单方面选择与外部环境互动的时机与方式。这种组织观点对于学校而言有其局限性，因为一所学校几乎不能控制它的"原材料"，而且学校受外部力量支配，如随时可能发生改变的州法律和法院规定。在这个机器型的组织中，一位工人的作用是可按照组织中预先的工作规定和分配程序被替换的。如果把机械论应用于学校，那么教师就无足轻重，而人们会认为教师只是按部就班地执行教学大纲。

罗恩(Rowan)认为统一的教学大纲是机械型组织的无效率的典型。他指出，在机械型组织里，不管教师是否按规定做了变革，他们既不会受到奖励也不会受到惩罚。[3] 这样，这部机器就"出故障"了。

持机械论观点的人认为等级制最能了解情况，能够制定出最佳方案去完成所要求的工作，无论这项工作是扫地还是应对不同的学生，或者为执行复杂的教学大纲而选择教学材料。显然，机械型组织中的工作具有明显的泰勒(Taylor)科学管理的影子。

---

[1] 参见第三章。因为公立学校与社区、县、州及其实际组织模式之间存在法律上的关系。从法律上讲，学校不可能是一个封闭的系统。此外，学校很少或不能控制对它们的"输入"，如类型、能力、态度、环境、经济状况及其他与学生相关的因素。

[2] Derek J. Allison, "Toward an Improved Understanding of the Organizational Nature of Schools," *Educational Administration* 19 (Fall 1983): 16.

[3] Brian Rowan, "The Organizational Design of Schools," in *Images of Schools*, ed. Samuel B. Bacharach and Bryan Mundell (Thousand Oaks, CA: Corwin, 1995), 18.

有机论的组织

组织的有机论观点认为组织的各部分相互依赖，整体与人、代理机构，以及组织外部的其他机构相互作用。在 20 世纪 80 年代，有机论的组织观点开始应用于学校组织。鉴于有机论把组织看做是一个与环境相互作用、处理各种输入到组织内的信息的组织，教师被赋予了自主权以满足他们所面临的要求。[1] 教师的角色就是作出决策，即不断地处理种种不确定的问题。这样的观点类似于专业性组织，在专业性组织中，专业人员具有较多的决策权。霍伊和密斯克尔（Hoy & Miskel）讨论了专业化的官僚政治，这种官僚政治依赖于协调组织运作技能的标准化。[2] 权威更来自专业技能，而不是等级职位。

学校与社区、服务机构以及具有专业化知识的机构之间的日益增长的合作显示了人们日益普遍地把学校看成是一个有机组织。约翰逊和福斯克（Johnson & Fauske）指出："……有效的组织是那些在它们和环境之间建立起桥梁和缓冲的组织。"[3]与环境相互作用已经成为满足学生和社区需要的必不可少的要素。

学习型或智能型组织

学习型组织是系统化运作的组织，它按需要随时学习变革和更新组织本身。组织机构精简（如：各部门不需要专门的协调人员），在组织的活动如同大脑一般活动的情况下，各部门的活动单独进行，但整个组织进行整体思维。内部边界是相互渗透的。有问题就提出来讨论，而不是像政治的或机械的组织中的人回避问题或把问题隐藏起来（参见"适变的、未来的组织"中的讨论）。

对于校长们而言，学习型组织的意义是深远的。当面临问题和产生解决方案时，学校的工作改变了，大大减少了权力的争斗，变革产生于内部，而不会由于死板的岗位描述和职位权力而对变革产生抵制。既然学校每年的人数随一年级新生入学人数变化而变化，既然新技术日益不断涌现并可资利用，学校至少每年对组织本身和其资源进行一次重组，以应对挑战。"学校的领导者们，如同商业机构和医院的领导者们一样，想使他们的组织具有灵活性和反应性，能够与事俱变。理想的组织具有'自我更新'或'学习型组织'的特点。"[4]

---

[1] Samuel B. Bacharach and Bryan Mundell, eds, *Images of Schools* (Thousand Oaks, CA: Corwin, 1995), 23.

[2] Wayne K. Hoy and Cecil G. Miskel, *Educational Administration: Theory, Research and Practice*, 5th ed. (New York: McGraw-Hill, 1996), 71 - 75.

[3] Bob L. Johnson Jr. and Janice R. Fauske, "Principals and the Political Economy of Environmental Enactment," *Educational Administration Quarterly* 36 (April 2000): 159.

[4] Ron Brandt, *Powerful Learning* (Alexandria, VA: Association for Supervision and Curriculum Development, 1998), 49.

文化型的组织

近几年发表的著作一直强调每个组织有各自的文化;组织也许有自己独特的文化,但也许文化根植于其他组织的历史和传统以及过去的环境之中。[1] 对这种文化的分析帮助人们了解人们为何有不同的行为方式。在组织中,人们创造了现时的文化,但他们也受到他人和传统的影响。了解什么是驱使文化演变的动力是组织改进的一个关键。

什么是文化?戴尔(Deal)认为:“有多少人研究文化,就有多少种文化定义……克拉克霍恩(Kluckhohn)指出了164种文化定义。”[2]沙因(Schein)把文化定义为:“一个群体所具有的一系列的共享的、当然的、不言自明的假设,它决定了这个群体对各种不同的环境所作出的理解、思考和反应。”[3]萨乔万尼(Sergiovanni)把文化定义为:“文化指价值和精神仪式,这种价值和仪式给人们提供了行为方式的一贯性、传统、身份特征、涵义和意义,它也指规范系统,该系统给予了人们生存的方向和结构。”[4]显然,还有定义可以被引用,但概念是清楚的了,即文化渗透于一个组织之中,文化可起控制作用并可给企业带来意义。

一个谋求成为领导者的人不能忽视组织中因人们类聚而形成的组织文化。在组织中有必要观察什么是重要的或了解在组织中流传的故事、典礼和仪式对组织中的人们有什么意义。如果已有一个牢固的文化,它可成为变革中难以克服的障碍。另一方面,一种崇尚卓越、新思想和学习的文化,对一位领导者来说,是一种激励和振奋的经历。

设计一个组织结构

组织结构是建立在人和物的关系的基础之上的,这种关系与组织的目标和资源相一致,并且组织结构是通过能够推动完成具体管理事务的、经过战略性配置的执行人员来协调组织的活动而建立起来的。组织的建立应考虑到利益的分配、职务权力的限度、沟通问题、必要的激励和领导以及评估体系。但是,首先要考虑的是组织结构应有适当的平衡,以便于人际关系的和谐与满意。

一个组织的范式确定了特定个人和群体的行动范围,基本规定了组织成员的工作方式,并给予了组织成员进行工作的基本设施或基本框架。应避免造成个别

---

〔1〕 W. G. Dyer Jr. *Culture in Organizations: A Case Study Analysis*, Working Paper 1279 - 82(Cambridge, MA: Sloan School of Management, MIT, 1982).

〔2〕 Terrence E. Deal, “Symbols and Symbolic Activity,” in *Images of Schools*, ed. Bacharach and Mundell, 111.

〔3〕 Edgar H. Schein, “Culture: The Missing Concept in Organizational Studies,” *Administrative Science Quarterly* 41 (June 1996): 236.

〔4〕 Thomas J. Sergiovanni, *Leadership for the Schoolhouse* (San Francisco: Jossey-Bass 1996), 20.

部门或子群体自己单独决策的印象。不然的话，组织结构会出现严重的问题。"通常出现问题的原因是人们只关注自己作出的决策，而忽视了那些决策如何影响他人。"[1]人们关注捍卫子单位的地盘利益，而不是关心整个组织面临的问题。组织这样下去的话，到最后，最好的状况是维持原状，最差的状况是组织丧失其功能。

我们必须强调的是，虽然设计组织结构是一件动动纸笔而已的事情，但它的实际操作是一件有关人际关系的事情。一个运行模式事实上是组织中的人际关系的基本理论。这样，因为是与人打交道，组织和组织运行必须是具有灵活性和适应性的，不是死板的，因为如果正式的结构不能改进组织成员的行为，组织结构就没有多少意义。丧失功能的结构必须要改变，"这样才能使得改革在面临低信任度、相互矛盾的优先权、小集团利益和缺乏明确和持续的重点等障碍的情况下仍能进行。"[2]这些要点在学校系统中是极其重要的。任何学校组织，如果把工作关系制度化、把组织成员分成僵硬的层级化，并建立一种迟钝的等级制的控制形式，而不是充分发挥全部组织成员能力(包括学生)的话，这个组织就不能发挥其最大效力。由于同样的原因，因为公立学校系统属于广泛意义的公民，对于公众的需求和不同的服务对象，学校系统必须具有敏感性和反应性。

从目的和目标开始

在设计组织结构的过程中，人们逻辑上从设立组织的目标开始。目前学校已经施行学校标准体系和学校能力评价体系，这样的做法可能在那些已施行该体系和尚未施行该体系的学校之间引起不协调(参见第十二章和第十六章的讨论)。这样，由此产生了一个关于完成谁的目标的问题。组织结构如何符合被要求的标准？学校的校长需要什么样的领导力来解决如何完成看上去相互冲突目标的问题？

开一个适合于所有校属地区的正确的处方是不可能的。各州和各地方社区的许多条件影响到组织的特性：(1) 习俗，传统，地区文化；(2) 宪法条文；(3) 授予学区和在学区内的学校的权力和责任的限度；(4) 法院解读美国宪法、州宪法以及联邦和州法规的方式；(5) 学校的人数和人员的能力；(6) 可用于运行的资金；(7) 州和社区的教育需求；(8) 教育对于社区中的人的重要程度；(9) 受教育的儿童的家庭背景和能力。有些条件是可以改变的，由于其与人们的密切联系，美国的教育要求一个组织对当地的条件有足够的灵活性和适应性。

---

〔1〕 Bert Frydman, Iva Wilson, and JoAnne Wyer, *The Power of Collaborative Leadership: Lessons for the Learning Organization* (Boston: Butterworth Heinemann, 2000), 7.

〔2〕 Cerylie A. Moffett, "Sustaining Change: The Answers Are Blowing in the Wind," *Educational Leadership* 57 (April 2000): 35.

考察信仰和价值

意译一句老话：结构和程序往往比言谈更有说服力。正如本章前面所提到的，我们真正所信仰和认为有价值的东西决定着我们的行为。一切对我们重要的东西支配着我们的行动。许多结构范式是被继承下来的，它们已经存在了很长时间，并且在某些方面反映了在这种结构中的人们的价值观。至少组织成员似乎听命于它，这种选择本身说明了一种信仰。一位想看到改进并希望作出积极改进的领导者必须了解他自己的价值观和优先做的事。能够在找工作的面试中（或在毕业班的考试中）鹦鹉学舌般地给出别人希望的答案是一回事，而相信所有学生都能学习、老师能够成为有效的决策者和变革者、学校中的每个人都是有潜力的学习者的一种信仰落实于实践中，却是另一回事。在对一个人自己的信仰和价值优先取向进行思考之后，他应当考察组织和程序，以试图明确使组织变成现状的内在价值观。然后就是开始为变革作出一个合作性战略的时候了。

思考组织原则

以下是为学校制定组织结构而提供的一些指导性原则：

1. 学校基本的目标是促进有益的学习；因此，所有组织形式、代理人、代理机构和行动的价值都应按其对完成目标的贡献来确定。

2. 学校的计划应当促进学习过程并激励最好的学习活动。

3. 组织应当把工作分配到各个相关部门，以达到人尽其能。不能认为分工是永久的、固定的，也不能认为应该分疆而治。

4. 组织应当尽可能地提供必要的条件让组织成员能最出色地完成工作任务，从而吸引和留住最有能力的人员。

5. 学校的最佳组织形式应当是那种各教学单位和代理机构通过有效的合作来完成教育目标，在合作中应强调团结一致和团队合作。

6. 按照协调学校工作的需求，组织结构应尽量精简。

7. 组织结构中的各部门应清楚地了解各自的使命以及在本部门中的个体的责任。

8. 个体应明确了解他的职能和绩效应当对谁负责。[1] 另外，要明确团队中被授权作最后决定的人。当在团队中的最后决策权确定后，该团队应有一人负责执行团队的决定。

---

〔1〕 一个经常被引用的原则是：一个人应当只对一个管理者负责。人们用它与圣经中的一句话作比较："一个人不能够服务两个主人。"没有理由一个人不能服务于多个管理者，只要清楚地明确这个人对某 职能所负的责任。在那些有各自职能的人们之间进行开放的、多渠道的交流现在是常见的。详见第八章中关于此原则的进一步讨论。

9. 个体直接管理的人数不应超出有效协调的范围。在产生灵活的管理层级的前提下,工作活动应分配到最小并可行的团队。

10. 学校组织应体现出学校所提供的全面的服务。它应当让人们容易地识别学校各种活动的特点以及它们在更大范围内所具有的意义。

11. 学校所有人员,包括学生,应当感到他们同属于一个团队,应感到在任何时候学校是他们理所当然的家园。学校中的各管理部门应当是和谐共存的团队组合,这样各部门的子部门在履行职责时就具有了同一性。

12. 虽然组织必须有基本的稳定性,它也应当有内在的灵活性,对待和处理问题时具有敏感性。灵活性应当为变革造就开放型空间,以便组织能够容易调整自身并使自身适应未来。

考察一个学校组织运行的原则

一个组织,如果不运行,那它就是无效的和无生命的。因此,以下所列举的运行原则,对于成功设立组织结构来说,如同组织结构本身一样重要。

1. 鉴于公众对学校功能的一般看法而施与的限制是学校所不能有效突破的。组织应当不断地向社区"释放信息"。

2. 教育的重要性要求学校不应被视为在党派政治中的一个参与者。

3. 教育过程非常复杂,它只能通过一系列的公共组织、代理机构和活动来实施。与教育和社会机构的合作、协调、协作是组织的基本活动。

4. 一个有效率的组织会强调并在恰当的平衡中不断地使用管理活动中的要素:(1) 计划;(2) 组织;(3) 人员配备;(4) 领导;(5) 沟通/解释;(6) 评价和绩效评估。

5. 组织结构内外受政策影响的人员应当参与制定政策的活动。参与的民主程度在任何时候都取决于参与人的能力和意识。

6. 管理的目的是改善学习和教学程序。管理人员应当在改善学习方面具有领导能力,并应当保证组织成员有必要的时间、足够的资料和适当的工作条件来履行他们的职责。

7. 组织结构应能够使组织成员(教师、管理者、学生等)可以共享知识以便提高学校的整体效率。

8. 为了取得卓越成绩,组织成员一定要被允许受益于各种机遇以向当地、国家和国际作出重要的贡献。衡量一所学校在社区中的地位,一方面通过考查学校的本职工作,另一方面要看组织成员中的个人和集体的成就。

9. 一所学校应当具有足够的灵活性和适应性以便满足不断出现的新需求或实行新计划/技术来提高效率。组织的结构、政策、计划应当不断地接受评估。当然,组织应有相当的一贯性,以便使组织成员和整个公众有必要的安全感。

10. 学校的一个主要目的是帮助维护我们现有的文化利益并传承过去积累的知识。同时,它的一个基本的责任是在全面改进中发挥领导作用。这项任务需要有冒险精神和勇气,因为将要提出的目标并不总是受欢迎的。

11. 学校组织的目标应当由组织各部门共同设立,应建立定期的回顾和修订制度。管理人员和监督人员有责任让所有组织成员在第一时间知道这些目标。

12. 学校组织应有畅通的沟通和反馈的渠道,以便使组织中的各部门可以对各部门之间的关系和中心管理层作出正式的反应。决策应从全局观点出发,而不是只从个别部门观点出发。

学校体系中的主要管理部门

学校体系组织的作用事实上就是把它的目的、原则和活动转化为一个结构性的管理计划;所以,它的实际发展过程就是确定目标,列出所有正在做的和必须要完成的工作,然后把这些活动组合地分配到相关的部门。工作如何明确分工或工作如何按主次分类影响到组织的类型的不同。

或许今天传统的学校组织模式是这样的:校属地区按职能行政地划分为三个主要部分:(1)教学;(2)教育服务;(3)商务管理。教学就是在当地各所学校进行教学活动,包括有资质教师的教学和由顾问和专家帮助进行的特殊教学。教育服务是指在教育领域受到过培训的人员所提供的服务,他们通过特殊专业服务来直接帮助教师。具体包括图书馆和媒体使用、指导和建议,肢体和心理服务,家庭儿童费用理财和儿童入学率方案,参观教师服务设施和教学研究机构等。商务管理是指组织发挥其促进和支持的角色来服务于其他两个方面的职能。这可以简单定义为学校管理职能的一部分是进行财务管理和教育设施管理,以及提供一个学校系统运行所必须的非教育性的服务。

过去,人们对组织的这些职能的认识存在着巨大的差异。今天,仔细观察一下全国的学校,可以发现几乎各种可以想象出的包括多重和双重的行政管理人员与高高在上、臃肿的高度部门化的结构。学习是学校体系中的关键活动,而其他活动起辅助性和促进性的作用,因此教育管理的理论家们竭力主张学校应在一位教育家的领导和控制之下,由他来担任对教育委员会负责的首席执行官。这种主张鼓励教学决策由高层作出。图 5.1 以简明的职能概念说明了这种组织类型。

在研究这类组织类型的历史发展过程以及观察到管理人员以金字塔结构为主的情况最近相对地成为现今学校的发展趋势时,我们可能以为这种组织类型是一个现代的工具。事实上,它不是;它所表现的概念是非常古老的。人们引用许多的例证:《旧约全书》(出埃及记 18:14-22)、秦汉统治下的古代中国皇朝、罗马共和国、威尼斯、在弗雷德里克·威廉姆一世统治之下的普鲁士文职人员制度、美国军队机构以及工商业

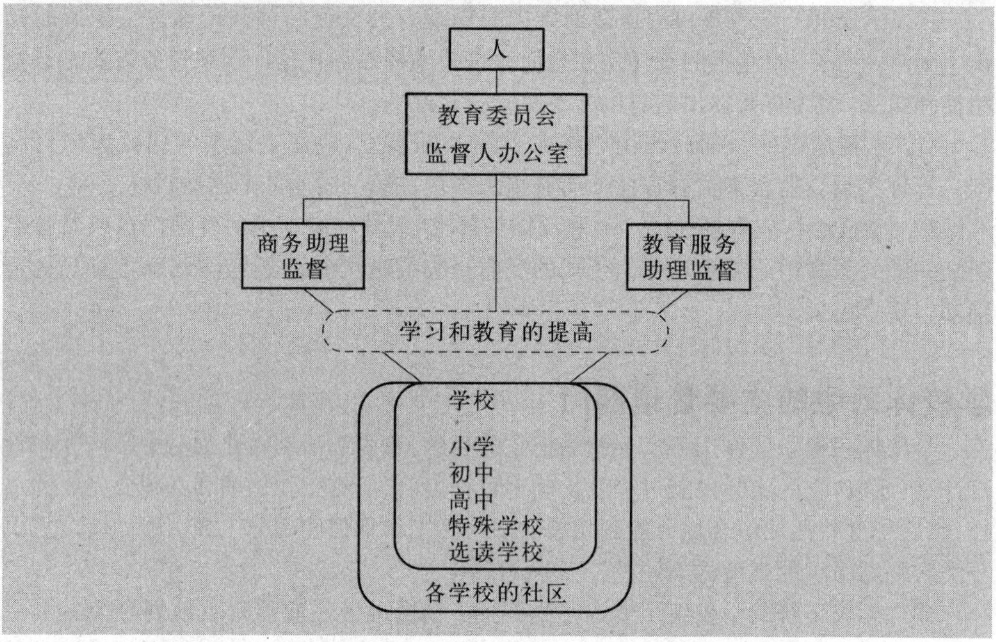

图5.1　按职能管理的线-员组织强调管理机构、组织成员和社区必须以团队的方式工作以改善教学程序

组织的模式。[1] 虽然在20世纪40年代韦伯和帕森斯(Parsons)全面推广这种模式，但是金字塔形的组织和复杂的"线-员组织"不是现代的发明。[2]

中间人

小学、初中或高中的校长是等级管理层中的中间人。作为一所学校实体的、有头衔的领导者，他与教师一道是与学生上学地区的家长和市民之间的最近的沟通纽带。同时，校长办公室对于中心管理机构来说如同是一个交换台或是与当地沟通的最近的连接口。尽管如此，在许多情况下，组织结构和组织运行使得校长成为一所学校的经理，负责维护日常事务，而没有做多少沟通工作(见图5.2)。当地的利益集团企图影响学校的活动和政策时，它们往往越过校长来进行。当教师们决定一些谈判的议题时，他们也不把校长纳入他们的行列。中心管理层也常常不让校长深入地参与影响到学校的运行的主要的政策的决策和教学程序的制定。

---

〔1〕 Caplow, *Principles of Organization*, 50 - 56.

〔2〕 Max Weber, *The Theory of Social and Economic Organization*, trans. Talcott Parsons (New York: Free Press, 1947).

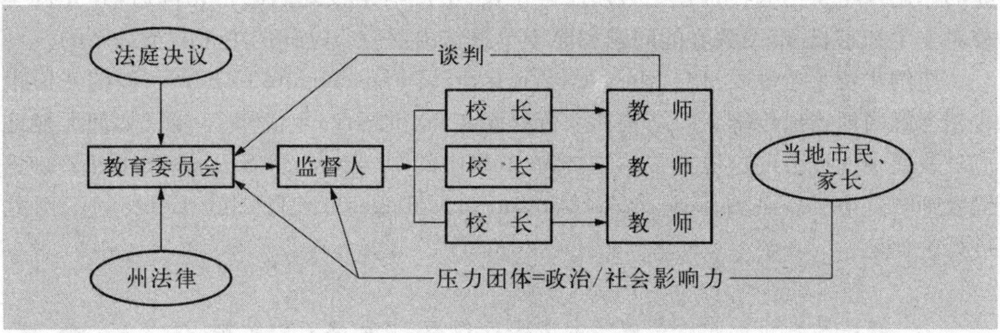

图5.2 被越位的校长

下面这个案例说明了校长被越位的情况：

在一所高中的晚间开放教室里举办的一次讨论会上，与会者注意到家庭生活讨论课的益处。会上放了一段影片后，学生概述了以前就他们认为重要的问题进行讨论的情况。大家对性的问题、怀孕的可能性和疾病进行了自由的讨论。课程是选修课，学生登记参加该选修课时都交了家长同意后签了字的回执卡。

开放讨论会后没几天，一些有孩子选修该课程的家长就组成了一个压力团体，要求取消该选修课程。他们直接找到媒体并联系了教育委员会成员以及社区的牧师，然后把这件事在由他们联系过的成员也参加的委员会的一次会议上作了陈述。

在学校层面上的每个人都被越权了，直到这个问题在委员会上被提了出来。校长、教师和学生只能充当一个被动反应的角色。在这个案例中，他们在后几次的委员会的会上作了精彩的陈述。

使组织适应目前的需求

当地的学校一直试图通过一些特殊的手段如家长-教师协会、当地家长和学生就学地区的顾问委员会和家长特别工作组来克服一些封闭组织的运行的结构缺陷。随着时间的推移，这些社团对重大的事务所起的影响力越来越小。由于那种非灵活性的官僚主义使它们的推荐力失去效用，它们也变得愈加失去热情和变得愈加低效率——在许多情况下，正走向漫长的和痛苦的凋亡。

重要的不是学生、教师和家长要努力去适应现在的组织，更重要的应是学校结构需要进行根本的改变以满足我们每天面临的需求。学校属于人民。学校如果要生存下去，它们就需要公众的支持。为维持家长-市民起到支持和拥护的作用（而不是起对立的作用),组织结构在构建中必须保持家长-市民与学校之间的密切沟通,并允许学校对学生和家长-市民关心的问题和愿望单独作出反应。这样的主张并不是新的。

纽约州费莱希曼委员会(the New York State Fleischmann Committee)的一份报告相当鲜明地指出传统组织结构和运行程序在20世纪60年代和70年代如何无能地应对发展中的社会。这份报告的题名为《危机中的中学》(*High Schools in Crisis*),美国教师教育协会(the American Association of Colleges for Teacher Education)对此进行了评论:

> 报告称危机的核心是中学的庞大的规模、坚如磐石的结构、权力主义路线……据这份报告的主要作者,社区资源有限公司的阿兰·E. 古斯金(Alan E. Guskin)博士称:"存在于中学中的严重问题是学校组织结构的危机。"
>
> 报告呼吁根本性地改变我们中学的组织和教育结构以使学生在那样的环境中学习如何应对他们的未来,使他们可以对一个潜在的民主社会有所认识,他们可以了解他们作为人类所具有的平等权力,他们因此获得了自己决定生活的观念,懂得了自己成为社会中变革力量的潜在角色。[1]

帕索(Passow)分析了由八个国家委员会和专门小组仔细研究过的自1972~1976年的教育状况后得出的报告。这些报告详细地检查了青年教育问题和学校中存在的不足之处。这些报告的一个共同主题是教育需要进行一个有效的结构重组。

> 报告建议学校改革是通过学校和社区学习资源的一体化,提供广泛教育选择自由和多样的选择方案来达到教育目标,让学校参与提供给所有人有用的和有意义的工作经验,减少学校的一些主要的和辅助的职能。[2]

如果以后人们进一步研究报告中众所周知的、自20世纪50年代到90年代的教育问题(这些问题每十年形成一次危机),然后再回顾21世纪初的文献,有意思的(但也是令人沮丧的)是这些主题是令人不安地熟悉和令人不安地相似。显然,过去的解决方案既不够也不持久。为什么要纠正看来像流行病的学校教育问题是那样的困难?美国人一贯认真地想改进他们的学校。当需要的时候,他们通常会行动起来,用资金来支持。那么问题究竟在哪里呢?答案可能归因于用了"快速解决"法。对危机的一个典型的反应是任命更多的各种委员会,通过新的法案,提供带有新的契约的资金,建

〔1〕 *Concern: AACTE Newsletter for Teacher Educators* (November 1971).
〔2〕 A. Harry Passow, "The Future of High Schools," *Teachers College Record* 79 (September 1977): 28-29.

立新的标准和颁布新的考试要求。真正的解决方案是更根本性的，也是更复杂的。如果不翻新结构，就没有真正的方法来改进我们的学校。学校的结构本身具有维持课堂现状的强大的力量。[1]

虽然近年来学校结构发生了一些变化，但这对美国生活模式的变化来说是微不足道的：交流、价值观、职业、家庭、需求和技术。伦纳德(Leonard)在他的题为《学校改革的大骗局》的文章中指出我们基本上仍有着同 1884 年一样的结构，美国那时不到 5%的 16 岁的儿童上学，现在已超过 90%的 16 岁儿童——有着文化、情感和智力差异的群体——在学校，现在这种状况是极其不够的。他认为如果不进行彻底的学校结构重组，任何的改革都是一个"骗局"。改革者在太空时代给国家奉献了一匹受过教育的马和小马车。"他们可能改进了小马车，可能把乘客多留了一点时间，给赶马车的人多付了点酬金……但是他们可能还是一匹马和小马车。"[2]博伊尔(Boyer)指出学校变得令人担忧地官僚化，并建议一个重组了的组织赋予学校实体更多的责任，因为学校才是能有真正行动的地方。[3] 古德拉德(Goodlad)建议我们改进学校"不是抛弃现有的学校，而是一点一点地重新设计"。[4] 他也认为学校组织的结构设置应该是让每所学校中的决策权利接近于家长、教师和校长。

萨塞(Sizer)注意到在许多需要改革的评估中，"重组"这个词的出现隐含着权力转移的意思。"在所有真正重组的工作中，人们有着这种一致的假设，认为从上到下的等级控制管理层必须作出让步。"[5]组织将考虑在操作层面上进行决策，也就是说在学校大楼和教室的层面上。在像贺拉斯这样的学校，从教授书本内容到教育学生的转变就会发生。教师将更多地担负起学生教育的全面的责任，并且将以和平的方式从学生那里得到更多的回报。这些观点应当积极地改变学校的结构。

不仅仅只有学校认识到有必要进行结构重组，把创新和改革的重点与责任放到操作或"客户"的层面上。制造业(如土星汽车和丰田汽车)已经转向小组解决问题的方式，服务业如医院，也是如此。医院发现通过改变传统的金字塔式的等级管理模式，倾听"客户"和实际提供服务的医务人员的心声，医院更有效地提供了服务和获得公众对医院的信任。沃尔玛的创始人之所以成为亿万富豪是因为他强调在商店管理中的这种理念。[6] 对于教育组织来说，这种比拟的作用是明显的。教育需要清楚地界定"生产者"和"客户"，创立有反应能力的结构以便满足要求，并在此领域中发挥领导作

---

〔1〕 Theodore R. Sizer, *Horace's Compromise: The Dilemma of the American High School* (Boston: Houghton Mifflin, 1984).

〔2〕 George Leonard, "The Great School Reform Hoax," *Esquire* 101 (April 1984): 50.

〔3〕 Ernest Boyer, *High School-A Report on Secondary Educators in America* (New York: Harper & Row, 1983), 363.

〔4〕 John I. Goodlad, " A Study of Schooling: Some Implications for School Improvement," *Phi Delta Kappan* 64 (April 1983): 555. See also David T. Kearns and Denis P. Doyle, *Winning the Brain Race* (New York: Kampmann, 1988).

〔5〕 Theodore R. Sizer, *Horace's School: Redesigning the American High School* (Boston: Houghton Mifflin, 1992), 12.

〔6〕 读者可参阅 *Made in America: My Story* (New York: Doubleday, 1992), Sam Walton's autobiography.

用。如果学校把学习关注为“产品”，那么学生不就是“生产者”吗？社区成员不就是“客户”吗？那么谁是学校里的专业人员呢？

学校与基层之间需要更密切的联系

不管中心管理层的效率程度如何，如果没有那些可以做实事的各阶层单位积极明智地参与，是不能维持一个有生气的民主组织的。有活力的和参与性的民主需要每个公民看到他的思想、希望和努力对于他们所在的各公共机构具有影响力。同时，这些单位应当有足够的力量来影响更大的单位，直至影响到中央政府。

处在这个基本的参与性单位的核心人自然应由与社区的相关性来确定。一个社区，如它的边界界定在大城市的法律实体上或界定在学校延伸的地区的话，就太大了，以至于不具有一个密切参与的精神。典型的校属地区的复杂组织结构和它与所在地区、州和联邦的教育机构的关系往往滋生官僚主义，不仅给外行人员制造困难，甚至有时使普通的教育工作者难以理解。卡彭特(Carpenter)提醒我们：“许多教育研究涉及学校的某一个或几个方面，但是学校是那样的复杂，以至于牵一发而动全身。”[1]复杂的组织改革需由学校的管理部门进行，这样在校属地区的每所学校与学生入学地区的家长和市民团体就建立起紧密的联系。这种紧密联系的意义肯定会远远超出通常像“了解你的学校”的开放周活动、市民委员会、家长教师协会或顾问团体。

虽然这样的学校-社区的工作得到了赞许，并且大部分的工作是试图让市民参与到学校中来，但是成年人清楚地知道管理机构是主人，校属地区仍是在只享受特权之后才作出重要决策的。校属地区应当在本地区内部进行重组以便让在校属地区的每所学校有最大的自主权，学生入学地区的家长和市民对决策程序有合理的影响力。只有通过在校属地区结构中进行法律实体的改革，才能与市民真正建立起拥护和合作的关系。

健康的学校组织是“……开放的、有信任关系的、具有一个被教师、学生和家长都认同的教学特色的。”[2]校长与校属地区的管理部门之间的信任和开放关系将促进社区的支持。

欧文斯(Owens)认为：“……组织一方面困扰于维持自己的存在，……而另一方面竭力用传统的做法来硬撑，组织在其中正趋于萎缩的状态。”[3]一个萎缩的组织是不健康的。校长能够通过帮助投资人(包括社区成员)来帮助学校，培养解决问题的态度，并最后真正地走向解决问题。要做到这一点，校长将会认识到与学校和社区的基层一起紧密合作是很重要的。

---

〔1〕 Wade A. Carpenter, " Ten Years of Silver Bullets," *Phi Delta Kappan* 81(January 2000): 385.

〔2〕 Joseph W. Licata and Gerald W. Harper, "Organizational Health and Robust School Vision," *Educational Administration Quarterly* 37 (February 2001): 10.

〔3〕 Rober G. Owens, *Organizational Behavior in Education* (Boston: Allyn and Bacon, 1998), 303.

分权是答案吗？

当地社区学校是民主社会的一个保障。通过下放管理权力，学校可以更接近人民，但是，除非学校治理权实际地下放，并且校长和教师有准备和能够处理好这样的举措，否则这样的努力是不成功的。不然的话，有可能在单个的学校上面又增加了一个官僚层。图5.3描绘了一个校属地区的结构使社区参与进来，并在更大地区范围中创建以学习为重点、更具反应能力的学校群体。

有效的权力下放必须是一种思维方式。“权力下放本身是权力的发展，……学校对影响自身的重要事情作决策。”[1]权力下放将影响到中心管理人员的角色作用，中心管理机构更多地被认可为服务中心而不是控制中心。帕斯利(Parsley)在论述这种向支持性职能的转变时提出：“地区管理机构继续做那些它能做得最有效的事务，主要是战略规划、教学大纲协调、运输、法律服务、责任履行与研究、薪酬、食品服务，在此同时，在学校实体的层面上强调和扩展其新的角色功能。”[2]他也描述了中心管理层和学校的角色变化。

中心管理层的结构变革有点像全面质量管理(TQM)的理念，在此理念中，中心管理层把学校实体看做是“客户”，给客户提供满意的服务是重要的目标。伯恩斯汀(Bonsting)同意这样的提法，认为下面这句话是全面质量管理中关键的组成部分：“组织最首要的事是必须关注它们的供应商和客户。”[3]对那些想安装一个“监狱看守”式的系统的人，有一个诫语：每个组织需要贯彻它自己的意图和发展自己的关系，因为全面质量管理的方法是从内部发展起来的，并且它是以一种新的思维方式来考虑我们在学校中所做的事。

有效的权力下放可能也要求参与的教职员工具有技能、理解力，愿意一起工作来确定目标、设计教学大纲和计划教学程序。如果教师成为这样团队的一部分的话，他们可能必须愿意使他们的工作超过或远远超越一般的工作要求，必须改变工会对会议施加的限制和对其他时间的限制。因而与这样一个团队一起工作的管理者，可能必须是特殊的人，一个具有非凡领导能力的人。

我们相信权力下放是一个答案。给学生以人性化的和个性化的教学是对我们当今变革社会的一种重要的教育适应性调整。由于这样的举措，家长和市民对学校的参与必将变得更加深入，这种参与不仅是为了孩子们的教育，也是成年人的个人成长的源泉。

没有人性化的官僚主义是不能产生参与、支持和拥护的。参与、支持和拥护只能产生于一个具有反应能力的、理解人的、给市民和客户提供对决策过程施加合理的影

〔1〕 Daniel J. Brown, *Decentralization* (Newbury Park, CA: Corwin, 1991), 21.
〔2〕 James F. Parsley, " Reshaping Student Learning," *School Administrator* 48 (September 1991): 13.
〔3〕 John Jay Bonsting, "The Quality Revolution in Education," *Educational Leadership* 50, no. 3 (November 1992): 6.

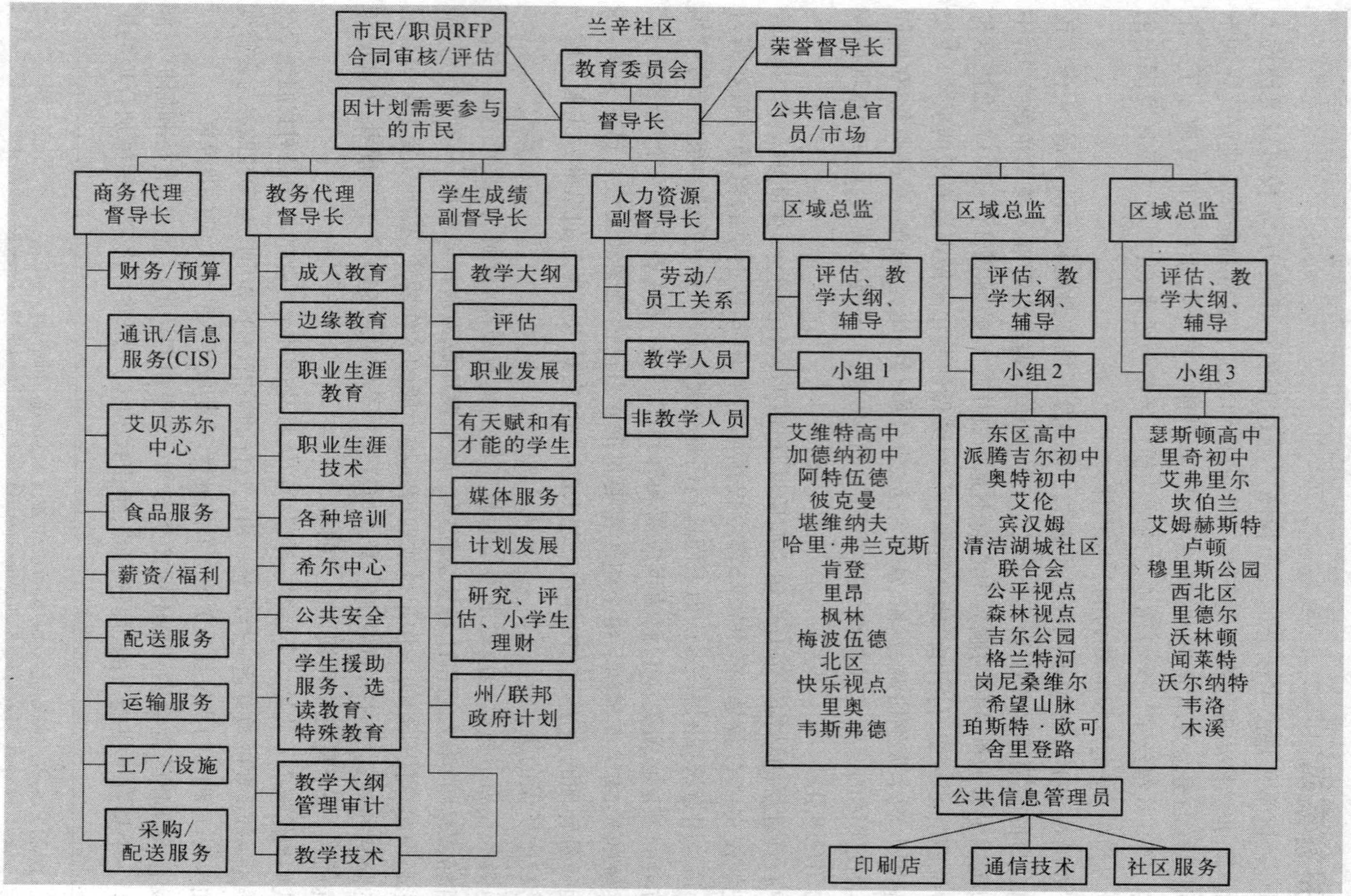

图5.3 一个以学习为重点、具有反应能力的结构——密歇根州兰辛学校

[资料来源] 密歇根州兰辛公立学校

响力机会的组织。以现场为基础的共同决策被看做是改革运动的一个成果，可以缓和官僚主义的严重性。〔1〕

图 5.4 中的组织模型描述一种尝试，对整个组织进行了重组，突破了被普遍认为是不可侵犯的、通常的集权管理的模式。这个模型建议在每个特定的校属地区的每所

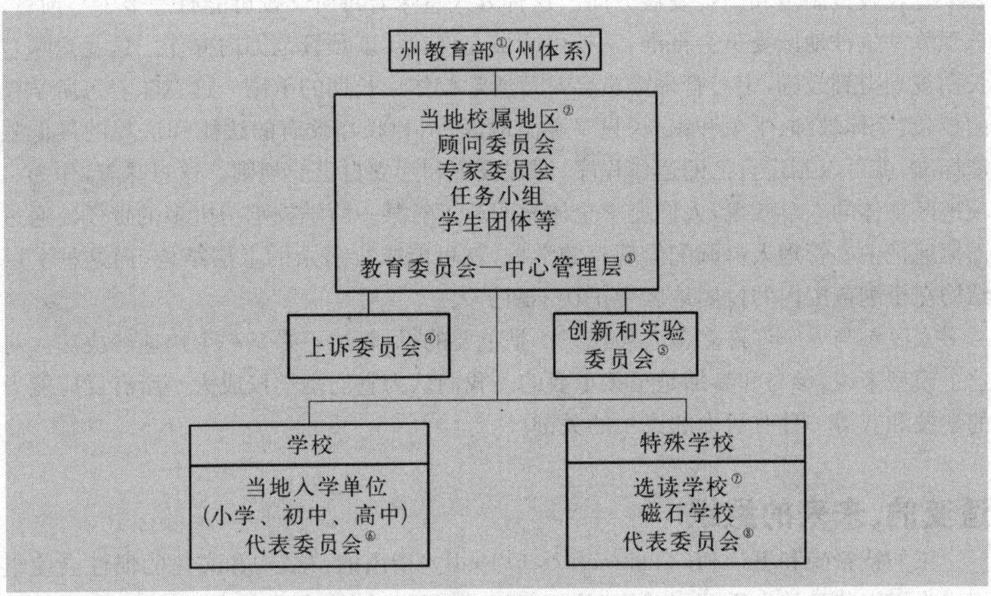

图 5.4 一个具有适应能力的和反应能力的组织结构，在该结构中，各学校有一个当地的顾问委员会

① 州教育部按照州宪法、法规与非专业和专业团体的建议进行管理和领导。

② 当地校属地区扩大到整个大城市区域(包括城市和郊区)以及广大的农村地区。

③ 教育委员会，它负责对整体的校属地区制定法规，仍通过最低限度标准的执行，宏观政策的实施和领导，保留其基本的权力和责任。但是，它不断地制定授权政策以便使各学校有权负责对当地学校的实际需要来制定特殊的政策和发展方向。

④ 建议一个由教育委员会任命的六人委员会，它由学生、教师和教育委员会成员组成。委员会审核和判决争议和职能重叠。(关系到委员会的工作和法院的诉讼，会出现一个新的专业职位。这可能是一个上诉行政官，由他来处理在正当程序中产生的程序问题的事宜。)

⑤ 委员会审核、评估和批准与基本政策差异较大的政策。它也是由教育委员会任命的六人委员会，由学生、教师和教育委员会成员组成。

⑥ 各当地学校有一个代表委员会。建议委员会由九人组成，包括两位学生、两位教师、四位非专业人员(每位由各选区选出)和校长，并且校长作为首席执行官依靠他的办公室进行工作。

⑦ 选读学校和磁石学校是可以让在校属地区的任何合适的学生入学的学校。它们的特点是创新性和实验性。它们注重开放社会和用自我导向的方式进行学习，因此非常不同于传统学校。

⑧ 与第六项相同。

〔1〕 John H. Holloway, "The Promise and Pitfalls of Site-Based Management," *Educational Leadership* 57 (April 2000): 81.

当地的学校被给予最大限度的自我发展的自主权。校属地区的委员会仍负责整个校属地区的发展方向,以最低限度的标准来保留基本的权力和职责,负责基本宏观政策的制定和领导权。然而,它可能要有意识地制定可行性的政策,在这种政策之下,通过由学生入学地区的市民代表组成的顾问委员会的酝酿,每所学校有责任根据当地的需要来建议政策制定和确定发展方向。这种方式意味着每所学校可能有一个中心预算,该预算一旦被地区委员会批准,学校可能被允许在年度预算范围内操作。这就意味着长期规划得到鼓励,中心管理委员会对每所学校作出长期的承诺。这意味着每所学校的校长、全体教师、学生和家长,只要遵循地区、州和联邦政府的法律和法规的最低限度标准,就可以制定自己的运作程序、课程设置和建立自己的规则。这意味着,作为一项地区整体的人事政策,人们要求全体教职员工对某一所学校承担更多的责任。通过谨慎地把中心管理人员调配给现有的学校,就可能减少多余的上层结构,而这种上层结构在全国范围内的校属地区中正在不断扩大。

人民参与——许许多多人参与——是重要的,尽管这不必是一个快速解决法。对这个模型来说,参与和参加是至关重要的。我们认为它们是学校成为一所有反应能力的学校和获得一种有活力的民主的关键。

适变的、未来的组织

正如特希曼和奥赖利(Tushman & O'Reilly)指出的:"结构和文化的惯性会使组织成为组织昔日的人质。"[1]学校的那种相对僵硬的结构有着非常悠久的历史,它阻碍了组织向一个更加具有灵活性的、有反应能力的、未来型的组织转变。鉴于正在发生的社会和经济的变化,那些由行业和州推行的标准要求学校进行有选择的改革,施行封闭的系统(一种传统的官僚主义),已经不适当了。人们要求建立一个有反应能力的、灵活的和注重结果的组织。通过研究管理人员面对外界要求改革和进行战略规划所作的反应之后,威尔斯和彼得森(Wills & Peterson)总结出:"除非提供一系列清晰的战略改革成果,否则的话,不同的解释、人际关系问题、地方政治利益或更多'易操纵的'战略所导致的一切只是绕着改革的目标兜圈子。"[2]那么人们就不会对结构改革作认真的考虑,人们就没有进行制定决策和执行决策的权力转移,变革趋同于装点门面。

圣吉(Senge)描述的学习型组织是:"……一个不断增强创造未来能力的组织。"[3]因此,任何组织如果在不断变化的环境中保持静态的话,将严重危害组织的

---

〔1〕 Michael L. Tushman and Charles A. O'Reilly III, *Winning through Innovation* (Boston: Harvard Business School Press, 1997), 29.

〔2〕 Frances G. Wills and Kent D. Peterson, "External Pressures for Reform and Strategy Formation at the District Level: Superintendents' Interpretations of State Demands," *Educational Evaluation and Policy Analysis* 14, no. 3 (Fall 1992): 259.

〔3〕 Peter M. Senge, *The Fifth Discipline: The Art and Practice of the Learning Organization* (New York: Doubleday, 1990), 14.

生存力。组织为了适应必须学习。莱伍德(Leithwood)注意到集体学习的概念是把组织看做一个大脑,而这个大脑"在行为模式中分为'聪明'和'愚笨'"。[1] 校长的角色不再是一个事务性管理的经理,更多的是翻译者、学习的领导者和变革过程的推动者。在大多数情况下,校长有义务发起结构性的和合作性的改革。"如果学校要被认做是有效运转的,那么学校的领导者应当准备进行改革,改革他们学校的运作方式……并且为未来作战略规划。"[2]

一个面临未来挑战的、成功的和适变的组织必须注重其成功服务客户的职能,一旦需要就调集关键的资源服务于客户。[3] 既然学生学习的需求随时变化,社会的需求也在变化,学校组织必须是灵活地,比过去更快地改变其工作程序。要做到对学生学习的不断分析,就要求组织具有灵活性以满足那些需求。一个封闭多年的体系是不能够及时地对变化作出反应的。未来成功的学校可能有各自不同的组织形式以不同的方式回应不同的需求、不同的"客户"和"委托人",并且那些形式可能建立在对未来发展的不同理念之上。

小结

组织结构是安排一个企业单位的全部事务。它建立与客户的需求、学校的目标和资源相一致的人际关系与物质关系,并通过在结构中战略性地配置的领导人,来协调它的一切活动。组织和组织间的协作方式会赢得成功或导致失败,不管校长作何等的努力。传统的学校组织模式现在把行政管理分为三个主要类别或职能:教学、教育服务部和商务管理。一个改进我们学校的重要方法是翻新它的结构设置,这是为了能够使学校与市民保持密切的沟通,是为了使学校能够对学生和家长有更多的反应能力。更大的放权能使学校更接近于人民,学校因此能够作出立刻影响当地的政策,并且能给"客户"提供他们对决策过程作有合理的影响力的机会。

鉴于学校内部和学校之间的差异,未来的学校结构似乎会比今天的学校结构变得更加多样化的趋势是符合逻辑的。

思考题

1. 讨论人的问题与组织职能的关系。

2. 教育委员会的组成人员可能如何影响学校的成长和发展?校长应参与施加影响来决定谁当教育委员会成员吗?

---

[1] Kenneth Leithwood (ed.), *Understanding Schools as Intelligent Systems* (Stamford, CT: JAI Press, 2000), 101.

[2] Jeannie Pritchett Johnson, Martha Livingston, Robert A. Schwartz, and John R. Slate, "What Makes a Good Elementary School? A Critical Examination," *Journal of Educational Research* 93 (July/August 2000): 346.

[3] For a discussion of this view, see Terrence T. Burton, *The Future-Focused Organization* (Upper Saddle River, NJ: Prentice Hall, 1995).

3. 你认为教育的哪些方面应当在：（1）当地社区、（2）州、（3）联邦政府的控制之下？

4. 小学、初中和高中的规模会变大的观点有道理吗？请提出不同的观点，用研究的实证和权威的观点来支持你的立场。

5. 为什么经常会发生团体想对学校施加影响而又要越过校长的事情？这对校长的角色意味着什么？

6. 相对于委员会，校长应当成为家长和学生的辩护者吗？请讨论。

7. 制定一些授权的政策，使地区委员会能够给予地方学校更大的自治权和校属地区更大的自决权。

8. 收集在你们州的不同校属地区的组织结构图。在这些结构图中，学校和教学是否被重视？中心管理是否被强调？这些结构图表达了什么价值观？

9. 设计一个你认为是理想的学校组织结构。

10. 用一个校属地区的组织结构图与你所在州的一个较大的工业企业的组织结构作比较。哪些是类似的，哪些是不同的？

推荐读物

1. Bacharach，Samuel B.，and Bryan Mundell，eds. *Images of Schools*. Thousand Oaks，CA：Corwin，1995.

2. Bosting，John Jay. "The Quality Revolution in Education." *Educational Leadership* 50，no. 3 (November 1992)：4 - 9.

3. Brown，Daniel J. *Decentralization*. Newbury Park，CA：Corwin，1991.

4. Caplow，Theodore. *Principles of Organization*. New York：Harcourt Brace Jovanovich. 1964.

5. Hall，Richard H. *Organizations，Structures，Processes and Outcomes*. Upper Saddle River，NJ：Prentice Hall，1991.

6. Hoy，Wayne K.，and Cecil G. Miskel. *Educational Administration：Theory，Research and Practice*，5th ed. New York：McGraw-Hill，1996.

7. Johnson，Bob L.，Jr.，and Janice R. Fauske. "Principals and the Political Economy of Environmental Enactment." *Educational Administration Quarterly* 36 (April 2000)：159 - 185.

8. Leithwood，Kenneth，ed. *Understanding Schools as Intelligent Systems*. Stamford，CT：JAI Press，2000.

9. Mintzbery，Henry. *Power in and around Organizations*. Upper Saddle River，NJ：Prentice Hall，1983.

10. Schein, Edgar H. "Coming to a New Awareness of Organizational Culture." *Sloan Management Review* 25 (Winter 1984): 3-16.

11. Sizer, Theodore R. *Horace's School: Redesigning the American High School*. Boston: Houghton Mifflin, 1992.

12. Tushman, Michael L., and Charles A. O'Reilly III. *Winning through Innovation*. Boston: Harvard Business School Press, 1997.

13. Wills, Frances G., and Kent D. Peterson. "External Pressures for Reform and Strategy Formation at the District Level: Superintendents' Interpretations of State Demands." *Educational Evaluation and Policy Analysis* 14, no. 3 (Fall 1992): 241-260.

第六章 领导

人们期望校长是领导者。问题不是校长的行为是否是一定要像一个领导者那样，而是校长如何成为一个有效力的领导者。校长不可能回避教师、社区、学校和教育委员会成员对他的期望——校长应当有所作为。

校长有许多施展领导才能的机会。权力向老师方面转移、现场决策、在工作场所、家庭和学校正在迅速发展的技术、增税的压力、商业和政治社团日益要求办学要有实质性的“结果”——所有这一切都需要领导。为了那些可能由于经济、语言和残疾问题而不被人重视但对我们这个世界仍有巨大的潜在贡献的青年人，他们需要领导。同样需要领导的还有那些有天赋和才干，但因为感到“厌烦”而辍学的儿童，或由于各种原因（比如同学的压力）而满足于平庸的儿童，还有那些从来没有意识到自己潜力的儿童。

面对可施展领导的新机遇，旧式校长的行为模式是不够的。校长不再能够在井井有条的“管理”上花大部分时间以此表明他是有能力完成任务的。事实上，试图这样做反而证明了相反的结果。这不是说管理细节是不重要的，如果忽视了它们，就会损害领导者所希望得到的其他许多东西。但是它们必须以它们的重要性程度按次序加以安排和讨论，以避免校长分心于不需优先处理的事务。否则，学校就会变成像被考特（Kotter）描绘的那些大部分美国公司那样，就是说“管理过头，而领导不力”。[1] 他进一步指出这种情况在学校同样糟糕。因此在这两个方面的平衡必不可少。

今天的和未来的校长必须日益愿意主动作好准备，明智地、有鉴别能力地参与到社会中去。当今社会冲突遍布，瞬息万变，人际间的相互独立性日益增长，而且经常存在着一种逃避承担个人责任的文化，用于获得、分析和传播信息的新技术日益涌现。鉴于学校过去为了适应未来趋势所做的工作，校长正尽职地执行着委员会的政策和中心管理层的指示，并把他的全部精力放到了完成这些任务上，而此时，校长可能发现他作为一艘船的船长再也不能为21世纪时代中的责任效力了。因此，远景应该是什么样的？远景能成为什么样的？这

〔1〕 John P. Kotter, “What Leaders Really Do,” *Harvard Business Review* 68 (May-June 1990): 103.

是校长面临的一个必不可少的课题。没有它，人们所作的变革仅仅是做被动的反应而已。

鲁滨逊(Robinson)认为管理和领导的区别是“经常在干活与考虑这活是否需要干之间”的区别。[1] 在这种情况下，他把“管理”的术语仅仅与行政管理细节联系在一起。布赫勒(Buhler)认为经理往往依赖于他的合法权利，而领导者是以自身的榜样来领导别人。[2] 领导者帮助展望目标和建立标准，并以一种让所有关联的人直接地和间接地知道学校走向何方，以及它对社区有何意义的方式进行沟通。

对领导的几种理解

拥有一系列特质的领导

人们研究领导的概念已有几个世纪了，人们写了许多分析杰出领导人品质的书。人们对像查理曼大帝、丘吉尔、甘地、拿破仑，甚至希特勒的关注是企图发现那些使他们成为那样人物的品质。数以百计的研究试图区分领导者相对于非领导者的特殊品质和特点。有些品质似乎是天生的，如身体特征、智力，有些则是后天获得的技能，如完美的社会行为或充满活力的演讲能力。然而大部分的研究并没有给出任何真正有区别性的品质。

经过40年对领导的研究，斯托吉尔(Stodgill)认为领导的特点本身对进行预测和诊断领导没有多大的意义，像其他研究者一样，他不完全否认品质，但他相信这些品质的特性似乎相互作用，并且这些品质特性“产生出有益于个人寻求领导责任的个性动力”。[3] 他把品质分为三类：(1) 个人品质，包括智力、身体特征、社会化特征和个性特征；(2) 与任务关联的特征，如成就感、事业心和责任感；(3) 社会特征，如合作、声望、交际和社交能力。

对魅力的认识

领导者的一个共同形象是有魅力，他以其个性力量来吸引追随者。对个人的信任、尊敬和热爱能够发展成有效的魅力型领导。费舍尔(Fisher)对魅力的力量作了有意思的讨论，他提出魅力是能够培养出来的。某些因素促成魅力，如“真诚、外貌、美德、信心、智慧、勇气、深思熟虑、善良、克制……但是获得魅力的主要条件是人际间的距离感、风格和可见的自信心”。[4]

---

〔1〕 James A. Robinson, “Leadership Not According to Machiavelli,” *National Forum* 63 (Fall 1983): 48.
〔2〕 Patricia Buhler, “Leaders vs. Managers,” *Supervision* 56 (May 1995): 24.
〔3〕 R. M. Stodgill, *Handbook of Leadership* (New York: Free Press, 1974), 82.
〔4〕 James L. Fisher, *Power of the Presidency* (New York: Macmillan, 1984), 43.

校长应当确定他所要保持的合适的距离感，而可接受的距离感是受文化影响的，这种文化也是学校的组成部分。但是，更引起人们关注的是要了解由魅力取得的有效性程度，因为人们注意到基于魅力的领导是可消耗的。通常，魅力型领导者在处理危机的时刻是有效的。一旦危机过去，如要维持效力，领导者必须最后转向以专业为基础的力量。费舍尔认为："把魅力的力量与专业知识同合法权力相结合，领导者可获得最大限度的效用性。"[1]德鲁克(Drucker)认为魅力领导方式有悖于或然性规律，因此具有有限的效用性。[2]

领导行为分析

勒温(Lewin)和其他人在1939年对领导的研究引起了广泛的注意。在一项研究中，三组为9～12岁的男孩被要求完成一项木工活。每一组由成年人当领导，领导的风格有民主的(获得组员承诺去完成特定的任务，如有需要，领导提出建议来给予帮助)；有专制的(不断专横地分配任务)；有放任的(传达指示和图案并完全地把领导的角色置于被动的状态)。[3] 表6.1列出了结果。

表6.1 领导风格结果

领导风格	领导者离开	领导者回来	任务完成状况
放任的	男孩们离开	空房间	未完成
专制的	大吵大闹	恢复秩序，工作继续	完 成
民主的	工作继续	工作继续	完 成

领导行为在从专制到民主的连续性上显示出极大的差异。尽管道理很简单，但是对于本质的研究促进了更为广泛的研究，并且为了解团体和个人对领导风格的反应作出了贡献。

其他研究

鲍尔斯和西肖(Bowers & Seashore)对在1950～1964年间研究者提出的不同的领导概念中的一致内容作了归纳总结。[4] 他们的结论是到那个时候为止的研究把

〔1〕 James L. Fisher, *Power of the Presidency*(New York: Macmillan, 1984), 40.

〔2〕 John E. Flaherty, *Peter Drucker: Shaping the Managerial Mind* (San Francisco: Jossey-Bass, 1999): 272.

〔3〕 关于这些早期研究的全部讨论，见：Ralph White and Ronald Lippitt, " Leader Behavior and Member Reaction in Three Social Settings," in *Group Dynamics: Research and Theory* , ed. Dorwin Cartwright and Alvin Zander (Evanston, IL: Row, Peterson, 1953), 585 - 611.

〔4〕 David G. Bowers and Stanley E. Seashore, "Predicting Organizational Effectiveness with a Four-Factor Theory of Leadership," *Administrative Science Quarterly* 2 (September 1966): 248.

领导分为四个方面：(1) 支持；(2) 互动推进；(3) 强调目标；(4) 工作推进。其他研究者认为系统和个人导向是领导者的行为因素。如果把领导理论整合起来看，一个长期以来的观点是领导者必须关注的两个方面：关注人的需求、目标和绩效与关注组织的需求、目标和绩效。

俄亥俄州的领导研究中心对学校管理者进行了一系列研究，该研究始于1945年。[1] 这个研究中心的一个主要贡献是开发了领导行为描述问卷(Leadership Behavior Description Questionnaire, LBDQ)。这份问卷基本上放弃了领导是一种品质的观点，并试图把焦点放在领导行为的分析上。LBDQ已在多项学校管理者的领导行为分析的研究中使用。通过使用LBDQ，不断出现在领导行为中的两个主要的维度是“创建结构”和“关心”。这两个维度首先由哈尔平和威纳(Halpin & Winer)通过因素分析发现的。[2] 其他一些研究人员已经不断证实了他们的发现。

这些研究首先是在评估领导行为中强调工作任务的指导和关心个体的需求。工作任务是通过创建结构来说明的，它是一种理清组织中的组织成员关系和清楚地了解他们的期望的行为。这意味着组织有周密的计划、协调的工作，有明确的目标、绩效标准和建立好的工作程序，来促进组织获得最大程度的成就。关心是指与组织成员的一种关系，这种关系包含着友谊、合作、团队精神、支持和人际间的亲近。领导者关心组织成员，本质就是平等对待他们。

大概在俄亥俄州的领导研究中心进行研究的同时，密歇根大学进行了领导风格的研究。在一份非常谨慎的研究报告中，里克特(Likert)认为高效的主管是：(1) 关心员工的；(2) 在工作中花更多的时间，并把大部分时间用于对员工总体的和个别的监督管理；(3) 接受他的上级的监督管理；(4) 把他们工作中的权利和责任结合起来。[3] 里克特此后在他对其他人的上百个的研究考察过程中，他发现如果建立以团队合作、信任和决策参与结合为基础的领导过程，生产会得到改善或保持高产。[4]

萨乔万尼、梅茨克斯和伯登(Sergiovanni, Metzcus & Burden)基于赫茨伯格(Herzberg)的健康激励理论[5]研究了教师需求导向和他们对理想的校长的观念之间的关系。他们得出结论认为：“在不考虑需求导向的情况下，教师把理想的校长看做是一个以系统和人为导向的人。”他们进一步发现了两类被称为“最优化”和“控制”的

---

[1] Initiated and directed by Carroll L. Shartle and reported in Andrew W. Halpin, *Theory and Research in Administration* (New York: Macmillan, 1966).

[2] 同上，88.

[3] Renisis Likert, in *Productivity, Supervision and Morale in an Office Situation*, ed. D. Katz, N. Macoby, and N. Morse (Ann Arbor: University of Michigan Survey Research Center, 1950).

[4] Renisis Likert, "Management Styles and the Human Component," *Management Review* 2 (October 1977): 23.

[5] For a further explanation of job satisfiers and dissatisfiers, see Frederick Herzberg, Bernard Mausnser, R. O. Peterson, and Dora F. Capwell, *Job Attitudes: Review of Research and Opinion* (Pittsburgh, Psychological Service of Pittsburgh, 1957).

领导风格的"特质"。[1] 然后,他们又发现,在不考虑导向问题的情况下,教师普遍地赞成最优化的领导风格,而不是控制风格。

最近的研究表明有效的领导者将最大化地满足需求或促进需求的满足,最大化地实现组织(学校)和组织成员的目标。一些学习领导的学生用坐标说明这些维度,一边说明关系,另一边说明绩效。[2] 图 6.1 用一些术语在左边标明了人的维度,在底线标明了组织维度。这些研究对认识领导者在某些情境中的焦点和潜在的效力是有用的,正如在菲德勒(Fiedler)的讨论中所指出的。

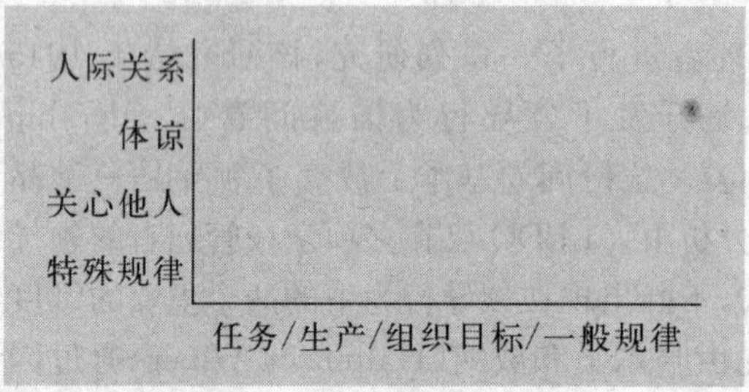

图6.1 领导维度坐标

研究领导的情境法

研究领导的情境法承认不同的情境类型决定有效领导的类型和风格。情境变量已成为情境研究中的特殊研究领域,它是组织的环境、任务或由团队执行的工作类型、正式权限和权力的大小。20 世纪六七十年代人们对此领域进行了大量的研究。菲德勒和他的同事在开发权变领导模型中大量地运用了这方面的研究。[3] 权变理论认为团体的效率是由两个变量之间的相互作用而产生的:(1) 领导者的激励系统——他与团队构成联系的风格;(2) 团体情境的有利性——情境允许领导者控制团体的控制程度。具有特定风格的领导者在一个有利于发挥他的风格的情境中会表现得更出色。领导情境包括三个部分,按其重要性的次序排列为:(1) 领导者-成员关系——团体成员对领导者的支持、尊重和喜欢的程度;(2) 任务结构——团体任务被说明的清晰程度;(3) 岗位权力——由组织授予领导岗位的权力或岗位能够使领导者获得团体接受他的领导的程度。

菲德勒把领导者分为任务型和人际关系型,这种分类是通过一种被称为"最不受欢迎的合作者测量"(The Least Preferred Co-Worker Scale, LPC)给领导者打分后得出的。他然后用其理论对在 1951～1963 年间的完成的八百多个研究进行了验证。研究分析说明:(1) 低 LPC 量度的或任务激励型的领导者在高控制或低控制的情境中最有效力;(2) 高 LPC 量度的或人际关系激励型的领导者在中度控制情境中最有效力。

---

〔1〕 Thomas J. Sergiovanni, Richard Metzcus, and Larry Burden, "Toward a Particularistic Approach to Leadership Style: Some Findings," *American Education Research Journal* 6 (January 1969): 73,77.

〔2〕 维度的描述语引自 Robert Blake and Jane Mouton, Jacob Getzels and Egon Guba, and W. Reddin. Several other writers have used these terms or similar ones to describe the leadership dimensions.

〔3〕 F. E. Fiedler and M. M. Chemers, *Leadership and Effective Management* (Glenview, IL: Scott, Foresman, 1974).

虽然菲德勒的研究结果具有争议性(他暗示领导者的风格是无法改变的),在他的研究基础上继续进行研究的其他学者批评性地分析了领导方法,并坚持认为领导者能够和应当在具体情境中改变他们的领导风格,以便于他们的领导风格适应于情境的要求。事实上,不这样做可能会导致失败。

赫西和布兰查德(Hersey & Blanchard)认为领导者应当针对团体的成熟度而进行行为调整。[1] 他们用"成熟度"这个术语是指团队为设立高标准目标和为达到该目标的责任以及团体应有的技能和愿望。如果一个团体在技能方面不成熟,领导者就必须指导该任务怎么做——高任务低人际关系的导向。一个领导者如把一个团体误判断为不成熟,他要控制和指导这个团体,就会维持和强迫这个团体表现为不成熟。这种管理方法被称为婴儿期管理法。

另一方面,领导者可对情境作出评估,实施不多的命令指挥和设法使团体成员承担超过他们限度的责任。不论在哪一种情况下,后者的效率会低于所要求的水平。领导者可能认为团体中的每个人都处在相同的成熟水平上,这种想法可能是不正确的。如果领导者按照这种模型来进行领导,领导者必须针对个体区别对待。

达成一致意见过程的领导

在讨论领导本质的时候,温和古底提斯(Wynn & Guditis)对卡兹和卡恩(Katz & Kahn)所提出三大领导分类作了考察:(1) 岗位标志,(2) 个人特性,(3) 行为类别。[2] 虽然每个关于领导的观点都有各自的价值,迄今为止,还没有一个观点有成果能说明某种特征在发挥领导的方面是起决定性作用的。然而,把领导作为在特定情境中的一个人或一群人的一种责任或职能来研究可能是有道理的。

温和古底提斯把领导看做达成一致意见的过程。他们把"一致意见"定义为:"在'共同思考'的团体内的所有成员一致同意执行管理决策。"[3]当团体的成员感到他们理解别人的立场,别人也理解了他们的立场,并感到所有人将支持团体的决定时,一致意见就达成了。在这个过程中不存在用投票的方式,因为投票是一个赢和输的程序。达成一致意见的过程与一致意见本身都是重要的。

对权力的认识

许多关于领导的讨论文献关注权力或控制。没有控制,就无所作为,但是等级制的控制会演变成刻板的专制主义,集权的和散乱的控制会导致混乱。如此进退两难!

---

[1] Paul Hersey and Kenneth H. Blanchard, *Management of Organizational Behavior*, 5th ed. (Upper Saddle River, NJ: Prentice Hall, 1988).

[2] Richard Wynn and Charles W. Guditis, *Team Management: Leadership by Consensus* (Columbus, OH: Merrill, 1984).

[3] 同上,29-30。

在分析校长的法定权力基础时，人们会更加担心地发现，与一个通常的管理者相比，校长的权力很小。所以，一个典型的校长可能会非常爱惜在他的角色中仅剩的一点权力。

权力基础

是不是权力意味着不易受攻击呢？是不是轻易受到攻击就是一个人对他的追随者丧失了权力呢？领导者能不能成为与追随者一起学习的同伴，同时仍维持领导权力呢？我们所说的权力指的是什么？

费伦奇和雷文(French & Raven)列出了权力的五个基础：

1. 奖励权力——奖励的能力。
2. 强制权力——威胁和惩罚的能力。
3. 法定权力——由组织授予领导岗位的权力和权威，这种授权带有组织成员的内化的价值，以便使领导者拥有权威来影响组织成员。
4. 参照权力——一个人的感觉和愿望与拥有权力的人相一致。
5. 专家权力——下属把专业技能和知识归功于领导者的程度。[1]

考虑到今天的学校和专业人员，其中的任何一种来源都不能充分发挥其权力的效用。"奖励权力"受挫于集体协商制度。没有几所学校实行绩效工资制度。在讨价还价中定下来的涨工资的方法适用于所有具有相同经验和教育背景的人(好的、差的或中庸的)。表扬和特殊奖励的方式已成为在学校的这种权力的主要来源。实行职业发展、绩效奖金和其他认可优秀人员的计划是大有可为的。

任职期限和处罚委员会削弱了"强制权力"。的确，校长有责任评估教师，但这仅影响到很差的教师。虽然教师们对积极的专业建议表示出赞同的态度来改进教学，但没有多少教师担心被惩罚的威胁。

"法定权力"被教师这个普通的职业角色所削弱。我们在第五章中指出学校组织不同于其他任何组织，这是因为学校的主要职能是由教师在教室里完成的，教师是课堂的首席执行官。没有多少教师畏惧校长的法定权力。教师可能是平等的职业人员，他们可能比校长更多地了解他的学科和更懂得如何去教授这门学科。教师是"课堂城堡里的最高统治者"。

鉴于在集体讨价还价的程序中建立起的敌对关系，"参照权力"反倒起着反作用。许多教师不希望把拥有法定权力的管理者当做同路人，特别是专制的和官僚的管理者。

---

[1] J. R. P. French and B. H. Raven, "The Basis of Social Power," in *Studies in Social Power*, ed. D. Cartwright (Ann Arbor: University of Michigan, Institute of Social Research, 1959). See also Amitai Etzioni, *A Comparative Analysis of Complex Organizations* (New York: Free Press, 1961), for his concept of power sources.

“专家权力”似乎有较大希望，尽管需认识到他所发挥的专长是帮助别人发展、消除障碍、创造机会和用以应对挑战的资源。专家权力将帮助校长发挥其领导角色的作用，并且在当今和未来的学校里最能起作用。一项研究结果显示以校长拥有和运用专家权力的情况来评估学校，学校在教师士气、教师满意度和教师绩效方面有高分评价。相反，人们注意到实力不强的学校的校长可能强调人际关系，但没有实质性的专长。

权力分享

有一种观点认为权力是定量的，而且是有限的。如一个人获得权力，那么在组织中就有人必须失去权力。过去几年的研究说明这种观点是不正确的，事实上权力是可延伸的、交互的和具有增效的性质。

校长能够通过权力分享，授权于负责人去做工作来促进责任承担。如果校长与教师、社区和学生分享他的权力，在学校中用专长来发展一种真正的团队精神，这种努力所带来的支持会增大校长的权力。联合的力量能够为完成学校的目标提供坚实的基础。在以学校为现场决策实践的校属地区，已经有了成功的例子。校长把自己置身于易受攻击的状态之中，他们却得到了全面的权力。

决策参与

鼓励参与和权力分享并不是说每次作决策，教职员工都需要聚集在一起。这样做本身就是差的领导。它是指建立程序，这些程序使教职员工有机会对他们而言重要的决策提出合适的意见。下面所列的是给校长的教职员工决策参与工作的指导：

1. 全体教职员工可以一致性地制定一些政策，这些政策给校长规定所有必要的范围，在此范围中他可以自行作出各种决策。

2. 某些决策只涉及某些教职员工或个别部门。按惯例只有被涉及的教职员工参与决策。换句话说，当一个完全是影响到上体育课的部门的问题，不要把历史老师牵涉进去。

3. 有些决策更适合通过部门负责人、主管和团队发言人来进行，由他们把反馈的意见给校长以帮助他作决策。

4. 某些决策可通过备忘录的形式通知全体教职员工，让任何对决策有特别想法的人与校长联系。要规定联系时间的期限。

5. 有些决策可能只要求教职员工中被公认的专家参与。

6. 教职员工可能对参与某些决策不感兴趣。

7. 某些项目，特别是关系到课程变动和教学程序的项目，如果要得到完全地执行和支持的话，需要教职员工的深入参与。校长应使这类决策参与成为一项有计划的教育程序。

8. 教职员工必须理解某些决策必须完全由管理者来做。

9. 某些决策必须马上作出，管理者必须有足够的勇气这样做。危机一旦发生，行动是关键。

10. 在有些决策上，教职员工可能拖延作出决策的最后时间。校长应有足够的勇气在该作决策的时刻作出决策。

11. 大部分教职员工不想参与对他们无关的决策，如与课堂联系不大的技术性任务或个别教师的福利问题。事实上，使教师参与到与他们无关的决策中可能是起反作用的。

参与性领导

参与性领导和权力分享的想法经常使人联想起一个笨重而缓慢、什么事也做不成的组织，因为每个人对每件事都有发言权。然而，在采用被称做"日本式管理"的组织中，情况并不是这样的。在多数情况下，生产能力更大，员工士气更高。重要的是要记住研究已经表明创建结构是领导的一个主要维度。在几乎每个涉及教师的研究调查中，教师把它看做一个对领导的要求。

此外，创建结构是一种领导者的行为，它理清组织内的关系。它传达了一个周密的计划和协同运行的概念，在此运行中有明确的目标、绩效考核的标准和有促进取得最大程度成果的一系列程序。

这里讨论的内容与权力分享和参与性领导一点也不矛盾。首要工作之一是与教职员工和中心管理层共同工作来明确关系的结构。他应当研究结构设置基本要求的法规、委员会政策、中心管理层的指示，然后，尽可能地让全部的教职员工参与进来，改进工作不足之处。在与教职员工一起工作的过程中，应遵守以下注意事项：

1. 不要忽视清晰地阐明上一级管理机构的基本要求；不管是好是坏，它们毕竟是要求。它们必须纳入到工作中去。如果它们需要改变，另找机会讨论协商。不要因为对它们有过多的争议而使进程中断。

2. 要让人们知道你的选择权，让人们知道你认为事务是应当如何安排的，那样的安排是如何与你的管理风格相一致；让人们知道你愿意就问题进行讨论。应当向教职员工明确提出那些程序和行动对你是那么重要以至于你不想就此以投票的方式表决。向他们解释为什么，给予他们机会对此作出反应。总之，对某些事情要有主张。

3. 制定一个创建结构的步骤和程序的计划，以便给教职员工充足的时间进行参与，并就此项工作的结束时间有一个相互认可的系统。

4. 明确适合教职员工进行投票表决的问题和那些不适合投票表决的管理特权。

5. 不要企图把参与作为控制的手段，这样做会更加趋向于婴儿期管理方式，而不是趋向于职业成长和发展。

蒂罗兹(Tirozzi)对一个开明的校长是这样描述的：一个"……努力创造出持续的紧迫感……特别是对学校对学生的期望低，学校绩效差的情况下……"和许多其他关键的问题。[1] 这部分的领导角色不仅需要技术方面的专长，而且需要与组织成员和更大的社区共同建立一个走向卓越的远景。

改革型领导

一个改革型的领导者是"一个使他人为一个团体的利益而牺牲自己利益的人……鼓励他人相互把动机和品德提高到更高层次上的人"。[2] 此外，改革型领导者提升他的追随者对特殊成果的价值认识和提升他们对更高层次的需求。[3] 弗雷泽(Frazier)把改革型领导者看做是"通过采用新的范式引领一个可以自身维持、成员接受和自愿实施变革的组织"。[4] 这个意义在于管理者在这个范式中进行管理，而领导者在范式之间领导，或领导组织从一个范式走向另一个范式，在此转换的过程中，引领大家形成对一个远景的共同承诺和提供实现这个远景的工具(概念、技能资源)。改革型领导者帮助他人以"跳出框框"的方式进行思维，帮助他人认识不断的挑战和机遇，并帮助他们投身于所面临的挑战之中。

向上看

读者对那种完全依赖于法定资源和从职位上获得权力和控制的领导者并不陌生。各种行为典型地反映了这种情况：认真检查做事情是否与书面的规定相一致；是否与"怎么做"的指示相一致；关注法律的字面意义；而不是法律的精神；对不寻常的情境不作决定。校长清楚地知道他们也有这样做的。的确，以这样的方式处事是"舒服的"。

我们马上会想起那种传统的官僚主义的模式，在这种模式中，管理者只按上级的书面规定和条例来行动。如果在规定的职权范围之外发生了特殊的情况，管理者就把决定权推向上级。他努力理解那些上级的想法以便使他的行动符合上级的标准。在这种模式中，教师和学生不是关心的重点，除非上级认为教师和学生是首要被关心的。

人们已经注意到在典型的城市地区中的校长对学校的环境经常没有或几乎没有影响力。研究结果表明其原因是因为那些校长是为了"校属地区形象"而被选出来的。

---

〔1〕 Gerald N. Tirozzi, "The Artistry of Leadership." *Phi Delta Kappan* 82 (February 2001): 438 - 439.

〔2〕 Richard L. Henderson, James B. Huffman, Chris A Caram, and Robert L. Kennedy, "Transformational Leadership: The Impact on Organizational Health and School Improvement," *AASA Professor* 23 (Spring 2000): 7.

〔3〕 Fred C. Lunenburg and Allan C. Ornstein, *Educational Administration*, 3rd ed. (Belmont, CA: Wadsworth/Thomson Learning, 2000), 150 - 151.

〔4〕 Andy Frazier, *Quality Transformation in Education* (Boca Raton, FL: St. Lucie Press, 1997), 33.

他们中的许多人是从教师、副校长岗位或在同一地区中的其他岗位上被选出的。他们准备以被地区可接受的那种理性的、可预测的和统一的方式为人处事，并且他们在这体系中时间越长，就越能使现有的传统继续存在下去，越会按照中心管理层所期望的那样去做。（换句话说，他们是好学徒。）这样的校长只是中心管理体系的支持者，而不是一个领导者，这样一来，他们的学校就达到自我平衡。

幸运的是有些校长完全不这么做，并且认识到即使有时会付出代价，但也会获得回报。

领导者的形象

人们不断地研究领导，但最近人们更多地用比喻的方法来研究，以表达其更丰富的形象意义。我们用了像“远景者”、“管家”、“推动者”和“学习者”这样的术语来讨论领导者的某些形象。用“英雄”、“船长”或其他类似的词来描述在权力金字塔中的最高领导者，可能在某些情境中这是有用的，在这种情境中“追随者”有广泛的目的，或者说他们在某些方面是不成熟的。

然而，领导者像学校一样不能单独或脱离组织文化进行工作。除非有人有愉快的经历去规划一所新学校，招聘和训导新的教职员工并培养一种新的文化，否则校长必须在一个已存在的、具有牢固树立的信念、价值观和传统的文化中工作。

处在文化范围中的领导

每个校属地区，每个学校组织——的确，每个经过一段时间运行的组织——都会有自己的文化。因此，领导发生在一个文化范围中。

各组织本身看上去有自己的文化，并受大环境文化及其变化的影响，然而，尽管受同一种文化的影响，各组织之间的文化是不同的。如果仔细观察，会发现这种差异可能是很大的，但从远处看，它们看上去略显不同，像一幅大的、图案一致的挂毯中人物图像一样。

正如在第五章中所提到的，组织文化是由信仰、价值观和一系列在组织中处事行为准则所构成的。它由此而产生了传统、象征符号、仪式和一系列人们对某种情境作出反应的行为准则，不管这些情境对学校本身来说是机遇、问题还是挑战。判断事物发生的本质的过程是一个文化过程。正如威廉斯（Williams）指出的“文化可被认做构成行为基础的思想和习惯模式”。[1]

伯林盖姆（Burlingame）在分析关于领导和组织文化时提出另外三个观点：（1）学校可以被看做是过去文化的产物和未来文化的创造者；（2）争议一直存在于学校之

〔1〕 Ray Williams, “Systemic Change and Staff Development,” in *Systemic Change: Touchstones for the Future School*, ed. Patrick Jelnick (Palatine, IL: IRI/Skylight, 1995), 235.

中，并且关于学校的争议也会继续下去；(3) 用技术方法来解决管理问题是有限的。[1]

韦尔(Vaill)在对高绩效系统的研究中认为，领导者角色的作用在于“目的行为”中——就是与“确立、说明和修正目标有关的事宜。”[2]韦尔指出，在高绩效的系统中，领导者所支持、传达的东西变得非常重要，一个想在学校里担负起领导责任的人，他立刻就会发现他是在人们相互间的一个文化和亚文化的解释者和支持者。

如果一位校长想在一所学校中进行重大的和持久的变革或在一个多变的环境中保持学校追求卓越的话，文化建设和某些情况下对文化的维护必不可少。校长要接受挑战来阐明学校的核心理念和组织成员如何应对各种挑战。鉴别现有的理念和普通的解决方案(开除有问题的学生，当问题发生时取消校外旅行考察等)是重要的，但同样重要的是校长自身的价值观和理念要得到认可。一些不一致、无的放矢的行为不能够建立和维护一个组织的文化。校长的日常行动需与代表学校的一系列的价值观和理念相一致。需要通过书写、演讲和非正式的沟通在每个场合清晰地阐明那些价值观。如果一位校长宣扬学校是一个学习团体，但是人们看不到校长自己投身于这个学习团体的事业或向教师提供学习帮助，那么校长只是把学习的价值观说说而已。

萨乔万尼把领导的范围扩展到更大的共同体，大的共同体增加了潜在的发挥影响力团体的数量。当组织实体扩大时，复杂性也增加了，而领导者的角色并没有改变。领导的重点应是：“建立一个共享的合作关系，这个关系的基础不是追随谁，而是追随什么。”[3]这清楚地表达了——领导的概念有必要是组织文化塑造的概念。前面所提到的对领导的认识如品质、魅力、独特的行为——可能至少在某个时间内的某种情境中是有用的，但是长期性的变革则来自于经集体认可的解决方案和集体对承担共同责任的认同。这反过来又直接影响到学生的动机和学习。[4]

作为远景型的领导者

远景者不是一个具有我们无法认知的智力和权力的神秘的人物。现实中的远景者是一个能清晰地阐明事情应当是什么样，现在是什么样和应该做什么才能在“现在是”到“应当是”的改变过程中取得进步。只能用一系列字码来描述应当是什么，就如同能正确预测到天要下雨，但不能预见人们是否需要造一条方舟。更重要的是要成为领导者的人自己要对什么是卓越的教育和什么是卓越的学校有一个清晰的概念和印象。校长自己需要树立什么是好的、什么是理想的、什么是值得努力的方向的个人形

〔1〕 Martin Burlingame, “Theory into Practice: Educational Administration and the Cultural Perspective,” in *Leadership and Organizational Culture*, ed. Thomas J. Sergiovanni and John Corbally (Urbana: University of Illinois Press, 1984), 304.

〔2〕 Peter B. Vaill, “The Purposing of High-Performing Systems,” in *Leadership and Organizational Culture*, 91.

〔3〕 Thomas J. Sergiovanni, *Leadership for the Schoolhouse* (San Francisco: Jossey-Bass, 1996), 83.

〔4〕 See Martin L. Maehr and Carol Midgley, *Transforming School Cultures* (Boulder, CO: Westview, 1996).

象，这个主意并不新鲜。但是它经常不被人接受，甚至不被校长接受。我们鼓励读者找一个安静的地方，把那些他认为能构成一个个人远景中的卓越学校的概念和原则列出来。

巴斯(Barth)列出了关于他个人远景中的学校的观点：

1. 学校是一个学习者的共同体。
2. 学校有共同管理的特征。
3. 崇尚冒险精神。
4. 人们选择在学校工作。
5. 尊重差异性。
6. 学校是一个赞赏和欢迎提问“为什么”的地方。
7. 尊重幽默。
8. 人人有机会成为领导者。
9. 有产生低忧虑和高标准的条件。[1]

如果校长要清楚地阐明目标和方向和使自己的行为与他的远景相一致的话，树立一个卓越的个人形象是非常关键的。

一个远景型的领导者的成功在于帮助他人勾画出应该走的前进道路，而不是交给他们一张地图。的确，一个领导者必须在他的脑海里有一张地图，但是简单地画出从A地到B地的计划对那些一定要走那条道的旅行者来说是没有多少帮助的，因为，在某种程度上，这会耗尽旅行者和领导者的力量。

作为仆人和管家的领导者

如果一个人承担了一个团体的责任或接受一个组织的福利，那么他就有了道德意义上的义务。萨乔万尼把学校看做一个潜在的共同体，在这个共同体中，当人们汇集和共同分享远景的时候，道德的盟约就牢固地建立起来了。然后领导会把道德义务纳入进来以满足一个组织的需要，充当一个管家来保卫和捍卫学校的利益，关心学校、家长、学生和社区。[2]

作为陶艺人和/或诗人的领导者

即使学校没有具体的实体，学校的文化也能形成。哈特和布雷德森(Hart & Bredeson)把校长描绘成一个陶艺人，他把价值观、形象符号、典礼、仪式、神话和日常事务当做制陶的成分来塑造文化。[3] 正如前面所提到的，文化反映在共享的价值观

[1] Roland Barth, *Improving Schools from Within* (San Francisco: Jossey-Bass, 1990), 161 - 172.
[2] Sergiovanni, *Leadership for the Schoolhouse*, 84.
[3] Ann Weaver Hart and Paul V. Bredeson, *The Principalship* (New York: McGraw-Hill, 1996), 140.

和意义中。哈特和布雷德森把这个观点引申为一个诗人的角色，在这个角色中，语言通过使用文字、格言和故事维持了意义和价值。[1] 组织的传统、所使用的象征物及其含义的作用是非常大的，校长有能力创造出强有力的形象符号和意义以对所有接触学校的人产生重要影响。

作为学习者的领导者

我们前面指出校长的职位有时被看做只管教学的校长或教务长。在学校成为一个学习者共同体的前提下，校长可被视做在大范围中的、与一个由青年和成人组成的学习者团队的一位学习带头人。阿什和佩萨尔(Ash & Persall) 在这个意义上把校长比做首席学习官(chief learning officer，CLO)，他与组织成员在解决问题的过程中一起学习。[2] 这样的形象意味着校长有寻求和创造知识的义务来影响志同道合的同事。鉴于快速发展的技术使人们能够进入更广泛的和快速扩展的信息域，在我们的脑海中形成了世界性的、相互作用的学习交汇点，在这里，教师与教师互动，学生与专家互动，这种互动如同同事之间日常进行的谈话那样容易。

作为领导者的校长

校长必须具有一种积极的领导力量。然而，必须认识到领导不是来自于旧式的权力基础。我们在教育管理的领域中面对的是一个永久变化的世界。我们的程序必须适应于这个变化的社会和变化的教育组织。我们需要对适合于现在的和未来的教育的领导和管理程序作出定义。

领导是一种复杂的、充满活力的和互动的过程。研究显示领导的效力依赖于我们如何定义领导和用什么标准来衡量领导、领导者工作的组织类型、组织成员的类型，他们的能力程度，任务性质、他们面临的情境以及学校本身和学校生存于其中的文化。领导可能振奋人心地激起人们改变自己看法，激发起在工作中的改革和不断完善集体努力去获得成果。

有一句告诫的话：虽然许多领导方式在某些情况下已证明为是积极的，但没有一个方式和风格是一种万能药。而且，积极的成果受观察者的支配，并且积极的成果也可能随着时间的推移而不被看做是不变的。领导者需要拥有众多的领导方式，当条件出现变化时，他可以使用其中之一来应对。他应当具有一种敏感性来正确地确定转变领导者行为的时机。

我们相信执行领导的机会比以往任何时候都多，比以往任何时候都令人振奋。因

〔1〕 Ann Weaver Hart and Paul V. Bredeson, *The Principalship* (New York: McGraw-Hill, 1996), 140.

〔2〕 Ruth C. Ash and J. Maurice Persall, "The Principal as Chief Learning Officer: Developing Teacher Leaders," *NASSP Bulletin* 84 (May 2000): 15 - 22.

此，教育界的领导者的定义应当有足够广泛的意义，以体现不断提升的教师能力，体现由专业人员和由在一个激励人的环境中学习和成长的学生所组成的团队的巨大力量。

领导的定义

我们把领导定义为一个深思熟虑的、对所有在学校共同体中的人产生以下结果的过程：

1. 并肩工作，在完成组织、个人/职业的目标进程中向不断扩展的卓越远景迈进。
2. 创造一种有利于发展的环境，以便使每个人的创新智慧和技能得到最大发挥。
3. 在完成共同设立的目标过程中，倡导和建立使个人和组织都满意的、团结的和不断巩固的工作关系。这样的关系能产生有效的团队解决问题的能力。
4. 最大化地发挥可用的人力和物力资源的作用。

有了这样的定义，你就可找到其中的领导。领导可能从某个学生、教师、职工、委员会成员或某个与学校有联系的人中迸发出来。对于领导者来说，其任务就是当需要进一步推动完成学校共同的目标的时候，去培育、发展和加强领导。

小结

领导是复杂的。人们已经研究了品质、魅力、行为、职位和由它们组成的混合体。如果没有人和没有目标，"领导"完全是空洞的术语——它不能脱离社会背景而存在。而且，领导不能产生于一种运用过的程式或上天的命令。帕克斯和沃纳（Parks & Worner）指出领导的四个基本要素：(1) 领导者知道什么是他们想要取得的；(2) 领导者知道如何去获得支持和帮助；(3) 领导者需投入所需的精力；(4) 领导者知道一切可能事物有它的限度。[1]

总之，领导不会偶然地发生。它是一个在社会背景中有计划的、互动的过程，在此过程中，人们设立满足于学校组织和学校中个体的目标，人们有达到目标的手段。下面是对前面关于执行领导的讨论的总结，但我们不希望把它当做一种程式：

1. 了解你自己对学校、学生、教师和社区的信念、价值和偏见。
2. 清晰地阐述一个追求卓越、获得成功和建立共同体的远景。
3. 发展和维护一个有利于每个人——学生、教职员工，当然还有校长成长的环境。
4. 使环境最大化地满足组织和组织成员的需要。
5. 在教职员工和学生中发展领导，以便使学校成为一个领导者的共同体。
6. 多方位地寻找领导基础。

---

〔1〕 David Parks and Wayner Worner, " Four Essentials of Leadership," in *Principal*, ed. National Association of Elementary School Principals (Alexandria, VA: National Association of Elementary School Principals, 1992).

7. 与你要领导的人共享权力和责任。

8. 认可和接受与你共享责任的人的局限性。

9. 应当认识到一个最有效的领导基础之一是专业能力。校长必须在被领导的人认可的领域内能够"生产",并能够被认为是有正确的专业权威来源的人。

10. 时刻准备好改变现状。

为了使领导有效力,校长需从一个较强的基础出发来执行领导,而不是仅依靠自己的职位对资源的控制和占有。他应当能够对学校的目标、专业和技术方面的成绩作出重要的和纲领性的贡献,并需要分享,而不是放弃他的权威。

在学校有无数执行领导的机会,它在某种程度上说也是衡量校长领导责任的标准。机会越多,责任越大。

思考题

1. 用你自己的语言给出教育领导的定义,然后举一些有效领导的行为。

2. 认可与一个人一起分享责任的人的局限性有什么风险?一个人如何来降低风险并同时给予参与者真正的成长机会?

3. 所有非正式的领导者造就正式的领导者吗?请解释。

4. 你曾注意到在教职员工中有突然的士气提高和低落吗?如果是的话,你认为是什么因素引起这样明显的变化?以士气低落为例,说明校长的什么行为可以缓解这种状况?

5. 如果一所学校的教职员工同意你来做这所学校的校长,你会尽力让他们参与进来吗?当你管理学校时没有干预,你会高兴吗?为什么?

6. 允许犯错误的环境与考评和责任存在矛盾吗?

7. 你用什么比喻来描绘你的学校?在你用的比喻和你对理想中的学校用的比喻有什么不同吗?

8. "校长像一位首席学习官那样管理学校"的观点怎样改变你对如何当好校长的看法?

推荐读物

1. Barth, Roland. *Improving Schools from Within*. San Francisco: Jossey-Bass, 1990.

2. Buhler, Patricia. "Leaders vs. Managers." *Supervision* 56 (May 1995): 24.

3. English, Fenwick W. *Theory in Administration*. New York: HarperCollins, 1994.

4. Fiedler, F. E., and M. M. Chemers. *Leadership and Effective Management*. Glenview, IL: Scott, Foresman, 1974.

5. Fisher, James L. *Power of the Presidency*. New York: Macmillan. 1984.

6. Hersey, Paul, and Kenneth H. Blanchard. *Management of Organizational Behavior*, 5th ed. Upper Saddle River, NJ: Prentice Hall, 1988.

7. Kotter, John P. "What Leaders Really Do." *Harvard Business Review* 68 (May-June 1990): 103-109.

8. Maehr, Martin L., and Carol Midgley. *Transforming School Culture*. Boulder, CO: Westview, 1996.

9. Sergiovanni, T. J. *Leadership for the Schoolhouse*. San Francisco: Jossey-Bass, 1996.

10. Tirozzi, Gerald N. "The Artistry of Leadership," *Phi Delta Kappan* 82 (February 2001): 434-439.

第七章 立法和法院：稳固的权威基础

学校也难以避免受到目前诉讼滋扰的环境影响。一直以来，大多数的诉讼是关于谁应该享有对孩子的教育作出决定的控制权问题，但在其他有关社会事件和掺杂社会价值观念冲突的争论中，那些被认为是由于疏忽大意或过错行为而引起的案件也同样引起了争论。[1] 在一个价值观念不断变化的社会中，校长有责任依靠这些价值观念去领导和管理一个机构的运作，而这些价值观是什么则可以依赖于律师去定义或重新定义。这些观念的组成成分包含了保守主义和激进主义这两个极端，而知识和科技的飞速进步则使原有的观念和原则经常被视为过时。

校长很快就会发现很少有什么东西能真正地保持前后一致，因而想要在一个稳固的基础上作出决定是很困难的。校长力量的主要来源之一是教育运作的法律基础，但即使我们假定法律是固定不变的而且不受社会压力的影响，法律仍然存在着诸多问题。然而，我们知道法律应当指导教育运作的方式。与此同时，通过注意法院对法律的某些不断变化的解释，我们可以对社会正在前进的方向作出合理的推论。

在 20 世纪 70 年代以前，依照普通法上“如同父母”的原则，校方实际上对学生拥有不受限制的控制权。只要教师和管理者以合理的方式去行动，他们就被赋予了宽泛的自由裁量权，享受着如同父母控制孩子般的权力。但是 20 世纪 60 年代后期以及 70 年代前期到后期，美国联邦最高法院大大扩展了公立学校学生的宪法权利。对学校的管理者和下级法院来说，联邦最高法院传达的信息似乎是在强调学生的权利要大过学校管理者对学生的控制权。然而，在 20 世纪 80 年代后期，联邦最高法院的判决则已经显示了法院愿意赋予学校管理者对学生和对学校的课程安排更多的控制权。当然，这种转变并不意味着学校管理者可以忽视学生的权利，因为最近的研究显示，对校区和学校管理者提起诉讼的案件仍

〔1〕 William D. Valente and Christine M Valente, *Law in the Schools*, 5th ed. (Upper Saddle River, NJ: Merrill/Prentice Hall, 2001), 4.

然很多。[1]

关于学校的法律知识是很重要的

有关学校法律的课程经常被以“不用努力把学校管理者或教师变成律师”之类的话语为借口而被忽视。当然，那些只有律师才需要学的东西不应该成为这类课程的内容。然而，这类法律课程的目的应该在于使教师和管理者熟悉一些影响他们地位和教育职业的法律基础知识。详细了解了有关教育的法院判例之后，政府所制定的关于学校的法令和地方董事会的政策将会有助于学校管理者建立和维护强有力的领导角色(相关法院判例目录见附录)。

这一点在美国联邦最高法院审理的伍德诉斯特里克兰(*Wood v. Strickland*)一案的判决中得到了强调。联邦最高法院判决：如果学校管理者和董事会成员知道或者逻辑上应当知道他们正式采取的行为将会侵犯到受其行为影响的学生的宪法权利，或者其行为带有恶意并侵犯了学生的宪法权利，那么他们将承担损害赔偿的责任。[2]

一个好的学校管理者要了解政府的法规、指令以及地方学校政策。从逻辑上来说，职业教育者应当比普通律师更了解那些影响学校的法律。这并不意味着学校校长应当成为一个律师，而是意味着有关学校的法律是很专业化的，所以学校管理者必须掌握这些法律知识以便作出影响教育的决策。但是，除非要进行某些法律问题的技术性解释工作，或是要准备一份法律文件以及必须要采取某些法律行动，否则，专门聘请一个为学校打官司的律师是没有必要的；另一方面，尽管有一些专门的、与教育有关的法律，但是更多法律只是泛泛地涉及政府的运作，这些法律影响到教育是因为教育是政府职责的一部分，在这种情况下，律师的服务也是必需的。

麦金尼和德雷克(McKinney & Drake)研究了学校律师在为学校提供形成最终正式政策的法律建议方面的作用。[3] 他们发现学校律师主要涉及政策制定过程，特别是在教师解聘、教师纪律、学生纪律、学校中的宗教和特殊教育等方面，律师发挥了巨大作用。麦金尼和德雷克指出其中存在着“律师有从学校律师的角色扩张到学校管理者和董事会成员的角色”的危险。[4] 因此，校方人员掌握足够多的有关学校的法律知识来保证其职业教育判断的实施是有必要的。

---

〔1〕 Michael Imber and Gary Thompson, “Developing a Typology of Litigation in Education and Determining the Frequency of Each Category,” *Educational Administration Quarterly* 27(1991): 225. See also Perry Zirkel, “The ‘Explosion’ in Education Litigation: An Update,” *Education Law Reporter* 114(1997): 341.

〔2〕 *Wood v. Strickland*, 420 U. S. 308(1985).

〔3〕 Joseph R. McKinney and Thelbert L. Drake, “The School Attorney and Local Educational Policy-Making,” *Education Law Reporter* 93(1994): 471.

〔4〕 同上，480.

宗教和公立学校

在美国，宗教和公立学校的关系一直是一个争论不休的话题。美国宪法第一修正案规定“国会不得制定确立国教或禁止宗教自由的法律”。这个看起来简单明了的条款几十年来一直是许多困惑、争论和诉讼的原因。詹姆斯·麦迪逊和托马斯·杰弗森(James Madison & Thomas Jefferson)普遍被认为是第一修正案的作者，詹姆斯·麦迪逊曾经预言关于第一修正案的含义及其实施可能引起的持续的争论。他说：“在每一个可能的案件中清晰地划定宗教权力与政府的界限以避免混乱、怀疑和不必要的指责是很不容易的。”[1]约翰·亚当斯(John Adams)提出第一修正案意味着“国会将永远不会干涉宗教”。[2] 托马斯·杰弗森则创造性地用“教会和政府间的隔离墙”的比喻来表达他毕生持有的对教会和政府之间恰当关系的看法。

事实上，经常重复解释第一修正案的美国联邦最高法院的法官们也承认维持第一修正案条款的确立和自由实施间的平衡是非常困难的。在有关第一修正案的具有里程碑意义的埃弗森诉教育委员会(*Everson v. Board of Education*)一案的判决中，联邦最高法院分析了第一修正案的历史并将其纳入到自己的观点中。[3] 在埃弗森一案中，父母因为支付送他们的孩子去教区学校上学的车费而得到了政府补偿。法院认为用公共资金资助教区学校学生交通费用的做法类似于为社会提供诸如警察和火警等公共安全服务，并没有促进也没有妨碍宗教活动，因而没有违反宪法第一修正案。尽管有四位联邦最高法院大法官在埃弗森一案中持反对意见，但九位大法官看起来都接受了托马斯·杰弗森的教会和政府相分离的观念。“隔离墙”的观念作为以后对宪法第一修正案分析的基础被牢固地竖立起来了。

自从埃弗森案后，美国联邦最高法院在关于教会和政府相分离的关系上坚持一个宪法性原则，即最高法院坚持认为“中立”是宪法第一修正案对政府的要求。政府必须将自己限定于非宗教目标，既不促进也不妨碍宗教活动。[4] 联邦最高法院已经牢固地将政府中立作为法院调节教会与政府关系的核心原则。[5]

1971 年，最高法院在莱蒙诉库尔兹曼(*Lemon v. Kurtzman*)一案中发展了三项检验政府中立性的标准。[6] 自 1971 年以来，最高法院几乎在每一个涉及政府与宗教的关系的案件中都依赖于这三项标准来检验政府的中立性。在莱蒙案中阐述的这三项标准是：

---

〔1〕 Adrienne Koch, *Madison's Advice to My Country* (Princeton, NJ: Princeton University Press, 1966), 43.

〔2〕 Kern Alexander and David M. Alexander, *American Public School Law*, 3d ed. (St. Paul, MN: West, 1992), 113.

〔3〕 330 U.S. 1(1947).

〔4〕 *Roemer v. Maryland Public Works Board*, 426 U.S. 7836(1974).

〔5〕 如参见 *Wallace v. Jaffree*, 472 U.S. 38(1985); *Corporation of Presiding Bishop of Church of Jesus Christ of Latter-Day Saints v. Amos*, 483 U.S. 327(1987).

〔6〕 403 U.S. 602(1971).

1. 法律必须有非宗教的立法目的。

2. 法律的主要效果必须是既不促进也不禁止宗教活动。

3. 法律必须不在政府和宗教之间产生过分纠葛。

这三项检验标准一般被称为莱蒙检验或三项检验。

在过去的40年中，关于在公立学校内祈祷和读圣经的问题引起了大量的争议和诉讼。联邦最高法院在1961年的最后一个判决——恩格尔诉维泰尔(*Engel v. Vitale*)一案中判定：纽约州政府教育当局所制定的要求学生念一段祈祷词的教育计划违反宪法。[1] 祈祷词这样写道："全能的上帝，我们承认我们依赖你，我们请求你保佑我们，保佑我们的父母、教师和国家。"[2]法律判定州政府所规定的祈祷违反了第一修正案的条款。

1963年，联邦最高法院在阿宾登镇校区诉谢普(*School District of Abingdon Township v. Schempp*)和默里诉库尔利特(*Murray v. Curlett*)两案中详细阐明了它对于由学校发起的祈祷的立场。[3] 这两个案件分别对宾夕法尼亚州和马里兰州的法律规定的合宪性提出了挑战，这两项法律允许每一天学校开始上课时进行祈祷和读圣经。但是依据这些法律规定，孩子们可以应父母的要求不参加这些活动。然而，最高法院宣布这些宗教活动及相关法律违反了宪法第一修正案。在1963年最高法院宣布其判决时，37个州允许此类活动，其中13个州强制执行这些法律规定。[4]

自从20世纪60年代以来，对联邦最高法院关于学校祈祷的判决的反应是很强烈的，一些立法机构已经通过立法以不同的形式准许在公立学校进行沉默祈祷、沉思、自愿祈祷和沉默时刻等活动。事实上，在恩格尔和谢普案判决20年后，几乎一半的州都立法允许在公立学校内进行沉默时刻活动，包括祈祷。[5]

联邦最高法院在1985年对州政府强制的默念或自愿祈祷的问题进行了判决，在华莱士诉佳弗瑞(*Wallace v. Jaffree*)一案中，联邦最高法院多数意见认为阿拉巴马州一项允许在公立学校进行一分钟的默念或自愿祈祷的法律因违反宪法而无效，因为它违反了第一修正案。[6] 约翰·保罗·史蒂文斯(John Paul Stevens)大法官代表了多数人的意见，强调阿拉巴马州立法机关通过该项法律的立法目的是不合适的，因为它构成了一种政府支持宗教的尝试。法院用了相当篇幅去探究该项法律的意向，如果该意向如同法院在华莱士一案中所发现的那样是以促进宗教为目的或者强调自愿祷

---

[1] 370 U.S. 421(1962).

[2] 同上，425.

[3] 374 U.S. 203 (1963).

[4] Thomas Hunt, "Moral Education and Public Schools: A Tale of Tempest," *Religion and Public Education* 13 (Spring 1986): 25-36.

[5] 参见 Justice O'Connor 在 *Wallace v. Jaffree* 中的不同意见，472 U.S. 38, 70-71 (1985).

[6] 472 U.S. 38 (1985).

告甚于默念，法庭将宣告其因违反第一修正案而无效。

联邦最高法院对立法允许片刻默念、沉思或祈祷的做法是否符合宪法依然未作出决定。在奥康纳(O'Connor)大法官的附加意见中，她反对使用莱蒙检验作为标准，而提出了自己的检验标准来决定一项法律是否违反宪法。她说："判断政府的目的是否赞成宗教，关键在于政府是否已经传递或试图传递给孩子们他们应该使用默念时间来祈祷的信息。"[1]

而在1997年，第十一巡回上诉法院判决公立学校可以在每天开始时执行州立法律所要求的默念时间。[2] 最高法院则判决佐治亚州一项要求学生每天伊始花一分钟反思自己的所作所为的法律符合宪法。

另一个有关学校祈祷的不确定的事情是毕业典礼上的祈祷。在1992年的李诉魏斯曼(*Lee v. Weisman*)一案的判决中，基于对严格的政教分离观念的承认，联邦最高法院以五比四的微弱优势作出判决：在公立学校毕业典礼上由牧师引导做祈祷和祝福的做法违反了美国宪法第一修正案。[3] 然而法院对在毕业典礼上由学生引导的仪式是否也类似地违反了宪法第一修正案没有作出回答。

在由学生引导的自愿祈祷是否违反宪法的问题上，不同的联邦上诉法院作出了不同的判决。联邦第五巡回上诉法院认为在毕业典礼上由学生组织和引导的非特定宗教教派的祈祷是可以被允许的。[4] 然而，联邦第九巡回上诉法院则不同意第五巡回上诉法院的意见，他们认为允许高年级毕业生投票决定在毕业典礼上他们是否需要进行祈祷的做法违反了宪法。[5] 在1989年，联邦第十一巡回上诉法院判决公立学校体育运动会上的会前祈祷违反了第一修正案。[6] 联邦最高法院则拒绝对这些判决进行审查。与此类似，由一个女子篮球队的教练在比赛后和训练前引导进行的祈祷也被认为违反了宪法第一修正案。[7]

这样的争论在桑坦·弗诉多伊(*Santa Fe v. Doe*)一案中继续进行着。这个案件涉及一项允许在运动会时由学生引导进行祈祷的学校政策的符合宪法性问题。联邦最高法院在2000年6月19日对此作出判决："反对由学生决定在学校事务上提供祈祷。"[8]这项判决的含义即使与毕业典礼相关，但是仍然是不清楚的。[9]

---

〔1〕 472 U.S. 38 (1985), 73.

〔2〕 *Bown v. Gwinnett County School District*, 112 F. 3d 1464 (11th Cir. 1997).

〔3〕 505 U.S. 577, 112 S. Ct. 1249 (1992).

〔4〕 *Jones v. Clear Creek Independent School District*, 977 F. 2d 963 (5th Cir. 1992).

〔5〕 *Harris v. Joint School District*, 41 F. 3d 447 (9th Cir. 1994).

〔6〕 *Jager v. Douglas County School District*, 862 F. 2d 824 (11th Cir. 1989).

〔7〕 *Doe v. Duncanville Independent School District*, 994 F. 2d 160 (5th Cir. 1993).

〔8〕 David Schimmel, "Court Outlaws School-Sponsored Student Prayer: An Analysis of Santa Fe v. Doe," *West's Education Law Reporter* 150 (March 1, 2001): 1.

〔9〕 T. C. Mattocks, "Reactions for Santa Fe v. Doe: Is Student Prayer at Graduation Still an Option?" *West's Education Law Reporter* 150 (March 15, 2001): 333-344.

个人自愿祈祷

学校管理者应当意识到迄今为止没有任何法院宣布学生在学校内进行自愿的私人性质的祈祷是不被允许的。相反，在华莱士一案中，奥康纳大法官说："本法庭对美国宪法所作的任何解释从未禁止公立学校学生在上学前、上学时还是放学后的任何时间进行自愿祈祷。"[1]而联邦第十一巡回上诉法院则在钱德勒诉詹姆斯(*Chandler v. James*)一案则对此作出了进一步的澄清，法院判决："学校不能对学生的言论进行宗教审查，也不能积极监视或参与由学生引导的有关宗教的言论。"[2]

另外，最高法院迄今并没有否定在公立学校进行宗教研究或圣经研究的合宪性。在阿宾登镇校区诉谢普案中，联邦最高法院解释道："当然可以说圣经因其文学和历史价值值得研究。当宗教研究和圣经研究客观地作为世俗教育课程的一部分出现时，本法院并不认为这种研究违反了第一修正案。"[3]因此，公立学校可以将使用圣经或者其他宗教文献作为手段来研究历史、政府、社会、文化、文明或者伦理，但不能用来作为促进宗教的手段。教育者必须要对此保持敏感和谨慎，不要使用圣经或有关宗教研究作为让人改宗归信的方法，而应当采取一种客观的态度。[4]

课余时间和社区服务

在正常的上学时间内的课余时间或放学时间内举行宗教仪式或宗教教育，在学校里经常会产生问题。关于学生在课余时间使用公立学校设施进行宗教教育的问题，联邦最高法院有两个重要的判决。在1948年的麦科勒姆诉教育委员会(*McCollum v. Board of Education*)一案中，联邦最高法院宣布一项公立学校计划违反宪法，该计划允许一些学生在其父母的要求下在公立学校设施内参加日常的宗教指导，[5]但不参加此计划的学生则继续学习世俗科目。联邦最高法院以该计划支持了宗教为由而判决其违反了宪法第一修正案。

在麦科勒姆案仅仅四年之后，联邦最高法院在佐拉奇诉克劳森(*Zorach v. Clauson*)一案中以六比三的多数票维持了一项允许学生在上学时间离开学校去从事宗教教育活动的规定的合宪性。[6] 联邦最高法院指出了佐拉奇和麦科勒姆案二者在宗教教育活动地点上的不同。在佐拉奇案中，宗教教育活动并没有在公立学校设施内进行，所以法院维持了其合宪性。另一个有关课余时间的问题1981年出现在第十

---

〔1〕 *Wallace v. Jaffree*, 67.
〔2〕 *Chandler v. James*, 180 F. 3d 1254 (11th Cir. 1999).
〔3〕 *School District of Abingdon Township v. Schempp*, 225.
〔4〕 参见 *Hall v. Board of School Commissioners*, 656 F. 2d 999 (5th Cir. 1981), modified, 707 F. 2d 464 (1983).
〔5〕 333 U. S. 203 (1948).
〔6〕 343 U. S. 306 (1952).

巡回上诉法院，该法院判决犹他州一项政府政策无效，该政策允许课余时间在教区学校里取得的宗教课程学分算做公立学校学分。[1]

要求高年级学生提供一定的社区服务作为毕业的前提的做法已经在全国很普及。马里兰州实际上要求高年级学生必须提供社区服务才能毕业。这种做法得到了教师、学校管理者、学生和董事会成员的普遍支持。正如大家所预想的一样，这种做法依据不同的基础在法庭上受到了多次质疑。然而，每一个受理此类质疑的法院都肯定了将社区服务作为毕业条件之一的合法性。[2]

《平等接近法》和自愿性的学生宗教集会

国会在 1984 年通过了《平等接近法》。该法案禁止任何接受联邦财政资助并创立“有限开放的论坛”的公立中学依据宗教、政治或者哲学内容的差异拒绝或歧视任何“由学生发起的”、与课程无关的学生团体的平等权利。[3] 依据该法案，当一所公立学校给予一个或更多的与课程无关的学生团体在学校设施内、在非学校教育时间内进行集会的权利时，“有限开放的论坛”就已经存在，平等接近法案的平等保护要求则被启动。[4]

在韦斯特塞得社区教育委员会诉墨根斯(*Board of Education of Westside community Schools v. Mergens*)一案中，联邦最高法院的第一次判决认为在公立学校设施内由学生自愿发起的宗教活动是符合宪法的。[5] 在该案中，校方拒绝正式承认一个放学后在学校设施内进行集会的圣经研究团体。该团体中的一个学生布丽奇特・墨根斯声称校方以不提供设施给予支持的做法歧视了这个宗教团体。而依据学校规定，要获得学校提供的设施支持必须获得学校的正式承认，学生团体只有在获得学校的正式承认后才能获得学校提供的校报、学校设施、公告牌、公共地址系统和俱乐部等设施。最高法院以八票对一票的绝对优势判决《平等接近法》并没有违反宪法第一修正案。另外，最高法院依据《平等接近法》判决校方侵犯了学生的权利。

对于学校的管理者来说，联邦最高法院对于《平等接近法》的解释是非常重要的，因为联邦最高法院分析并定义了“有限开放的论坛”的含义。一旦一所公立学校创立一个有限开放的论坛，学校管理者就不得歧视任何想在学校内进行集会的学生的基于宗教、政治、哲学或其他内容的言论。

最高法院认为：当一所学校允许一个或多个与课程无关的学生团体集会时，一个

---

[1] *Lanner v. Wimmer*, 662 F. 2d 1349 (10th Cir. 1981).

[2] 参见 *Steirer v. Bethlehem Area School District*, 987 F. 2d 989 (3d Cir.), cert. denied, 510 U. S. 824 (1993); *Immediato v. Rye Neck School District*, 73 F. 3d 454 (2d Cir. 1996).

[3] 20 U. S. C. § 4071.

[4] 20 U. S. C. § 4071(b).

[5] USLW 4720, 110 S. Ct. 2356 (1990).

有限开放的论坛即被创立。依据在墨根斯一案中的大多数意见，与课程无关的学生团体是指不直接与学校提供的课程有关系的任何学生团体。奥康纳大法官设定了学生团体的五个特征。任何一个学生团体集会只要符合这五个特征之一将不能要求《平等接近法》所提供的平等保护。这五个特征都与学校课程直接相关。它们是：(1) 团体的主要事务正在正常课堂中教授；(2) 团体的主要事务不久将在正常课堂中教授；(3) 团体的主要事务与整个课堂相关；(4) 为了某一特定课程被要求参加该团体；(5) 参加该团体可以获得学分。因此，要求学校提供《平等接近法》的平等保护将会依赖于学校的课程状况。

联邦第九巡回上诉法院处理了这样一个案件：某学校禁止任何班级或其他学生俱乐部在学校午餐时间集会，而允许一个与课程无关的学生宗教俱乐部在这段时间内集会。[1] 校方辩称《平等接近法》在此并不适用，因为法案把"非教育时间"定义为由学校设定的在实际的课堂教育时间开始之"前"或者之"后"的时间，而午餐时间则既不是在此之"前"，也不是在此之"后"。联邦第九巡回法院不同意学校的观点，认为《平等接近法》应当被广义地解释，"非教育时间"应当被理解为没有课堂教育发生和不允许其他学生团体集会的时间。

侵权责任

侵权法为学生和他们的父母，在某些情况下也为学校雇员提供了因他们在学校中受到的伤害而得到补偿或其他救助的机会。侵权是一种民事过错，也被称做私人过错，它并不涉及违反合同，而因违反合同所受到的损害可以由法院依合同法来赔偿。[2]

侵权法可以追溯到英国普通法。和其他的普通法一样，在美国有 50 种不同的侵权法体系。尽管各州可以自由地借用其他州的侵权法案例，但值得注意的是，各州的侵权法体系是不同的。大多数州已经通过了不同的《侵权赔偿法》。任何要求政府对因疏忽大意而造成的损害进行赔偿的人都必须遵守其规定，并以此作为获得赔偿的前提条件。[3]

三种赔偿方案或侵权行为类别将侵权行为分为以下三种：(1) 过失的侵权行为；(2) 故意的侵权行为；(3) 严格责任。这三种情况构成了侵权责任的完整框架。

过失

校区和学校工作人员最常涉及的侵权行为是过失侵权行为。[4] 所谓过失是指

---

〔1〕 *Ceniceros v. Board of Trustees*, 66 F. 3d 1535 (9th Cir. 1995).

〔2〕 参见 Page Keeton, Daniel Dobbs, Robert Keeton, and David Owen, *Prosser and Keeton on Torts*, 5th ed. (St. Paul, MN: West, 1984).

〔3〕 如参见 *Indiana Code* §§ 34-4-16.5 et seq.

〔4〕 Imber and Thompson, "Developing a Typology," 225.

行为人的行为未达到既定的标准而导致损害的行为。[1] 一般来说，教职员工的行为标准是以一个合理谨慎的教师的行为标准来定义的。一个合格的教师或者学校管理者应当具备的技能和知识的标准是建立在一个合理谨慎的教师应该具有的知识和技能之上的，而合理谨慎的教师对学生的注意标准则要高于一个合理谨慎的普通人（非行为人）。法院认为教职员工对学生的注意标准是可变的，这种注意标准随着学生的年龄、智力、经历以及造成伤害的环境的不同而不同。法院要求学校管理人员对不成熟、心智发展欠缺或缺乏经验的学生提高注意标准。[2] 例如，小学校长应当以不同于中学校长的方式照看孩子们在餐厅里的活动，尽管两位校长都必须意识到潜在的问题。

故意侵权

侵权行为的第二类是故意侵权行为。故意侵权行为包括恐吓、殴打、非法侵入和非法拘禁等行为。历史上对与教职员工有关的故意侵权行为提起诉讼最多的是恐吓和殴打。[3]

名誉侵权也是故意侵权的一种，包括书面造谣和口头诽谤行为。名誉侵权是故意侵权的一个类别，因为在普通法上一个人要为其毁损他人名誉的言论负责，而不管这种言论是有意或无意造成的。名誉侵权一般被定义为以虚假的、恶意的言论对他人的性格、名誉和声望造成伤害的行为。亚历山大和亚历山大（Alexander & Alexander）提到教育者因为“他们在每天与学生的日常接触中所碰到的个人信息的敏感性”而特别容易受到名誉侵权的起诉。[4] 校长们则面临着额外的复杂难题，因为他们要与其他管理者或学校董事会成员交流有关对教师的评价和工作表现的信息。[5]

对于遭到起诉的校长们来说，他们可以使用各种不同的辩护理由。在许多州，涉及名誉侵权的案件可以以所涉及的事实是真实的来为自己辩护（真相辩护），这一做法得到了许多州宪法的确认。其他辩护理由，诸如绝对特权或相对特权也可以被学校管理者们用来辩护。很多教育者已经广泛地使用相对特权来为自己的侵权言论辩护。相对特权可以扩展到共享同一利益或责任的团体间的交流上，这其中就包括了学校成员之间。因此，如果是为了对正式询问进行答复或者为了执行合法的教育任务而进行善意而非恶意的情况交流，法院将不会判定其侵权。[6]

---

〔1〕 参见 *Smith v. Archbishop of St. Louis*, 632 S. W. 2d. 516,521,522 (Mo. 1982).

〔2〕 如参见 *Barbin v. State of Louisiana*, 506 So. 2d. 888 (La. App. 1987); *Rodriguez v. Board of Education*, 480 N. Y. S. 2d 901 (1984).

〔3〕 Imber and Thompson, “Developing a Typology,” 227.

〔4〕 Alexander and Alexander, *American Public School Law*, 502.

〔5〕 同上.

〔6〕 参见 *Rich v. Kentucky County Day Inc.*, 793 S. W. 2d 832 (Ky. App. 1990); *Desselle v. Guillary*, 407 So. 2d 74 (La. App. 1982).

严格责任

侵权行为的第三大类是严格侵权责任。一个受到损害的人可以对造成这种特别或不同寻常的危险的被告提起诉讼,而不必证明该损害的发生是因为行为人的故意或者疏忽所造成的。对于公立学校而言,严格责任只有极窄的应用范围。然而,对于学校工作人员在实验室做实验时、职业教育、运动装备或运动场设施中所造成的危险提起的诉讼已经在与教育相关的案件中出现了。

有效监护

公立学校和学校管理者最常涉及的侵权行为都是基于过失行为而引发的。必须强调的是,过失必然牵涉到可以预见的风险,可能受到的伤害的威胁和与危险状况不相符合的不合理行为。[1] 构成过失侵权行为的要素包括:

1. 行为者负有保护他人的义务。
2. 行为者未达到适当的关心标准。
3. 行为人的行为与所导致的损害之间有因果关系。
4. 受损害一方受到了实际的损失或伤害。

学校管理者有义务照管其负责的孩子。然而,如果要证明教育者有责任,必须证明教育者的行为与学生所受到的损害之间有紧密的因果关系。如果证明造成损害的原因只是一个中介行为或者替代行为,或者造成损害的责任可以被转移到负有更多责任的一方,那么这种责任可以被减轻或者免除。

法院一再重申教师和学校管理者在监护学生安全的时候,他们并不想为其增加不适当的负担。但事实上,普遍接受的司法准则是:法律并不要求学校像保险公司那样确保学生的安全,也不会在即使可以合理预见但仍然不能避免事故发生时让学校去承担责任。[2]

法院在要求学校对学生的安全履行合理的关心义务和监护义务时,其具体内容依据所涉及的学生的年龄和身心状况以及活动的种类和活动发生的地点而定。如果对学生造成损害的事件是可以预见的,或者如果学校工作人员采取了合适的措施就可以避免损害的发生,法院将很有可能判决学校因监护不力而承担侵权责任。法院会检查每一个案件的事实,以寻找可以证明一个合理谨慎的人应当可以预见到事故可能会发生的事实,而判定这种可预见性的两个主要标准是:(1) 不合理的危险情况或条件;(2) 学生过去的行为模式,诸如已知的暴力倾向等。根据以上标准,如果一位教师离开了教室,或者一位校长不下令要求给学生适当的监护则极有可能承担侵权责任。

---

[1] Keeton et al., *Prosser and Keeton on Law of Torts*, 288.
[2] 参见 Valente and Valente, *Law in the Schools*, pp. 98 - 117.

教育者极有可能因不充分或不完全的教学和指导导致了对学生的损害而被判负有侵权责任。与过失指导行为相关的最大风险看起来来自体育课、工艺课、实验课和教练行为。[1] 合理注意义务的标准将会依据与这些活动相关的危险的程度而有所不同。校长们在监视、规划和管理学校的计划时也许会因为没有履行合理的注意义务而承担责任。[2]

虽然法院对教师和学校管理者的角色给予了或多或少的同情，但法院普遍认为教师和学校管理者应当对学生在许多与学校有关的活动中所受的损害负责。学校管理者有义务维护学校建筑、学校操场和学校设备，并使其处于良好状态中。[3] 学校在实地考察活动和其他学校支持的活动中负有谨慎注意的义务，当这些外出活动涉及不一般的活动和不熟悉的地点时，学校则负有特别注意的义务。

如果学校为上学和放学提供交通服务，那么学校有可能因交通汽车的过失运行、在汽车上对学生监护不力、在交通汽车站上对学生的过失监护，以及对不安全设施的过失监护而承担责任。[4] 学校也有可能对未经学校或家长允许而离开学校的学生所受到的损害负责，如果该学生的离开是由于学校疏于监护责任所致。[5]

安全的环境

提供一个没有暴力的、安全的学校环境是学校管理者的主要责任。1982 年，加利福尼亚州人民通过投票采纳了一项加利福尼亚州宪法条款，该条款赋予了学生和教师“拥有安全的、有保障的、和平的学校的不可剥夺的权利”。[6] 尽管其他州尚未采纳此类普遍性的保护条款，但很明显学校当局有义务保障教师和学生免受学校内部人员和第三方侵害。如果可以合理预见到学生或教师可能会受到攻击，学校管理者应该采取合适的预警措施，包括警告学生、教师和家长以及增加诸如警察巡逻等安全措施。学校管理者必须非常严肃地对待性骚扰申诉并采取措施调查此类申诉及加以预防。

那些要为自己的过失行为辩护的学校管理者可以利用几条传统的辩护理由。共同过失(也叫做受害人过失)是最常用的辩护理由。使用这条辩护理由的学校人员必须证明损害是由受害人自己的过失或者受害人未履行足够保证自己安全的注意义务造成的。法院认为对适用于孩子们的注意义务标准可以有所不同，但是要由陪审团来

[1] Imber and Thompson, “Developing a Typology,” 243.

[2] 参见 *L v. Independent School District No. 314*, 289 N. W. 2d 112 (Minn. 1979).

[3] 如参见 *Scott v. Board of Education of City of New York*, 597 N. Y. 2d 385 (App. Div. 1993); *Bauer v. Minidoka School District No. 331*, 778 P. 2d 336 (1989).

[4] 一般请参见 34 A. L. R. 3d (1990 Supp.).

[5] 参见 *Hoyem v. Manhattan Beach City School District*, 585 P. 2d 851, 22 Cal 3d 508(1978); *Gary v. Menche*, 626 So. 2d 901 (La. App. 1993).

[6] California Constitution, art. I, sec. 28(c).

考虑案件的具体情况并加以调整。[1]

绝不容忍拥有、交易和使用毒品，绝不容忍打架，绝不容忍与帮团相关的象征或活动，所有这些对于把孩子托付给学校的社区来说听上去都很不错。这些政策表明了学校的高标准，还表明了学校是一个安全的地方。然而我们已经听说或读到过在加利福尼亚州北部一个 11 岁的学生因为把家中自制的辣椒面带到班上而被停学的报道；一个女孩因为带了一把指甲剪到学校而被停学，而一个试图保护自己而与他人打架的学生也被停学了。不得不承认，在上述的最后一个例子中，绝不容忍打架政策看起来与把学校里的打架次数由每年将近两百次减到每年少于五次有些关系，通过清楚地阐明和严格执行"绝不容忍"政策，我们是否在冒着风险教会学生对于这些行为的不宽容，并认为这种政策所导致的不合理结果是合适的呢？即使在绝不容忍政策中，"理性的统治"仍然必须放在首位。学校不应该为了创造一个安全的环境而将自己置于一个不仅有被告上法庭的风险，而且还会因为其所采取的手段而遭到嘲笑的境地中。

政府免责?

从历史上来说，学校可以依据一条古老的普通法准则而被免于责任，即州政府在此区域内有主权因此不能未经其同意而遭到起诉。[2] 凭借着这条准则的庇护，教育者很少因其过错或有问题的监护行为而承担责任。然而，今天，在超过一半的州中，政府的侵权免责已经被立法或者司法决定取消或者极大地侵蚀了。[3] 与此类似，在许多州，对教育者的个人侵权责任的保护也已经被取消或者极大地削弱了。免责准则受到批评，因为它经常使受到损害的各方没有任何办法来弥补由政府造成的损失。

尽管法院已经极大限制了教师和管理者的免责准则的使用，但越来越多的州已经通过了《保护无害者法案》或者说《补偿法案》。该法案要求学校支付对其雇员提起的诉讼法律费用或损害赔偿。《保护无害者法案》的核心是：只要侵权行为发生在教育者的雇佣范围之内，教育者均可以对其金钱损失得到补偿。

2001 年 1 月 19 日美国教育部颁布了对性骚扰案件中学校责任的新指导纲要。其中规定："作为接受联邦援助的条件之一，学校应当在其计划中承认对学生的性骚扰并作出有效的反应。"[4]

宪法侵权

宪法侵权与普通法侵权不同。普通法上的侵权可以追溯到英格兰，而宪法侵权则

[1] 要获得不同结果，请参见 Perry A. Zirkel, "Safe Promises," *Phi Delta Kappan* 81 (April 2000): 635 - 636.
[2] 源自英国法律："The King can do no wrong."
[3] Valente, *Education Law: Public and Private*, Vol. 2. (St. Paul, MN: West, 1985), 224.
[4] 关于美国教育部对性侵犯的指导方针，参见网站：www. ed. gov /ocr /shguide.

起源于1871年民权法案，它被编入美国法典第42章。国会在重建时期（美国南北战争后一段时期——译者注）通过了该法案以保护非洲裔美国人的权利。[1]

许多受到损害的当事人依据美国法典第42章1983节规定到联邦法院起诉学校和学校工作人员以寻求赔偿。因此而起的行为一般被称为“宪法侵权”。1871年民权法案1983节对一个依据州立法律合法却侵犯了另一个人的民事权利的行为作出了规定。

在依据民权法案1983节控告某学校的管理团体的案件时，原告必须证明他的宪法权利受到了侵权，而这种侵犯他的宪法权利的行为是由于校方官员或雇员在直接执行学校政策或学校董事会的决定而引起的。其次，原告必须证明对他的宪法权利的侵害是由校方或雇员明知的、故意的或者至少是疏忽大意的行为或者是不作为行为所造成的。

在1975年以前，学校董事会成员、学校管理者和教师被认为是可以免于承担宪法侵权责任的。然而在伍德诉斯特里克兰（*Wood v. Strickland*）一案中，联邦最高法院把这种无条件的豁免权缩减成了依据“善良信仰”才能得到的相对豁免权。意见不一的联邦最高法院判决如果公立学校的教育者知道或者通过合理推测其应当知道他在其职权范围内所采取的行为将会侵犯受其行为影响的学生的宪法权利，那么公立学校教育者就应该承担责任。[2]

联邦最高法院已经解释了“善良信仰”的标准，即除非校方人员个人侵犯了已经明确确立的个人宪法权利，否则校方人员不必依据第1983节承担个人责任。[3] 除非宪法侵权造成了实际的损害，否则校方人员也不必依1983节承担赔偿或者惩罚性赔偿责任。

在过去的几年中，越来越多的学生依据第1983节提起诉讼把学校告上了法院。这些案件许多涉及性过错和对学生施加暴力。

体罚

体罚是一个经常引起争论的话题。越来越多的校区通过成文的学校政策禁止体罚或者对体罚加以严格的控制。至少25个州已经在公立学校中禁止体罚。[4] 在其他州，在“如同父母”的准则下，校方享有与父母同样的权利，能用同样的方式和在同样的程度上去实施纪律性的体罚。一般来说，在“如同父母”原则下，教育者可以使用在特定环境下合理的身体强制处罚，但是不能超过为达到有效的教育目的而合理使用的

〔1〕 Alexander and Alexander, *American Public School Law*, 488.
〔2〕 *Wood v. Strickland*, 332.
〔3〕 *Harlow v. Fitzgerald*, 457 U.S. 800 (1982).
〔4〕 John Dayton, "Corporal Punishment in Public Schools: The Legal and Political Battle Continues," *Education Law Reporter* 89 (1994): 729.

必要的程度。[1] 在戴利诉莫里尔县第 62－0063 校区教育委员会(*Daily v. Board of Education of Morrill County School Dist. No. 62－0063*)一案中,一位教师为制止学生的破坏行为而打了他。该州的学生纪律法案确实允许教师和管理者使用身体接触的手段以维持秩序和进行管理,但不允许使用体罚。体罚是违反该州州法的。[2]

在美国,将使用体罚作为维护学校纪律的一种方法的做法可以追溯到殖民时代。在 1977 年的英格拉姆诉赖特(*Ingraham v. Wright*)一案中,[3]联邦最高法院以五票对四票的微弱优势维持了体罚的合宪性。法院驳回了原告关于宪法第八条——禁止使用酷刑和非人道的惩罚应当同样适用于对公立学校的孩子进行体罚的请求。法院指出,教师和学校管理者在使用体罚时已受到适当的限制,因为如果教师或管理者使用体罚超过了合适的限度将承担民事或刑事责任。

联邦最高法院在英格拉姆一案中同时判决美国宪法第十四修正案的正当程序条款并不要求在使用体罚之前必须有程序性保障措施,诸如告知和听证,因为此种行为受普通法的授权和限制。

校长和教师应当明白他们必须服从校区的规定和州法。不这样做就构成了违法。使用过分体罚或未经授权而采取行动则为受到恐吓和殴打以及虐待的儿童的民事诉讼和刑事指控打开了方便之门。

学校纪律

法院一致认为学校董事会和校方有维护课堂和公立学校秩序的权利和义务。学校董事会在制定和执行管理学校的规章制度方面被授予了广泛的自由裁量权,但各种规章制度必须与教学过程有着合理的相关性,而且,在执行过程中不能歧视某一个或某一阶层的学生或者侵犯学生的宪法权利。而校长则在执行有关学校纪律的规章制度和在教学过程中防止干扰方面承担着主要责任。

停学和开除是校方可以使用的两种最极端的纪律手段。在 20 世纪 60 年代,法院开始承认学生有权在被学校停学和开除之前要求宪法第十四条修正案所规定的受正当程序保护的权利。[4] 宪法第十四条修正案禁止各州"未经法律正当程序剥夺任何人的生命、自由和财产"。

1975 年,联邦最高法院处理了校方官员在维护学校纪律时应当遵循什么样的宪法标准的问题。在戈斯诉洛佩兹(*Goss v. Lopez*)一案中,法院判决学生拥有"不能在学校门口蜕变"的宪法权利。学校不经过正当程序就对学生进行停学处分侵犯了公立

---

〔1〕 参见 William Prosser, *The Law of Torts*, 4th ed. (St. Paul, MN: West, 1971), 137.
〔2〕 588 N. W. 2d 873 (Neb. 1999).
〔3〕 430 U. S. 651 (1977).
〔4〕 *Dixon v. Alabama State Board of Education*, 294 F. 2d 150 (5th Cir.), cert. denied, 368 U. S. 930 (1961).

学校学生所拥有的自由和财产权利。[1] 法院特别指出在进行十天或少于十天的停学处分时，宪法正当程序条款要求学校给予学生其所受指控的口头和书面通知，如果学生对该指控予以否认，校方应当向学生呈示其所拥有的证据和理由并给学生申诉的机会。[2] 法院进一步补充说在通知学生和举行听证会之间不必有时间间隔(即可以在通知后马上举行听证会)。因此，即使是十天或者少于十天的停学处分也会侵犯到学生的两项受到保护的宪法权利。法院对于超过十天的停学处分则有更为正式的要求。对接受特殊教育的学生进行处分则要求有附加的考虑因素，详细说明请参见本章和第十一章。

依据戈斯一案的判决，各州立法当局通过了关于短期停学和开除的各种法律。各州建立了适用于开除的特别程序规定。学习自己所在的州所规定的一整套开除程序以及地方政策和程序并加以严格执行，这对于校长们来说是很重要的。如果校长发现州的程序法和地方程序法之间有出入，应当及时要求有关各方作出澄清。

某些学校对犯了错误或者逃学的学生实施学业上的制裁。这种做法已经引起了诉讼纠纷。学业上的制裁可能与州的义务教育法相冲突。它们也许会被视为武断的行为，与所要达到的纪律目的无关。不过，其他置疑则是基于实体法或者程序上的正当诉讼程序的要求。[3] 从教育的观点来看，通过停学或者开除来"酬劳"学生(他们正巴不得不待在学校呢!)多少是有问题的。

如果要对学生实施学业上的制裁则必须直接与学生的学业情况相关。印第安纳州的一个上诉法院判决某学校的一条校规因侵犯了学生的实体性的正当程序权利而无效。该规定要求对因在上学期间逃课去喝酒而被停学的学生每停学一天扣除4%的分数。[4] 法院认为学生的分数应当反映出学生的学业情况，而这种扣除学生的分数的做法与学生的学业情况没有关系，并且也不能反映学生的学业情况。在进一步的判决中，该法院判定尽管每天扣除史密斯同学4%的分数是由他每天错过的上学时间确定的，但这个比例不能用在其他人身上。

学校记录的机密性和学生隐私

对学校咨询活动的考虑和在其监护之下的孩子与青少年的福利和利益的考虑产生了有关学生的学校记录以及其性质与事实上具有怎样的公众性和私人性等一系列问题。随着电子计算机技术在收集、存储和快速提取大量个人信息能力等方面的进步，对个人隐私的关注和学校对于信息的需求之间的潜在矛盾成为了一个棘手的难题，尤其是涉及数据的保护、机密性和可接近性时更是如此。

---

〔1〕 419 U. S. 565 (1975).
〔2〕 同上，581.
〔3〕 *Katzman v. Cumberland Valley School District*, 479 A. 2d 671 (Pa. Cmwealth. 1984).
〔4〕 *Smith v. School City of Hobart*, 811 F. Supp. 391 (N. D. Ind. 1993).

1974年,国会通过了《家庭教育权利及隐私法》(FERPA)。该法也被称做《伯克利修正案》,该法对学生的隐私和与学校记录有关的学生家长的隐私提供了保护。[1]《家庭教育权利及隐私法》给予学生和学生家长接触学生的教育记录的权利。在该法案下,学生在年满18岁时享有与父母同样的接触自己教育记录的权利。父母接触档案的要求必须在提出后的45天内予以满足,提出要求接触档案的父母有自己付费复印档案的权利。如果有资格的学生或父母因为档案的不准确或误导性而提出修改档案,该法也提供了一套相应的程序。[2]

如果校方官员拒绝父母修改档案的要求,父母或学生有权请求进行听证。听证可以由与案件无关的学校雇员来主持,听证官员必须就其在听证会上的发现和结论写出书面决定。对于违反该法的申诉可以向美国教育部提交,而违反该法的学校将会丧失联邦财政援助。

除了特定的政府机构和官员外,《家庭教育权利及隐私法》也禁止没有经过学生父母和有资格的学生的明确的书面同意而散布任何可以使他人足以确认出有关特定个人的信息。不过,《家庭教育权利及隐私法》并不禁止向公众透露有关学生的一般信息,诸如学生的姓名、住址、电话号码、出生日期及出生地、研究领域、学历、受过的奖励以及所有参加的学校活动等。除此之外,只要所披露的信息不明确地指向特定的学生,有关学生在校的成就、毕业状况等的信息也可以不经父母同意而向公众披露。

各州也已经通过了各种公共接触法或隐私法来解决州立机关(其中包括学校)在收集信息和维护个人信息系统时的问题。校长们在发布学生记录信息之前应当参考这些法律和《家庭教育权利及隐私法》的规定。

在任何情况下,发布信息或处理查询信息的要求时,校长必须谨慎地确定谁是家长、监护人或其他有资格的人,在一个存在多种家庭模式的社会中,这并不是一件容易的事。

对学校搜查的法律限制

为了打击在学校内以及学校周围滥用和销售毒品活动,以及为了大大提高学校的安全,许多学校已经开始对学生的储物柜甚至学生本人进行搜查,有的使用经过特殊训练的狗来嗅查毒品并用金属探测器来搜查枪支和其他武器。[3] 问题是:学校管理者必须在多大程度上遵循由美国宪法第四修正案(人民的人身、住宅、文件和财产有不受无理搜查和扣押的权利不得侵犯——译者注)所建立的对执法官员在进行搜查和逮捕活动时必须遵守的限制呢?

---

〔1〕 20 U.S.C. §§1232 et seq.

〔2〕 34 C.F.R. §99.11.

〔3〕 Eugene Bjorklun, "Using Metal Detectors in the Public Schools: Some Legal Issues," *Education Law Reporter* 111 (1996): 1.

1985年1月15日，联邦最高法院在新泽西州诉T. L. O.（*New Jersey v. T. L. O.*）一案中公布了有关在公立学校中进行搜查和拘捕行为的判决。[1] 法院判决美国宪法第四修正案适用于校方进行的搜查和拘捕行为，但是适用于执法官员的“可能引起”标准不适用于公立学校官员。相反，对公立学校进行搜查的宪法要求是：搜查必须是合理的。换句话说，学校官员必须有“合理的”理由而不是“可能的”理由来进行搜查。最高法院所判定的搜查的合理性是由一个“双向询问”的标准来决定的，即首先要看搜查行为在开始时是不是正当的，第二则要看实际进行的搜查行为是否与使搜查得以开始的环境合理相关。[2] 最高法院同时判决宪法第四修正案所要求的搜查令要求不适用于校方（即校方不用搜查令就可以进行搜查——译者注）。

T. L. O. 一案设立的标准要求教师和学校管理者以合理的方式进行搜查，要考虑到引起搜查和继续进行搜查的情境。最高法院判决如果校方官员有合理的依据相信学生有进行违法活动的证据，或者有其他扰乱学校纪律和秩序的活动的证据，那么学校可以没有搜查令而进行搜查。[3] 法院指出：在作出该判决的过程中法院维持了学生的隐私权益和同样应该受到保护和维护学校秩序以进行学习的需要之间的平衡。

1995年夏天，最高法院判决公立学校可以对其运动员进行药物测试，而不管他们是否被怀疑使用毒品，维护个人隐私有时候必须让步于对毒品的斗争。[4] 斯卡利亚(Scalia)大法官在六票对三票的多数意见中声称随机的毒品测试并没有侵犯学生运动员的隐私权。最高法院宣称美国宪法允许俄勒冈校区禁止一名拒绝参加毒品测试的青少年参加学校足球队。

一般来说，法院已经判决允许未经学生同意而对其储物柜进行搜查。法院对学校在没有许可证情况下对储物柜进行搜查的情形和对学生本人进行搜查作出了区分，并判决储物柜是学校的财产所以在此对学生的隐私保护可以削弱。虽然学校官员有较大的检查储物柜的权力，但法院并不愿意允许学校管理者在没有合理的依据下怀疑储物柜中有特定的非法物品并因而对储物柜进行搜查。

有些学校已经利用狗来检查在身上或储物柜中、车上夹藏毒品的学生。联邦法院已经一致允许基于学生使用毒品的一般情况来使用狗来嗅查学生的储物柜和汽车。联邦第七巡回上诉法院判决对学生的口袋和钱包进行的搜查是受宪法第四修正案限制的，但是，受过训练的狗的警示则构成了校方相信学生掩藏毒品的合理理由。[5] 然而，联邦第五法院则特别指出只有当学校对学生合理地怀疑其携带违禁品时才可以

---

〔1〕 469 U. S. 325 (1985).
〔2〕 同上，742.
〔3〕 同上，743.
〔4〕 *Veronica School District 47 J v. Acton*, 515 U. S. 646, 115 S. Ct. 2386 (1995).
〔5〕 *Doe v. Renfrow*, 635 F. 2d 582 (7th Cir. 1980), cert. denied, 451 U. S. 1022 (1981).

利用狗来检查学生。[1]

在某个案件中，学校根据从警方那里得来的线索搜查了一个学生的储物柜并发现了一把枪和一把刀，学生随即被拘捕。法院在判决中维护了学校的安全利益。搜查储物柜依然有很多法律问题，但在帕特里克一案中，法院判定了对储物柜的搜查并不是对人身的侵犯。[2]

至于脱衣服检查，因为其对人身的侵犯性，法院要求要有可能的原因和实质性的证据才能进行。一般来说，在决定一项搜查可以允许的限度时，法院要平衡考虑所指控的错误行为的严重性以及被控犯了错误的学生的年龄、性别以及他在学校的记录等因素。[3]

审查：学校和学生

当我们考虑与学校相关的审查问题的时候，很明显但带有讽刺意味的是：我们是在考虑两个问题。一方面，当地民众试图阻止学校管理者和教师在图书馆内拥有某些书籍或者不想让教师在课堂上使用某些教材；另一方面，教师和学校管理者也在试图阻止某些学生报纸或出版物的发行，因为他们不赞成其中的内容。

学校审查

教育的主要问题经常起源于有关课程决定的冲突。学校课程的决定者在一个大范围的社会和文化环境中运作，而这些环境会对他施加许多限制。学校的课程反映了家长们和组织起来的社会团体带给学校的一致压力和利益。

实际上，每一个已经处理过这类案件的法院都承认学校在与教学有关的事务上、在课程安排相关的决定上以及在公立学校所使用课本的选择上都拥有宽泛的自由裁量权。[4] 然而，学校官员的自由裁量权并非完全不受对学生和教师宪法权利的考虑的限制。

学校管理者要处理的反复出现的问题是在课程中不使用某些教材和对学校图书馆的图书进行审查。联邦最高法院在树岛第16联合自由校区教育董事会诉皮科(*Board of Education, Island Trees Union Free School District No. 16 v. Pico*)一案中对校区教育董事会要求对学校图书馆的书进行审查的问题作出了判决。[5] 在这

〔1〕 *Horton v. Goose Creek Independent School District*, 490 F. 2d 524 (5th Cir. 1982), cert. denied, 463 U. S. 1207, 103 S. Ct. 3536 (1983).

〔2〕 *In re*: *D. E. M.*, 727 A. 2d 570 (Pa. Super. 1999); *In re*: *Patrick Y.*, 746 A. 2d. 405 (Md. App. 2000).

〔3〕 参见 Jacqueline Stefkovich, "Strip Searching after Williams: Reactions to the Concern for School Safety?" *Education Law Reporter* (1994): 1107.

〔4〕 *Epperson v. Arkansas*, 393 U. S. 97 (1968).

〔5〕 457 U. S. 853 (1982).

个案件中，学校董事会命令一所中学的校长把九本书从学校图书馆拿走。在以五票对四票微弱优势通过的判决中，布伦南（Brennan）大法官写道：如果把这些书从学校图书馆拿走是基于压制或使他人没法接触到董事会成员不赞同的思想的目的，那么拿走这些书是违宪的。然而，如果拿走这些书是因为这些书的"庸俗"或者"不适用于教育"、"低级趣味"或"与学生的年龄和班级无关或对学生不适合"，那么学校可以把书拿走。[1]

联邦第十一巡回上诉法院则使用在下面将要讨论的最高法院在黑兹尔伍德校区诉库尔莫（*Hazelwood School District v. Kuhlmeier*）一案中的判决（该判决给予学校管理者对学校支持的活动以更多的控制权），从而支持了学校董事会禁止在课程中使用一本人文科学课本的做法。这本课本包含了《莱塞斯坦拉坦》（*Lysistratra*）和《米勒寓言》（*The Miller's Tale*）两文的英文翻译。家长们因为其赤裸裸的性描写而反对使用这些课本。法院认为黑兹尔伍德案"对可能被合理的用来描述课程的表达的法规确立了一个宽松的检查"。如果这些法规与合法教育考虑相关，那么它们是被允许的。[2]

有关公立学校课程的另一个有争议的问题是，有人声称对课本和其他教材的使用促进了世俗人文主义而侵犯了宗教信仰和价值。田纳西州一所联邦地区法院命令几个孩子可以不参加一门阅读课程，因为他们的父母利用宗教的理由反对使用霍尔特、莱纳哈特和温斯顿（Holt, Rinehart & Winston）的基本阅读教程，联邦第六巡回上诉法院撤销了这一判决。[3] 第六巡回上诉法院判决：依据宪法第一修正案规定，仅仅接触某些宗教上令人反感的材料并不构成学生的不符合宪法要求的负担，并未侵犯第一修正案。在联邦第十一巡回上诉法院的一个案件中，某些父母声称阿拉巴马州公立学校一处校区使用的历史、社会和家庭经济学课本违反了宪法第一修正案，因为其促进了"世俗人文主义宗教"。[4] 一审法院判定世俗人文主义是一种宗教，因此，阿拉巴马州同意使用的44本课本违反了宪法第一修正案。上诉法院推翻了一审法院的判决，并判决被禁止使用的课本都有非宗教的目的，并没有赞成世俗人文主义或任何宗教。上诉法院同意了公立学校的看法，即这些课本促进了诸如独立思考、自尊自重、宽容忍让和依靠自己等这样一些价值。

备受关注的一种顾虑：即在初等教育中可能会因为学生年龄太小而违反宪法第一修正案（即学生年龄太小无法拒绝世俗教育，而接受世俗教育观念导致学生拒绝宗教观念——译者注），这种顾虑在很大程度上由于学校董事会在公立学校课程选择上

---

〔1〕 同上。
〔2〕 *Virgil v. School Board of Columbia County, Florida*, 862 F. 2d 1517, 1521 (11th Cir. 1989).
〔3〕 *Mozert v. Hawkins County Board of Education*, 827 F. 2d 1058, 1072 - 1073 (6th Cir. 1987), cert. denied, 484 U. S. 1066 (1988).
〔4〕 *Smith v. Board of School Commissioners of Mobile County*, 827 F. 2d 684 (11th Cir. 1987).

拥有的宽泛的自由裁量权而抵消。有鉴于此，联邦第七巡回上诉法院判决一个有争议的学校阅读课程合法，虽然该阅读课程使用含有巫师、小精灵、幻境和神话的课本教授与基督教信条相反的观念，但该课程促进了合法的世俗文学目的和创造性。[1] 法院判决在使用这样的阅读课程时，学校并没有去促进一种一贯的、明确的宗教。至少原告所声称的违反了宪法第一修正案的"宗教"在此太过于笼统而不值得认真考虑。

作为负责任的公民的学生：言论自由和出版自由

美国人民自由的里程碑是美国宪法第一修正案。第一修正案宣布："国会不得制定关于下列事项的法律：确立国教或禁止信教自由；剥夺言论自由或出版自由；或剥夺人民和平集会与向政府请愿申冤的权利。"

对于学校管理者来说，主要的问题是如何确定受到宪法第一修正案保护的学生的言论自由的界限。在多大程度上学校被允许对学生的表达自由加以限制。在20世纪70年代之前，实际上学校当局通过"如同父母"的普通法原则对学生有着不受限制的控制权。学校对学生表达自由限制的特权在起里程碑作用的廷克诉德斯·莫尼斯独立社区校区（*Tinker v. Des Moines Independent Community School District*）一案中被联邦最高法院改变了。[2] 这份在以后类似的学生自由表达案件中经常被引用的判决书中，福塔斯（Fortas）大法官抓住了将会指导学生表达自由法律理论将近二十年的哲学："在应用于学校环境时，第一修正案的权利同样适用于教师和学生。很难认为学生或者教师的言论自由或表达自由的权利在学校门口会蜕变。"[3]

在廷克一案中，最高法院考虑了中学生是否有权在学校戴上黑袖章来表达他们对越南战争的抗议。在撤销了学校对戴黑袖章的学生的停学处分时，最高法院判决：除非校方能有证据证明已存在的事实可以合理地导致学校预计学校的活动将有可能受到实际的或实质的干扰，或者校方能够证明该活动的存在事实上或实质上扰乱了学校秩序，否则校方将不得限制学生实行其言论自由的权利。最高法院也判决：如果学生的言论自由与其他人的权利相冲突，学生的言论表达自由可以受到限制。[4] 最高法院强调：不能仅仅为了避免出现令人不快的场面而对可能会在教师和学生中引起不快的、不受欢迎的观点加以限制。

然而，20世纪80年代后期，联邦最高法院的判决则表明联邦最高法院愿意赋予教育者对学生更多的控制权并倾向于不再强调学生的自由表达权。最高法院认为尽管学生在教育环境中被赋予了第一修正案的诸项权利保护，但这种保护并非与成人具有同样的范围。法院在贝瑟尔校区诉弗雷泽（*Bethel School District v. Fraser*）一案

---

〔1〕 *Fleischfresser v. Directors of School District 200*，15 F. 2d 680 (7th Cir. 1994).
〔2〕 393 U. S. 503 (1969).
〔3〕 同上，736. 3.
〔4〕 同上，740.

的判决中解释道：公立学校有责任“把培养文明的习惯和礼仪作为其价值本身”以及去传播“一个文明社会的共同价值”。[1] 法院判决学校当局可以决定在教室里或学校集会上使用什么样的说话方式是不恰当的。在学校支持的教育活动中，粗俗和冒犯他人的言论可以受到惩罚和禁止。

宪法第一修正案对学生报纸的保护程度，以及校方可以相应地对学生出版物控制的限度问题已经成为了很多诉讼的主题。联邦最高法院在起里程碑作用的黑兹尔伍德校区诉库尔莫一案中消除了有关学生出版物在宪法权利上诸多不确定的问题。[2] 最高法院授予学校管理者对课程出版物广泛的编辑控制权，因而实际上限制了学生在学校支持的出版物中的出版自由。最高法院判决学校当局可以在学校支持的表达性活动中对学生言论的形式和内容加以控制，只要学校的行为与合法的教育目标合理相关。[3]

然而联邦最高法院在黑兹尔伍德一案中的判决并没有允许学校管理者对不是由学校支持的学生出版物，诸如非官方的地下报纸进行审查。廷克原则可以适用于地下报纸。因此，要对学生分发的地下报纸实施惩罚，学校官员必须证明这种报纸确实扰乱了学校的活动。[4]

在是否允许学校官员对其允许的非校方赞助的报纸的分发设定条件的问题上，联邦法院意见不一。学校当局可以合理规定非校方赞助的学生出版物分发的时间、地点和方式等。当然，学校管理者可以对在学校里出版和散发淫秽、诽谤材料的学生确立规章制度并加以处理。

其他有关学生的第一宪法修正案权利的法律责任

着装和个人形象

有关学生的着装和个人形象规定的争论已经持续了很长时间，有时真是让人厌烦。尽管在20世纪90年代对这个问题的争论已经不像在此之前的30年间那么激烈了，但还是有很多案例在法院出现或见诸报端，引起了读者的兴趣并且给新上任的校长提了个醒，因为很不幸的是，在许多这样的案例中，学校管理者被看做是武断和反动的。

一般说来，法院支持学校关于着装的规定，这些规定禁止不庄重的或者过紧的裙子和裤子，以及任何会影响学校发挥教育功能的着装。除此之外，肮脏、包含粗话的和

---

〔1〕 478 U.S. 675 (1986).
〔2〕 484 U.S. 260 (1988).
〔3〕 同上.
〔4〕 参见 *Bystrom v. Fridley High School*, 822 F. 2d 747 (8th Cir. 1986).

影响教育过程的着装也有可能被禁止。一般来说，对着装的规定和对头发的规定一样不需要什么理由。但是着装规定必须与日常的学校工作有一定合理的关系。

要赢得此类官司，关键在于学校要证明此类着装引起了混乱。如果考虑到学校里几乎没有暴力的历史和从未因为着装或旗帜而引起混乱的话，穿着一件印着南方联盟(美国内战中脱离联邦政府的11个州所组成的叛乱政府——译者注)旗帜的T恤衫，或者悄悄地对一个正在讨论美国内战的群体展示一面南方联盟旗帜被认为不会引起混乱。[1] 但是文身就有问题，特别是当文身被视做与帮团相关的符号时。在一个案件中，一个学生的拇指和食指之间有一个十字架文身，学校因为没法证明这样的文身与帮团有关而且会引起混乱而输了官司。[2]

一个州上诉法院则维持了一条学校团体禁止男孩戴耳环去学校的规定的合法性，并判决该规定与社区价值标准相一致并且有助于教育目标的实现。[3] 该上诉法院认为着装规定是改进学生对学校态度的一个因素，并且这种学生态度的改进会促使学校出勤率的上升、辍学率的下降和学生成绩的提高。该判决表明在宪法框架内，应当允许社区学校反映其所在社区的价值观，这是合理的，而且通过合理的、一致遵循的着装规定来灌输纪律观念和创造一个积极的教育环境，这是一种有效的教育功能。法院也维持了为扼制帮团行动而制定的着装规定的合法性。[4]

联邦巡回法院对学生选择他的发型的宪法权利的意见出现了分歧。五个巡回法院维持了关于限制头发长度的法规的合法性，四个巡回法院则表示反对。那些持反对意见的法院所使用的典型的法律推理是阿诺德诉卡彭特(*Arnold v. Carpenter*)一案中的一段："以任何长度和任何想要的方式处理头发的权利是受到美国宪法保护的个人权利的一个组成部分。"为了限制或者削弱此项权利，州必须承担"合理性证明的重要责任"。[5] 而联邦最高法院迄今未对公立学校学生的发型发表意见。

向国旗致敬和忠诚宣誓

1943年6月14日，是向美国国旗致敬的一天——美国国旗日，联邦最高法院作出判决：州政府不得强制要求依据义务教育法而接受教育的学生向国旗致敬和参加忠诚宣誓。在这个具有里程碑意义的西弗吉尼亚州教育委员会诉巴尼特(*West Virginia State Board of Education v. Barnette*)一案中，联邦最高法院判决：要求向国旗致敬的法律侵犯了美国宪法第一修正案所保护的言论自由。[6]

---

[1] *Denno v. School Board of Volusia County*, 182 F. 3d 780 (11th Cir. 1999).
[2] *Stevenson v. Davenport Community School District*, 110 F. 3d 1303 (8th Cir. 1997).
[3] *Hines v. Caston School Corp.*, 651 N. E. 2d 330 (Ind. App. 1995).
[4] 参见 *Jeglin v. San Jacinto Unified School District*, 827 F. Supp. 1459 (Cal. 1993).
[5] 459 F. 2d 939, 941 (1972).
[6] 319 U. S. 624 (1943).

自从巴尼特一案以后，法院已经作出一系列的判决要求不能强迫学生参加忠诚宣誓活动。然而，联邦第七巡回上诉法院则判决一部要求每天背诵忠诚誓言的法律合宪。该法院认为这部法律并没有强迫每一个学生起立并背诵誓言。[1]

已婚学生和怀孕

早些年一个经常引起诉讼纠纷的问题是学校因为学生结婚或者怀孕而将其开除或者拒绝给其颁发文凭。尽管很明显有些人希望处罚这些"越轨"的女孩子（就像霍桑的小说《红字》里的海斯特·普林那样），法院的判决和立法已经促使学校重新考虑它们对已婚学生和怀孕学生的态度、政策和做法。

法院已经判决学校不能阻止已婚学生上学或者参加校内体育活动和其他与学校有关的活动。如果非要阻止，法院认为学校必须证明其限制行为是为了普遍的利益。一个州的地方上诉法院判决一个校区的运动员协会禁止已婚的高年级学生参加运动和其他课外活动的规定侵犯了受到美国宪法第十四修正案保护的平等权。[2] 然而，其他法院已经作出判决允许已婚学生可以自主选择是否免除强制参加的法律义务。[3]

和过去相比，学校管理者对怀孕的学生有更少的法规控制。经补充而完善了的1972年教育修正案第九项禁止学校开除怀孕或者流产的学生。对怀孕学生实行分校或特殊教育计划是被允许的，但学生的参加必须是自愿的。[4]

体育中的性别歧视和学校间运动竞技

1972年教育修正案第九项规定任何人不得因为其性别而被排除于、被拒绝参加受到联邦财政援助的教育项目或者活动，或者在其中遭到歧视。[5] 第九项大体上禁止仅仅因为性别或者对男孩和女孩分别提供不同的课程而将一位男生或女生排除在外。性教育课可以分开教授，体育指导教师可以根据学生的身体状况进行分类；在身体接触的运动中可以分男性和女性参加。[6]

关于校间体育运动参与的问题，教育修正案第九项允许分别建立不同的队伍，只要队伍的选拔是基于竞技技能或者由于该运动是一项有身体接触的运动。但是法院普遍认为，如果学校只能支持一支队伍，那么有身体接触的运动也必须对两性开

---

[1] *Sherman v. Community Consolidated School District*, 8 F. 3d 1160 (7th Cir. 1993).
[2] *Indiana High School Athletic Association v. Raillce*, 329 N. E. 2d 66 (Ind. App. 1975).
[3] 如参见 *In re Rogers*, 234 N. Y. S. 2d 172 (1962).
[4] 20 U. S. C. § 1681.
[5] 同上.
[6] 34 C. F. R. Part 106.

放。[1] 法院已经作出判决：当有一支旗鼓相当的女子队伍时，要求参加男子队伍选拔的女生的请求可以被合乎宪法地加以拒绝。[2] 然而，联邦第九巡回上诉法院则判决一条禁止男孩参加女子排球队的规定并没有否认男孩的平等宪法保护权，因而是合法的，即使并不存在单独的男子排球队。[3]

关于两性都参加的有身体接触的运动，法院对于女孩是否有权参加男队有不同的意见。不过，在竞技性接触运动中女孩子有权参加男队的选拔这一点上，女孩子们获得实质性的胜利。[4]

能力测试

立法机关和州政府教育部门已经强调了学校在表明学生学业进步方面的可靠性。学校采用了各种标准，许多州使用了为毕业而进行的高风险测试（为获得毕业资格而举行的学习测试，有一定难度，并不是每一个学生都能通过，因而有风险测试之名），这使得压力不断地考验着每一个从三年级到八年级的孩子以使他们展示他们在教育上的进步。

这些测试计划中的相当一部分已经受到了法律的置疑。合法置疑能力测试的理由有很多。其中一个法律置疑是基于测试所使用的工具产生了种族歧视的后果的证据，而这些种族歧视后果将会引发宪法第十四修正案的平等保护条款的实施。学校想要证明这些测试有效并与课程相关是很困难的。[5] 换句话说，问题变成了最低限度的能力测试是否准确地反映了学生们在学校里被教授的东西。

因为能力测试的结果而拒绝给学生颁发文凭的问题在一个著名的加利福尼亚州的案件中被提了出来。在黛布拉·P. 诉图林顿（*Debra P. v. Turlington*）一案中原告置疑用能力测试来决定是否颁发高中毕业文凭的做法。[6] 联邦第五巡回上诉法院认为州政府侵犯了学生应有的诉讼程序权利，因为州政府对于成功的完成能力测试是获得高中文凭的一个条件仅仅在学生毕业前一年才通知他们。联邦巡回法院还要求州政府对其所采用的测试提供"课程有效性"证明（也就是说能力测试要涵盖学生在学校里实际被教授的东西）。联邦巡回法院将案件发回初审法院以检测该测试的教育有效性，并检查这种能力测试违反联邦宪法平等保护条款的可能性，因为在这次测试中有不合乎寻常数目的非洲裔学生未能通过测试。但是联邦地区法院则发现这种能力

---

〔1〕 参见 *O'Connor v. Board of Education*, 645 F. 2d. 578 (7th Cir. 1981).

〔2〕 *Ruman v. Eskew*, 333 N. E. 2d 138 (Ind. App. 1975).

〔3〕 *Clark v. Arizona Interscholastic Association*, 886 F. 2d 1191 (9th Cir. 1989).

〔4〕 如参见 *Stephanie v. Nebraska School Activities Association*, 684 F. Supp. 626 (D. Neb. 1988); *Force v. Pierre City School District*, 570 F. Supp. 1020 (W. D. Mo. 1983); *Yellow Springs v. Ohio Athletic Association*, 647 F. 2d 651 (6th Cir. 1981).

〔5〕 *Debra P. v. Turlington*, 644 F. 2d 397 (5th Cir. 1981).

〔6〕 同上.

测试有课程有效性，并得出结论说并不存在某种权利上的种族歧视造成许多黑人学生未能通过测试。联邦特殊教育计划办公室已经对许多关于能力测试和残疾的学生的申诉作出了回应。它指出建立有效的获得高中文凭的标准是州政府的一项职能。在关于这件事的一个备忘录中，联邦特殊教育计划办公室声明：

> 由州政府来设立获得高中文凭的标准，包括采用有效的测试方式，这是合适的。一个达到了由州政府设立的获得高中文凭标准的学生不能因为他的残疾而被拒绝获得文凭。为了确保有残疾的学生不受歧视，联邦法律要求各州政府对于因其残疾而要求特殊设施的学生提供合适的测试方式，诸如延长时间或者采用其他形式的测试。[1]

残疾学生的权利

两部联邦法律《障碍个体教育法》(IDEA，以前则被称做《残疾儿童教育法》)和1973年的《职业恢复法》(EAHCA)第504章共同构成了残疾儿童广泛的实体性权利和程序性权利的基础，这两部联邦法律赋予残疾儿童享受免费的、适当的公共教育的权利。[2] 1973年《职业恢复法》第504章是一个普遍性的反歧视法律(它并不给学校提供公共资金)，并且应当被看做是《障碍个体教育法》的重复和补充。

《障碍个体教育法》要求所有3～21岁之间需要特殊教育的残疾儿童都应当被确认、确定和评估。该法要求应当对残疾儿童在最少限制的环境中提供教育。该法同时还要求他们的教育应当是个体化和适当的。联邦最高法院则把法案所要求的适当的教育定义为：为残疾儿童提供一个基本的机会平台，这个机会平台是由特殊的教育计划和专门为残疾学生而设计以为其提供所需要的个体化教育的相关服务构成的。[3]

《残疾儿童教育法》所要求的完整的程序性权利、规则和要求支持了残疾儿童获得免费的、适当的公共教育这种主要的正当程序权利。正当程序权利的核心是告知和举行听证会的权利。《残疾儿童教育法》要求学校：(1) 在提出或者改变儿童的身份、评价或者安置以及提供适当的公共教育时；(2) 在拒绝提出或者改变儿童的身份、评价或安置以及为之提供适当教育时都必须给予书面通知。[4]《障碍个体教育法》的一个根本的主题是：父母应当涉及有关对他们孩子的教育安排并以此作为保护儿童权利的一种手段。

---

[1] Letter to Anonymous, 25 IDELR 623, 633 (OSEP 1996).
[2] IDEA, 20 U.S.C. §§ 1400 et seq.; Section 504, 29 U.S.C. § 794.
[3] *Board of Education of Hendrick Hudson School District v. Rowley*, 458 U.S. 176 (1982).
[4] 20 U.S.C. § 1415(b) (1) (c).

听证会可以经由校区或父母一方的申请而召开，必须在父母方便的时间和地点以及在公正的听证官员主持下进行。[1] 依据《残疾儿童教育法》，在任何行政或者司法程序进行期间，除非学校和父母另外同意，儿童应维持其现在教育安置状况。[2]

与特殊教育有关的、争论得最多的一个的问题是纪律问题。教育者在对残疾儿童进行长期停学或者开除处分之前，必须确定在残疾儿童所犯的错误行为与其残疾之间是否存在着因果关系。[3] 只有当残疾儿童所犯的错误行为与其残疾无关时才有可能会被开除。但是，依据 1997 年《残疾儿童教育法》的修正案，完全终止对残疾儿童的教育服务则是不允许的。[4]

联邦最高法院认为依据《残疾儿童教育法》，对残疾儿童处以超过十天的停学处分就构成了对残疾儿童的安置状况的改变。在开除程序进行期间，学生的现有教育安置状况不得加以改变(家长同意改变的除外)。[5] 不过，如果儿童携带武器进入学校或参加学校集会，或者儿童拥有、使用或者销售违禁药品，那么校方可以勒令其到另外一个合适的教育环境中，但不超过 45 天。[6]

许多讨论已经聚集到“包容”的教育观念上，从逻辑上来说，也就是《残疾儿童教育法》所要求的限制最少的环境。《残疾儿童教育法》要求校区给残疾儿童提供在最少限制环境中的适当的教育，这也就意味着只要有可能就用“正常的”教室。

七个美国联邦上诉法院的判决已经表明了残疾儿童教育法所涉及的最少限制环境的含义。第一、第二、第三、第五、第六、第九和第十一巡回法院已经对“包容”案件作出了判决，每个法院都有了自己的方法和标准来决定什么是最少限制环境。不过，从这些案件中可以收集到一些共同的因素和主题。法院在分析“包容”案件时，考虑了以下四个因素：(1) 在普通教室里进行全日制安排的教育的好处；(2) 非学术需要在普通教育安排中被满足的程度；(3) 学生对教师和其他教室里的学生的影响；(4) 在普通教室里教育孩子的费用。[7]

最后，全球范围内的艾滋病问题已经影响了学校。好几个案子涉及了公立学校里的艾滋病病毒感染者和艾滋病患者。司法部门已经大体判决如果携带艾滋病病毒的学生上学不对学校社区构成安全威胁，他们必须被容许到公立学校上学。[8]

---

[1] 20 U.S.C. § 1415(b) (1).
[2] 20 U.S.C. § 1415(e) (3).
[3] 参见 *Stuart v. Nappi*, 443 F. Supp. 1235 (D. Conn. 1978); *Doe v. Koger*, 480 F. Supp. 225 (D. C. Ind. 1979).
[4] 参见 *S-1 v. Turlington*, 635 F. 2d 342 (5th Cir.), cert. denied, 454 U. S. 1230 (1981).
[5] *Honig v. Doe*, 484 U. S. 305 (1988).
[6] 20 U.S.C. § 1400, Section 615 (k) (2) (a).
[7] 参见 *Sacramento City Unified School District v. Rachel H.*, 14 F. 3d 1398 (9th Cir. 1994); *Oberti v. Board of Education*, 995 F. 2d 1204 (3d Cir. 1993).
[8] 参见 *Doe v. Bolton*, 694 F. Supp. 440 (N. D. Ill. 1988); *School Board of Nassau County v. Arline*, 480 U. S. 273(1987).

小结

法律、学校命令、学校政策、法院及它们的解释是每一个校长可以依赖的权威来源。当然，法律不可能对每一个可能的环境作出明确的规定；因此，校长必须拥有广泛的默示权力，并对立法明示的权力加以合理的利用。因为缺乏明确性，默示权力是引起许多诉讼的根源，但是默示权力允许人们可以合理期望那些为了实施法律的文字和精神必须的执行活动。另一方面，对于有活力的和富于想象的管理者，默示权力允许进步、发展和实验。明示权力则是在立法授权的活动中明确列举出来的权力。

当然，考虑到我们民主社会的目标，其中每个人的价值和权利都是至高无上的，而孩子们则要在其中学会成为敏感的、有创造力的公民，不能不赞同学校应该成为一个模范民主机构的哲学。考虑到对学校中管理孩子的行为进行的诉讼，学校看起来是一个限制人的地方。很多对学生权利压制的行为往往打着维护学校适当的秩序和学校运作需要的幌子来进行。有太多的学校当局认为除非孩子们承认教师是主人、教师的权威是至高无上的，否则学校的纪律就会崩溃。统一而非个性化是当今许多学校的主要秩序。

我们经常认为法院是我们社会的保守而稳定的要素。然而，服从有关对我们法律的解释所发生的变化就是服从法律对人们基本权利的维护的变化，因为这些法律与每个人的权利有关，并且得到了联邦宪法和州宪法的保障。然而，这些同样的案件引起了对学校的影响的关注，因为学校似乎在对个人的进行公正管理方面落后了。没有任何案件起诉学校在维护个人权利方面做得太多了，情况总是相反。一个又一个的案件表明了学校在压制不受欢迎的少数观点上是很独断的。当人们承认大多数经历过这种压制的学生和家长从没有起诉时，这成了一个更令人担忧的问题。他们沉默仅仅是因为学校广泛的权力对他们的生活有着很大的影响。幸运的是，这些案子仅仅是少数。

思考题

1. 在法律观点和教育观点之间有明确区别吗？请说明。

2. 这种说法正确吗，每一个管理行为都必须在一个确定的法律框架内进行？请举例。

3. 为什么开始是在默示权力授权下进行的行为变成了明示的权力和法律？

4. 小学和中学校长应当怎样参与影响教育的法律的发展？

5. 讨论：学校在维护个人权利方面普遍落后。

6. 阅读你所在的州在过去两年内通过的教育立法的总结。这些立法对学校课程有什么影响？对教学人员和学校服务有什么影响？

7. 你认为在学生有可能涉及违法的案件中，校长和法律官员协调工作的最好的办法是什么。可以采取什么样的预防措施?

8. 要一位校长完全考虑学校活动的法律含义可能吗? 请讨论。

9. 讨论：在一个极为多样化的社区，校长应该站在“消极行动者”这一边而不是冒险去执行可能会引起争议的行动。

10. 阅读你所在的州过去五年中处理的有关“教育”和“学校”的案例。哪个领域看起来是大多数诉讼的主题?

推荐读物

1. Alexander, Kern, and David M. Alexander. *American Public School Law*, 3d ed. St. Paul, MN: West, 1992.

2. Delon, Floyd G. *Legal Issues in Dismissal of Teachers for Personal Conduct*. Topeka, KS: National Organization of Legal Problems of Education, 1983.

3. *Deskbook Encyclopedia of American School Law*. Burnsville, MN: Oakstone Legal and Publishing, 2000.

4. Hunt, Thomas, "Moral Education and Public Schools: A Tale of Tempest." *Religion and Public Education* 13 (Spring 1986): 25 - 36.

5. Hyman, Irwin A. *Reading, Writing and the Hickory Stick*. Lexington, MA: Lexington Books, 1990.

6. Imber, Michael, and Gary Thompson. "Developing a Typology of Litigation in Education and Determining the Frequency of Each Category." *Educational Administration Quarterly 27* (1991): 225 - 244.

7. Keeton, Page, Daniel Dobbs, Robert Keeton, and David Owen. *Prosser and Keeton on Torts*, 5th ed. St. Paul, MN: West, 1984.

8. Valente, William D., and Christine M. Valente. *Law in the Schools*, 5th ed. Upper Saddle River, NJ: Merrill/ Prentice Hall, 2001.

9. Yell, Mitchell L. *The Law and Special Education*. Upper Saddle River, NJ: Merrill/Prentice Hall, 1998.

第二部分

改进学习

本书介绍的重点内容之一即在于如何有效地改进学生的学习。在现实中,我们往往忽略了这样一个最为简单、也是最为重要的原则——学生的学习是学校所有活动的根本出发点,也是学校之所以存在的至高目标。因此,所有相关的教学、课程、后勤、设备、组织以及管理都必须作为达成这一目标的手段和途径,而绝不是终极目的。

社会不断呼吁校长的职责必须紧紧围绕着学生的学习,这是强调校长必须牢牢把握自己作为教育领导者的角色。学校的人员构成极为丰富,学校是服务于社会的一个宽广的社会机构,而不仅仅是上课铃响之后在学校围墙内的那几个小时。我们不应当将学习的范畴局限于教学楼内的课堂时间。假使我们有如此之局限,那将极大地限制与学校相关的潜在学习功能。因此,如果我们将学习视为延续的过程,同时将这一过程拓展至学校内外,能够将校长原本活跃的教育领导力从学校围墙之内释放出来,也能够对学校内的学习过程产生积极的影响。

第八章 校长的主要职责

作为一个校长，他主要职责应该是在学校中执行领导力，这种领导力的最终目的在于：让学生取得良好的学习效果，同时提升在学校中工作和学习的每一个人的生活质量。每一个校长都应当将这些任务置于首位。诚然，让学生取得良好的学习效果并非易事，即便在最佳的环境下也是如此，若在那些备受贫困困扰的社区，由于资金的匮乏，要完成这一任务更是困难重重。

多年来，我们对于校长的期望值一直在攀升，现在已经有些"漫无边际"了：校长需要富有远见地领导学校；管理学校的运作；处理学校的日常事务；扮演社会活动家的角色；以及承担永无止境的义务。[1] 由于任务的繁杂，校长们很容易就会失去判断力而变得手足无措。

因此，每一位在位的校长都有必要对自己的角色进行清晰的定位。拉瑟福德(Rutherford)指出：有接近 22%的校长充当的是"催化剂"——即他们所做的事情就是让一切该做的事情处理妥当。[2] 剩下 78%的校长或者是职业经理(33%)，或者是"响应器"(45%)。按照拉瑟福德的解释，"响应器"担负这样的职责：他们需要认定什么情况下哪些事情是应该做的，并对此类行动进行限制；同时他们需要认定什么情况下哪些事情是不应该做的，并作出相应的解释。如果要完成我们在本章第一段中所列举的任务，那么这样的校长就应当是一个"响应器"——一种协作的、支持性的、富有远见的领导。因此，如我们所见，仅仅遵循上级的意愿制定行动的方向、只看到环境中的约束而非机遇、将提升学校水准的职责推卸给他人，这样的行为绝对是对校长角色的离弃。

一个校长还应当是这样一个角色：他为学校描绘出一种具有生命力的前景；帮助学校的教职工持续不断成长；让每一个人清楚卓越的标准在何处，并不断地修正这一标准；为每一个人提供处理各种事物的方式方法；全身心地投入到改善学校教学质量中去；同时组织好学校管理的每一个细节。如果

〔1〕 Michael A. Copland, "The Myth of the Superprincipal", *Phi Delta Kappan* 82(March 2001): 530.

〔2〕 William L. Rutherford, "The Principal Spectrum Runs from Initiators to Responders", *Executive Educator* 12(May 1990): 22.

出现任何阻碍上面这些任务正常执行的因素，这就需要校长作出相应的应对措施了。

通常校长还会被借调用于重构教学资源，因此校长还能回归作为首席教师的角色。但这并非意味着，在完成了本职工作之余，校长们还必须在日常工作中承担教学任务的职责。相反，如何提升教与学的质量才是校长的核心职责。在美国一些社区的学校，校长通常有几个办公室，因为他们同时承担了教学和学校领导的职责。当然这种情况必须控制在一定范围之内，否则校长的工作将会陷入烦琐的日常事务，他们也再难有足够的时间来推动教学水准的提升。

对于不同的校长而言，改善教学质量通常意味着许多不同的内容。有一些校长愿意将工作的大部分时间花费到预算和采购上，对于他们而言，改善教学质量就意味着建立流畅的财务管理流程，使学校拥有完备的经费、供给和设备，同时提供给教师所需的资源用以提高课程质量。对于那些已经达到危机处理专家层次的校长，以及希望能做到这个层次的校长，改善教学质量就意味着将主要的工作时间用于保障教师避免遭遇外部的阻碍，让教师的时间都投入到课堂中，从而得以改善学生的学习效果。对于任何一个教育机构而言，这样的校长都是有效的。然而，这是否意味着我们要求校长更多地直接参与到学生的学习活动中去，以促进教学质量的提高呢？

毫无疑问，校长的管理工作中的大部分都是组织和经营性的，如一些细节性、重复的甚至是乏味的程序。然而这些看似平凡的工作并非一点都不重要，因为正是有效地完成了这些工作，校长在管理上的威信才得以建立。我们试想一下，如果一所学校的财务系统毫无章法，如果没有人为教师们提供教学之外的技术和生产性支持，如果没有人去关心教学楼的维护和安全状况，那么即使校长的领导工作做得再怎么出色，都将是一无是处。如果一个校长的领导力消失了，那么一开始肯定是他在管理上的威信出现了危机。如果我们希望所有的教学活动都能不断创新，那么有效的资源支持是必不可少的。倘若这种资源支持仅仅是停留在计划之上，不管它是多么的深思熟虑，实际资源的缺乏也将成为教学活动的阻碍，或者至少成为如期计划的工作无法有序推进的借口。现在我们要讨论的问题并不在于我们是不是应该认真关注校长的此类管理职责，真正的问题在于，如果一个校长希望真正发挥他的领导力，那么他是否应该将完成此类管理工作视为自己的首要职责？在调查了美国家长中具有影响力的群体后，我们发现这些家长对上面这个问题的回答是“不”。

美国各地的家庭教师协会（PTA）主席、各州的家长与教师委员会成员以及美国各地的家长理事会主席挑选出如下的一系列职能作为校长的首要职责：

1. 推动教学技术和教学方法的改进。
2. 确保学校的课程设置符合学生的学习需要。
3. 引导教师激发学生的学习动机以达到他们的最佳学业水平。

4. 为教师提供开设个性化课程的机会。

5. 指导教师为每一年级协调制定连贯的教学进度。

重要性最低的职能则列举如下：

1. 处理学校与社区之间的事务。

2. 排设学校的后勤计划。

3. 制定学校的日程活动计划。

4. 保持学校的学业指标记录。

5. 完成上级管理机构指派的其他管理职责。[1]

从上面的结果我们似乎可以看出，站在家长的立场，他们提倡和认可的是，校长应该首先关注教学的改进而非管理上的细节。

有效地利用时间

时间管理

对校长工作的人类学研究希望能揭示校长如何利用他们的时间。一些批评家已经指出，研究校长如何利用时间并能建立其中的因果关系，也不能描述解释其中的效率差异。然而，确实有一些研究为我们提供了参照的基础；我们可以理清其中的一些概要性问题；在此基础上我们就可以知道校长如何在各类任务中利用时间设计进一步的研究方案。

莫里斯(Morris)和他的同事记录了本地 16 位校长的工作与生活。[2] 他们指出每一个校长的日常工作由 50～100 个独立的事件构成，这其中包括最多 400 次的沟通。在这些工作中，80%的时间是用于与学校的教职员工、学生以及其他人面对面的交流；8%的时间在打电话；剩余 12%的时间在处理公务。有趣的是，这些沟通与交流有 66%是由校长自己发起的。其中 75%的沟通不在日程之中。与之相比，商务人士花在日程外的沟通之上的时间仅仅为其工作时间的 10%。

在费城进行的一项研究中，莱文(Levin)指出："校长们把他们 80%的时间用来做两件事情：纪律和命令。"[3]在这样一种环境中，校长们对于课堂上所发生的一切无所作为也就不足为奇了。当然这并不是说我们的校长们工作不努力；这仅仅表明校长们的时间都花在了甚少产出的活动，甚至阻碍产出的活动上了。麦基和拉尔斯顿(MacKay & Ralston)尖锐地警告说："不要为做了那些毫无价值的事情而沾沾

---

[1] 该研究由印第安纳州家长与教师委员会提供资助。

[2] Van Cleve Morris, Robert L. Crowson, Emanuel Hurwiz Jr., and Cynthia Porter-Gehrie, *The Urban Principal: Discretionary Decision-Making in a Large Educational Organization* (Chicago: University of Illinois Press, 1981).

[3] Ron Brandt, "On Building Learning Communities: A Conversation with Hank Levin," *Educational Leadership* 50 (September 1992): 20.

自喜。"[1]

若要使校长们的时间安排与其作为教育领导者的行为相称，必须作出一定的改进。首要的一步应该是"按优先次序制定工作计划表"。怎样让时间用于发挥教育领导的作用？应该花更多的时间来管理学生食堂？或者用来设计课外活动？或者用来听课？或者用来指导教师的教学？或者用来规划学校的宏伟蓝图？或者用来探索用于持续改进教学质量的新技术和新方法？

第二步是简要地"记录时间是如何花费的"。日志可以根据需要划分成为任意长短的时间段，但是时间段的长度必须足以使校长们能够分清独立的行为。通常日志中的一个小时或者半个小时都显得太长，因为在这段时间中校长们或许有过太多的活动，从而导致记录的遗漏和错误。通常 15 分钟是比较合适的。在改进之初，详细地记录一周的日志通常已经能够达到效果。

日志中所做的记录应该包括行为的性质、行为涉及的人物以及行为的最终结果。最后一项对于鉴别那些无疾而终和漫无目的的事情最为有用。之后就可以将工作优先次序表与工作日志进行比较。若两者有冲突之处，则需要对此进行清算。

突发事件会打乱校长的工作部署吗？这些突发事件会集中发生在一两个领域内，比如某个特定的学科或者特定的年级吗？或者这些突发事件总是和那么几个人脱不开干系吗？是不是校长还在做那些原本是办公室秘书所负责的事情，而这些事情本来秘书们是可以做得更好的？是不是这些突发事件还可以由其他人来处理或者另择他日？是不是校长还在妨碍其他人的工作，而这些人的工作本来可以把校长的时间解放出来？校长们有多少行为都是无疾而终的？又有多少行为是重复性的(每天或每周)？校长们能不能把这些重复性的工作交给其他人做，而事情也能做得完美无缺？想象一下一个校长每天花上一个小时时间来管理学校食堂，而一所学校的工作日每年有 180 天；幸好校董会未必能意识到他们聘请了一个校长每年花上四周半的时间来管理学校食堂(按一周 40 小时工作日计算)。事实上，我们怀疑很少能有校长意识到他们的时间都是这样浪费掉的。

若我们能消除掉那些低效的文件归档系统、乏善可陈的软件和硬件设施、总是响个不停的电话铃以及办公室里烦琐而无效的工作流程，或许能提高校长们的工作效率。而其他一些浪费时间的因素，比如人际关系紧张的工作氛围、教师们人心思动，以及繁重的工作压力，则很难消除。更难解决的一个问题在于，当发生计划中很难避免的突发事件时，我们需要校长办公室能作出迅速反应，或者召开紧急会议进行应对，尤其是在此种情况下校长办公室能在校长缺席，或者至少是某些校长缺席时，妥善地处理好紧急情况。若我们能花费时间来解决这几点问题，长此以往必将收到丰厚的回报。

---

[1] Louise L. MacKay and Elizabeth Welch Ralston, *Creating Better Schools: What Authentic Principals Do* (Thousand Oaks, CA: Corwin Press, 1999): 81.

校长们可以用各种方法来节约时间，如将相似的事情集中处理；一次性解决问题；或者暂时回避无足轻重或无需即时反应的信息。显然，校长们必须有个高效率的秘书。

同样，节约出来的时间可以用以处理那些重要的事情。按照下面我们给出的一些建议，校长们的时间必须用于学校的培训、教育和发展功能，以及让合适的人选高效率地处理相应的事务。

作为手段而非目的的学校管理

对管理和支持性工作的过分强调会导致对校长工作目标的曲解。若如此，管理上的职责成为校长们的主要工作目标，而改善教学质量则往往被忽视；正如我们下文将讨论的，校长们有时间才过问教学，或者将此分配给校长助理。对管理工作的过分强调还将影响校长们身边的同事，会强化他们对教学以外的工作目标优先考虑，如此一来，南辕北辙的工作方法将使整个学校的功能逐渐偏离教育孩子的本来目的。回过头来，学校的管理系统，作为一种实现学校教育功能的手段，变成为了最终的目的。作为一名职业校长，一定要避免将自己教育领导者的角色导向作为学校管理者的次级目标。占据校长这一职位的任何人，都有义务和责任通过各种方式将自己的工作重心牢牢集中于教育的领导之上，而且决不能让其他的支持性工作无人问津或者效率低下。

显然，学校的规模将影响校长在领导者和支持者工作之间的平衡。一所拥有 250 名学生 11 名教职员工的小学，它所需要的支持性工作当然远远不及一所拥有 600 名学生 26 名教职员工的初中，与一所拥有 2 000 名学生 100 名教职员工的高中相比就更是相去甚远。在美国的一些社区，小规模的学校是学校规划的时代和传统的特征。对于这类的学校，我们当然可以期望校长们能在领导和支持性工作之间很好地把握平衡。实践也表明，随着时代的变化，事情也并非一成不变，校长们的工作重心总会集中在某一方面；当然，校长们总会选择那些对于他们最为合适的工作作为自己的工作重心，同时教育主管部门也会对校长们的工作职责有所要求。

在规模大的学校中，特别是在一些大规模的一贯制学校中，日常的支持性工作需要优先考虑，以使学校的运转能做到有条不紊。由于传统的原因，校长们往往过于重视学校的这一功能。那么有哪些措施能够避免校长们将作为教育领导者的责任被"管理"和"秘书"的工作所取代呢?

校长助理能做什么?

学校的规模并非是是否聘请校长助理的决定性因素。如果一所学校需要集中力量进行人员发展、提高学业成绩、课程改革以及诸如此类领域的教学改进活动，在达成目标之前引入临时性的人力资源或许是个不错的选择。但是一旦决定要聘用校长助理,必须保证这个职位不会是一个铁饭碗。一个校长助理职位的职责与任期应该在任命之前就已拟定妥善。学校应该优先考虑的是校长助理的职责而非职位的设置。

倘若学校决定永久性的设置校长助理或者副校长之类的职位,首先应该谨慎地进行这一职位的职务分析。马歇尔(Marshall)曾指出按照优先原则,校长助理的职责应该包括:维护学生纪律、对教师进行评估、考勤、制定学校行为守则、应对突发事件以及排定学校的核心课程。[1]

校长助理这一职位的基本要素部分在于,在校长助理的任职期间,他的工作经验将有助于其今后担任校长的职位。此类工作经验能很好地使他们认识到学校管理的手段与目的之间的关系。是否有必要让一位有着高学历和高资质的校长助理花费几年的时间从事支持性的工作以获取如何提高教学质量以及如何执行学校领导的经验?这仍然是一个值得商榷的问题。甄选一个校长助理的关键是否在于候选者能展示出以人为本、乐观、激励以及创新的品质?若然如此,这在某种程度上将会导致校长助理的职责转向于教学事务,然而校长助理对于这种转变是否将使得校长从繁杂的事务中脱身出来专注于推进教学质量必须有一个明确的答案。

我们曾经对配置不同人数的校长助理的学校进行了研究,分析了这些学校校长的工作时间。结果发现,无论有无校长助理,也无论校长助理的人数多少,校长们的工作时间分配没有显著的差异。这一研究以及其他一些研究的结果表明,学校在进行校长助理以及其他一些学校管理职位的职务分析时必须紧紧围绕校长这一学校领导者的角色来进行。可以肯定的是,倘若工作条理清晰,校长们的工作时间分配应该随着校长助理的配置而发生变化,同时这种变化将使得校长们有更多的工作时间直接用于推进学校的教学质量,营造健康的校园文化。

校长之于校长助理还有着某种意义上的导师的角色。在校长的指导下,校长助理应该能够确立一种职业的日程意识、参加学校的高层会议和发布会、清楚地了解学校各教职员工的职务描述、尊重同事,同时保持一个积极而有活力的形象。[2]

在某些情况下,还应该保证校长助理能够与其他管理层的人员共同承担学校的行政责任。因此,有必要确保校长助理与学校中心办公室,与教师,特别是与完成既定教学目标的人员,保持良好的沟通。

校长委员会

设置诸如校长委员会之类的机构能够让学校的管理更上台阶。在校长委员会内将职责进行定向的分配,能够让委员会的每位成员专注于特定的事务,如课程规划、教

〔1〕 Catherine Marshall, *The Assistant Principal* (Newbury Park, CA: Corwin, 1992), 5.

〔2〕 John C. Daresh, "Making the Most of It," *Principal Leadership* 1 (January 2001), 72; Randy Johnson, "Other Duties as Assigned: Four Rules for Surviving the Assistant Principalship", *NASSP Bulletin* 84 (January 2000): 86.

学秩序与员工职业发展等。在某位成员承担部分职责的同时，整个校长委员会将完成一定的共同目标。以下所列是校长委员会常见的职责分工：

校长 A：技术、交通、课程规划、设备……

校长 B：膳食、学生活动、政府报告……

校长 C：员工职业发展、教学楼与体育场馆、教学活动日程……

共同职责：教学目标、预算、招聘、绩效评估、学术研究、学校规章制度……

校长委员会的每位成员需要组建自己的教师团队，以便完成各自的任务，执行各自的决策。每位校长的决策将依据各自的团队来制定。[1]

在配备了相应的团队致力于提升教学质量和引领教育事务的基础上，校长委员会还将围绕学校的发展目标为更多的教职员工提供互动的支持。有关此类事务的处理方式可以是由来自学校多个部门且拥有各自优势资源的同事组成一个校长委员会，为学校的多个部门提供领导力支持。这种模式将为学校孕育丰富的成长力及强大的决策力，且该模式将带来的各种积极效应也将为学校的所有教职员工亲眼所见。

资源配置的差异化

今天，我们的校长分身乏术，再也无法扮演百事通的角色了。我们应该寻求建立资源配置的新模式。学校的各类教职员工应该付出足够的努力用于收集信息、教学创新与改进，而非简单做一个“学校的看护者”。事务繁重的校长需要依靠管理人员中的15％～20％来处理大量琐碎的事务，而在学校的决策层面，配置的人力资源只占到管理人员的7％左右。马洛（Marlowe）更有过报道：“据1999年的统计资料，在不同类型的机构中，每位管理者（执行官、总监或者经理）所配备的平均雇员数如下，制造业为5.8；通讯行业为3.6；小学为12.8。”[2]

后勤协调员

在本书的第一版中我们曾经提到过，在每一个学区或者大的学校中，应该设置一个我们称之为“后勤协调员”的职位。有关这一职位，也有过其他的称谓，例如物业经理或者行政助理等等。对此，肯尼迪（Kennedy）曾经指出：“……，是时候将校长的角色一分为二了，其一是教育的领袖，其二则是物业经理。”[3]有鉴于民众的偏好，包括学校董事会在内，有意地给予“经理”而非“领导”更多的重视，我们不得不担忧这一角色意识将导致我们对校长角色的错误预期，到底谁应该为学校的发展定下基调呢？我

---

〔1〕 John Trout, Parke Smith, and Steve Bloomfield, “The Co-principalship: When Three Are Better than One,” *Principal 80* (January 2001): 47 - 48.

〔2〕 John Marlowe, “Mythbusters”, *American School Board Journal* 187 (July 2000): 42.

〔3〕 Carole Kennedy, “Splitting the Principalship,” *Principal* 80 (March 2001): 60.

们更应该接受这样的认识,我们需要更多的“经理”来分担管理工作,从而让校长将精力更多地放在对教育质量的推进上。

对于某个学区来说,每两个或更多的小学校需要一位后勤协调员来负责支持性的后勤工作,而对一些规模大的学校来说,则需要配备一名专职的后勤协调员来完成这一工作,有的时候甚至于需要为其配备专职的助理。

后勤协调员应该作为校长委员会以及全体教员的一分子,为学校各个领域的工作提供最好的支持系统。后勤协调员或许不需要具备教师资质,但他必须能够从教师的角度出发,对学校的日常工作了如指掌。

我们可以将后勤协调员的角色视为专业行政人员,但不应将他们看做是“系统的终点”。设置这一职位的目的应该是:

- 解放校长的时间从而专注于教育推进工作。
- 为教学提供有效的支持。
- 协助制定学校运作计划。
- 为教员日常教学的运作提供服务。

如表 8.1 所列,校长与后勤协调员的角色在学校的长期计划与日常进程中应该做到很好地互补。因此,有关这一职位的任命,学区的最高行政部门应该赋予其为学区内所有学校提供最佳支持服务的职责。对于学区的最高行政长官,后勤协调员需要对学区内的教育支持系统的规划和运作负责;同时,他们还需要对校长负责,确保学校拥有有效的支持系统。在一些地区性的规模大的学校中,他们只需要对校长负责即可;而在一些小学校中,他们则需要就支持性工作的进程以及学校的商务状况向校长办公室汇报。后勤协调员的薪资应该由相应的最高行政部门制定;而校长就其工作有效性所作的评估也应该受到足够的重视。

表 8.1 校长与后勤协调员的职务角色

校　　长	后勤协调员
教学活动	**教学活动**
教学目标规划	数据的收集与汇报
人力资源开发	(开发必要的系统)
学校活动开发与评估——传达于教师、学生以及社区	媒体/计算机设备的维护
媒体与技术应用	
课程	**课程**
课程开发	课程用品的购置与核算
教学研究	课程用品制作
课程用品的开发与研究	

续

校 长	后勤协调员
学生	**学生**
学生管理	数据收集/分析
监察学生发展/学业成绩/行为	汇报
	制定学生活动计划
全体教员	**全体教员**
人员甄选	记录与汇报
工作分配	与教员沟通人事信息
培训	
社区咨询委员会*	**社区咨询委员会***
双向沟通的计划与执行	社区教育用品的制造
社区事务	社区教育活动的计划与安排
社区教育问题	
财务	**财务**
与核心人员共同制定财务计划	收支会计
与后勤协调员以及咨询委员会共同制定预算	成本核算
内部计划的审批	与校长共同制定预算
帮助寻求外部资源	
场地	**场地**
根据教学活动需要排设活动场地	场地计划与使用
场地建设与翻新	场地维护
	保洁

* 可能也包括教师、专家以及当地社区居民

后勤协调员应该就为教学活动提供的后勤工作向校长负责。这两个角色之间可能会存在某些必然的冲突，这些冲突应当由另一位更高的行政长官加以调解，确保所有的商务活动都是围绕教学工作提供的必要服务。有关这一问题我们可以参照图8.1所示的教育行政的组织结构。

每所学校都将自主地决定如何与后勤协调员进行沟通并接受其服务。后勤协调员将被严格地限定在服务的角色上，他们不能凌驾于学校的任何部门之上。

在学校中，校长是负责教育决策的不二人选；而对于校区的中心管理部门而言，校长应当从后勤服务和具体管理中解放出来。而有关后勤协调员的人事政策又将有赖于校长自己，他们应该严守教育者的角色，决不可让自己淹没于与学习和学生没有直接关系的各种琐事中。

一心不可二用吗？ 一旦设置了后勤协调员这一职位，很多人又将老生常谈地认定后

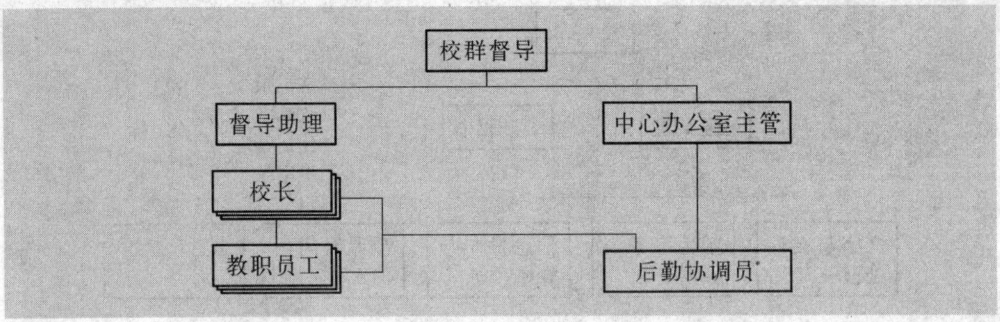

图 8.1 有关后勤协调员角色的组织结构图

* 每一个后勤协调员可能同时服务于几所学校。

勤协调员不应当对学区主管与校长同时负责。相反，正如我们前面所谈及的，后勤协调员同时对学区主管和校长负责的这一职务设置，非但不会带来麻烦，反而在很多时候会提升学校的教育服务质量。例如，那些训练学生阅读、演讲和社会工作的专业教员会同时向校长和该领域的专业指导人员汇报工作。在这种工作模式下，如果出现了问题，我们可以通过设置清晰的目标体系，优化工作流程以及理顺沟通渠道来加以解决。在过去的几年中，商业领域的矩阵管理模式已经被证明是行之有效的。这种管理模式是以工作任务来构建管理团队，因此每一个团队成员的汇报职责将随着任务的改变而改变，他们将根据任务的要求就自己的工作对不同领域的责任人进行工作汇报。那么在学校中，同样可以通过精心的职责分工来限定有关教学工作的优先次序，以保证这种管理模式的有效性。因此，校长们将看到，通过这种工作模式，他们的工作将更加有效地提升学校的办学效率。

更多的可能性

校长们无需在"程序管理员"和教育领导的角色斗争当中痛苦不已。然而他们必须作出自己的选择。在抉择中，"目的" 服务于"手段"的问题又将浮现出来，那就是作为提升教学质量的责任人，校长们将陷入管理庞杂的学校系统的迷阵之中。如果校长们希望将自己的主要精力用于和教师们一起解决教学问题，那么就必须有其他的人员来负责具体的学校管理。

很幸运我们能看到积极的一面，在商业领域中，越来越多的公司开始雇用固定的"兼职"人员来处理这些烦琐的细节工作。通过雇用那些受过专业训练的人员来处理专门的事务，能极大地提高管理的效率，例如日程排定、收集与分析数据、撰写报告、采购与设备维护以及其他的一些日常事务。一位高效的行政助理或者秘书可能会领导一个专职的或兼职的服务团队。图 8.2 为我们描述了在小学校中，这一职位是如何发挥它的效率的。通常，这些服务人员并不需要专业的认证或者资格证书。

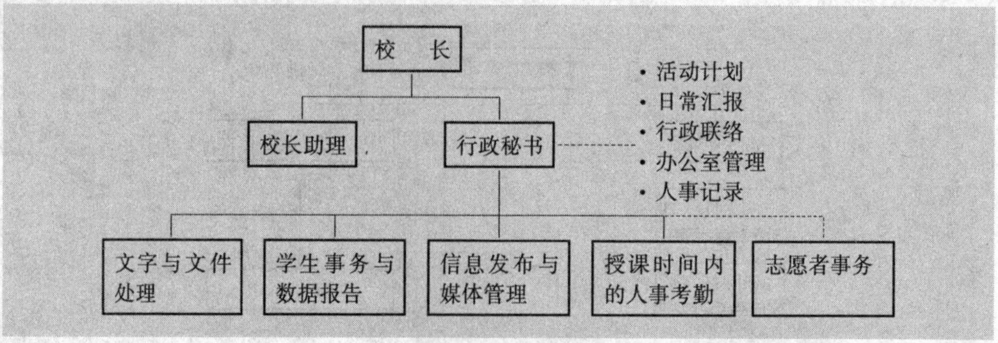

图 8.2 小规模的学校雇用行政秘书和兼职人员的组织结构图

在一些学校的人员编制中，一支由志愿者组成的队伍能处理诸多的日常事务，例如午餐的收款、考勤以及接待与引导访客，当然，他们要有足够的工作自由，无需坐在办公室里接电话。而通常退休的教职员工也能很好地胜任这类工作。

上面我们所论及的这些建议与措施无不是为实现一个共同的目标，那就是能够让校长们把自己的工作时间直接用于提高教学质量。然而，有关时间管理的问题却另有玄机。

严守个人时间表

总是有那么一种呼声，坚持校长们必须对学校的行政管理亲历而为。这种呼声是如此强烈，以至于我看到很多校长总是埋头处理繁忙的公务而忽略了自己作为教育领导者的角色。

一项有关校长们的时间表的研究为我们提供了一个有趣的答案，这项研究对比了校长们对自己时间分配的估算与校长们希望如何分配他们的时间。[1] 这项研究的结果包括了校长们的实际时间分配与他们所期望的时间分配方式之间的差异，以及这两类时间所对应的事务的相对重要程度。

在该研究的第一阶段，研究者首先区分出了校长们的 14 项工作任务；80%的校长将其中的三项工作任务认定为高度重要的任务，它们是：(1) 对教师进行评估；(2) 课程开发；(3) 处理与教师相关的其他事务。有趣的是没有多少校长认为上述三项工作是不重要的或者是不用优先考虑的。然而，有超过三分之一的校长将以下四项工作任务认为不重要或者无需优先考虑的，它们是：(1) 合同管理；(2) 非职业资质的教师培训；(3) 特殊教育事务（例如研讨会、密集英语课程等）；(4) 学生课外活动。值得注意的是，有差不多半数的校长将特殊教育事务的重要性和优先权排在最低的位置，而在一些小规模的学校和农村学校中，有专职人员专门来负责这类事务。

〔1〕 该研究由 T. L. Drake 主持。

表 8.2 为我们展示了在全部 14 项工作任务上，校长们所花费的时间。在平均值上，校长们有 3.63%的时间用于特殊教育事务，而相比较之下，10.85%的时间用于学生课外活动。图 8.3 显示了校长们实际的时间分配与他们所期望的时间分配的对比。数据显示校长们最希望花时间做的一件事情是对教师的评估(13.45%)。参加研究的校长们期望他们能有每周一天半的时间用于处理他们认为最为重要的工作。

表 8.2 校长们在 14 项任务上花费时间的百分比

工 作 任 务	花费时间的百分比数
准备报告——例如：学生保持率、预算等	6.85
起草文件	8.43
电话	5.95
教师事务——调解冲突、社会事务课程	9.65
学生督导/咨询	10.55
纪律——学生推荐、家长会	8.13
学生课外活动	10.85
会议——教职员工/管理层	6.20
非职业资质的教师培训	4.55
合同管理	3.75
课程开发	7.95
教师评估	9.55
特殊教育事务	3.63
个人职业发展——会议、阅读	4.05

研究结果表明，对于那些重要性高的工作，校长们期望花费的时间与他们实际花费的时间仍然存在着极大的矛盾。加泽尔(Gaziel)又在这一结果的分析中加入了另一个维度，即优秀的学校和一般的学校。比较的结果表明，两类学校校长时间分配上的最大差距表现在办公室管理、教学管理和学校活动规划这些工作上。优秀学校的校长(H)花费 22.4%的时间在办公室管理之上，相比较一般学校的校长(A)在这些工作上花费的时间为 34.2%。在教学管理工作上，这一数字的对比是 13.4%(H)对 9.4%(A)。而在学校活动规划上这一数字的对比是 7.1%(H)对 3.9%(A)。[1] 这些研究的结果表明，校长们会做他们希望做的工作，或者说校长们有时间去做他们认为重要的工作。

〔1〕 Haim Gaziel, "Managerial Work Patterns of Principals at High-and Average-Performing Israeli Elementary Schools", *Elementary School Journal* 96 (November 1995): 184-185.

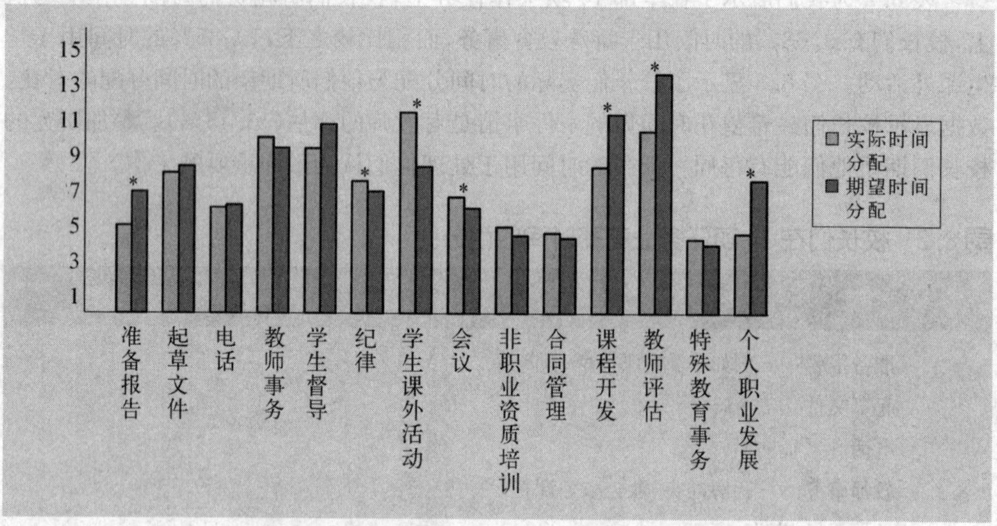

图 8.3 实际的时间分配与期望的时间分配

* 表示统计检验的显著差异

有时,为了学校的发展,校长需要将适当的时间用于督导学生的行为、纪律以及学生的保持率。这些活动不应当成为校长们的主要工作,相反,校长应该建立一套有效的系统来解决这些领域中存在的问题并且防止未来出现类似的问题。有关应对此类问题的重点在于如何保证教育质量的提升和提供更多的教育机会。这一点是我们必须加以重视的。

以下的论述或许能激发读者思考这样一个问题,如何依据例外管理法的原则来赋予校长更多的时间用于教育领导工作。

1. 学区教育管理机构对于校长的工作细节要求有哪些是属于非必须的?校长委员会或许希望设置一个专职的人员来研究如何界定这种改变的可能性以及制定相应的计划来改变校长们的工作模式从而赢取更多的工作时间。

a) 学区管理机构召集了太多的会议,召开了太多的报告会,这些活动都需要校长们参加;或许有些会议由校长助理、教师代表或者行政助理来参加能够取得更好的效果。每个人都希望坐在会议的主席台上,但显然让校长们整天坐在会议的主席台上并不合时宜。

b) 面对那些必须的工作汇报,信函和电话通常由校长自己来应对,因此他们必须对此进行答复并提供个别的指导。这些工作耗费了大量的时间。

c) 通常校长需要亲自签署(或者坚持亲自签署)送达学校的各种报告和信函。如果学校设有专职的人员以及既定的程序来处理这些事务,那么显然校长的这些工作就是毫无必要的。

2. 学会对教职员工进行委任和授权。委任和授权能将学校教职员工的工作成效和贡献最大化。西奥多·罗斯福(Theodore Roosevelt)曾经说过:“最好的管理是将最合适的人放在最合适的位子上让他们做最喜欢做的事,通过自制而不是强加干涉让他们把事情做好。”简言之,就是无需多管。

授权是一门极其独到的艺术。如果我们确保授权的对象对任务的细节完全理解,并给予他足够的指导、适当的资源以及权利去完成它,那么他将很快建立起自信从而表现出足够的胜任力来做好自己的工作,那么余下的事情仅仅是将超出预计的突发事件和特殊情况的出现向校长汇报即可。

可能有的校长会说:“可是我并没有一个助手啊!”文秘人员与其他受过专业训练的人一样,他们也能很好地处理大部分非指导性的工作,而且通常会将这些工作处理得井井有条。

3. 让学区教育管理机构对你的工作汇报以及相关的授权持有足够的信心。要做到这一点,你通常可以按照以下的几点建议来做。

a) 了解学区教育管理机构对你的工作汇报和管理制度所持有的期望。让它们确信你的资料是准确可靠且切实有用的。

b) 严格按照既有的格式撰写你的工作汇报。

c) 工作分配做到细致入微。

d) 为委任的人员提供适当的培训。

e) 建立过程管理机制对委任的人员进行督导。

f) 为督导和评估建立日志。在工作出现懈怠的时期进行阶段性的检查,例如假期。

4. 将学区管理机构的管理人员介绍给你所委任的人员,鼓励他们建立自信进行直接的沟通。一般学区教育管理机构中下设有十个以上的职能部门(人事、规划、薪资等)。通常每个部门的主管都认为他们自己的工作是最重要的,因此他们喜欢直接和学校的“头头”,也就是校长们打交道,他们相信这样才可以把工作做得最好。要改变他们的这种想法,你需要让他们确信,他们所看重的细节工作可以以不同的方式得到同样好的结果。通常,如果让你委派的人员与他们建立起良好的人际关系,这些部门主管们也能帮助你派去的人将工作做得称心如意。

无论要完成哪种工作任务,校长们都将要应对难以计数的变数,这些变数是因地、因时而有所不同的。基于权变管理的原则,任何管理情境的变化都有相应的管理措施的变化来应对。校长们需要将手中掌握的各种资源——人力资源、财务资源、物料资源包括他们自己的行为进行最优化的配置。

学校资源的管理

人

所有资源中最为重要的是人力资源。人——学生、教职员工、家长、赞助人甚至包括“局外人”——是学校的基石。仅仅是人的因素,就为校长的工作带来了无穷尽的变数。一些校长认为自己束缚太多而无法将有价值的变革进行下去,他们的这种想法其实是自欺欺人。想象一下,校长们要与学校内外成百上千的人打交道,这种人际交往的空间就是孕育灵感和创意的沃土。学校是一个系统,系统内任何一个部分的变化都将引起整个系统的变化。如果学校内人的因素发生了变化,那么这种变化将波及所有人,从而带来其他各种因素的变化,包括时间、信息、程序等等。

以下的一个简要的列表为我们指明了作为资源的人在学校中各种变数,校长们可以依据他们来构建自己的校园文化。

- 学生。
- 教师。
- 特殊的服务人员(咨询、健康等)。
- 中心办公室员工(信息服务、预算、数据分析等)。
- 社区人员(艺术家、音乐家、市政规划人员、志愿者、长者等)。
- 专业咨询人员(州教育部门、大学、研究机构、民间组织等)。
- 实习生、走读生、工读生以及其他受训人员。

利用社区人力资源的决定将带来许多问题,解决这些问题将影响到对时间、场地以及资金和物资等其他资源的使用(参见第三章)。例如,来到学校的社区人员愿意接受演讲嘉宾的角色吗?他们愿意作为学校的正式一员与其他教师员工一起工作吗?或者他们愿意与学生或者老师一起工作,或者愿意同时与师生一起工作吗?他们愿意帮助教师将学校的影响力扩散到学生的校外生活吗?一些学校已经建立起一种有效的与社区的老年人的联络机制,通过这种联络机制让学生获益匪浅。而校-企合作的模式也已经被证实是有助于学生成长的。

显然,社区人员加入到学校的工作中来会带来学校的诸多变化。如果学校内成年人的增多仅仅意味着学生重复活动量的简单增多(例如更多的体能训练、更多的课堂作业),那么这种做法在过去就已经被证实是不成功的,它不能带来学校内师生生活质量的提升。

如何有效地利用校外的人力资源呢?校外的人力资源所提供的服务应该针对特定的学生群体吗?他们应当同时扮演为教师提供咨询意见和为学生提供直接辅导的双重角色吗?他们的观点是因需而定或者是依据学校的计划而预先设定好的吗?

时间

时间的使用是最昂贵的,也是校长们最有控制力的一种资源。“……管理者将时间的运用看做是他们最重要也是最有力的管理手段”。[1] 我们已经讨论过校长们如

〔1〕 BetsAnn Smith, “Quantity Matters: Annual Instructional Time in an Urban School System,” *Educational Administration Quarterly* 36 (December 2000): 653.

何管理自己的个人时间。而学生、教师、专家以及学校的其他员工的时间作为一种资源也应当在考虑之中。校长或许希望教师们能够对自己对用在非教学活动上的时间加以重视。优秀的教师通常只有14%的时间用于非教学活动,而其他教师此类时间占到30%。[1] 当然,校长们需要考虑节假日、校庆活动以及其他的一些全校性活动所占用的教学时间。

通常,每个州都有自己的立法或者相应的制度来限定学校的最短学日和最短学年。而教师的合同当中也有对最短工作时间的规定。州政府、学术评估机构以及教育研究机构对于学生取得毕业资格和后续教育的入学资格都有明确的规定。然而,在这些标准之上,校长们还是有足够的应变空间。为推进教学质量的持续提升,教职员工需要相互交流,共同工作来找出问题的解决之道。

第九章将就这一问题进行详细的探讨,现在,让我们来看看实现学校目标都有哪些不同的时间利用方式。目前一些学校在试行四天或者四天半的周工作制。更为谨慎的时间规划、增加学日的长度、为半日制的工作创造"节约"时间的方法,都为这一工作制的实施提供了可能性。[2]

我们应当看到时间比我们想象的更有弹性。无论对于学生还是教师,学校工作日的时间使用都应该被看做是一种资源的支出。学校是否对学生的时间赋予了价值?如果课堂教学中的信息对学生来说是乏善可陈的,那么不得不对学生时间的支出是否有价值提出疑问。校长们应该找到一种让学生的时间增值的诀窍,对于教职员工同样如此。

是否有可能让学生时间的支出同时换来态度的转变和学业的提升?帮助教师合理地利用时间能让我们看到学校管理的很多数据的改善,包括考试成绩、纪律问题等等。一项有关学生行为的调查研究表明,学习活动只占到学生时间的不到一半,而小组活动、实验、即兴演讲占到学生时间的70%。[3] 时间可能会流逝,同样时间也可以换来最佳的学习效果。

对于学校的全体人员来说,时间使用的质量标准是什么?毫无疑问,校长应当帮助教师和学生将他们的时间进行增值。如果校长想将更多的时间用于推进学校的教学质量提升,那么最好的方式就是帮助其他人将他们的时间更多地用于创造性的活动,即那些能够有所收获的学习活动,而非重复的课堂练习、家庭作业以及那些不必要和不实际的活动。

---

〔1〕 BetsAnn Smith, "Quantity Matters: Annual Instructional Time in an Urban School System," *Educational Administration Quarterly* 36 (December 2000): 662.

〔2〕 Alan Burke, "Time... Time... How Can We Find More Time?" *WAMSLE Newsletter* 5 (Winter 1992): 2.

〔3〕 Gad Yair, "Not Just about Time: Instructional Practices and Productive Time in School," *Educational Administration Quarterly* 36(October 2000): 503.

信息

校长们有着无穷无尽的信息需求。校长必须清楚哪些信息是必须的，同时这些信息对哪些人是重要的：预算、成本分析、社区资源等等。不同的"听众"需要不同的信息格式。

信息是进行决策的必要前提。但同时信息对于结交朋友也有着重要的价值。一个很好的例子就是如何通过信息来应对压力。如果我们能让信息的双方开诚布公地交流，而非将信息进行封闭处理，那我们将能避免多少因为"小道消息"和"流言蜚语"带来的不必要的麻烦和误会。本书的作者认识书中所提及的校长们吗？每一章节中信息的收集、分析与撰写有助于信息的快速传播吗？这些信息能让你主动地去关注自己生活中的"热点"问题吗？

与社区、家长、资助人进行有计划的信息分享不仅是获取他们态度上支持的契机，往往还是发掘和赢取资源的契机。以大众化的形式（而不是书面的形式）——例如社区内的小型座谈会——发布关于某些事实的信息，能消除由于隐瞒信息的表面现象所带来的学校的负面形象。简单地依靠一块信息发布板，校长们就能很好地从"保守秘密"的习惯中走出来而获取更多知情者的支持。

与信息的共享几乎同等重要的工作是消除冗余信息的产生和记录。校长们需要警惕不同的职能部门重复收集相同信息。这种情况不仅发生在学校内部，还可能发生在学区的教育管理机构中。显然，重复处理相同的信息并不能得到双倍的成效。可以构建适宜的数据库来避免这一问题的产生。

有关信息资源的另一个问题是信息的接收。校长不仅要从广度上拓展信息渠道，同时还要确保接收的信息是完整和真实可靠的。良好的决策和领导绝不能以模糊的信息为依据。

课程与教具

有关课程与教具的组合可能是无穷无尽的，显而易见的是，这一问题涉及所有的教学活动。校长对于这一问题的处理方式应当是确保课程与教具的准确匹配，同时确保教师与学生能正确地使用它们。校长应当根据学校的发展目标确保这些匹配的准确性。例如，一所学校的办学理想可能是因材施教的差异化教学，那么课程与教具的设置就应当依据学生的需要、兴趣以及学习能力的差异来设定。值得警惕的是，校长往往容易将"个性化"的学习认定为对同样学习材料不同进度的学习。相反，校长应当为教师提供各种教学的"脚本"，根据这个脚本教师来进行个性化的教学设计以确保不同学习能力的学生能大致保持在同样的学习进度上。

大量的网络资源极大地丰富了学校的教学资源，但是这些资源的质量值得商榷。

数码光盘和互联网是对传统教学资源的补充和丰富。对于此类资源的使用,校长不能独断专行,而应当与相关人员共同制定决策。

金钱

我们经常听到这样的抱怨,教学创新的匮乏往往是由于资金的匮乏造成的。确实,钱越多,越能够为学生提供更多的教育机会,从而带来教学质量的提升。但同时,我们在前面所提及的各种创新往往并不需要更多的资金,需要的仅仅是工作程序和工作优先权的重新排定。在可能的范围内,学校应当获得与预算如数的资金。这种政策上的保障并未减弱校长的职责,相反,它将使得我们的校长在如何使用这些资金来改善特定的教学环节中承担更多的责任。

有关学校资源的再分配这一做法并不新鲜,但是随着更多的成本与税务所限,这一做法将在学校中变得更加普及。在学校内部进行资源再分配的职责同样要由校长来担负。校长还需要负责资源再分配的决策制定。他们需要准备好充足的事实依据和数据,以说服学区管理教育机构支持他们的再分配方案。

有关资金的问题,随着越来越多的私立学校的建立,州政府资助、民间基金、慈善基金以及地区基金都会使这个问题复杂化(第十八章中我们将作进一步的探讨)。

场地

有关学校场地的有效利用通常是以传统为依据的。校长或许希望能更加有效地利用学校的各类建筑、运动场、户外空间以及社区的场地资源,例如公园、天文台、空军基地以及商业公司。但是,对已有场地的创造性利用才是最为重要的。当然,安全制度是必须遵守的,但是楼道走廊、讲台以及其他一些尚未利用的场所都能增强学校课程的灵活性。

资源优化

无论学校的资源结构有多庞杂,也无论学校面临的问题有多棘手,校长们都有合理的应对之道,无非是修枝剪叶,量体裁衣。修剪的对象当然包括了人、时间、信息、课程、教学设备、金钱和场地。诚然,任何一种资源都有其局限性,但所有资源的使用都必须紧紧围绕持续地提高教学质量这一中心目标。如果校长的领导有方,我们将看到这种积极的变化。而就学校的实际情况而言,变化是不可避免的。

校长们通过优化资源结构来改善学校的教学环境。资源优化的程序有两条原则可循:(1) 消除学校与社区甚至学生生活的隔阂;(2) 将资源优化作为一种动态的过程来考虑,这其中必然牵涉到所有的相关人员。校长可能会受到来自家长、学生、教师以及其他人的压力,他们都希望在资源的优化过程中获得更多的好处。显然,校长必须对这些压力保持敏感，同时诚实地对待资源的优化问题，还要避免成为某一个群体获取利益的工具。

尽管校长的主要职责在于提高教学质量，他们还是需要去应对那些与人有关的和与人无关的问题。图 8.4 和图 8.5 为我们展示了解决这两类问题的差异。校长不能忽略预算的严格性、时间问题以及学校的政策等等。但这些事情并不是校长的工作重心，也不是让他坐稳宝座的神兵利器。这些事情应该是让资源得到最优配置的保障。在某些情况下，对问题中的非人为因素施以影响可能是最佳选择，但另一些情况下这样的策略也可能是逃避问题实质的托词。

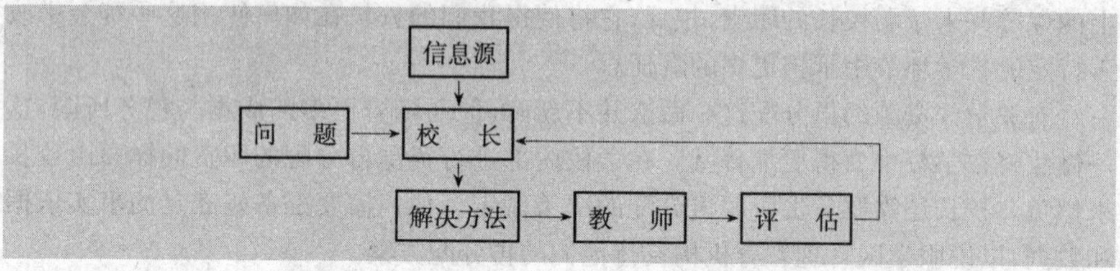

图 8.4　以校长为中心的问题解决流程

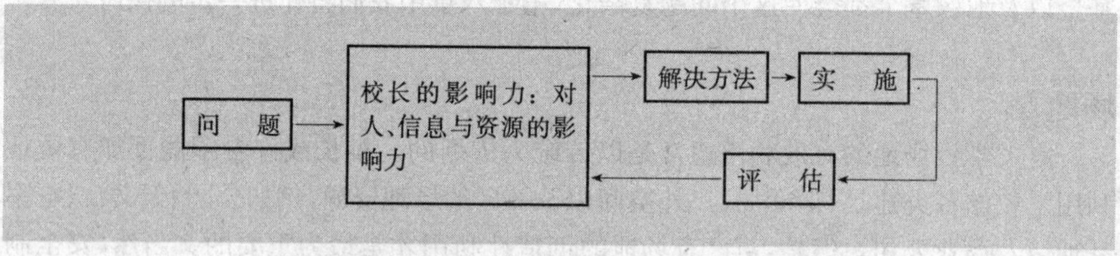

图 8.5 以问题/人为中心的问题解决流程

不论学校的组织结构如何，我们总能发现校长的工作被各种各样的人围绕着。因此问题的重点在于，校长如何与他们一起工作，以及这些工作所具备的时间上的效率。假如校长工作簿上排满了各种事务性的工作（出席各种仪式，核查账目、物资，作报告等等），而不是那些真正去提升学校里每一个成员生活质量的事务，校长的工作沦为文书也就不足为奇了。

通过这一章的讨论，我们已经清楚了校长们是通过直接与师生的互动来发挥他们教育领导者的作用。因此校长们需要对行政工作与后勤工作仔细考量。对程序性工作的定期检查能避免校长们跌入“亡羊补牢”的陷阱。任何工作都有改进的空间，同样，任何人都能自我改进去完成好自己的工作。

小结

校长的主要使命在于负担教育的领导角色，以推进学生的学习，同时提高学校内每一位成员的生活质量。要完成这一使命，校长们需要构建学校发展的共同愿景，组建起师生共同体并对其进行授权，并且创造各种有利条件来实现学校的发展目标。无论是社区、校董会还是学生，都将学校发展的最终目标寄托在校长们身上。因此，校长们必须走出烦琐的商务与具体管理事务，从而将更多的精力投入到实现学校发展目标的主要使命上。

后勤协调员作为学校的雇员之一，通过各种业务流程对校长和校群督导同时负责，他们为学校的正常运作提供了必须的支持性服务。虽然我们认为类似后勤协调员的人事设置并非是解决该类问题的唯一选择，但是我们相信，除非现行的学校组织结构发生根本性的变革，后勤协调员所担负的“商务”功能是推进学校发展所不可或缺的重要因素。

通过对学校运作效率的比较研究，以及领导行为学的研究资料，我们能够清晰地得出这样的结论，如果校长们要能完成提高教学质量的使命，他们就不能让自己陷入无穷尽的细节管理之中。那么校长们的哪些行为才是有效的领导行为呢？我们认为以下的行为模式是值得提倡的：

1. 对于教育活动中，学生的智力、情感和社会发展规律以及学生发展所必需的学习经历和环境因素有着清晰的认识。具有明确的教育目标，能对教育目标的实现有着全面思考。

2. 与教师、学生（如果条件允许）共同制定实现教育目标的具体步骤，真实地评估学校目前的状况，并能认识到现状与远景的差距。

3. 将学校发展构想与计划传递给学生、教师、董事会以及社区。

4. 为教师提供提高教学质量方面的直接支持，让教师取得更多的工作成就，同时培养教师的职业成长。

5. 为应对学校发展的风险做好足够的准备工作，能面对并解决不期而遇的问题。

6. 全面监控学生的学习情况。

7. 为使师生共同成长，为师生提供有力的支持，在允许的范围内将行政管理的角色转换为合作学习者的角色。

校长们的行为会偏离这一轨道，而实际上，校长们很难避免自己的行为或多或少地偏离这一轨道。如果校长们的行为偏离了我们上面提及的模式，会导致学校发展的后退——学校失去发展的方向甚至降低学校教育质量。换言之，校长们无法实现推进教育质量的目标往往是由于行为模式上的各种缺失所致。

我们能对校长的角色进行重新定位。校长的行为模式也能够被改变。新的思想将被提出，新的体系将被建立，而我们希望将校长看做学校的看护人的认识也将成为往事。

对教育领导者的强调以及为校长松绑，让他们能自如地投入到这一角色中去，这意味着我们需要去认识什么是作为一个校长的胜任能力。但要清楚地认识这一点，我们需要的是时间，我们可能需要很长一段时间来让这个问题变得清晰明了。

思考题

1. 如果办一所学校的目的在于为学生提供学习的机会，那么这所学校的领导者是否应该对此负责？

2. 如果一所学校雇用社区人员作为学校的教师，那么除开职业资质与薪资，专职教师与这些社区教员最大的区别在哪里？

3. 如果你是学区督导或者校董会的成员，那么你将如何理解"校长不是在任何情况下都是第一责任人"这一观点？

4. 有时，教师这一群体会认为即便没有校长，对学校的教育质量也并无大碍，这是为什么？

5. 如果一个优秀的行政秘书能将很多原本属于校长职责的工作打理得井井有条，那为什么校长不自己去做这些事呢？

6. 对细节的亲历而为能提升校长的领导威信。怎样才能避免将这种事必躬亲变成校长的主要工作？

7. 设计一项研究调查校长实际的时间分配与他们期望的时间分配。

8. 一位校长怎样才能在保持教育领导者的形象与威信的同时扮演好教师和学生的领袖角色？这两种角色是冲突的吗？

推荐读物

1. Brandt, Ron. "On Building Learning Communities: A Conversation with Hank Levin." *Educational Leadership* 50 (September 1992): 19 - 23.

2. Copland, Michael A. "The Myth of the Superprincipal." *Phi Delta Kappan* 82 (March 2001): 528 - 533.

3. Daresh, John C. "Making the Most of It," *Principal Leadership* 1(January 2001): 72.

4. MacKay, Louise L., and Elizabeth Welch Ralston. *Creating Better Schools: What Authentic Principals Do* (Thousand Oaks, CA: Corwin Press, 1999).

5. Marshall, Catherine. *The Assistant Principal*. Newbury Park, CA: Corwin, 1992.

6. Smith, BetsAnn. "Quantity Matters: Annual Instructional Time in an Urban School System." *Educational Administration Quarterly* 36 (December 2000): 652 - 682.

第九章
建立适宜的教学体系以改进学习

美国有超过一万四千所的学校，每所学校都可以按照自己独特的方式为孩子们提供教育。在这种情形下，孩子们本来能够获得宽泛的、多样的教育机会。然而，事实上，美国几乎所有学校的基本组织与教学模式却惊人地相似，特别是中学，即使学校有选择的权利，它们也极少能达到我们所期望的程度。这些相似性是由许多压力造成的，其中包括融资模式、专业协会的关注、政治压力以及最近由商业及政治个人和团体所推动的标准化推广。[1]

相似性是普遍的

与欧洲或环太平洋地区的学校相比，美国的学校在某种程度上更具有多样性，两者相关的理念可能不同；然而，在全美范围内考虑，则变化甚小。一般而言，这种相似性极其普遍，以至于美国大多数学校在组织结构、教学程序以及学生学习的过程等方面都是相似的：

1. 学校的课程是为大多数达到一定等级的学生设置的，但忽略了未达到某种等级的学生。

2. 学生所学的每门课程都是由一名老师而不是一组或一系列老师教授的。

3. 每节课课时相同，一般为40～60分钟。每节课学生只学习一门与其他课程相独立的课程。

4. 每学年大约都是180天。

5. 学校一般在秋季、冬季和春季进行正式的教育，特殊课程教育或补习班在夏季上课。

6. 在中学，无论何种科目在整个学期中所占课时相同。

7. 学校课程中的理论课本质上是相同的。

8. 学生要完成至少12年的学业才能毕业。

9. 所有的课程在学期开始时开课，在学期末结束课程。

10. 对所有的学生来说，正式的学校日都是从某一特定时间开始，在某一特定时间结束。

11. 为小学生提供了一个评价系统（通常用字母划分等

[1] 参见第十二章中有关对标准化推广和评价程序的讨论。

级），并将他们按组进行比较，而不是和他们自己比较。

12. 大多数学校从表面上看是大学预科，职业教育，或是面向学生的普通教育系统。

13. 学校和教室是进行正式教育的地方。

14. 学校有一个由督导长、校长和教师构成的等级制度。

15. 所有的学校都设有教育委员会，并将其作为州教育委员会的一部分。

我们还可以继续列举出许多其他相似点来。

纵观全国的教育模式，我们可能会推断：上述学校的特征是由那些不容置疑的学习法则与无懈可击、不容置疑的教学理论形成的。然而，实际情况并非如此。事实上，在许多情况下，我们所得到的学习理论与现今流行的教育模式是相互矛盾的。事实应该是：习惯、传统和管理简单化的需求更多地影响了学校的组织方式。从某种意义上说，由于社会风俗、校董事会、入学条件以及联邦和各州政府的影响，官僚作风在全国范围内出现并愈演愈烈。在全美，学生们被禁锢在高度结构化的学校教育体制内。他们必须适应为进入大学作准备的常规学习，或者说是基础技术课程。如果学生们不能适应这种体制，会通过或明或暗的行为来反抗这一体制；如果他们所在的学校有充分的资源、积极关注学生并领导有方的话，就能为他们设计一个特殊的教育方案。

尽管为数有限的学校确实提供了一个宽泛灵活的教育方案，但显然，我们首先应该确认一个孩子确实存在某种障碍、具有特殊的问题、或者存在某些残疾，然后才能确定他适于参加特殊计划，或者将他们送去某种特殊学校接受教育。但人们可能怀疑上述问题是由教育体制对学生的影响造成的，而不是学生本身固有的问题。

当人们在问题已经形成之后才表现出对国家的关注，是非常不幸的。现在应该让更多的教育体制将丰富化、详细化、多样化的选择和学习的地点融入到学校与一些社区之中，这样，所有的学生都能够找到最适合自己的学习策略，并能根据他们特殊的才能和兴趣成功地发展自己。

年级结构和分组模式

现实经济状况与传统影响了美国学校的年级组成的各种方式。内战以后的趋势是孩子们从五岁或六岁开始接受历时八年的初等教育，直到十三四岁。一些成绩较好的或家境较富裕的学生能够获得第二次教育的机会，从 14～18 岁到中学接受为期四年的中等教育。〔1〕 这种学制，也就是我们所熟知的 8－4 制，是大多数类型的年级结

〔1〕 中学改为四年制可能是受美国第一个公立中学的影响，那所中学是 1821 年在波士顿建立的英文传统学校，后在 1824 年改名为波士顿英文中学。这所学校起初是三年制，不久采用了四年制模式。三、四、五年制的中学在其他多个州经历了近半个世纪的反复实验，但内战以后，四年制模式变得普遍。

构的基础。这种年级结构试图将特殊学校里不同年龄段的学生的各种特殊学习需求考虑在内。

当今,四年制中学是最为常见的。随着 20 世纪 20 年代初级中学与 60 年代中学的快速发展以及 80 年代末中学的复兴,小学和中学明显出现了多样化的组织模式。在此期间,美国开办了许多中学来调整高中的设施,即,将九年级重新归为高中,这样来使入学人数更为合理。与此同时,为满足年纪较小的青少年的需求而特别建立了许多学校。

从 7－9 年级制转向 6－8 年级制是一个极其显著的转变。自 1970～1990 年美国新建了六千多所中学。1970 年,初级中学的数量大约是中学(此处,初级中学是指 junior high school,中学是指 middle school。下文对后者有详细论述——译者注)的四倍。现在,中学的数量是初级中学数量的两倍多。

一项分析进一步揭示出中间阶段的年级结构的明显转变。该分析结果表明,中学运动在初级中学进行的针对年级水平的持续实验研究使其处于一种高度动态的形势,在整个位于中间阶段年级的组织模式变化非常显著。

20 世纪初,教育家推出了一种从小学到中学的平滑过渡方式,这一建议是建立在青少年心理、社会和智力发展需要的基础之上的,而不是以不同年级结构或分组计划效率的研究基础之上的。当代教育家也提出了相似的建议——针对中学而言——人们认为现在年轻人的青春期比他们的父母来得要早。然而,建立中学的直接原因可能在于这样可以缓解其他学校拥挤的状况。另外还有人认为,中学变革运动也意外地从学校招生人数减少、财政紧缩得到推动。当一些小学甚至高中面临关闭时,中学为孩子们提供了一个舒适的学习环境。

中等教育

学校年级结构的发展与 20 世纪初美国巨大的变化是相并行的。由于出生率和移民率的上升,人口急剧增长;西部不断扩张,并不断向都市化和工业化发展。这些压力促使我们建立一个新的教育体制以更好地满足不断变化的社会现实需要,使移民“美国化”,同时促进社会改革。[1] 加强四年制的中学教育可能是解决此问题的最好方式,于是出现了 8－4 制的组织模式。但随着越来越多的中学的出现,越来越多的孩子到中学学习,缓解从初级中学到高级中学过渡的压力这一需求就凸显了出来。因此,中学运动应运而生。

麦克阿文(McEwin)还引述了一些影响人们接受中学的其他因素,如:国家教育委员会推荐这一改制的报道、辍学问题、关注儿童个体差异的能力测验和心理测验运

〔1〕 读者可能会想研究儿童运动的影响并将社会改革与公共教育的发展作比较。

动、不断变化的社会需求以及人们所需要的教育改革几乎不可能在传统的8-4制模式下实现，而在一个崭新的教育模块下则可能实现的观点。[1]

这一新的教育模块，也就是我们所熟知的中学，其发展非常迅速。1920年，全美范围内的中学大约只有不到四百所，但50年后已超过7 000所。这是历史上第一次青少年可以到特别为他们设计的学校去接受教育。

中学运动

20世纪60年代，由于理论与实际之间的明显差距，人们发起了中学运动。据称，建立中学的意图是为青少年提供一个过渡性的学习场所，以满足他们受教育和自身发展的需要。然而，事实上，大多数中学只是高中的一个初级形式。在这些中学里，部门划分极其复杂，作息时间严格苛刻，校际运动会衔接不紧密并出现了越来越多的令人置疑的社交事件，缺乏探索性活动课程和受过良好训练的、尽职尽责的教员。中学运动为我们的教育开发一个建立在10～14岁孩子们个性发展的基础上的现实性方案提供了机会。而20年代，人们认为如果去除九年级使中学从一个全新的年级开始的话，那么进行必要的改革将更为容易。

现今，对于中等教育而言，中学是最普遍的组织形式，其最常见的年级结构是从6～8年级。从1988～1994年，仅六年的时间里，这种中学的数量从9 086所增长到11 792所，增长率约为30%。[2]

这种中学最大的优越性表现在学生态度和学校氛围方面。一项对该年龄段的青少年发展需要的研究表明，对孩子们来说，计划设置方案的质量比年级结构更重要。以下是几点能改进计划设置的要点：

1. 针对学生身心发展性的咨询计划。
2. 设置以学生需要和兴趣为基础的教学计划。
3. 为学生提供根据自身情况发展的机会。
4. 为学生提供各种各样探索的机会。
5. 为特定年龄段的学生提供精心设计的社会经验的机会。
6. 注重学生的健康，并慎重考虑青少年生理和情感变化。
7. 针对如何教授青少年对教师进行培训。[3]

在最近的一些文献中，对中学问题的研究又再次升温。这些研究的主题包括课程设置、学生酗酒预防方案、均衡的校历、多年龄分组等等。

---

〔1〕 C. Kenneth McEwin, "Schools for Early Adolescents", *Theory into Practice* 22 (Spring 1983): 119-125.

〔2〕 National Center for Education Statistics, *In the Middle* (Washington, DC: U. S. Department of Education, 2000), 57-61.

〔3〕 McEwin, "Schools for Early Adolescents," 123-124.

分组

当批评家对将所有同龄儿童编入同一年级的这一观点提出挑战时，出现了在同一年级水平上再分组的观念。他们批评这种分组方法对学生的管制过于严格。越来越多的学校开始实施年级交叉分组、年级内分组，以及不按年级分组，这些分组方式的前提是它们创造了更加灵活的教学情境，并且能提高教学效率。

教师们普遍认为按学生能力分班能够改善教学效果，这样能够使对不同水平的学生的教学更容易，减少学生的纪律问题并且对学生更为公平。

1922 年以来，从对初等教育和中等教育的大量研究来看，按学生能力分班一直是人们讨论的主题。[1] 尽管绝大多数的教师都认为按学生能力分班能够提高教学效果，但也有许多研究者发现按学生能力分班并不能有效提高学生的学术成绩。[2]

以往的一些研究表明，按学生能力分班对教师给予学生的期望、教师的教学实务（尤其是对能力较差学生而言）、学生的自我认知和对他人的认知以及能力较差学生的成绩产生了不良影响。它阻碍了学生向不同社会经济地位的同伴学习并接受他们，同时可能使他们对上层和下层公民的印像刻板化。[3]

对按学生能力分班的研究一直存在很大争议，没有达成一致的意见，因此这些研究通常并没有什么效果。许多文献提到了“不按学生成绩分组”和“按学生成绩分组”的过程。如果各种形式的按学生能力分班确实不能在学生个人成绩、社会发展以及成就期望方面产生整体的积极效果，那么我们必须找到一个替换它的分组方式。在一本州立学校首席官员会议（Council of Chief State Schools Officers）相关的出版物上列出了按学生成绩分组的文化中的一些共性：

- 能够认识到，按学生成绩分组是由强有力的规范准则所支持的……
- 愿意放宽改革的议程，这样，在按学生成绩分组的结构中的变化就成为变化综合体中的一部分……
- 致力于调查和实验的过程……
- 教师的角色和职责是可选择的……
- 坚持不懈……由那些愿意冒险、强调学术成就和民主价值的领导者主持。[4]

---

〔1〕可参考前人的研究，参见 Walter Borg, *Ability Grouping in the Public Schools*, 2d ed.（Madison, WI: Dunbar Educational Research Service, 1966）；以及 Warren Findley 和 Miriam Bryan, *The Impact of Ability Grouping on School Achievement, Affective Development, Ethnic Separation*（ED 048 - 382, JM 000. 502）（Washington, DC: U. S Office of Education, 1970）.

〔2〕Susan J. Rosenholtz and Carl Simpson “The Formation of Ability Conceptions: Developmental Trend of Social Construction?” *Review of Educational Research* 54(Spring 1984): 31 - 63.

〔3〕Marjorie Wuthrick, “Blue Jays Win! Crows Go Down in Defeat”, *Phi Delta Kappan* (March 1990): 553 - 556.

〔4〕Jeannie Oakes, “Reflections on Detracking Schools”, *Turning Points* 2 (March 1992): 1.

显然，这对校长的领导能力提出了一个挑战。于是，如何使组织从对学生产生潜在的负面影响转变成对学生产生更多的积极影响就成了校长工作的重心。进行结构重组以认清每个学生的潜质可能意味着需要对课程、课时、教学过程以及教学评价进行全面的更新，这的确是一个有价值的挑战！

维尔洛克（Wheelock）指出，在不按学生成绩分组过程中，学生的家长是关键人物。[1] 通过设立计划让学生家长听课和直接参与设计同步教学方案来告知家长这一过程，并让家长参与进来，直到学校全体教员为各种不同类型的课程作好充分准备，这也许能够帮助家长成为这种分组方式的支持者，而不是责难者。

一般人认为，就某些分组方式而言，针对特定学习情境进行精心设计并进行适当的教学调整，哪怕它只成为学生教育的一小部分，对学生来说就大有裨益。这里所说的"适当的教学调整"不是指简单的"为理解力较弱的学生重置"学习材料。

多年龄分组

有些学校已经开始转向在两至三个年级范围内实行多年龄分组，如在小学 1～3 年级内，或是在 4～5 年级内，甚至一些中学也采用这种方式。关于这种分组方式对学生个体以及整个学校带来正面影响的一些报道不断地见诸报端，这其中包括学校中真正的学习型团体的形成、差生正在"迎头赶上"，以及差生们不断取得稳定、明显的进步。从 1996～2001 年，伊利诺斯州的一所小学里，多年龄班级就从几个发展到 90 个。相对于按年龄大小分成的班级，在这种家庭式群体的多年龄班级中集体学习、学生互助的机会似乎更多。在多年龄班级中，后进生不断减少，为年幼的学生更快发展提供了机会，而这些在传统的按年龄划分的班级中是办不到的。

不合理的过分强调

对于我们国家青年的教育问题，已有太多的研究涉及如何进行学生的年级编排与班级组织，或许这并不合适。在根据学生年龄进行年级编排的问题上，人们进行了大量激烈的争论并对此给予了极大的关注。在许多情况下，这些讨论会引起教育家与公众忽视一种可能性，即学校的班级或年级的组织体系一开始就是错误的。有人会冒昧地提出假设，即认为阻碍学生学习发展的障碍可能是学校过分强调根据年龄将学生编排到从学龄前到 12 年级并安排不同的教学内容，而不是学校管理中其他的一些因素。

早在 1913 年，弗朗西斯科州立师范学校的校长弗雷德里克·伯克（Frederic Burk）博士就对传统的分级体系提出了强烈的批评：

---

〔1〕 Anne Wheelock, "The Case for Untracking", *Educational Leadership* 50 (October 1992): 9.

分班体系是以军事体系为原型的。它建立的假设是,即使是对于一些有心智的人,也可以在他们发展的过程中对他们进行整顿和控制。如同在军队中军官控制和指导士兵一样。由固定不变的人群组成的班级以固定不变的步调由一个年级升到另一个年级,这种固定不变的步调是根据"平均水平"学生设定的——一个从单调的数字和混乱的教学方法中诞生出来的代数学上的神话。

五、这种分班体系对各种类型的学生都造成了永久性的伤害。

(1) 首先,这种分班体系对反应迅速、思维敏捷的学生造成了伤害,在这种分班体系下,他们必须束缚自己的步伐,使自己的步调与所谓的平均水平上的学生保持一致。这样做通常是以牺牲学生的学习兴趣为代价的。于是,他们将多余的精力转向一些违反纪律的活动,久而久之,到了中年级,他们中的大部分人变得对学习毫无兴趣、上课不专心,极度叛逆并且不易管理。

(2) 这种分班体系对大批低于平均水平的学生造成的伤害更大。他们必须努力使自己的步调与大多数人保持一致。他们不断努力,并或多或少掩饰自己与别人的差距。但最终他们与平均水平的学生的差距还是会被发现,并被分到另一个更差的班级中去……根据数学上的平均水平来设定教学进度,使几乎一半的班级学生都不能接受良好的教育。在他们开始接受教育之前,就已经注定失败了……这种政策当然是极其愚蠢的,也是极不人道的。

还会有什么体系比这种分班体系在前提假设上更为愚笨、在其情境上更棘手、在具体实施上更具有毁灭性吗?这种体系的每一个前提假设明显都是错误的,它的所有要求都是不可能达到的,它没有带来任何的正面影响,对学生而言极为残忍。尽管如此,这一体系仍然存在并被容忍了几个世纪。[1]

90 年后的今天,学校仍然还在为这个问题争论不休。

或许,关于这个问题的争论中最简单的总结莫过于人们时常引用的这句诗:"难道这就是最棒的组织吗?让白痴们去争辩吧,实践才是检验真理的唯一标准。"然而,不幸的是,大多数学校将学生分班只是为了建构最佳的行政组织或为了教学(或教师)的便利,而不是为了满足学生个体的需要。我们真正需要面对的问题是,给学生一个合理的分班结构究竟是让谁获得最大利益?在任何场合、年级、班级、作息时间、教室、教学评价模式以及课本都是一成不变的,只将焦点放在学生个体身上也难以将此问题根除。

〔1〕 Frederic Burk, *Remedy for Lock-Step Schooling* (Department of Education, State of California, 1913). 文中使用到术语"分班体系",作者提到根据学生的等级或不同程度将小学生分班,而不再分年级。

早期的教学策略

回顾过去几十年的教育发展状况，我们不难发现，人们不断试图将焦点放在学生个体身上。对于这一点，从儿童发展的研究以及教育心理学、社会学以及哲学等领域，尤其是20世纪20年代初期，理论与科学贡献清楚地表明，每个儿童都是一个独特的个体，不能将学习活动整齐地归类。一些研究还证实，每个学生学习的速度不同，学习的方式也不尽相同。从20世纪20年代以后的研究中我们发现，一些具有先进思想的教育思想家和实践工作者设计了大量的新型的结构严密的教学计划。这些计划试图采用新的教学原理和教学理论。其中有些试图通过让学生跳级或以非正式的方式按学生能力分班来解决学生个体间差异的问题。即根据学生的年龄或年级来分班。例如，剑桥三轨道课程和普韦布洛计划。其他一些计划尝试更正式地按学生能力分班，它们根据学生的智力和成绩将学生分班，如底特律XYZ计划(Detroit XYZ Plan)和圣巴巴拉计划。还有一些如圣路易斯的城市学校试图用按季度分班的学季制来缩短教学时间段并使留级的学生减到最少。还有一些计划尝试为学习速度慢或由于疾病导致身体残疾的学生提供特殊的训练，如贝托维亚计划(Batavia Plan)[1]、多尔顿计划(Dalton Plan)、维纳特卡计划(Winnetka Plan)、蒙台梭利计划(Montessori Plan)等，这些计划都试图将整个学校组织起来，以强调学习过程中学生的个体差异，并针对特别学生组织不同的社会活动。[2] 早期的约翰·杜威学校断言：只有通过教师、家长和学生紧密合作才能达到令人满意的学习效果，并且通过这种方式试图使这种美国式的伙伴关系成为现实。[3]

除了上述比较著名的计划和学校以外，近年来还有其他一大批学校试图实施某些特殊的教学方式和方法，如设计教学法、单元教学法、第二课堂方案、契约计划、以学生为中心的教育、按学生能力分班、同质分班、独立研读、经验课程、普遍学习、核心课程以及生活调节方案等。

在这些早期的特殊教学计划和项目中的大多数都是针对小学教育的，因为在小学阶段更容易实施新的教学方法。小学教育几乎仅受到当地社区和学区的约束，相比而言，中等教育受到州立法、地区性的审批标准、高考压力以及州教育部门的规章制度等的严重限制。然而，1932年进步教育协会在中学-大学关系委员会的指导下，通过八年研究对中等教育改革作出了不可估量的贡献。[4] 在那个时候，人们普遍认为由于高等院校在入学考试中无一例外地考查学生过多的文化课程，使得中等学校不得不施

〔1〕 Arthur B. Moehlman, *School Administration* (Boston: Houghton Mifflin, 1951), 276 - 279.

〔2〕 Helen Parkhurst, *Education on the Dalton Plan* (New York: Dutton, 1922).

〔3〕 Katherine C. Mayhew and Anna C. Edwards, *The Dewey School* (East Norwalk, CT: Appleton-Century-Crofts, 1936).

〔4〕 Progressive Education Association, *The Story of the Eight-Year Study* (New York: Harper & Row, 1942).

行一种极受限制的课程模式。

1932年，美国30所中学与大批的高等院校建立了有效的合作关系，并开始了一项为期八年的研究。该研究允许并鼓励参与此项研究的中学从根本上重建所有课程体系，以更好地满足学生的需求，而不管他们是否想上大学。委员会和参与这项研究的学校却持有以下观点：

1. 学生能够在文科大学学习阶段获得成功并不完全依赖于其在中学某阶段某个科目的学习。

2. 学生可以在中学阶段获得各种各样的经验，来为大学阶段成功学习作准备。

3. 中学和大学可以在长期合作的基础上建立并发展一个令双方都满意的关系。

4. 应该找到一种使中学和大学教师能在相互理解、相互关心的基础上共同工作的方式。

仔细分析研究结果可以使我们必须下的结论不容置疑。首先，从那30所中学毕业的学生在大学阶段的学习情况均表现为良好。其次，改变原规定模式的科目和课时并没有削弱学生们努力学习想考大学的意愿。最后，从参与此研究的学校的学生来看，与能力相近的学生相比，他们在大学里的大多数基础课程的成绩表现出明显的优势。[1]

这些新兴的教与学的方法所造成的整体影响对于打破传统学校固定的教学模式、拓宽课程起了很大的作用，此外还鼓励了某些特殊的与教学相配套的服务的显著增加，如视听教学材料、图书馆建设、课程相关材料、指导用书、实践机会、学生餐、校车、学校医疗以及其他娱乐设施。

回顾中等教育的早期发展，我们可以很清楚地看到，小学的教学体制发生了根本的变化，学校更加关注学生个体。在中等教育水平上，体制的变革主要在拓宽学校提供的相应服务，提供更多样化的课程，而不是改变教师的教学程序。中学和初中在这些变革中受益匪浅。就学生发展和学习方式而言，最近一些变革的特征表现为以学生为中心。

回顾这些历史性的教育运动，我们可以追溯到20世纪20年代由约翰·杜威、弗雷德里克·伯克、威廉·基尔帕特里克(William Kilpatrick)、卡尔顿·沃什伯恩(Carleton Washburne)、乔治·康茨(George Counts)等一大批进步教育派学者所领导的生活适应运动。这次运动在20世纪40年代末期到50年代初期开始走下坡路，并被批判得名誉扫地。随着苏联人造卫星上天，人们很快又回到传统的教学模式和学校教育上去，并开始强调“基础课程”。此时，大多数组织已不再重视学生的个体差异。随后，到了60年代和70年代，当人们开始发现一些由城市引起的主要问题时，进步派

[1] Progressive Education Association, *The Story of the Eight Year Study* (New York: Harper & Row, 1942), 116-117.

思潮又再度盛行。无论是从理论上还是从实践上,学校并没有作好一切准备来满足少数民族以及来自不同文化背景的学生的需要;因此,一场全新的教育运动开始了,它鼓励新的教学方法,甚至建议施行与普通公立学校完全不同的学校教育模式。[1] 不幸的是,由于没有吸取以往的经验教训,这场新生的运动最终以失败告终。这是教育领域中一个极其严重的问题,即我们倾向于忽视前人在处理相同或相似的问题上所作尝试的结果。

强调改革与创新

当社会力量对教育的新理念提出要求时,联邦政府通过美国教育局采取了一系列新举措:普及教育改革与创新理念。1954 年,布朗诉教育委员会(*Brown v. Board of Education*)一案拉开了这场改革运动的帷幕。随后国家出台了一系列补充性法规。如,1965 年颁布的《初等中等教育法案》指出了美国教育的不平等并设立了特别的基金用于改变这种存在于贫民集中区不平等状况。起点计划、力争上游公债计划以及提高计划也有相似的目的。第三法案特别鼓励人们提出新的教育理念,鼓励人们对传统教学方法提出质疑并转变对教育的态度。一大批全新的、极富吸引力的教与学的计划如雨后春笋般涌现出来。在 20 世纪 70 年代早期,提倡改革的一些教育家提出新的教学方法,并提出一些新的教育术语,如"团体教学"、"开放式教学"、"统整日"、"非主流教育"、"分化的人员编制"、"独立研读"以及"实验学校"等。

这一时期对教育改革所提出的批评通常是:在许多情况下,人们只是为了改革而进行改革。特别是年轻人和一些对改革一无所知的人一次又一次地发现这些改革的意图,因为它们与 20 年代到 60 年代所进行的教育改革中相似的经验和计划少之又少,我们也很少吸取过去的经验和教训。除了这些负面的结果之外,这一时期确实出现了一些令人欣喜的新的教学方法,并为成功进行改革创建了较适宜的环境。

改革运动的结果

当人们回顾改革运动中进行的一系列实验、计划方案以及所提出的一系列教学方法的组织形式时,人们会留下这样的印象:在过去的这个世纪中,教育在具有创新性的思想家的引领下不断改变,充满了活力与令人欣喜的冒险活动。这个印象在教育的"边缘"上是真实的,但是,由这些开拓性的项目中所提倡的积极的教学方法本应得到普及,然而,由于种种原因,在实际操作中,这些教学法通常令人困惑又难以捉摸。无论其精神还是方法似乎并没有洞悉教育的核心。暂且不论这些开拓者的尝试及现有

---

〔1〕 R. Freeman Butts, *Public Education in the United States-From Revolution to Reform* (New York: Holt, Rinehart & Winston, 1978).

方法对传统的改变，

- 现在，我们并没有按照我们所了解的方法教学生；
- 一般而言，我们并没有营造最佳的学校环境给学生提供最佳的学习条件；
- 我们仍然在教书而不是在教学生；
- 我们是为群体而不是为学生个体构建学校的组织；
- 在学校管理过程中，我们仍然把所有的教师视为毫无差别，认为所有的学生以相同的速度、相同的方法学习相同的课程；
- 我们仍然把学校作为学生学习的唯一场所；
- 我们仍然认为学生只能向成年人学习，并且此成人必须具有某种资格。

有远见的教育家会认为，我们学校教育的许多领域都需要改善。然而，事实并非如此。我们并没有借鉴那些能够改善学校教育现状的成功方法，原因在哪里呢？是资金不足吗？是学生太多吗？是缺乏受过良好教育的教师吗？是时间不够吗？是意志薄弱吗？是领导的能力不强吗？还是我们缺乏献身精神？保持学校教育的现状合适吗？此外，我们学校体系中的组织与结构究竟在以何种方式在阻碍着变革呢？

创造性的人才通常能够找到解决问题的捷径，对于学校教育问题也不例外。在下面的章节，我们会给传统学校提出一些选修学校的发展成熟的或正在进行中的办学方法。

选修学校的学校教育

选修学校的快速发展

20 世纪 70 年代早期，选修学校的发展代表了对传统公立学校缺乏弹性的组织结构和课程设置的挑战。美国存在许多反对传统教育的学校，这些学校通常以私立学校为代表，他们是整个教育系统的一部分。在过去的几年里，这些私立学校培养了 13% 的学龄儿童。然而，70 年代的选修学校运动并非以反对公立学校为目的，而似乎是与那个时期社会不安定相一致，相并行的。那次运动包括私立和公立两种教育，并使学校官员意识到，如果我们的教育体系要生存下去就应该更灵活，就要对学生的需求随时作出积极的回应。

什么是选修学校？

正如教育领域中的许多概念一样，我们很难给选修学校下一个被广泛认可的定义。不过，以下七点是大多数选修学校所共有的特性：

1. 选修学校比传统的、常规的学校规模小，组织结构更简单。

2. 其行政部门职责分明，每个部门有其专门人员与方案，有着与常规学校存在很大差别的独特的氛围和校风；此外，他们还致力于使学生和教师对学校产生强烈的归属感。

3. 特别注重各个阶段的师生互动。

4. 在选修学校工作学习的学生和教职员工完全是出于自愿的，而不是受到指派的。

5. 其教学方案是为了满足特殊学生团体的特殊需要、兴趣以及需求而设计的，这与常规的学校存在很大差别。

6. 其教职员工拥有充分的自由，故选修学校可建立自己独特的教育视角。

7. 选修学校的办学目的不仅仅局限在学科教学上，其本质是以学生为中心的，目标是学生的全面发展。

选修学校强调自由的理念——个体学习、成长的自由，学生可根据自己的好奇心去学习，做他们感到必要的事情来满足自己的需求。从本质上说，这些学校都不太强调学校常规的组织结构，也不像常规学校那样正式，它们强调灵活性与开放性。它们以其能够对人们的需求作出及时的反应，以其拥有改革能力并能重塑结构以应对时代的挑战而自豪。

无论是公立还是私立的选修学校在各教育阶段上都设有学校，包括托儿所、小学、中学和大学。与它们较正式的名称——选修学校相比，人们还称之为“背道而驰的学校”、“酷校”、“没有围墙的学校”、“实验学校”、“自由式学校”、“大众学院”、“独立者学校”、“个性学校”等。在20世纪70年代早期建立了几千所这样的学校。然而，许多在建立后不久就停止办学，有的转变成传统学校，有的则通过某种方式变得“常规化”了。起初，选修学校的出现看起来是在与传统学校相抗衡的一次运动。许多教育集团投入大量的私人资金与精力建立他们自己的学校。不久，有些代表少数民族的集团渐渐形成了一股政治力量，它们呼吁社会的广泛关注。因此，选修学校转变成常规学校的一部分，这一事件成为下级同上级较量并获得胜利的有趣个案。

选修学校成为公立学校的一部分

尽管许多选修学校是为了与公立学校教育系统相抗衡而建立的，有趣的是，它们中有许多实际上都是由公立学校发起甚至支持的。在特定的地区内或学校自身内部，它们变成了一种具有特殊性质的学校。通常，选修学校是为了防止学生辍学而建立的，它们建在贫民区或者市区内。专门为少数民族建立公立学校，以满足他们对教育体系改革立即响应的需求。

加州继续教育系统以其提供的灵活多样的公共中等教育形式享誉全美。1965年，加州颁布了一项法规，规定所有的学区必须建立并保持选修的继续教育学校的持续发展来应对学生的辍学问题。这些学校的形式是多种多样的，有面向正在工作的学生的“开放式大学”，有面向有身体残障学生群体的特殊学习中心，有面向辍学在家的学生群体的街道学习中心，有面向少年以及16～18岁青年的职业发展中心，还有面向一些问题青年及有潜在问题青年的正式的继续教学，内容包括职业教育或一般的学科教育。

加州中等教育改革委员会(RISE Commission)指出加州教育系统实行全面改革的要求是：“使教师的教学更有效，使学生的学习更愉快，使教育更具传导性，使学生保持持久的学习兴趣。”[1]由于该委员会的支持，加州立法通过了《选修学校法案》，它鼓励并授权每个学区的管理层建立并维持选修学校。[2]显然，仅仅简单地改变程序或是在以往已经证明为失败的方法上继续浪费时间和精力是不能解决任何问题的。

现代选修学校运动

20世纪70年代早期，选修教育运动轰轰烈烈地开展了。到了80年代中期至90年代开始变为“选择性学校运动”。从哲学意义上说，每个学生都应该能够选择灵活多样的学习方式。尽管还没有得到全面实施，但这一思想已为人们广泛接受。现今，政府立法开始鼓励选修学校的发展。这样，我们的孩子们才能为步入21世纪作好充分的准备。

尽管许多选修学校对招生的限制十分严格，但它们不仅在数量上与日俱增，而且规模也在不断壮大。但它们的存在与持续发展确实岌岌可危，因为它们十分依赖有奉献精神和有进取心的领导、持久的兴趣以及某些特别资金。但它们并不是某些人所指的那种不可靠的组织。

瑞威德(Raywid)在一项关于选修学校的调查中指出，约一半学校的办校时间至少在六年以上。她的调查表明这些学校的持久性令人惊讶，如同一般的选修学校运动的持续发展一样。[3]与众多由政府基金支持启动、最终由于政府基金不再支持而无法继续下去的某些特别的项目相比，选修学校一直非常有效、普及，足以吸引大量地方性或私有资金来资助。

20世纪70年代，选修学校为全美约一百万的孩子提供了各种各样受教育的机会，这个数字约占小学和中学招生数量的2%。无论学区大小，都设有此类学校。然而，在相对较大的学区里，存在更多的选修学校。尤其是中等教育，约为小型学区学校

[1] *Report of the California Commission for Reform of Intermediate and Secondary Education* (Sacramento: California State Department of Education, 1975).

[2] 该法案从1977年4月30日开始生效。尽管近年来立法机构对其进行了几次修改，这个项目到现在仍在持续。

[3] Mary Anne Raywid, *The Current Status of Schools of Choice in Public Education* (Hempstead, NY: Hofstra University, 1982), 97.

的两倍。[1] 1995 年某州不到 300 个学区中就有 86 所选修学校。

所有这些证据都表明：选择性学校运动仍然非常盛行。人们不再认为它们是激进的、独特的，因为它们已不再是处于教育边缘的运动了，而是成为许多学区规划中一个非常重要的部分，它也一定会对教育的主流思想产生影响。这样，设计并建立诸如特许学校一类的办学形式的学校被视为一种解决问题并为特殊学生提供受教育机会的可行方法。

特许学校

特许学校一直被人们称为“……美国最具活力的一次改革。”曼诺等人(Manno et al.)将特许学校定义为：“……一种拥有多样选择的独立的公立学校，它不受任何常规的约束，但得对任何后果负责任。”[2]它们带来了希望并给人们以更大的期望，其中也包括教育改革的关键部分。

这一思想最初是在 1993 年由两个州传播开来的，到 2000 年，36 个州的超过1 700 所学校都接受了这种思想。美国立法已经核准了许多项目，这些项目拥有各式各样的资金来源、富有理想的发起人、自治团体以及各项教育法规的应允。学校采纳了大量的教学方法，其中有许多是在传统的公立学校中普遍使用的。一大批特许学校正在使用回归基础的教学方法。事实证明，这一方法提高了学生在标准化学绩测验中的成绩。

还有一些特许学校的教育还包括以家庭为基础的学生家长参与的教学方式。常规学校也很愿意采取这一做法，并鼓励更多的家长参与，建立家长学校，让更多的家长参与如何教育孩子的讨论。由于有了互联网、社区范围内的局域网以及有声邮件，建立这样一个系统就变得更现实。正如我们在第三章中提到的，学校应该注意到家长参与的几种障碍。这是一个极有价值的投入。许多特许和私立学校都证实了这一点。

回顾加州关于特许学校的立法，哈特和伯尔(Hart & Burr)警告说：“特许学校可能会出现如其他创新活动所遇到的同样的弊病，特许学校有时……关注行政管理方面问题而陷入政治斗争的泥沼中……特许学校应该始终关注课程、教学以及教育评估。”[3]这是每位校长在衡量是否有必要投入时间和精力到某个项目中都应该考虑到的。

特许学校的校长与传统学校校长的角色也相去甚远。特许学校的校长的工作通

---

〔1〕 National Association of Secondary School Principals, *A Decade of Alternative Schools and What of the Future* (Reston, VA: Author, October 1978).

〔2〕 Bruno V. Manno, Chester E. Finn Jr., and Gregg Vanourek, “Beyond the Schoolhouse Door: How Charter Schools Are Transforming U. S. Public Education,” *Phi Delta Kappan* 81 (June 2000): 736.

〔3〕 Gary K. Hart and Sue Burr, “The Story of California's Charter School Legislation,” *Phi Delta Kappan* 78(September 1996): 90.

常涉及关于人员配置、财政预算乃至课程设置方面。通常，特许学校的校历都比传统学校的 180～185 天要长。为学校做推销是特许学校校长的一项重要工作。举行访问日、决定学校的发展方向、向不同的团体发布学校的使命、为推销学校准备各种材料、举办可视化的媒体宣传的活动等都只是推销工作的一部分。他们要比传统学校的校长在维持办学资金方面花费更多的时间和精力。

在家就学

渐渐的，越来越多的学生开始在家里接受教育。据估计，约有一百万学生在家里上学，"……这只不过是今后 20 年教育状态的写照。"[1]一般来说，家长在自己孩子年幼时让他们在家里接受教育，然后送他们去公立或私立学校再接受至少六年的教育。有时候，在家就学的学生的成绩很不错，他们中的许多人都有能力进入好的高等院校进一步深造。

有时，人们也关注接受家庭式教学的孩子的社会化程度以及社会技能。在家就学的孩子能够与不同年龄阶层的人交流，正因为如此，他们学着与形形色色的人们相处，他们的交际圈比同龄在学校上学的学生要宽得多。在家就学的学生的交际圈不仅仅局限于他们的同龄人或是兴趣相投的人。麦德林（Medlin）指出在家接受教育的学生"……自尊心强，比同龄学生存在问题少得多……并且更成熟，更具有领导才能"。[2]

在家接受教育的学生一直在向公立学校请求能够享有某些服务，其范围包括从参加某门课程（如艺术、技术、化学）的学习到参加学校的体育队。其中，参加体育队这一请求给一些学校带来了难题。一方面，不让某些在家上学的孩子参加可能就将一些有天赋的运动员拒之门外。例如，2001 年全国大学生运动员协会一分队中就有两名是在家就学的学生。另一方面，如果他们不是某校全日制的学生，他们真的能够代表学校吗？

对学生个体的持久不变的关注固然重要，然而，学习州以及地方教育法规也是必不可少的。重新审视关于学生分班、考试等地区性法规以及由此引起的预算开支，参与者和其他一些相关问题等是非常有用的。对在家就学的学生予以关注，为他们提供参与到较大的一些社区中去的机会，并加强他们和社区的联系。[3]

选修学校的经验教训

总之，选修学校已经开始使多样性制度化，并成为全国某些学区为大众接受的建设良好的教育组织的组成部分。从某种意义上说，它们的成功使这场运动中的某些先锋者相信他们被人们所接纳并从中获得更多勇气。更进一步说，他们的成功在于：使

---

〔1〕 Michael P. Farris and Scott A. Woodruff, "The Future of Home Schooling," *Peabody Journal of Education* 75(2000): 254.
〔2〕 Richard G. Medlin, "Home Schooling and the Question of Socialization," *Peabody Journal of Education* 75(2000): 119.
〔3〕 参见第十章中有关虚拟中学的讨论。

许多学区都将选修学校作为一种方式来应对某些特殊情况，尽管可能存在某些问题，比如：(1) 为问题学生设立特殊的教学方案或教育方式；(2) 为充分的种族融合(或废除学校的种族隔离)建立选修学校或磁力学校以满足法律需求；(3) 为有特殊天赋的学生或有才能的孩子提供特殊教育的机会。[1]

抛开这一趋势不说，选修学校所代表的哲理及程序对改进美国学校未来的结构显然起着至关重要的作用。因为选修学校成了人们头脑中印象深刻的成功实例。它们在改进学生的(1) 态度，(2) 成绩，(3) 自我概念以及自尊心，(4) 参与程度，(5) 行为，(6) 学习成绩等方面特别有效。再则，它们激发了学生的学习兴趣，增强了他们学习的意志，并降低了辍学率。[2]

是什么使这些学校如此成功呢？审视一下这些学校的办学特色，应该能够在教学方面帮助各类学校的校长(目标在于重建学校特色的"精华")。首先，选修学校极具灵活性与适应性，为学生提供了更为多样的学校活动，如独立研读日，社区服务，田间作业，实验学习，实践学习，以及交流访谈等。它对学生的特殊需求以及特殊的问题作出了更直接的回应。选修学校的教职员工较少，师生的比例非常恰当，约为 18 名学生对一位教师。教师和学生选择留在校内是现今一个普遍流行的特色。这些学校非常强调师生互动的重要性，这一点比任何特征都重要。老师也不仅仅是学术专家，他们自由选择各种教学任务，并采用各种不同的方式进行教学。在整个学校范围内，控制力常驻人心，因为人们感到教职员工和校长共同组成了一个非正式的管理教学团体。校长的角色与我们理想中的教育领导者更为一致。最好的学校自治力水平最高，如同前面我们所讨论的特许学校。学校中管理方面的琐事增加了职员间的亲密性。教师似乎是学校改革的一支关键力量。他们彼此之间的态度如同对待朋友和团体中的同事。教师将学生看做自己的家庭成员，从不因为他们的一次失败而放弃或拒绝帮助任何一个学生。学校的氛围极其自由——学校越独立，学生在作出一项重大决定时就越能提出好的意见和建议。学生信任老师，并不将他们看做监护人或训练自己的人。选修学校非常强调人际关系与人际互动。这些学校通常设有多年龄班级，教师的教学指导频繁，循循善诱。最后，教师和学生对学校的不断思考成为选修学校的重要特征，这一特色可以鼓励人们去不断寻求改善的方式。

大型学校中的小单位

大型学校中的"小学校"的概念是在二战后学校招生人数剧增的时期实验性地提出的。由于人口的快速增长以及人口的迁移，全国范围内各学校的规模都在不断扩

---

〔1〕 Elizabeth Sendor, "The Residential Magnet School Attracts North Carolina's Best and Brightest," *American School Board Journal* (April 1984): 38 - 39.

〔2〕 Mary Anne Raywid, "Synthesis of Research on Schools of Choice," *Educational Leadership* 41 (April 1984): 70 - 78.

大,人们越来越意识到学生间的亲密行为、个体间的联系与沟通以及个体与学生、教师、管理者之间的互相影响在不断减少,并对此表现出越来越多的关注。所以,特别是在大城市,人们提出一些计划,希望将大型学校在管理上、组织结构上,甚至是在教学上分成一些小的单位。

这些计划的基本目的是:在较大的整体内建立在某种程度上自治的小单位。它应该让每个学生拥有完全参与的机会,给每个学生个别关注,给他们令人满意的人际关系、归属感以及让他们参与到具有小社区学校特色的学习活动中去的机会。以这个目的而建立的组织还有其他的称谓,如"小学校计划"、"家校计划"、"群体"等。麦克帕特兰和乔丹(McPartland & Jordan)也对这一组织形式表示支持,因为它们"……可以增加特色的教学,提高学生的成绩,提高出勤率以及改善整个校风"。[1]

这类学校最典型的办学规模为300~600名学生。每个单位都配有专门的管理人员、顾问以及基本的教职员工,他们被安排在某些特定的房间内。将学生分配到某个这样的"小学校"或单位中共同接受基础课程的教学,并在所有的常规活动中共同学习、工作。只有在必须开设的特殊课程、参与某些特殊或高级项目时,他们才与整个学校的同学使用同一作息时间。此外,学校里主要的基础设施,如图书馆、大礼堂和体育馆也可以被几个小单位共用。

图9.1列出了如何在中学建构小单位的一种方式。这个框架也可以应用到大学当中。在这种框架下,小单位等同于生活小组、宿舍或是某些生活小组的联合体。另一方面,中学的规模也足够大,可以在一些规模较大的学校中建立某种"家庭式"的小单位。

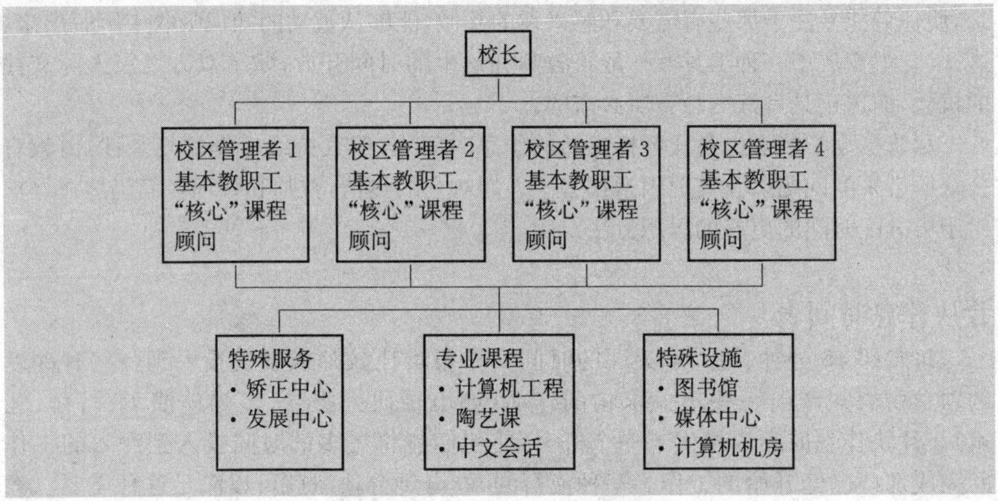

图9.1 校中校组织结构图

〔1〕 James M. McPartland and Will J. Jordan, "Restructuring for Reform: The Talent Development Model," *Principal Leadership* 1 (February 2001): 28.

较小规模的由教师领导的跨学科的小单位可以缓解学生之间的疏离感。制定团体内学生构成方式的决定是最基本的。这些小单位只能作为追踪学生情况、根据他们的成绩将他们分成几个层次的一种方式吗？奥克斯利(Oxley)认为小单位是拓宽学生选择范围的一个契机，而对于某些学生而言，作出这些选择也可能会减少他们的机会。[1] 她提倡小单位应该是同质的。正如我们在前面所提到的追踪学生情况一样，这种做法可以减少将特定的教师分配到特定学生群体中去的可能性。

学校的作息时间安排

时间是学生最主要的投入，从某种意义上来说，这是一种"信托基金"——完全由别人控制，而不是投资者本人。安排学生时间的分配是一项非常重要的任务，我们应该更注重学生的学习，而不是那些出于官方便利考虑的因素。人们所熟知的传统的中学作息时间是这样的：每堂课 40～45 分钟，每周上五天课。为顺应创造更好的学习机会的需求现在人们已经对此作出了一些改变。

在中学阶段，模块时间安排试图提高教学模式的灵活性，摆脱日复一日、周复一周、月复一月、全年如是的 40～60 分钟课时的束缚。而灵活的作息安排则是建立在较短的时间模块上的，通常是 10～15 分钟为一个模块。因此，作息时间便可以每天或者每个星期制定一次，可以根据学生学习的需要和学科的开展和准备所需要的时间将不同数量的时间分配到不同的科目和学生活动中去。

这种灵活的作息时间表最根本的目的是使学习个体化和个性化，将学习者解放出来，使他们能专注于那些有需要和感兴趣的领域，能够从被动的知识吸收中解脱出来。这样，它就变成了一种工具——能将教师和学生的时间开放，赋予双方发展人际交往的机会，而这正是良好的教育所必需的。

尽管当今学校实施各式各样灵活的作息时间表，但其持续运作的复杂性，由教育公众所带来的问题以及其他因素伤害了人们对它的热情，教师和管理者们仍然在寻求对于可分配时间的更好的运用方法。

片块作息时间表

每堂课 45 分钟、每周五天课的时间安排很难让教师或学生投入到一些有深度的项目中去并产出一些精益求精的作品(如电子研究报告、多媒体演示、写作、艺术)。片块作息时间表提供了一个机会，使他们能将更多的时间投入到深入的工作并完成那些已经开始的工作。一种流行的 90 分钟分块法就可以满足这种需要。教师们可以——实际上，他们必须在这种 90 分钟时段内运用不同的教学技巧。目前

---

〔1〕 Diana Oxley, "Organizing Schools into Smaller Units: Alternatives to Homogeneous Grouping," *Phi Delta Kappan* 75 (March 1994): 522.

存在许多种不同的片刻作息时间表，其中使用最多的一种是八片块法，也就是将一天的时间简单地分为四个时段，每隔一天换一次。根据这种方法，一名学生的作息时间表可能会像这样：

红色日：	白色日：
法语	英语 2
健康/体育	生物
历史	计算机实验/学习
数学/科学	艺术

很明显，一个人在五月的时候还不能决定在八月从传统的作息时间表转换到片块作息时间表。教职工计划、社区的支持和学生准备将会占据两到三年的时间。一旦学校董事会支持这种构想，那么将社区引到一个支持性的位置就显得非常重要。教师们早期进入计划过程能够抑制各种严重问题的产生。召开一系列会议来确认议题、问题和全体职工发展需求可以视为一个起点。一到两年内全体职工发展的问题，可能有助于产生一些关于如何利用延长的时间，以及预计如何利用延长时间而带来资源利用问题的观点。仅仅将发黄的作息时间表延长 50%的时间模块是不会起任何作用的。

学生也需要为这种片块作息时间表作好准备，这样他们才能计划在"每隔一天"的时间安排基础上完成任务，并利用延长出来的时间使用新的技术或采用新的学习方法。采用片块作息时间表应随时满足要求变化的需求并赢得家长和学生的广泛接受。一般来说，初中生和高中生不太喜欢这种构想，因为他们已经根据传统的作息时间表生活了 10～11 年的时间。一个学生写道："……家长们支持片块作息时间表，只是因为他们相信这能提高学习成绩。"〔1〕如果学生们没有使用过片块作息时间表，那么改变他们也许需要一些特别的方法。如果学校试图寻求更广泛的机会，选修课和上级许可是非常重要的因素。〔2〕

平行片块作息时间表

在初等教育阶段，平行片块作息时间表能够提供机会来协助解决团队问题，将更多的时间花在完成任务上，引起更多的个体关注，并且能在课堂的层面上作出决定。那些尝试过的校长和教师们告诫说，团体成员必须愿意参与并且必须接受他们的班上会出现更多的学生。当这些孩子们在校的时候就没有时间开团体讨论会。在这个行动中，收益远大于不便，教师们相互赢得了作为业内人士的尊

---

〔1〕 John R. Slate and Craig H. Jones, "Student Perceptions on Block Scheduling," *High School Journal* 83 (February/March 2000): 63.

〔2〕 现在有许多书籍是指导人们如何设计片块作息时间表的，如 Thomas L. Shortt and Yvonne V. Thayer, *The Complete Handbook of Block Scheduling* (Bloomington, IN, Technos Press, 1999).

重，纪律问题也减少了。[1] 如图 9.2 所示的平行片块作息时间表，所针对的是一个由四位二年级教师和 75 个学生所组成的团体。当学生们能参与“走出去”方案的时候，也就有了课外活动的时间。当班上的其他学生（约有一半的人）在进行课外活动的时候教师能够同一组学生工作。校长的任务是同某些教师一起制定“走出去”方案的时间安排。校长还需要能够找到实施该项目的空间。尽管这个项目在四个常规大小的教室中就能完成，但是如果找到能够容纳更多人进行团体活动的教室就更好了。

A	8：40～9：40	9：40～10：40	10：40～11：40		12：10～12：40	12：40～1：15	1：15～1：50	1：50～2：25	
1,5	阅读指导课 阅读指导课 5	开放课 1,5	阅读指导课 1	午餐 11:40~12:00P.M.	特殊准备时间	数学 1	数学 5	科学 社会研究 健康课	组织与解散 2:25~2:30P.M.
B 3,4	阅读指导课 3	阅读指导课 4	开放课 3,4		数学 4	特殊准备时间	数学 3	科学 社会研究 健康课	
C 2,6	开放课 2,6	阅读指导课 2	阅读指导课 6		数学 2	数学 6	特殊准备时间	科学 社会研究 健康课	
扩展课	1/4	3/6	5/2		3/6	5/2	1/4	准备时间	

图 9.2 二年级片块作息时间的一个实例

作为对其他类型作息时间表的补充，一种平行片块作息时间表引起了人们的关注和评论：它很容易将团体分开，但同时也容易忽略个人的进步，所以一个学生很可能在很长时间内被禁锢在一个水平上。当然，这样的安排也可以更加合理，只要能注意到学生在课外应该学会如何跟一个新的团体合作。显然，这些应该在学生进步方面加以权衡。

[1] Robert L. Canady, “Parallel Block Scheduling : A Better Way to Organize a School,” *Principal* (January 1990): 34 - 36.

现实导向的学习

针对现实生活的情况与问题来构造学习机会并不是一个新的理念，但对于那些正致力于此的学校，这些还是很有创新价值的。一些职业性项目过去曾尝试过处理现实问题，尽管所涉及的都是一些以往的问题和技术。当前的技术预备方案正努力试图将那些过于学术性的科目融入到实际应用的主流中，并希望由此引起更多的有能力的学生的兴趣。

教师们已经注意到在创立初级水平上“经济社区”的成功。学生自己经营银行、商场、社区委员会等等，这样就使一些理论、规律应用于这种“教室社区”的运作成为可能。社区中的外来专家可以在教室里就其结构、决策、财政等问题给学生们提供帮助。这项方案相应产生了一系列结合训练的丰富多彩的活动项目和学习机会，而不是简单地将它们划分成 30 分钟做此事，另外 20 分钟做其他事的个别学习过程。

现实生活中的工作任务很少是这样划分的。企业员工在处理实际问题时也很少各自为政。大多数问题由大家合作解决完成，或交予既有的团队来处理。很少有企业在解决问题过程中其员工是各自孤立的。学校就是这种人们孤立解决问题的实体之一。在学校中，教师是孤立的，甚至在解决给定问题时，学生也是孤立的。

一些学校正在实践一种以学生为中心的教学方案，在解决问题过程中强调各学科的融合以及适当的合作。以下是该方案的一些基本设想：

1. 学生达到最佳学习效果的方式不是千篇一律的。
2. 不是所有的学生都在同一时间对同一件事感兴趣。
3. 学习不是封闭的，而需要思想和素材上的互动。
4. 学习具有连续性，并与个人经验相关联。
5. 学习具有社会性——学生之间互相教学。
6. 学习具有超常性。
7. 当学生能够影响学习环境时，他们会学得更好。
8. 对于拓宽提供给他们的选择面，学生应具有一定的发言权。
9. 学习过程是学生探索行为的自然产物。

通过这样一种教学手段意味着学习环境也为上述设想提供了验证和发展的机会。任何教室都可以非正式的方式来进行设置。尽管一间精心布置的教室对教学很有帮助，但一间没有墙的开放性教室也是必不可少的。

在最好的情况下，这种精心构造的教学方式可用以保证学生基础知识的掌握。校长具有决定性的作用，他不仅要帮助教师和学生来贯彻实施学生为中心、现实为导向的学习，并且要确保方案实施有助于学生达到教学目标。

均衡的校历

"全年平均上课制"和"均衡的校历"的意义是不同的。"全年平均上课制"是20世纪60年代末期提倡的一种制度,因为除了其他优点外,它能够使教学设施得到更充分的利用,这样就减少了更新设施的需求。由于学校招生人数的逐步持平甚至下滑,来自这方面的压力减小了。作为其"全学年运动"的一部分优势丧失了。另一方面,"均衡的校历"制度似乎开始引起大家的兴趣。

对于老师和学生而言,"均衡的校历"与传统学校的一学年包含相同的学习日,即180～185天。而"全年平均上课制" 更长,一般为200天或更长的时间。"均衡的校历"将这180天(或其他任何规定天数)分散到全年的12个月中,季度之间有假期(一般为三周)。

图9.3给出了一个"均衡的校历"中 教师的日程。对于教师,学年的第一天是7月26日,最后一天是6月15日。每个三周假期(见标有B的日期)中的一周将专用于"拓展学习机会方案(ELOP)"。ELOP允许学生做补习性功课或参加培训班。老师可自愿参加ELOP并将得到额外薪酬。

教师合同按照工作天数来制定,这一点与该地区的其他教师相同,其薪水标准也相同。在图9.3的例子中,校长的合同是203天。学校的一项研究表明,教师们利用季度间的三周假期制定出课程改进方案并开发出多种指导性方法。[1] 校长注意到采用新教学日程后家庭迁移率由34%降到18%。如果学校中55%的人符合第一法案中规定的合法的居民,迁移率的下降还是很显著的。

不幸的是,人们所作出的一些指导性事情的决定总是会被遗弃,因为它总是不符合人们的习惯,很难融入已经存在的组织结构中,或者与学校的文化相抵触。学校的结构对学校教育的改革非常抵制。对"全年平均上课制"概念的广泛接受也许会是这种僵化的学校组织结构的一个突破口。

一周四日工作制

一些学校已经试行了一周四日工作制。在某些情况下,天气条件和能源消耗是决定采用这种工作制的主要原因。这样将会节省维修和管理人员的费用。对于那些支持片块作息时间表的人来说,类似的理由也能促使四日制的施行,因为学生每天将在学校留更长的时间,这样他们会更能集中精力去完成手边的学习计划。同时也会节省交通费用,特别是在那些地理跨度较大的地区。

---

〔1〕 Delwyn L. Harnish and Najmuddin Shaik, *An Evaluation of Southern View Elementary School's Year-Round Program* (1999): 35.

七月

日	一	二	三	四	五	六
						1
2	NS	NS	NS	NS	NS	8
9	NS	NS	NS	NS	NS	15
16	NS	NS	NS	NS	NS	22
23	AT	AT	FD	27	28	29
30	31					

八月

日	一	二	三	四	五	六
		1	2	3	4	5
6	7	8	9	10	11	12
13	14	15	16	17	18	19
20	21	22	23	24	25	26
27	28	29	30	31		

九月

日	一	二	三	四	五	六
					1	2
3	X	5	6	7	8	9
10	11	12	13	14	15	16
17	18	19	20	FQ	PT	23
24	SI	B	B	B	B	30

十月

日	一	二	三	四	五	六
1	B	B	B	B	B	7
8	B	B	B	B	B	14
15	16	17	18	19	20	21
22	23	24	25	26	27	28
29	30	½ WS				

十一月

日	一	二	三	四	五	六
			1	2	3	4
5	6	7	8	9	X	11
12	13	14	15	16	17	18
19	20	21	22	X	X	25
26	27	28	29	30		

十二月

日	一	二	三	四	五	六
					1	2
3	4	5	6	7	8	9
10	11	12	13	14	MY	16
17	18	19	SQ	B	B	23
24	B	B	B	B	B	30
31						

一月

日	一	二	三	四	五	六
	B	B	B	B	B	6
7	8	9	10	11	12	13
14	X	16	17	18	19	20
21	22	23	24	25	26	27
28	29	30	31			

二月

日	一	二	三	四	五	六
				1	2	3
4	5	6	7	8	9	10
11	X	13	14	15	16	17
18	WS	20	21	22	23	24
25	26	27	28			

三月

日	一	二	三	四	五	六
				1	2	3
4	X	6	7	8	9	10
11	12	13	14	15	TQ	17
18	19	20	21	22	23	24
25	B	B	B	B	B	31

四月

日	一	二	三	四	五	六
1	B	B	B	B	B	7
8	B	B	B	B	B	14
15	B	17	18	19	20	21
22	23	24	25	26	27	28
29	30					

五月

日	一	二	三	四	五	六
		1	2	3	4	5
6	7	8	9	10	11	12
13	14	15	16	17	18	19
20	21	22	23	24	25	26
27	X	29	30	31		

六月

日	一	二	三	四	五	六
					1	2
3	4	5	6	7	LD	9
10	E	E	E	E	E	16
17	NS	NS	NS	NS	NS	23
24	NS	NS	NS	NS	NS	30

图 9.3 某学年的均衡校历

NS——休息 PT——家长、教师专题讨论日 SI——特殊讨论会 WS AT——教师专题讨论日
X——节日 MY——年屮 FD——开学ㅂ FQ SQ TQ——李度结束 B——休息日 LD——本学年最后一天 E——特殊情况或紧急情况预留日，如下雪天等

小结

不计其数的组织计划都是为改变呆板的学校体系、改善学习而设计的。用以实现这些计划的措施包括：模块作息时间、多年龄分组、合作式学习以及其他许多类似的措施。其中也不乏以满足个体兴趣以及个人需要为目的的方式。还有其他一些可供选择的措施是为了打破由习俗、传统以及为了使管理便捷而加剧的单一的教学模式。从人类个体出发，我们注意到，每个人都有自己独特的需求以及独特的潜力，这就促使我们去寻求新的灵活多样的教学体系以替代传统的、呆板的教学体系以改进学习，而不是阻碍有效的学习，去改变学生的学习方式，帮助他们巩固学习而不是在外界的压力之下完全打破原有的教学体系。

有些可提供灵活多样的教学的计划只有在教育委员会、学校的督导长的支持下才能设立并得以实施。其他的一些也可能由各学校行政管理人员发起或规划。还有一些需要由政治或经济权力机构批准，学校才能开展实施。作为校长，你有足够的领导才能和创造力来组织学校结构以改进学习吗？

思考题

1. 为学习者提供多样选择与高效的组织相符吗？
2. 讨论：按学生能力分班是不民主的。
3. 教学的焦点是学生。如果教职员工能参与组织教学的决策，他们应作何考虑？
4. 技工学校、艺术学校或预科班等高职专科学校会对教育机会的平等性构成威胁吗？
5. 有人对学校的选修课提出了批评，学校给学生提供了太多的选修课，学生可以选择许多课程，但他们并未获得对某学科的深入认识，尤其是在与标准和测验相联系时，你对这一现象有何看法？
6. 关于长期或短期成绩关系的研究结果如何？这些研究结果足以作为学校实施片块作息时间以及一周四天工作日计划的基础吗？
7. 你所在的地区的哪些学校实施了均衡校历？实施后，学生的成绩、行为问题是否得到改善？社区的反应如何？
8. 选修学校办得很成功，因为学生、教师与管理者之间拥有特殊的团队精神，他们一起努力促进学校良性发展。回顾前面章节提到的某些选修学校的特色。这些特色能够成为常规学校的特色吗？对此，校长能够做些什么？

推荐读物

1. Boyer, Ernest. *High School: A Report on secondary Education in America*.

Princeton，NJ：Carnegie Foundation for Advancement of Teaching，1983.

2. Buechler，Mark. *Charter Schools：Legislation and Results after Four Years*. Bloomington：Indiana Education Policy Center，1996.

3. Eisner，Elliot W. *Cognition and Curriculum：A Basis for Deciding What to Teach*. New York：Longman，1983.

4. Manno，Bruno V.，Chester E. Finn Jr.，and Gregg Vanourek. "Beyond the Schoolhouse Door：How Charter Schools Are Transforming U. S. Public Education." *Phi Delta Kappan* 81 (June 2000)：736－744.

5. Medlin，Richard G. "Home Schooling and the Question of Socialization." *Peabody Journal of Education* 75(2000)：107－123.

6. Oakes，Jeannie. "Reflections on Detracking Schools." *Turning Points* 2 (March 1992)：1.

7. Premack，Eric. "Charter Schools：A Status Report." *School Business Affairs* 62 (December 1996)：10－15.

第十章 调整教学体系以适应个体学生

教育工作者可以通过许多方式使教学过程个性化。性能卓越、运行快捷的计算机硬件和软件的唾手可得,服务于远程教育的卫星或远程有线互动电视、万维网、多媒体演示软件以及其他在线交流设备都为个别化学习提供了很好的机会。教学时间安排以及教师团队(参见第九章)的新发展也能促进教育的发展。学校管理模式的不断发展如全面质量管理(TQM)强调了团队的作用。每一个人、每一个团队都能成为质量控制的中心。当个体拥有发言权,能够施加控制并感觉到他们能够控制事务时,一个充满可能性和机会的教育氛围就诞生了。而与外部资源的合作也同样促进了学校的革新。

传统的观念认为课堂由一名教师、一间有四面墙壁的教室和20~30个学生组成,这种观念依然左右着学校的结构和实践,并且存在于公众的普遍想法中。如果变革在某种程度上不符合这种传统观念,那么这些变革在实施过程中就会受到挑战。

校长的主要人事责任是形成一种教职员工和教学的环境,这种环境能够最有效且高效率地帮助学生学习如何成为一个有用的、自给自足的个体。这一简单的陈述意味着教与学的不同方式,当教师和学生开始致力于学习这一事业,并将其看做是每个人都要卷入的一种持续努力的过程时,学习将成为一种有知识指导的实践的公认结果。

一种职员概念

学生的学习是学校存在的主要理由,实现这一教育任务需要人(学校教职员工)利用时间(学校时间及其每天的时间安排)、空间(拥有教室和实验室的校舍以及相应的社区)、课程与材料(书籍、计算机软件、媒体及其他的工作和学习材料)、信息(数据,加以组织与分析来作出决策)和资金。

在早些时候,美国的学校教育过程通过对学校进行设置而系统化,学校里有教室,每个教室里有一名教师,教师负责在一个有规律的、有计划的时间段内教授儿童一定量的知识。美国大多数成年人都曾在这种模式下接受学校教育,而不管他们是否喜欢这种模式,是否真正受到教育,这都被认为是一种很好的教育方式。教师培训机构在它们的课堂以及教授指定的任务中进行严格的时间/空间的划分,这在客观上就强化了该模式。同样,教育事业本身在集体讨论构想合理师生比例或时间表安排过程中的立场也强化了这种观点。因而就师生组织而言,美国的教育体系实际上多年来并没有变化。所以教师和教室、20～30个学生就成为一种自我强化的系统,这一系统中教师的职责和权力几乎完全建立在其有限的角色上。大多数人所建议的可供教职员工选择的方法也常常是在同一主题下的变式,依旧认为每位教师带一定数量的学生。

"哪种形式的教育对学生来说是最好的?"通过思考这些问题,可以发现传统的教育模式显然占据了统治地位。是采用我们所熟悉的体系还是结果令人满意的学校体系,这才是问题的真正所在。

个体通过强调学习者、他的学习需要及其最佳的学习方式来摆脱这种无变化的、组织化的角色。这时,个体必须忘记师生比例以及教师在教室里的角色,将教师严格地看做是一种职业资源,即与其他教师、团体内能提供帮助的人、辅助人员有计划地运用时间、空间和材料一起工作,使得每个学生在最佳条件下学习。

以这种方式对教育过程进行概念化,可能会结束传统课堂中传统教师的角色,但是这种状况对学生来说可能将是许多可选择的学习状况中的一种。和许多观点相反,这种方式并没有"贬低"教师,而是将他置于一个更受人尊敬的角色。要认识到学习是学生的一种职责,而教师是通过

- 直接致力于与课堂学习相一致的目标。
- 同其他专业人员一起诊断每个学生的学习需要和方式。〔1〕
- 对课程及各种形式的教学情境进行整合的描述。
- 准备并且实施对策。
- 评价结果。

来设计和确立整个学习过程中的专业人员。按照这种方式,教师根据每一个学生学习最优化的方式作出集中判断,并且恰当地安排人力和物力资源以满足每个学习者的独特需要。

不管学校规模的大小,大多数学校都拥有实施这五项基本任务的全部或大部分资源。但是,很少一部分学校体系将其组织为功能实施型单位,并不断地使学生在整套模式下学习。同时,教师自身也认同以个别化为中心的方法是明智的,它能为学生创造有益的且令人满意的学习环境。但是在操作层面上,他们似乎担心这种方法会远离传统环境——教室和团体。因为家长和社区一直对传统方法感到放心。

一般说来,只有在对改善学习过程作出很大努力后,人们才会接受关于教职员工

〔1〕 目前来自政府的压力以及操作人员在用标准化测验进行测量时所要满足的一定的标准可能妨碍这一作用。更详细的讨论见第十二章。

的不同概念。因而强调教学团体协作以尽可能地创造学习环境这一概念是有必要的。在这些团队中，有资格的教师将成为关键人物，但是也要有技术人员、助手、咨询师、咨询顾问、心理测验师以及行政管理人员等等。他们是否一起进行教学，是否有不同等级的头衔，是否有复杂的有所区分的薪资安排，这些对教育来说都是无关的。重要的是所有可能的学习资源要专注于每个学生的学习效果，不管他是在传统的课堂中还是在其他一些合适的学习环境中。

许多利用职员以及构建计划的系统化作用强调关注更多的个别学习者而不是课堂，这种现象曾出现过。许多这些所谓的运动与其说是新的观念，不如说是目前的焦点。它们通常对试验了许多次的计划进行多年调整(1860 年运用的兰开斯计划的记录，以及《民族社会对教育的研究》1925 年年鉴中的《学校要适应个体差异》)。对特殊教育方式的思考应该是没有限制的。正如佩蒂格(Pettig)所提出的："认为特殊教育有唯一的完美的模式在措辞上就是一种矛盾。"[1]本章将探讨一些经常重复出现的主题以及能提高学生学习的新技术的运用。

专职人员的辅助者和教学助理

运用助理教师和专职人员辅助者的第一个主要试验启动于一个合作计划。这个合作计划由高等教育基金会部分出资，在密歇根海湾城市公立学校以及密歇根中央大学间开展。这个计划激发了教育工作者和非专业人士的创造力，并为数以百计的其他助理教师计划指明了道路。这些助理教师计划的资金有许多来源，特别是联邦政府通过美国教育部来提供这些资金。这个教育合作计划第一次受到了教育领导者的欢迎，认为它是"一种治疗所有教育病症和解决教育问题的灵丹妙药"。但是，一开始教师联盟害怕它是一个暗中破坏教育职业的敌对运动，所以在致力于这一计划之前他们常常拖后腿。美国教师教育学院联合会(The American Association of Colleges of Teacher Education)指出：由于该工作在过程和技术而不是在结果上花费了太多的时间，所以耽搁了对专职人员辅助者的聘用。同时指出了争论中两种相对立的观点：[2]

> 观点 A：报酬和级别的变化不应威胁到上课教师的地位和安全。引导非专业人员进入教师的角色或限制他们的职业进步潜在地危及教育职业的组织利益。
>
> 观点 B：为履行如此多的半专业和非专业的义务而聘请专业人员是一

---

〔1〕 Kim L. Pettig. "On the Road to Differentiated Practice," *Educational Leadership* 58 (September 2000): 14.

〔2〕 American Association of Colleges of Teacher Education, *Educational Personnel for Urban Schools: What Differentiated Staffing Can Do* (Washington, DC: Author, 1972), 3.

种浪费。如果牙医发现技术人员是有价值的助手，铅管工人能雇用助手形成有利条件，为什么教师不能通过运用辅助性人员来提高他们的工作效率呢？

尽管我们和任何人一样很关注可能暗中破坏教育职业的敌对运动，但是我们如果采取一种“顽固不化的”态度就很难看到专业或教育方面的收获。助理教师能够为教师完成许多在本质上并不是严格专业化的任务。有证据表明这一事实：当教师拥有来自许多协助者的帮助时，更强的专业特性才真正存在。当然，必须谨慎地界定专业教师的职责以区分什么是教师需要做的，什么是助理应该做的，这些助理通过做专业人员不一定要做的工作来扮演支持性角色。

使用专职人员辅助者已经成为教育中切实可行且不可或缺的一部分。在美国几乎所有地区都有所使用。教师和校长都认为助理教师的使用对提高教育服务很有价值。而在个别学区，使用助理教师曾被广泛地限制，这仅仅是因为预算的束缚，而不是因为教育理论、实践或个别教师的反对。这种思想已经扩展为对课程助理的需要。

大多数的廉价商店在配备人员实现组织目标时比学校做得更好。正如第十七章所要提到的，通过使用助理来完成不需要高度专业化的判断和技巧的例行任务，学校职能也能变得更加有效，这对课堂同样适用。助理可以做技术协助、小组计划、材料采购、特殊领域的专门技术、协助沟通联络以及一系列其他工作，这是因为学校的全职专业人员没有时间或没有专门的技术来完成这些工作。

当然，鉴别、定位、培训以及将辅助人员吸收到学校体系中是一个长期的过程。这一过程需要一个关于教职员工的深思熟虑的计划，但是同目前的惯常做法相比，它们更能节省教师的时间。

职员模式

几个世纪以来，一名教师、一个班级的模式已经成为一种主要的职员模式了，并且这种模式在不久的将来仍要继续下去。这一模式已经有了许多变化并且这些变化不断地发展以更好地满足学生们的需要，特别是对相关信息以及获取这些信息进行了探索。

个别化职员

个别化职员主要是在20世纪六七十年代期间得到严格实行。但在最初开始时大部分计划就已经消失了。在那些有正式的个别化职员计划的学校中，我们仍然能看到它比传统模式有所提高的地方：(1) 更加明智地部署职员；(2) 参考教师的意见来确定课程并提供服务；(3) 充分利用专职人员的辅助者以及团体中有帮助的人；(4) 以领导者的角色来聘请教师；(5) 组成更多的教职员工团队。

教学团队

当两个或更多的教师联合起来教学生时可能会出现许多变化。团队可以是跨学科组建的。以一个中学为背景，科学、社会研究和英语教师组成了一个团队。教师开始变得能意识到各学科的目的，并且决定通过重视科学任务以及在英语和社会研究方面与学生一起努力，来帮助他们获得科学课程中的语言技巧，从而完成学科目标。这又使得学生在以后很容易转向历史等其他课程。

团队可以找到大量的教育模式来提高学习。通常，在所有团队中，仅仅以一种教学模式不能充分地利用人力和物力资源。个别教师的意志力需要提高。同时，要强调不断提高的过程应在不同团队间有所区别地进行。

在这些方面能实行许多模式：教师认为学生是为了充实知识和获得额外的帮助；教师先看到大的团体然后看到小的团体；教师先专门研究少部分学科然后强化所有的概念，或者将计划简单地集中起来后再对结果进行评价。学生的成绩以及教师和其他团队成员的绩效可能是积极的。校长将会发现时间、空间、物资和技术的灵活运用是必要的。所有学校以同样的方式组成团队的想法可能达不到预期的结果，所以每个团队要有不同的时间、空间的组合，这很重要。

在团队努力评价过程和结果时，校长通过提供领导权而变得很有帮助。大量的定量和定性技术可能对协助团队作决定提供了充足的信息。因而当团队成员发展统计分析(这些统计分析是关于他们努力的效果的)技术时，他们可能成为自己品质的控制者。

团队决策的制定

如果说我们从戴明(Deming)对日本公司的研究中能学到一些东西的话，[1]那就是：在生产力上，团队的努力比一组个体单独工作获得更大的长期利润。因而基于某点的决策制定在学校层面上就形成教师决策制定者团队。团队决策能够根据学生学习的需要进行修改，于是就产生了这种观点：相对于对现实情况不了解的管理者所传达下来的决策，这些决策产生了更好的结果。在关系最为紧密的操作性层面上存在进一步完善决策制定的机会，但这要通过形成团队或通过允许他们在等级水平、部门或学科或跨学科上形成团队。

下面是团队和团队决策的制定对校长的启示：

- 当团队寻求解决问题的方法时，校长有义务支持它。

---

〔1〕 W. Edwards Deming 曾提出二战以后，日本工业的产量和产品质量获得了很大的提高。目前对它的全面质量管理的14个要点在教育中的应用进行了验证。读者可以阅读1992年11月的《教育领导》，该期以TQM为主题。

● 在团队成员组成一个真正的工作组之前需要一个相当长的时间，因而通过行政命令或采用简便的方式形成团队可能达不到预期的目标。

● 交流必须是开放的、没有任何障碍。这一观点是说一组成员要寻求资源和方式的最优化来提高学生的学习成绩。重点不是一味责备，而是解决问题。

● 应该提供支持以便于团队成员能够了解他人的经验，因为他人也曾尝试过同样的解决方法或者他人的想法对团队成员来说完全是新的。从电话会议到现场参与这一系列技术可能都是有帮助的。

● 在实施计划好的解决方案时，团队成员应该期望着对其不断地完善乃至寻找新的方向。提供一刀切解决方案的决策将导致一种僵化简单地代替另一种僵化。

● 团队在制定决策走向成熟的过程中，校长要有耐心。

● 校长必须准备接受不完美结果的风险。

质量圈方式

质量圈是一种正式的决策制定过程，它在商业、工业上和在一些学校中被用来鉴别问题、决定可行的解决方案以及向管理者系统地陈述相关建议。校长的角色与上面所提到的七点中所包含的内容相似。而主要管理者要对这一过程持续支持，这很重要，否则所建议的发展可能会退化为一种猜谜游戏——“他们将接受什么？”

质量圈通常是跨学科的，有时还包括支持性员工，并且它应该有一位在这一过程中接受过培训的领导者。它不是一种“罗伯特秩序规则”型的会议，而是一种正式的过程，在这一过程中，每个人都有自己的想法并且有机会去探索并进行澄清，从而迈向问题的解决。

提高个体化学习

几个世纪以来个体化教育曾经是一种非常成功的教育方式。苏格拉底、夸美纽斯、裴斯泰洛奇、蒙台梭利、杜威以及其他许多教育哲学家曾经都很提倡它。优秀的教师在棒的这端，学生在棒的另一端，这经常被引为学校教育的最好例子。

大量的个体化学习体系已得到了发展。一些比较有名的是：(1) 西屋学习公司的根据需要的学习计划(PLAN)；(2) 个体化指定教育(IPI)以及学习的适合环境(AEL)，这些是由匹兹堡大学的学习研究和发展中心所开发的；(3) 德雷尔(Durrell)的小学生团队学习概念，这是由德雷尔所提出的；(4) 布卢姆(Bloom)的掌握学习计划；(5) 由赫伯特·克劳斯迈尔(Herbert Klausmeier)提出的个体化指导教育(IGE)计划。其中最后一个体系被广泛地运用，特别在威斯康星州，由J.劳埃德·特朗普和凯特灵(J. Lloyd Trump & Kettering)基金会修改为不同的计划。但是几乎所有的这些都是教育体系。正如克雷斯韦尔和拉斯穆森(Cresswell & Rasmussen)所提出的:“传统意义上,学校是教的地方而不是学的地方。”[1]显然,这个观点应该改成学校是所有个体学习的地方,特别是学生。

掌握学习

布卢姆设计了一种个别化学习的方式(即通常我们所知的“布卢姆掌握学习计划”),它是基于掌握学习的基础上发展而来的。[2] 计划运用布卢姆的方式达到掌握学习的学校需要有足够的灵活性,能提供计划的时间和专门技能。关于灵活性,它们需要以下几种特定的条件:

- 时间的灵活性——布卢姆的理论认为,只要给定足够的时间,正常人几乎能学会任何东西。
- 分组的灵活性——学生可能独自进行学习,也可能根据需要和目标进行分组学习。分组要能够随着每一个个体和单元的变化而变化。
- 空间的灵活性——有各种空间来适应大规模、小规模和个别化教育。
- 设备和物质的灵活性——多样化的教学资源(从电视和电脑到简单的书面材料)都能用来完成学习任务。
- 教职员工的灵活性——教职员工应该在学科和教学方式方面拥有各种技术。志愿者、专职人员的辅助者,甚至学生都能够处理某些工作,但是其他的工作只有受过良好培训的专业人员才能完成。

掌握学习对传统的学校组织和结构的基本原则(如时间和空间的运用、课堂中师生的角色)提出了挑战,同时它也促进了利用电视、电脑和书面材料进行学习等一系列特殊计划的实施。许多学校曾运用布卢姆掌握学习计划的基本元素来提高其学校的成就水平。[3] 如果学校管理者按照布卢姆掌握学习计划在他的整个学区进行改革,他将会受到美国学校管理者协会(the American Association of School Administrators)所授予的“学习型领导者奖”(the Leadership for Learning Award)的称号。[4]

有关掌握学习的研究曾受到一些人的置疑,他们指出短期内学得的东西不能长期保持记忆。

---

[1] Robert A. Cresswell and Patty Rasmussen, “Developing a Structure for Personalizing the High School,” *NASSP Bulletin* 80 (December 1996): 27.

[2] Benjamin S. Bloom, *Human Characteristics and School Learning* (New York: McGraw-Hill, 1976).

[3] Stephen E. Rubin and William G. Spady, “Achieving Excellence through Outcome-Based Instructional Delivery,” *Educational Leadership* 41 (May 1984): 37-45. 这是关于康涅狄格的新迦南中心学校的故事,它根据学生准备学习的技术对他们进行分组,以及教到掌握为止,这样来提高成绩。

[4] Jonathan W. Lathey, “Towards Theory-Based School Leadership,” *School Administrator* 41 (April 1984): 24-26.

技术、网络空间和结构

现在的学生被认为是"网络一代"。加上信息全球化的不断加剧，正如贝林菲尔德(Berenfield)所指出的，信息间逐渐相互关联并且很容易获得，[1]在这种情况下，学校要变得更有成果并成为学习者有所收获的中心。莱顿(Layton)指出："与20世纪的大多数儿童相比，数字化时代的儿童更加独立、思维更具创造力、更有能力、更加爱冒险。"[2]如果这是事实，那么数字化时代的儿童是不是更易受到伤害呢？学校是不是更有责任提供保护呢？如果这样做了，那么在进行的过程中，这种保护是不是一种冒险呢？因为这恰恰削弱了学生在对新事物进行探索过程中所需要的品质。

由于信息的电子存取，并且存取量不断增加，这使得任何相关领域的信息都不会被遗漏。例如，一个人在国家新闻广播上听到了一个10～20秒的报道，并且他想知道得更多，那么他可能登录广播网的网站来获得更多的信息。在互联网上及各个学校的媒体中心都保存着许多历史数据(所以不要把老的磁带、唱片和电影扔掉)。学生可以在一种正式的模式下学习，也可以通过电视画面，就像通过我们所知道的传统工具(如文字材料、参考书目、广播、电视)那样很容易地进行学习。CD上许多取自于所有课堂的资料可以作为学生做实验时以及利用虚拟的图书馆准备多媒体报告的开始。

如果我们中所有的人都处于丰富的信息全球化的环境中，那么学习的潜能几乎是无止境的。很显然，任何一个学校都面临着资金、空间、专业技能的实践性的限制，但是对资源的优先权有助于学生和教师获得更多机会。课件、电脑以及与世界范围内的其他学习者相交流，这些与目前学校的职员结构或时间结构相一致。当可获得的机会和学习熟练者增加时，一些结构可能需要进行重新检验，以便能够作出调整。前面章节中所提到的时间变化就是一个例子。

瑞尔和富尔顿(Reil & Fulton)认为技术能被更大规模的团体用来教育下一代。他们提出了一些可能性，如在线辅导、科学调查、电子浏览，与世界范围内的学生相互交流并以此作为一个学习圈，甚至网上市场展销。[3] 这些全球性课堂的可能性是令人兴奋的，因为它们仅仅在获取和收集数据上可能会存在一种内在的目标取代问题。布什威勒(Bushweller)提出质疑："对那些用收集更多的信息来取代整合、思考和集中信息的多任务个体来说，他们可能会失去什么？"[4]领导能力和专业化发展的启示是显而易见的。对目标的思考和技术运用的结果表明这是必要的。

---

[1] Boris Berenfield, "Linking Students to the Infosphere," *T. H. E. Journal* 24(April 1996): 77.

[2] Thomas G. Layton, "Why Tomorrow's Schools Must Learn to Let Go of the Past," *Electronic School* (September 2000): 23.

[3] Margaret Reil and Kathleen Fulton, "The Role of Technology in Supporting Learning Communities," *Phi Delta Kappan* 82 (March 2001): 519 - 523.

[4] Keven Bushweller, "Lessons from the Analog World," *Electronic School* (September 2000): 25.

多媒体和学习

现在的学生习惯于合理的激励、遥控式的选择以及根据自己的兴趣很快地投入学习。个体或小组的计划有时与欧洲或亚洲的另一个年级或学校的学生有关，这就促使其快速地获取多媒体信息，并准备以多媒体的形式向潜在的广大观众呈现，这可能是一种令人兴奋的、真实的生活经历。阿格纽等人（Agnew et al.）提醒计划者："多媒体的精髓在于相互影响，而不只是复杂的传播工具。"[1]学生在构建他们自己的知识并且呈现给大量的观众时，其所含的写作技巧不是看到的"论文有多少页"，而是作为一种实用的方式来和真正的观众进行交流。残疾学生通过传播媒介也有机会创造和学习，这种传播媒介为他们开辟了一条能作出贡献的道路，而这在以前对他们来说是无法获得的。

教师和技术

教师的教育计划将技术纳入上岗前和培训合格的计划中。但是许多教师仍需要帮助以达到良好的技术、网络或多媒体水平。汤普森等人（Thompson et al.）对帮助学生获得并利用技术进行学习的教师提出了以下建议：

- 在一种没有威胁的环境（即，甚至很愚蠢的问题也可被安全地提出来）中提供专业性的开发。
- 提供足够的使用电脑的时间以达到熟练程度。
- 提供常年的援助。[2]

学校要保证其在硬件、软件和维修方面的投资。如果学校不能为教师充分利用这一技术作准备，那么它就没有认识到纳税者和学生的真正价值。

虚拟中学

有些州正在投资一些所谓的虚拟中学。这些"学校"给学生提供在线的课程，这些学生可能需要更多的努力来完成中学课程，也可能想参加一些他们学校无力开展的课程或可能想探究更高一级的课程。更多的人在关注虚拟中学可能进一步扩大了数字化鸿沟。截至2000年，大约58%的美国家庭拥有电脑。[3] 除非提供支持使这一百分比有大幅度提高，否则许多学生只能在学校、朋友的家里、公共图书馆或者在大型购

---

〔1〕 Palmer W. Agnew, Anne S. Kellerman, and Jeanine M. Meyer, *Multimedia in the Classroom* (Boston: Allyn & Bacon, 1996), 8.

〔2〕 William A. Thompson, James P. Denk, Richard A. Giffin, and Nancy P. Moreno, "Maximize Your Investment in Technology with Professional Development and Support for Teachers", *School Business Affairs* 66 (February 2000): 16.

〔3〕 U. S. Department of Education, "Table 45 - 1 Percentage of Students in Grades 1 - 12 Who Had Potential Access to a Computer," *The Condition of Education 2000*, Washington, DC: National Center for Educational Statistics, USDE, 161.

物中心的网络服务站获得在线上课的机会。

虚拟中学能向受正规家庭教育的人提供丰富的课程，为进入公立学校或继续深造作准备。学校领导者要能够抓住这个机会为个别学习者提供进一步的选择。

实际问题和政策

技术的运用可能需要预算的转变和额外的资源，例如更多的人员、专业性的开发以及空间。库利(Cooley)指出：在大多数的例子中，增加的人员将被要求充分地利用可获得的技术。[1] 富有创造性的校长和教职员工可能会找到许多方式来增加人员的数量，如与社区资源、大学、当地媒体的全体人员等合作。内在任务的转变也能为一种变革的环境提供支持，并使之变得生机勃勃。

家长、社区成员以及教职员工对那些在网上冲浪的学生以及遇到好的、存在问题的和不健康的等各种资料的学生都很担忧。所以校长应该帮助制定一些政策来确保学生恰当地使用网络以减少这些担忧。虽然使用简单的软件有助于防止他们获得这些遭到极力反对的资料，但是它的使用应该仅仅是政策蓝图中的一部分。在下面，桑切斯(Sanchez)[2]提出了获得性政策的说明应该涉及：

- 与遭反对的、可疑的资料或人有关。
- 遭反对的行为或有害的行为。
- 侵犯获取权和个人隐私权。

如果没有一系列政策作为指导方针，学校很容易被担忧的民众以及处于宗教或政治极端的家长所攻击。

技术和职员

如果一个学校将其自身视为在一个较大的数据和信息背景下学习和起作用的地方的话，那么它将千方百计地为学生提供学习机会。当学生利用科技获取、整合、呈现信息时，教师、技术助教或导师对学习者来说是一个可以提供帮助的人。任务区分是有可能的，穿过陆地或海洋的遥控合作也是可能的，这就是好像校内网络一样。教师的角色可能从布置任务向管理咨询转变。团体成员的合作不仅能产生基于现实的学习，而且也可能得到来自团体的更强的支持。事实上，个别化职员的观点可能已过时了，因为与常规不符的观点可能更符合运用讲演、粉笔和投影仪作为主要技术的传统课堂。个体的或小组的咨询可能成为常规而不再例外。整合的或主题计划需要一种

〔1〕 Van E. Cooley, "Technology: Building Success through Teacher Empowerment," *Educational Horizons* 75, (Winter 1997): 77.

〔2〕 Robert Sanchez, "Students on the Internet: Can You Ensure Appropriate Access?" *School Administrator* 53 (April 1996): 18-22.

职员模式，使之便于教师间的交流，如利用电子通信。校长需要寻求了解最新信息的、精通电脑的、熟悉超媒体的职员并以此增加或代替教师。

有人可能要问，如果我们能够忘记现有的文化、传统的结构以及目前学校体系这样的组织，那么将会发生什么？如果我们通过一些方式（如教学方式相匹配，互动电视以及电脑交流），充分利用自己真正了解的研究和技术，那么今天我们将设计怎样的教育体系和计划？我们希望学校将会大不一样，只会受到学习者、成人和学生的创造力和想像力的限制。[1]

服务性学习

学校和社区积极的明显的合作是一种双赢的状态。当学生感到他们处于一种真实的状态中并且作出了各自的贡献时，其结果是振奋人心的。当学生认真参与有计划的服务性学习时，将对以前情况的质量分析和对现状的思考结合起来，从而使得一种令人振奋的学习环境在校园内外扩展开来。服务性学习是一种有计划的、平等的程序，学生通过参与活动满足自己真正的需要。通过这些经验，学生能获得技能、洞察力和对他人的责任感。

服务性学习并不是一种新的观点，[2]也不是在初中和高中的整个过程中都流行。但是当学校打算进行课程改革以及需要丰富社区概念时，它就成为一个主要的考虑因素。学生在学校这一环境中经常感到与“真实世界”相脱离，但是积极地投入寻找真正问题的答案以及/或通过共享观察结果和知识来帮助学生或成年人的过程中，可能有助于他们现在就将自身看做是公民，而不是等到将来的某一天。[3]

这给校长的启示很明显。在社区环境中的服务性学习被认为是有争议的（如，学生的发展、仅仅是另一种施舍、与国家通过的标准测试无关，等等），以及与传统的教育主题无关。因而，加强教师、学校管理人员以及社区领导对此的支持和理解对于计划的成功而言是至关重要的。服务性学习对真正的改革，甚至建立更加强大的社区可能都具有一种潜在作用。一些教师、学生和社区已看到其积极的结果。这一想法为学生能成为有贡献的公民提供了一种方法，同时这种方法也能反映他们属于社会中的哪一群体。但是这种方式能成为真正创造出一种新的社会秩序、一批有同情心的年轻公民、一种学校改革的经验的核心吗？[4]

---

〔1〕 在 M. D. Roblyer and Jack Edwards 处读者能获得额外的信息，*Integrating Educational Technology into Teaching*, 2nd ed,（Upper Saddle River，NJ：Merrill/Prentice Hall，2000）.

〔2〕 对服务性学习的有效性的回顾和其简短的历史可以阅读 Richard J. Draft，“Service Learning：An Introduction to Its Theory，Practice and Effects，” *Education and Urban Society* 28（February 1996）：131－159.

〔3〕 对服务性学习运动和目前成功的程序的回顾可以阅读 James C. Kielsmeier，“A Time to Serve，A Time to Learn，” *Phi Delta Kappan* 81（May 2000）：652－657.

〔4〕 读者可以登录www. UMN. edu/～serve 获得有关服务性学习的研究，甚至过程评价方式。也可以登录其他的网站如：www. learningInDeed. org 和www. cng. gov.

工作型学校：基于工作的学习

工作领域内的在职学习机会已经存在几十年了。在1994年的《工作型学校法案》中，更多地强调要为年轻人进入工作领域作准备并向学生提供在校和工作经历以帮助其由学校向工作的转变。汉密尔顿和汉密尔顿(Hamilton and Hamilton)将基于工作的学习定义为：出现在以生产商品和提供服务为主要活动的场所中的学习。[1] 尽管不是以真正的工作为基础，但是许多相关的探索性经验能在学校中出现，如从在线浏览到模拟的工作任务。

对学校与工作或学校与职业相结合的运动并非没有反对者。从认为这些计划与所需求的教学材料相冲突到害怕职业教师的工作受到威胁，反对者对此无一不存在疑问。但是也有人把这一运动看做是复兴第二次教育和课程并激励学生的一次真正的机会，而传统的学校是无法激励学生的。[2]

将学校和工作/职业部门相结合使得学生有机会在现实中进行基本的学习而没有学术上的限制，在工作场所中开发学生也不必有深思熟虑的领导。因为工作型学校也可能成为另一种分班体系的危险。另一个关注是什么时候开始这项计划，大学二年级是不是太迟？因为学习、工作习惯和职责很早就形成了。如果学生(以及家长)将学校视为不是“真实的世界”，以及这个“真实的世界”对学生来说有点神秘，那么勤奋工作、按时到岗、高质量地完成任务的理由之间就没有关系了。令人感到有希望的是，学习和现实的结合于一个领域，在这个领域中是由学校来领导计划而不是由州政府强制或商业部门支持这些计划。

全方位服务学校

有一种不断升温的观念，那就是许多社区代理机构与学校合作，给处于学校环境或与学校紧密相连的学生和家庭提供服务。在这种观念下产生了全方位服务学校。“全方位服务学校试图将医疗保健、心理健康服务、家长教育或关注离校后表现等一系列计划整合到学校范围内的变革过程。”[3]这一概念曾在小学、初中和高中一定程度上实施过。这一计划的过程对避免团体内不必要的冲突和潜在的疏远是非常重要的，因为这些冲突和疏远可能使这一服务和设施未能得到最佳的利用。正如前面的第三

---

[1] Stephen F. Hamilton and Mary Agnes Hamilton, “When Is Learning Work-Based?,” *Phi Delta Kappan* 78 (May 1997): 678.

[2] The reader may wish to review Barbara Gomez, “Service Learning and School-to-Work Strategies”, *Education and Urban Society* 28 (February 1996): 160 - 166; and Susan Goldberger and Richard Kazis, “Revitalizing High Schools,” *Phi Delta Kappan* 77 (April 1996): 547 - 554.

[3] Laura S. Abrams and Jewelle Taylor Gibbs, “Planning for School Change: School-Community Collaboration in a Full-Service Elementary School,” *Urban Education* 35 (March 2000): 80.

章所提到的，合作计划会引起许多争端，如宗教的反对、在共享信息时如何做到保密，[1]以及对向学校寻求帮助的恐惧。

校长有机会为学生增加这种合作计划的可能性，但是同时必须与制定计划的团体以及其他的机构负责人和董事会共享职权，也必须得到各方面资源的投入。这样的一种状态可能会被视为权力的滥用，事实上却能扩大校长影响力的范围。

学与教的风格

在教职员工提高学习的同时不能忽视越来越多的对学与教的风格研究。特别是关于学习风格的判断，它被认为是真正的现代化教育方式的基础，它为教育者提供了一种激励学生的有力工具。

对学习风格领域的研究进行评论的管理者可能会对学与教的风格相匹配这一日益引起担心的困境进行深思。目前已确认有 80 种甚至更多的教学风格以及同样多的学习风格，这一数字令人难以置信。在考虑这个有争论的但很有潜在价值的领域时，最好是保持一种务实的观念，同时这种观念也要与调查和想象的精神相结合。[2]

但是事实上，这一状况并不真正像我们所担心的那样复杂。已有文献表明个体无需囿于一种学习或教学风格。对学习风格的评价给如今的校长和教师指明了新的方向，这有利于发展一种更加个性化模式的教育。因而，最具有灵活性的教师是那种能够形成不断变化的教学风格的人，这种教师能运用许多教学风格进行教学，也使学生拥有了许多不同的学习风格。同时，学生也因受到鼓励而变得更有求知欲并且学习更多的有利于学习的方式。学生对自身特殊的学习风格更加了解之后，他们可能尝试不同的学习情境并且有可能将学习置于一个客观的层面；而且这种方式可能会防止产生导致学习效率低下的自卑问题。

小结

相关研究列出下面几点作为学校有效性的特征：成功的教学、积极的领导、安全有序的学习环境、明确的目标、期待学生取得高的成就以及设计合理的评价过程。然而，所有这些的基础是教职员工团队，这一团队负责实施“在线”教学并为学生的进步创造必要的氛围。

在任何一个提高教学的努力中，合作是一个主要的因素。我们明白在足球或篮球中，如果没有合作是不可能获胜的，但是我们很少想到学校中教师的合作。其原理是

---

[1] Melissa Jonson-Reid, “Understanding Confidentiality in School-Based Interagency Projects,” *Social Work in Education* 22 (January 2000): 33 - 44.

[2] See Howard Gardner, “Reflections on Multiple Intelligences, Myths and Messages,” *Phi Delta Kappan* 77 (November 1995): 200 - 209.

一样的！所以校长有责任形成一种基于团队思考和团队协作的职员模式——这个团队能够纵观学校中每一位学生，并且认为："并不仅仅我班上的学生是重要的，要使我们整个学校中的学生都是幸福的。学生的幸福存在于他的整个学习生活中。学生是我们整个教职员工团队的责任。我们一起做些什么才能使他的整个学习过程变得更有效呢？"

更新的、成功的组织结构扩大了团队的概念：除了学校的教职员工，还包括通过共同努力提供服务的专业人员。学校不再孤立，而是在一个更大社区中的富有生机的参与者。

安置学生的方式很容易变得极其单调。当学校生活变得与世隔绝时，当每个教室成为教师封闭的小世界时，当学生按照教师的特殊方式行动时，其方式经常会千篇一律。校长在人事上的最大任务是选择那些智力灵活型的并且能成为好的团队成员的教师。然后校长必须负责学校的运行使得教职员工形成并维持这种合作型团队的概念，同时便于他们知道教室不是一个独立的部分，而是一个给所有人提供教育机会的整体。

思考题

1. 你同意校长应该对教师所作出的有关教学方式的决定持有否决权吗？请讨论。

2. 在考虑到发展一种积极的教-学环境时，你认为在规模较小和规模较大的中学里校长的职责有什么不同？

3. 在一所虚拟中学里学校可能怎样利用所提供的资源？

4. 校长能建立什么样的"防御体系"来避免让对琐事的关注成为他的主要工作，尤其是在对琐事成功地关注能提高其可信度时？

5. 哪些专门知识能够维持建立一所具有技术竞争力的学校的趋势？

6. 就技术而言，你对教育的将来有什么看法？你认为学校的组织和结构会阻碍其发展成为一个教-学工具吗？请讨论。

7. 你能预期你们社区中的教师和家长对服务性学习计划的实施最担忧什么吗？列出你将如何应对一群忧虑的、保守的公民。

8. 在我们学校中，教师典型的教育计划促进或阻碍了更多的富有创造性的教与学的过程了吗？请讨论。

9. 在这本书的修订版中，我们已经对各种改革性和试验性学校计划进行了后续的研究。全国范围内这些计划出现了大幅度的减少。许许多多的计划刚开始还有很大的热情，但是慢慢地就消失了，现在学校基本上还是在按计划开始之前那样进行运作。为什么呢？你对这一状况还有什么想法呢？你能看到缺乏持久性的改革与组织文化间的关系吗？答案可能是一个伟大的研究发现！

推荐读物

1. Abrams，Laura S.，and Jewelle Taylor Gibbs. "Planning for School Change：School -Community Collaboration in a Full -Service Elementary School." *Urban Education* 35 (March 2000)：79 - 103.

2. Berenfield，Boris. "Linking Students to the infosphere." *T. H. E. Journal* 24 (April 1996)：77.

3. Brown，Daniel. *Decentralization*. Newbury Park，CA：Corwin，1991.

4. Cooley，Van E. "Technology：Building Success through Teacher Empowerment." *Educational Horizons* 75 (Winter 1997)：77.

5. Kessler，Robert. "Shared Decision Making Works." *Educational Leadership* 50 (September 1992)：36 - 38.

6. Kielsmeier，James C. "A Time to Serve，A Time to Learn." *Phi Delta Kappan* 81 (May 2000)：652 - 657.

7. Reil，Margaret，and Kathleen Fulton. "The Role of Technology in Supporting Learning Communities." *Phi Delta Kappan* 82 (March 2001)：519 - 523.

8. Schine，Joan，ed. *Service Learning*. Chicago：National Society for the Study of Education，1997.

第十一章 为有特殊需要的学生提供支持

社会中有一些人与我们所认为的“正常人”不太一样，他们经常会遇到一些具有伤害性的问题。比如为什么我与别人不同？为什么会这样？是什么原因造成的？我对社会的价值是什么？这些“不同”能预防吗？这些个体经常会体验到疏离感。这种疏离感有不同的表现方式，如被隔离、忽视、冷落，或者通过强调他们与别人不一样这种特殊方式来看待他们。在中小学生中，“冷落”常会与智力、成就、技能、个性特征、外表与残疾、掌握的语言、社会经济水平以及种族等这些不同的因素联系在一起。

我们对待这些与众不同的学生的另一种方式通常是给他们贴上标签进行分类。对此，人们经常使用一些术语如“学习困难”、“轻度/中度障碍”、“重度障碍”、“异常”、“情感障碍”和“特殊需要”来区分他们。有特殊需要的学生是指那些具有影响其教育和发展的某些身体、社会、心理或环境特征的学生。由于我们的教育计划是为绝大多数学生专门设计的，因此它并不会为有特殊需要的学生提供取得最佳适应和发展的机会。因此，为有特殊需要的学生发展提供专门的教育是很有必要的。

社会可以通过其相关机构——学校来确定这些特殊的教育需要。学校中教职员工的行为和反应构成了对学校中具有某些特征的个体的社会价值的判断。这些判断能够而且确实常常造成并维持了这些个体的障碍。大多数学校都很注重学习成就，以至于学生在学习成就上即使有极其微小的缺陷也会很快被注意到，并且因此贬低其价值。从另外一个角度设想一下，如果有学生对一种款式特别的衣服给予很高的评价，那么父母买不起这种衣服的学生将会引起别人更多的关注，而且更容易成为有障碍的人。虽然我们在界定障碍时这不是一种让人接受的标准，但是社会经济这个变量在决定某人是否有障碍的过程中确实有影响。

“残疾”和“障碍”这两个词经常交替使用。几乎可以认定两者是不可分割的，也就是说，残疾必定导致障碍。然而，事

[注] Indiana Wesleyan University 的 Mark Smith 博士参与本章修订。

实上我们每一个人在某些方面可能都是残疾的，但是由于我们的残疾并不严重，并且也没有因此而受到自身的重视，因而我们通常能够避免对自己评价的降低，换句话说，我们没有形成障碍。例如，一个嗅觉缺失的儿童有一种客观上可以测量的残疾，但是其他人没有注意到，社会也没有特别降低对他的评价。因而，这个孩子就没有障碍，除非他后来决定成为一个厨师或靠"鼻子"为香水公司工作的人。总之，大多数障碍是社会强加给个体的。

校长角色的重要性

社区、教育委员会、主要管理者以及教师认为校长要对其所辖的学区内的领导行为负责。他是对那些有重要影响的资源和信息进行分配和维护的人。校长能够鼓励人，也会使人灰心；他可以令人感到自由，也可以让人觉得拘束；他可以培养出积极的领导者，也可以阻碍他们成为积极的领导者。校长既能强化形成和/或加剧障碍的态度，也能消除这种态度。即使校长试图避免直接面对残疾人问题，但是还是加剧了可能产生障碍的现状。就像古尔等人(Goor et al.)所阐述的那样："校长确立了教育的整个氛围并且影响了教学实践，事实上对一项计划成功与否的重要预言是校长对其的态度。"[1]

校长必须在既定法律的范围内以及各个学区的政策下实施管理。校长能对当地政策的制定产生影响，并且在政策的实施时，与教职员工一起工作，使得学生在伤害最小的情况下受益最大化。

校长处于这个职位上就要帮助教职员工消除正在学校这一小型社会中出现的障碍的形成过程，或者说至少以恰当的指示干预这一过程。所以当社会质疑为什么在学校里比在学前或毕业后有更多儿童被认为"不同"、"异常"或"有障碍"时，那些产生并维持这些障碍的小型社会的领导者就要承担起全部的责任。既然当地的社区认为校长要为学校学习环境负责，那么任何一位校长都不能推卸责任。

对校长上任前准备的启示

校长上任前的准备或其职业发展对全纳性学校的有效领导是极其重要的。全纳性学校是指那些把残疾学生视为和其他学生一样的、完全参与的公众学校。事实上，对学校领导者来说，每年允许教职员工在此领域发展以此避免受到法律制裁是明智的。要想努力在最少限制的环境中接纳那些有不同程度残疾的学生，就要求校长在人事安排上要有所改变，对残疾学生的学习潜能要有新的看法，将职责转交到在"普通"课堂中授课的教师身上，以及在教师和进行特殊教育的员工

〔1〕 Mark B. Goor, John O. Schwenn, and Lynn Boyer, "Preparing Principals for Leadership in Special Education," *Intervention* 32 (January 1997): 133. 另可参见 2000 年 2 月的 *NASSP Bulletin*，也涉及残疾学生的校长的角色。

之间形成新关系。[1] 为了能够产生这些变化，以便于所有的学生进行积极的学习，校长的领导能力是必不可少的。

有这样几个重要的问题（一些是出于担心而形成）将被提出：谁应该被接纳，谁应该被排斥？有严重行为问题的学生能被接纳吗？允许开除残疾学生吗？[2] 领导者需要对这些问题作出反应，并且这些反应不仅仅是要求进行改革这一事实。如果校长要成为一所全纳性学校真正的领导者，那么他一开始就要花费足够多的时间进行职业发展，这是很重要的。[3]

校长能做些什么呢?

校长应该主要关注学校中为每个学生所提供的教学服务的质量，因而他们的工作重点应该放在教学互动以及教育计划上，这种教育计划是作为一种框架服务于学校中的教学互动的。校长可以遵循下面的步骤来增加残疾学生受教育的机会：

1. 向参与者说明所有的孩子都是有价值的，不管他是否有明显的残疾。人的生命的价值这一特征是最急需写入到法律政策里面的。

2. 阐明个人对障碍形成条件的理解，并且说明学校为什么要确保残疾学生尽可能地不受这些条件的影响。

3. 和教师一起不断检验对所有学生学习潜能的信心、学习责任的定位以及所能迎合的学生的范围。

4. 完全熟悉控制性法律法规，并保证在学校里遵循这些法律法规。

5. 根据“排斥”的行为和材料分析教育计划，并且确定教职员工何时介入障碍形成的过程。

6. 为教育的实施检查学校的组织结构，以此来决定是否要进行必要的人员和资源的重组，确保能够为更多不同的个体提供服务。如果考虑到全纳这一概念的话，这一步就更加重要了。

7. 与当地的、整个地区的以及州的特殊教育人事部门确立工作合作关系，同时关注教职员工不断发展的能力。

8. 制定合适的教职员工发展规划，包括适当的保护。

9. 和教职员工一起开发可供学生学习选择的方案，并形成更广泛的教育技术。

10. 列出学校设施详细的清单，以此来确定建筑设计是否给某些学生带来障碍，

---

〔1〕 进一步的讨论可以参见 E. Pearman, M. Huang, and C. Mellblom, “Educating All Students in School: Attitudes and Beliefs about Inclusion,” *Education Training and Mental Retardation* 27(1992): 176 - 182；和 F. Wilczenski, “Measuring Attitudes toward Inclusive Education,” *Psychology in the Schools* 29(1992): 306 - 312.

〔2〕 James McLesky and Nancy Waldron, “Responses to Questions Teachers and Administrators Frequently Ask about Inclusive School Programs,” *Phi Delta Kappan* 78 (October 1996): 150 - 156.

〔3〕 Doris E. Speicher, “The Use of Professional Development in Establishing an Inclusion Program in Indiana Public Schools” (Ph. D. diss., Ball State University, Muncie, IN, 1995), 224 - 225.

改善内外环境的使用情况以避免对残疾学生造成更多不便。

澄清误解

为了成功地降低一个学校产生并维持障碍的可能性，校长应该了解障碍形成的过程。为了能得出一个恰当的观点，下面是对残疾和障碍的一些看法。

"残疾"可能被认为是一种机体损伤或机能失调，它能在一个具体的环境下根据其表现进行客观的测量。有生理残疾的儿童在生理能力方面有缺陷，还可能限制他们本来能够参加的活动。他们的父母、其他成年人以及同伴可能以不同的方式对待他们，使他们觉得自己与他人不同、没有价值，即他们"确实"有残疾，还"可能"有障碍。

但是一些行为上的缺陷并不是残疾，而是社会强加给他们的障碍。例如，在我们的传统观念中，妇女一直没有资格工作，即便这些工作都在她们能力范围内；种族、性别和宗教方面的因素也使得一些人没有资格进入某些社会团体。因而在一个具体的社会环境中，"障碍"可能被认为是武断地强制赋予的，或只是相对的。

残疾能预示某些行为。这种固定的模式很难摆脱，特别是对于那些有特别明显的残疾的个体来说。而且这种预示可能用来确定残疾者的某个社会角色。从更大程度上来说，其他人的预期将会塑造残疾者的自我概念，并将决定他能做什么以及怎样做。

这里还要提到残疾和情感障碍间的关系。残疾者没有心理失调。如果残疾者存在着情感障碍，那么这种障碍不是直接来自残疾，而是社会这个变量所造成的。对这一问题的讨论已经超出了本书的范围，但是在梅耶森（Meyerson）的广泛而有趣的著作中对这一过程的解释和例子很有指导性。[1]

残疾与心理行为间的调节按下面的步骤进行：(1) 一个人在他所在的文化中缺少其行为所需的一种工具，并且他自己也意识到一点；(2) 其他人也感到这个人缺少某种重要的工具并因此贬低他的价值；(3) 这个人接受别人所认为的他社会价值不大的判断，进而贬低自己的价值。(1)、(2)、(3)步是一个整体，如果没有第(1)步或第(2)步，那么就不会有第(3)步。如果没有第(3)步，就不会有情感障碍。

障碍形成的过程可以解释为：

1. 一些学生来自于以非标准英语在外面办事，而在家庭成员交流时又不用英语的家庭。

2. 主导群体贬低了这些家庭和学生的价值，认为他们缺乏说英语的能力就意味着低智商、不可信任、低价值，甚至懒惰。

3. 这些家庭和学生通过下列方式感觉到这一点：别人对待他们的不同方式、其

---

[1] Lee Meyerson, "Somatopsychology of Physical Disability," in *Psychology of Exceptional Children and Youth*, 2d ed., ed. William W. Cruickshank (Upper Saddle River, NJ: Prentice Hall, 1963), 1-52.

他人的怀疑、探讨“这个问题”的新闻故事、政府把英语作为官方语言的讨论、雇佣的机会等。因而家庭接受了他们有一些残疾的观点，并且告诉他们的孩子在学校里一定要好好表现，否则将同样面临被贬低价值。

4. 当学校里其他人躲避这些学生时，他们的这种观念更强了。教师布置给他们的是“认为他们可以完成的”特殊任务，就这样，他们到处都经历着类似的遭遇。

5. 学生贬低了自己的价值因而形成了障碍，不是因为他们不能按其他人的方式去做或说，而是因为其他人使他们相信自己的价值不大。

显然，这个包括一系列步骤的过程形成并维持了障碍。因而，有障碍的个体通常是其他人的受害者。一些外部特征（如脑瘫、肥胖、不同的肤色、邋遢或便宜的衣服、语言的运用）以及强调这些与众不同的标志传达着一系列的错误信息、恐惧和期望。它们几乎转化成不可避免的关于“那些学生”怎么做的期望，而自我实现预言的状况又增强了先前形成的恐惧。事实上，所讨论的某些特征和/或行为并不表明学生的整个能力、价值、需要、抱负，同时学习能力的差异如此之大，使得他不能融入“普通”课堂，或者不能从中受益。我们每一个人都有自己的长处和短处。例如，某个孩子语言方式的不同并不意味着其语言能力天生就低或者他不能或不愿进行有效的交流。但是这个孩子将不愿与那些认为其语言方式“低劣”的人交流。不管怎样，教师、学校等级制度以及/或其他的奖励制度的贬低价值的行为将在学校里构成一种强制赋予的相对的位置——因而潜在的障碍产生了。

一个学生进入以学术为中心的中学（即 80%的毕业生是进入大学的），如果他在学业上表现不好或对大学不怎么感兴趣的话，那么他可能会被某些教师和学生认为存在“障碍”。

运动机能残疾的儿童也遭受过这种价值的贬低，仅仅由于他们不能顺利地上下楼，或者不能快速地通过走廊。许多被排斥在活动之外的行为以及“特殊对待”引起了人们对残疾的注意，同时也增加了障碍形成的几率。虽然特殊对待有一定的作用，但是它突出了差异，从而使障碍永久化。因而在提供特殊计划时，校长应该权衡所有可能的选择，选择那些使得儿童的差异最小化的方案。

虽然颁布了《美国残疾人法案》（ADA）、《障碍个体教育法》（IDEA）以及 1973 年的《康复法案》第 504 章，但是人们的许多态度和行为还是违背了“法律的字面意思”，并导致了敌对态度或者开始忽视那些学生和/或为他们的孩子寻找合适教育的家长。

下面是对迄今为止的讨论的总结：

1. 残疾或有障碍要与特定的社会联系起来考虑。
2. 有障碍是其他人强加在一个人身上的。
3. 某种残疾促成了对残疾人行为的预期。
4. 在形成强加的障碍的过程中有一系列可辨别的步骤。

校长面临的实际问题：概述

在过去几年的教育改革中，可能没有其他同样的公共教育要素像为残疾学生所提供的教育计划那样经历了深远而重要的变化。首要的变革是，公立学校中的残疾儿童在最少限制的环境中接受教育的权利的形成和确立。和美国公共教育历史中的大多数例子一样，产生这种或其他变革的力量和影响都来自教育行业外部。

家长、顾问团体以及残疾人为促使这种变革提供了主要的动力。在 20 世纪 70 年代，对残疾儿童进行教育的专业教育者通过特殊儿童委员会（the Council for Exceptional Children）表明了他们的决心，也表达了他们的心声。他们和非专业的顾问团体合作提供了信息的和其他形式的资料，并且成功地证明受教育是残疾人应有的一项基本权利。

在 1970 年以前，只有少数州要求给残疾人提供特殊的教育。一些州在法律允许的范围内开展了有限的活动，而更多的州对这一问题没有任何法律条文。几年来，家长和顾问团体试图通过在州立法机关中进行游说来扩大对残疾人的教育服务，但是这被证明是一种缓慢的、不确定的且常令人失望的方法，除非那些州有一个组织完善、资金充足的游说机构。随着 20 世纪 60 年代民权运动的兴起，顾问们看到其他小团体通过联邦法院来要求某些基本权利并获得了成功，所以家长和顾问团体开始向联邦法院起诉，认为不向残疾人提供教育违反了基本的宪法。大多数案例是阶级行为的诉讼：详细阐明具体的抱怨以及形成被区别对待的个体的诉讼和自由的权利的宪法性基础。到 1976 年，四十多起具有这样基本特性的案件发生，没有一个原告是败诉的。同时也没有一个被告（通常是当地或州教育委员会、公立学校和机构的管理者，有时是专业从事者，如学校的心理学者）对法院所作出的裁决或结果提起诉讼。

在联邦法院采取行动的同时，美国国会的立法行动也为证明残疾人同样拥有宪法所赋予的公民权利奠定了基础。虽然 1973 年《康复法案》中第 504 章阐明了残疾人享有受教育的权利，但是直到 1977 年，卫生部、教育部和社会福利部才颁布实施这一法律的具体法规。1975 年，美国国会通过了《残疾儿童教育法案》（PL94－142），其中包括资金的提供。不过直到 1977 年 8 月关于 PL94－142 的最后法规才颁布。这两个主要的立法是对残疾人的教育计划进行组织和管理的一项"新准则"，而实施的主要责任落在了国家公立学校体系身上。

在 1990 年，《障碍个体教育法》（PL101－476）和《美国残疾人法案》被写入了法律。各个州也立即相应地修订了它们的法规。某些语言表达上的差异也反映了之前的讨论。在《障碍个体教育法》中，所有提到"有障碍的儿童"的地方都替换成了"残疾儿童"，因而开始对这两个词作出区别。于是出现了许多要改善的地方，学校也要承担一些额外的职责，如在学生离开学校之前提供对其所需要的迁移服务的声明，建议严重残疾的学生应该与正常的同伴一起受教育，以及要对残疾儿童进行早期鉴别(0～2岁)。

在1997年通过了《障碍个体教育法(97修正案)》，它包括对《残疾人教育90法案》一系列的修订。《障碍个体教育法(97修正案)》的通过是由于对两个主要争论的关注：

1. 对有效地发展和实施个体化教育计划(IEPs)的置疑。
2. 对有效评价所达到的短期和长期目标的置疑。

《障碍个体教育法(97修正案)》对校长和教师提出了新的要求：

1. 了解残疾怎样影响儿童融入大部分课程中，并取得进步。
2. 给每个孩子制定"可测量"的目标。
3. 提供一系列有助于达到这些目标的相关服务。
4. 对什么时候实现目标作出预计并对其提出修改意见。
5. 阐述目标怎样测量以及怎样取得进步。[1]

新的法律认为学校和教师有测量目标、使其获得进步和更新计划的责任。新的个体化教育计划中最繁琐的地方是有关方面需要大量的资料。对校长来说，一个可行的建议是：坚持认为特殊教育的协调者或教师要形成一种"简化"方式来确保对法律的遵守和对进步的记录。

《美国残疾人法案》影响了校长对人事的安置以及为残疾人所作的计划。《美国残疾人法案》于1992年1月26日生效，它对学校领导者产生了全面的影响。它鼓励读者更新他们有关发生在其所在州的变化的知识以及这些变化对实践的启示。

下面是《障碍个体教育法》和《美国残疾人法案》的主要内容，它们对组织的规划和实施产生了影响：

- 作为联邦政府的承诺，保证向所有残疾儿童提供一种免费的且合适的公共教育。
- 在安排、评估和安置的过程中赋予家长和儿童的完全诉讼权利。
- 要求为每个残疾儿童制定个体化教育计划。
- 要求对每一个残疾儿童的计划定期审查。
- 要求在最少限制选择的情况下安置残疾儿童。正常教育的启动(全纳)尝试着让所有残疾的儿童和正常儿童一起受教育。
- 要求用来评估和安置残疾儿童的测试与评估材料、程序应该是有选择的且要受到管理，使其中没有种族和文化的歧视的成分。
- 将计划所惠及的范围拓宽到传统认为的学前和已毕业的人群，包括一

[1] Dixie F. Huefner, "The Risks and Opportunities of the IEP Requirements under IDEA'97," *Journal of Special Education* 33 (Winter 2000): 195-196.

些残疾儿童(如孤独症和脑损伤的儿童)。

- 要求当地政府、州政府和联邦政府合作来确保对法律的执行。
- 要求有可测量的目标,可以对学生的进步进行审查并能在整个过程中为下一步的计划重新调整。

即使是不经意地阅读这些条款,我们也能发现这样的观念:虽然每一条对教育者来说都不陌生,但是在全国范围内还没有付诸实施。许多管理者认为《障碍个体教育法》的法规过于详细,需要大量证明和记录性的材料,同时在教育决策方面有太多家长的特权,并且限制了行政决断的自由或专业判断。另一方面,家长和残疾学生的顾问认为这些法规是期待已久的,且是对改正以前的不公平和实施不力的状况最低限度保证。自然的,对法规含义和各个部分意图的理解的差异性导致了行政的和司法的不同标准以及当地、州和联邦政府的解释(这种澄清正慢慢地出现)。在法庭上提出的具体问题将在后面一部分中谈到,但是联邦法律并不会因为这些解释而公开进行较大的删减和修订。因而,对法律的内容的掌握,对计划的准备、组织和实施的认识,然后利用资源来开展针对残疾人的教育计划,这些对学校管理人员来说是要谨慎考虑的。前面所提到的主要内容所带来的影响现在已经详细地阐述了,但是读者必须将每一条与可接受的合法的变革的认知相联系,应用到州和当地的实践中。

对残疾儿童实施一种免费的、合适的公共教育

当对这些命令实施的基本政策的声明和执行程序在主要管理层和董事会中确立时,这些命令的执行也将在课堂中实现。这就意味着校长在开发提供给残疾学生的特殊服务的传输体系时,要为通力合作作好准备。在过去,特殊教育的主要模式是全日制的自我管理的特殊班级,当然,并不是所有的班级都是特殊班级,但是《障碍个体教育法》中的"全纳"以及关于家长特权的条款使得这种可能性不存在。当这种全日制的自我管理的班级并没有因为这些命令而消失时,这一法律的明确目标就是要使尽可能多的残疾学生能在普通课堂中上课,并且能与正常的同伴交往。当我们能证明一个灵活的、针对残疾学生的教育传输体系起作用时,关于"合适的"教育的观念才会让人满意。因而为特殊巡视员或有能力的人员提供教育空间,促使这些人员与进行正常教育的教师间的交流;为学生、各种教育人员和提供服务的人员协调好时间;直接参与制定教育计划,所有这些任务都需要校长来计划、实施和监督。

更重要的是,给所有残疾儿童提供服务的联邦政府的指示削弱了当地教育委员会和各级管理者的某些选择权,他们曾利用这些权力武断地将残疾儿童拒之门外。甚至在州法令或当地政府的政策中没有提到这个问题时,我们经常能发现学校校长仅仅根据学生的身体状况以及其对教育实施的个人理解来确定残疾儿童的入学资格。正是

这些行为促使了联邦法令的颁布，以保证所有残疾儿童都有受教育的权利。现在，校长有义务接受所有来报名的儿童，当碰到有明显的甚至更严重残疾的儿童时，校长有义务立即与家长沟通，确定学校和家长必须共同采取的措施来确保形成一种合适的教育计划。然后校长开始实施这一过程并将其作为开展这种服务体系的第一步。

学校不能利用资金不足、设施不完备、人员不够或现行计划不合理作为借口，不提供合适的计划、不安置学生，或者以其他方式推迟评估和安置过程。近年来，法院肯定了法律所要求的学校要给残疾学生提供受教育的机会，即使要花费大量的额外资金，这正如 1999 年最高法院在审理细达河急流校区诉加里特（*Cedar Rapids Community School District v. Garret F.*）一案中所作出的裁决那样。[1] 除了前面的内容外，法律也要求公立学校在鉴别和找出残疾儿童（包括学区内从出生到 2 岁的孩子）时要采取积极的措施。这些措施有时也作为整个体系范围内的具体计划来安排。研究活动的焦点通常是公开信息的作用，这种信息能遍及社区的每一个家庭，其方式包括报纸广告、广播电视的现场宣传、告示板、海报以及面向社区群众的演讲。校长要向学校中所有学生的家庭宣传，并且在家长教师协会（PTA）或家长教师组织（PTO）之前要为宣传者提供有利的条件。

在安排、评估和安置过程中学生和家长的完全诉讼权利

最令人置疑的法规可能是与学生和家长在安排、评估、安置过程中完全诉讼权利有关。毫无疑问，主要管理部门及董事会将这些法规与各个州和地方的相关法规联系起来，形成了一系列行之有效的地方针对残疾儿童的特殊教育计划的操作程序。同样在大多数的学校体系中，主要的行政管理人员有可能要对特殊教育计划的全面实施负责，通过监督，使其遵循联邦的、州的、当地政府的法规。可能还有更高一级的监督队伍，这取决于学校体系的规模或几个学区的合作，这一组织的职责包括监督安排、评估和安置程序中的特殊方面。然而学生通过完整的一系列步骤进行真正的诉讼常常发生在学校实体层面，这就要求校长能够觉察、了解并能随时作好准备以任何方式参与其中，以使用一种合法的方式促进诉讼过程。目前我们关注的是对家长恰当的告知、选择一个对家长来说较近的见面地点以及家长对计划的完全投入。

我们不能过分强调这些法规的重要性，因为它们需要我们对程序投入特别的关注，而这在过去经常是以一种非正式的、结构松散的方式进行的。由于家长和学生的某些权利已经被清晰地界定，所以如果家长认为他们的任何一个这样的权利被侵犯的话，学校很容易受到家长的抱怨。有时候，在诉讼过程中家长会得到顾问团体的协助。虽然法律所要求的安排、评估和安置的步骤已经很详细了，然而我们要付出很多的时间和很高的代价，但是将它们的实施确立为标准实施程序而不是寻找潜在的诉讼资源

[1] 526 U.S. 66, 119 S. Ct. 992 (1999).

的捷径，我们对此的承诺就要谨慎了。在这一方面，校长必须了解整个程序的具体步骤，要与他的专业职员进行交流，恳请他们的投入和合作，同时对此进行监督，这可能是教职员工和校长办公室成员的一项特殊的责任。

校长和教师要能意识到当学生被怀疑有教育性问题时，诉讼程序是有效的。而对于这种问题，除了要靠教师对其所在班级的学生进行观察外，还要对其行为进行评估。在任何诊断人员和教育专家未得到有关此问题的性质和重要性的恰当数据之前，学生的家长必须要得到有关问题的书面通知，同时家长也要书面同意安置前的评估。书面通知必须包括在联邦法律范围内对家长应有的法律程序上保障的全面说明。同时书面通知要以通俗的语言或以家长的当地语言来陈述，除非能明确表明这样做是不行的，那就需要将其转换成口语或用其他的交流方式。虽然是粗略地看一下也要对特殊情况下的交流进行协助，或者请在场的诊断人员帮助解释评估过程、工具或适合安置前评估的测验，但是安排学生的初步工作通常由校长和教职员工来完成。

目前有一个很好的方法，那就是学校实体层面的事先安排体系，它给有受教育困难的学生带来好处，同时降低了对不成熟的家长关系的要求以及减少了必要安排的真正数量。这一体系基本上确立了学校的学生研究团体，其成员不确定，不过通常包括校长、任课教师以及学校中尽可能多的可利用的辅助人员。这个研究团体也研究教师曾特别关注的学生的信息。辅助人员包括改善阅读的教师、特殊教育资源场所的教师、学校护士、咨询师、医生、心理健康专家、协调员等等。通过对非正式课堂的观察，收集课堂作业的资料，以及对获得的健康或发展的信息进行检验（这些都是可行的，且是通过合法程序取得的），学生研究团体就能进行讨论，对教师的教学变化提出建议并且详细地阐述学生学习问题的标准选择。学生研究团体的集体判断将解决许多没有采用《障碍个体教育法》（PL101－476）中的诉讼保障来维护自己的问题，或者为那些明确要求进行安排和进一步评估的儿童召开家长会议提供坚实的基础。

一旦获得家长的书面同意，对评估过程中的安排责任就由主要的管理层来承担。但是评估本身将可能在学校里实施，因而校长要安排好进行评估的合适场所，协调好时间计划，以及万一学生的评估要在几天内连续进行或由不同的诊断小组成员进行时，要和教师进行交流。

在获得相关诊断数据后，就要安排第二次的会议，人员包括家长和学生（如果合适的话），所有参加评估的人员、这些学生的老师、代表督导长部门的特殊教育的管理者，以及由家长或学校体系自由选择的其他人员。当法律规定校长不能参加会议或在学校里不负责召开会议时，他就要指定一个管理人作为督导长的命令传达者。但是大多数时候，校长都将被邀请出席，也可能让他来安排场所，一般都希望校长参加，因为评估过程的结果要共享，并要形成针对每个儿童的个体化教育计划。如果校长不能参加，他也会得到有关会议的详细介绍，使其也能了解任何相关的问题，从而解决那些人们都关注的问题。

校长除了希望投入这个会议之外，还有必要了解为学生所开展的教育计划，并且准备协助这一计划的实施。特别需要指出的是，在特殊教育中对学生的安置或者对相关服务的要求可能并不是由任何一个与此案相关的专业人员事先确定的，而是在相关会议中产生的，并且在实施前要有家长的书面同意。

如果家长不同意会议的相关建议或评估的结果，又或者家长起初同意孩子的安置决定，但是后来改变了想法，同时这种分歧又不能通过代表学校的专业人员来解决，这时家长在公正的听证会官员前有权要求进行听证会。

家长权利的具体内容如下：

- 有权及时收到有关听证会时间和地点的书面通知。
- 有权要求听证会尽可能在离家近的地方进行。
- 有权审查学校收集的儿童的信息和记录。
- 有权要求学校出资进行独立的评估。
- 有权由律师来代表。
- 有权要求证人出席。
- 有权提供证据。
- 有权询问对方证人。
- 有权获得有关听证会过程和结果的完整的书面报告。
- 有权对所作出的决定提出上诉。

毫无疑问，这些权利代表着对教育程序的一种史无前例的合法的介入，而在以前，教育程序是由州或当地教育委员会或管理法规规定好的。这些权利对校长的潜在影响似乎是不言而喻的，并且在某种程度上，家长可能会求助于这些程序。一般来说，听证会的安排是主要管理层的职责，并接受董事会律师的建议。但是，校长期望在准备学校案件时能够提供帮助，同时应该作好准备在听证会上出示证据，并且认识到询问对方证人也可能是证词的一部分。

在这一简短的回顾中，我们简单地阐述了诉讼权利中的许多细微的差异，但是在这里提出的考虑因素主要是与特殊教育计划和服务中的学生的安排、评估和安置的基本步骤有关，而这又是家长参与决策制定过程中的每一步的权利。虽然这些看起来是很重要的，并且对教育工作者来说是极其合法的，但是在使所有的专业人员认识到这些程序并且考虑其实施的过程时，我们要谨慎。一旦学校制度在程序上进行必要的调整，家长抱怨程序的可能性就会大幅度地下降。久而久之，学校就能够在这一问题上令社会信任，从而在沟通、相互信任和尊重的基础上大多数家长的忧虑就能得到解决。

图 11.1 提供了联邦法律和法规的具体应用过程的大体流程。如果州或地方的类似上诉程序在细节上要有变动，以及要对先前达成的安置进行调整时都要进一步地核查。

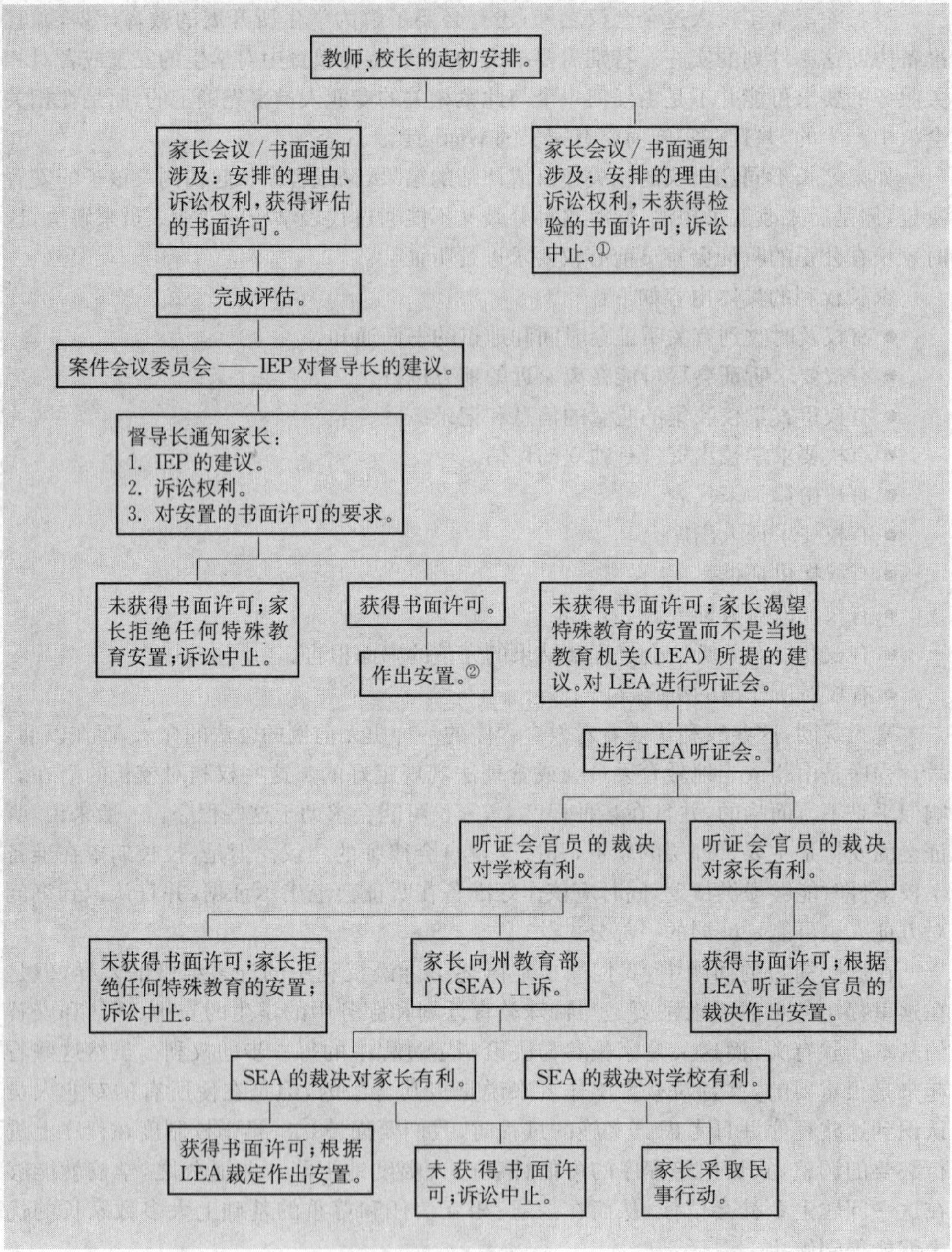

图11.1 联邦法律和法规具体或应用过程的大体流程

① 在自治州法令的立场上可能允许学校进行进一步的行动来促成合适的安置。

② 校长应该意识到家长可能在以后的时间里要求对安置进行变动。

大部分家长将接受学校的评估和为他们的孩子所制定的教育计划。当然也可能有例外，有些家长虽然出于好心，但是对他们的孩子需要特殊帮助这样一个现实，往往表现得冲动和情绪化。他们可能拒绝对其孩子的特殊的安置和计划，有时甚至严重影响了孩子的幸福。此时学校就面临一个问题。我们认为校长或其他的管理者应该出于道义以学生的名义发起进一步的听证会。这样学校就有可能不会因为忽视学生的各种法律权利而受到起诉。但是如果法规仅支持这边或那边给学生带来一种可能的负面影响的话，这种情况很可能会发生。

当家长坚持认为他们的孩子应该有特殊的安置时，反对方可能会提出疑问。这时诉讼程序自行启动并完成。同时，即使要举行额外的听证会，学校的领导者也必须代表学生的最大利益来行使权利。如果双方达成一致，就能进行调解。《障碍个体教育法(97 修正案)》为调解过程提供了指导。州政府有义务承担与调解过程有关的费用。[1]

对每一个残疾学生实施的个体化教育计划

根据学习者自身的能力和需要提供受教育机会和经历的观念对教育本身来说并不陌生。通常这一观念被认为是一种教育理想，在这个过程中教师应该努力地组织教学，即使公立学校传统上是一种以大众为对象的教育模式，其中每一个体首先以年龄或年级水平来区分他们是否属于某一群体。对个体需要和团体教育与管理的现实的对立的关注多年来在教育哲学和实践中一直占中心地位，但是通过法律的陈述，我们不必再对残疾学生的教育问题进行思考和争论。

联邦法律要求在对每个学生进行特殊服务和安置之前就要给他们制定个体化教育计划。这一计划必须在有关个体的案件会议中制定，同时会议要有包括家长和学生(如果合适的话)以及前面所提到的教育人员的参加。这个会议要制定一个书面计划，这一计划要经过所有参与者的同意并签字。个体化教育计划必须包括下面几项：

- 学生在基础和非基础课程范围内目前的成绩水平，并详细说明残疾对其成绩的影响。
- 年度的可测量的目标，用它来描述期望学生在 12 个月内实现的目标。
- 为实现年度目标而制定短期教育目标。
- 提供具体的特殊教育安置以及相关的服务，包括服务的时间长度、频次和类型以及对大众教育计划的修改(如果可行的话)。
- 大众的教育计划中学生能够参与的活动的范围，包括合适的非教育性的、学术性的和课外的活动。

---

[1] Steve Baldridge and David Doty, *Mediation under the New IDEA: Room to Be Reasonable* (Horsham, PA: LRP Publishers, 1998), 3.

● 服务所计划开始的时间以及预期的持续的时间。

● 客观的标准、评估的步骤以及作出决定的时间表，无论短期教育目标是否达到，至少每年都要做一次这样的工作。

● 预计的学年或学期，在这个时间里学生将被重新评估。

● 关于学生必要的过渡性服务（不晚于 14 岁或进入中学第一年）的声明，包括对先出现什么、什么时候合适以及在学生毕业之前对机构间的责任和联系（或两者都包括）的阐述。

如果是针对学生在童年时的特殊教育计划，那就可能还要包括家长在家里能实现的一些目标。

为上述事件召开的案件会议必须尽可能地达成一致，如果有明确的时间限制并且不能违反从安排到重新安置的 40 天会议的期限（见所在州的政策），那么可能要另外召开会议了。校长对整个会议负有直接的责任，确定个体化教育计划的最终内容以及合理地分配资源就是其中之一。在分配资源时校长要考虑这些因素，如在普通课堂中与学生合作所需的人员、交流、在紧急情况下的安全措施、训练能与学生进行合作并能参与记录案件讨论过程的人以及有关最少限制环境的信息。区域问题和个人义务问题在决策制定的过程中会不断地出现。[1]

对每个学生的教育计划进行一年一度的审查

有人可能会认为对教育过程进行定期审查的制度在美国的学校里已实施多年，这一点从定期给家长的成绩单和在经过选择的年级中对整个体系内的成绩测验的管理中可以看出。然而对残疾儿童的计划进行的定期审查应该不仅包括降低难度的学习和成绩单上的行为指标或获得规范的成绩分数。这种审查具体涉及了个体化教育计划，也体现了评估的内容。在审查过程中需要召开会议，出席的包括家长、学生（如果合适的话）、所有与学生有关的教职员工以及被认为是整个审查过程中必需的任何提供支持或进行诊断的人员。会议前所需要收集的重要的客观数据大部分都要求是定量的，而且要与总目标的衡量指标和个体化教育计划中所陈述的目标有关。如果目标以个人行为的形式来描述，从而有可衡量和可观察的指标，那么判断学生的教育计划是否恰当以及是否令人满意的主要依据就很容易获得。但是，这样的会议同样也必须考虑到那些本身可能就比较主观的观察和论述。可以肯定的是，校长是愿意提供与最少限制的环境有关的意见或者愿意在学校中设置另一个环境。

一旦在整个学年内对学生实施了个体化教育计划并且收集到了评估性的数据，那么就能召开一年一度的案件审查会议，来决定下一个学年的个体化教育计划。在《障

〔1〕 关于各种情况的讨论与参考资料，参见 Perry A. Zirkel, "Another Withering Decision," *Phi Delta Kappan* 78 (October 1996): 171 - 172.

碍个体教育法(97 修正案)》实施过程中,可衡量的责任成为一个特别关注的领域。人们要求学校教职员工呈现目标的衡量方式。过去个体化教育计划的普遍问题是只对目标进行描述而没有真正的措施和应有的责任。新的法律解决了这个问题。最近法院的裁决支持了《障碍个体教育法(97 修正案)》对过去没有进行的衡量和责任的规定。因而必须评估学生所取得的进步、确保学生学到额外的知识。

校长也应该意识到:尽管大多数的个体化教育计划是以学年为单位,同时也证明这段时间是足够的,但是孩子的家长和教师有权(也可能要求)在这一年中任何时候对孩子的进步进行审查。

最低限制选择式的全纳

在对残疾儿童进行教育安置时,对最少限制环境的考虑表明了在提供特殊教育方面对过去的做法有了明显的改变。传统的为大多数儿童服务的全日制自我管理的课堂实践受到了巨大的挑战,同时在 PL94 - 142 通过之前它也受到了来自家长和顾问团体的抵制。毫无疑问,由此带来的影响促成了 PL101 - 476 条款的关于最少限制选择的概念的界定。"全纳"是一个用来描述确保学生在普通课堂中接受特殊教育的过程的词。丹尼尔斯和加纳(Daniels & Garner)最确切地表达了这种意思:"'真正的成员'这个词表达了全纳性教育的内涵。"[1]

这一概念假设:普通课堂(其中的学生在人格上无显著差异)是最为标准的学校环境,在这里,残疾学生拥有与正常学生同样的环境。对这一概念的落实迫使学校扩大其提供教育的范围,使得残疾儿童也能享有这种服务。

图 11.2 是在理论上可取/不可取的提供给残疾儿童的教育服务的连续统一体。任何一个连续统一体都有许多隐藏的东西,图 11.2 也不例外。可以根据这些环境和职员类型形成选择,但我们的目的是让校长能看到其中潜在的结合点。校长和全体教职员工应本着为每个学生提供最佳组合的服务而作出决定,并努力来实现它。

事实上我们假设的是,普通课堂和全日制特殊课堂代表了两个极端,因为普通课堂给儿童提供最理想的环境,而全日制的特殊课堂或特殊学校提供的是最不理想的环境。我们要记住,在制定个体化教育计划的案件会议上,有必要提出这样的问题:如果学生正常的话,那么他的特殊需要在多大程度通过最少的调整和时间花费来实现。同样,《障碍个体教育法(97 修正案)》要求进行正常教育的老师应该参与对学生的个体化教育计划的讨论。其依据是:进行正常教育的老师的缺席意味着仅仅对一个有所限制的环境的讨论。

无论与残疾儿童有多大关系,校长都要意识到:给进行正常教育的教师提供的信息和校长发挥强有力的支持对最终的成功来说是必不可少的。使教职员工知道的不

〔1〕 Harry Daniels and Philip Garner, *Inclusive Education* (London: Kogan Page, 1999), 13.

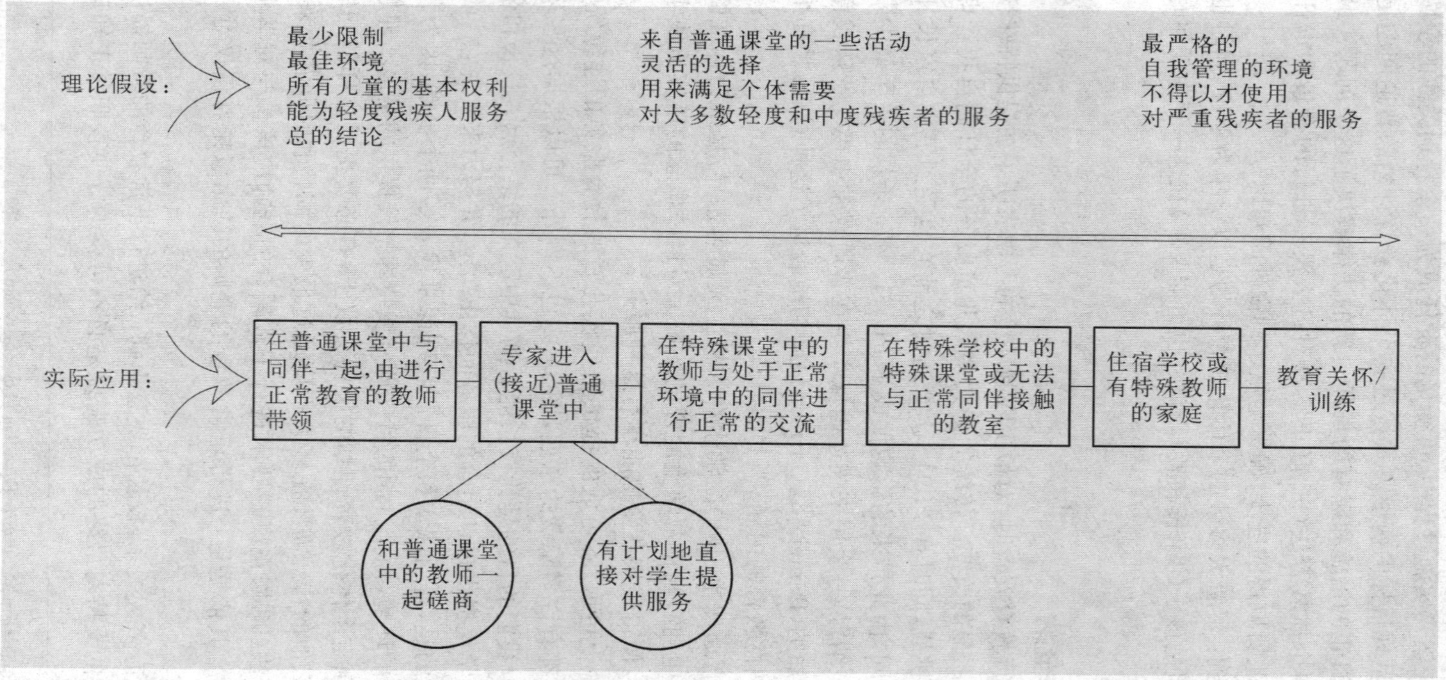

图 11.2 教育服务实施的理论和实践的连续统一体，它阐明了最少限制环境的概念

仅仅是六月份在学期末公报上的一则通告，而这仅仅意味着学生在下学期是继续在普通课堂中接受教育还是重新安排。学校既要让教职员工不断发展，以实现这个想法，又要花时间来使合作关系具体化，这种合作关系随着一种新定义的传输体系和新的专门特殊教育人员的产生而产生。对进行正常教育、特殊教育、支持性教育的人员以及管理人员的作用和他们之间的沟通方式可能还要进行长期的关注才能阐明。

前面所提到的支持性角色可以通过校长在理顺教职员工关系的过程中作为起促进作用的第三方的需要表现出来，这个过程要使（如果可以的话）进行普通教育和特殊教育或支持性的教职员工间能够相互信任、相互尊重。和许多其他的教育状况一样，这时我们不能过于强调实践的需要、为加强积极的人际关系和持续沟通的努力的需要。事实上，这些应将考虑范围也扩大到家长和孩子，因为孩子的幸福是所有相关的大人主要的共同利益。

校长也要成为额外支持（如助理、咨询师或课堂内进行特殊教育的教师）的拥护者。除了人员之外，科学技术也能为残疾学生的成就提供支持。电脑、语言合成器，以及一系列的软件能增加学生学习、交流的机会，从而使其成为有贡献的人。[1] 我们可以通过一些其他的渠道筹集资金，如通过基金会、政府或企业。同时残疾儿童的家长也要帮助筹集资金，从而在他们的孩子接受学校教育的过程中成为一个完全的参与者。

有些问题我们是可以预料的。有中度、重度、深度或多种残疾的儿童的家长在孩子上学之前一般会意识到自己孩子需要的特殊性，并且他们通常会现实地选择教育、目标和期望。这些家长中的大多数人知道身体调理、情绪激动以及其他的安全因素；孩子有限的沟通技巧、学习经历构造的水准以及大量的其他可能给最少限度选择的概念带来实现上困难的因素。就儿童成长、发展甚至有时候仅仅是生存来说，一个自我管理的环境在学校和家长眼里是必要的且是可接受的，至少对某些活动来说它是不应该被拒绝的。总之，在正常课堂环境之外可能有一个更好的服务于学生的环境。[2]

另一方面，有注意力缺陷障碍（ADD）、学习障碍（LD）、难以诊断的知觉缺陷或特殊健康问题的学生通常难以辨别，直到这些问题阻碍了他们在学校中的进步，人们才发现它们的实质。在这些情况下，学校对家长来说成了“坏消息的承担者”，因此某些家长出现了心理不适的反应，他们可能会提出不合理要求或者甚至不现实的解决他们孩子需要的教育方案（如坚持所有的相关要求在普通课堂中解决，要不就要求进行特殊的安置），在这些方面就要特别小心。因为在许多学区内，我们发现注意力缺陷障碍和学习障碍很容易被过度诊断。评论家指出这是由于在这些地区容易收到财政税。

〔1〕 Janet Barry and B. J. Wise, “Fueling Inclusion through Technology,” *School Administrator* 53 (April 1996): 24－27.

〔2〕 Richard W. Smelter, Bradley Rasch, and Gary J. Yudewitz, “Think of Inclusion for All Special Needs Students? Better Think Again,” *Phi Delta Kappan* 76 (September 1994): 35－38.

不管这是否被证实，校长都有责任全面地审查这些决定，使得儿童能在普通课堂中把握每一个成功的机会。仅仅因为钱的原因给问题学生贴上标签是对这一职业最大的道德违背。因而校长面临着理解和保护学生的挑战。如果要进行诊断，那么在试图形成个体化教育计划的检验中，校长的人际关系和沟通技巧以及对整个事件的讨论组都要被提出，这个个体化教育计划将给孩子的需要以最大的优先权，而较少关注家长的心理需要。事实上，这里的一些概括应该谨慎地对待，同时它们给校长在可参考的操作结构上提供了一些普遍的观点。

对残疾儿童的表现进行评估

用于残疾儿童的测评工具必须是经过选择的，并且要有所管制以便不会产生种族或文化上的歧视。这一政策以及当地对它的反应可能会在学校董事会形成，并且由一个主要管理部门的办公室加以监督。校长必须意识到联邦和州政府的要求，将政策和实施过程联系起来，在教职员工有可能违反政策之前与他们进行沟通。

由于目前这一领域的大多数的团体和个体测验都遭到了批评，因而仅仅允许运用那些在董事会制定的政策中所描述的评估方式或允许专业的诊断人员进行评估的方式似乎是明智的。对学生评估进行管理的一般规则允许运用未经家长同意的测评工具，只要这种评估是按照正式的董事会制定的政策，是在课堂中由所有的学生或指定的年龄、年级的学生作出。任何仅用于不在一般政策范围内的以及有所选择的学生的诊断方式和工具要能得到家长的同意，而这一过程是在前面所讨论的家长应有的诉讼保证的框架下进行的。因而，当测验的内容和实施不在校长的直接职责范围内时，了解和监督教职员工行为将成为校长办公室成员的额外职责。当学校对州政府所制定的测验（特别是与毕业有关的关键测验）作出调整时，这种责任就变得尤其重要。[1]

当地政府、州政府、联邦政府合作以确保遵守政策

提供有关服从命令的证据是当地教育部门（LEA）的责任，而承诺提供准确的证明文件是这种责任的基础。当地教育部门要有一系列合法的正确记录，以便在家长提出质疑或不满而要进行听证会或诉讼时可以参考。更进一步，有必要对专业的活动作详细的记录，这对长期的规划、管理以及对残疾学生的教育的评估来说是很重要的。

对 PL101-146 的遵守情况的监督在实际操作上州与州之间是有所变化的。有些州通过州教育部门（SEA）的计划监督检查小组来委派当地教育部门进行现场视察。有些州制定了以一年、二年、三年轮换为期限的定期考察，而另外一些以抽样方式进行现场视察或对那些家长及顾问团体产生抱怨的当地教育部门进行后续调查。联邦的

〔1〕 有关测验中的调整可参见 Daniel Koretz and Laura Hamilton, "Assessments of Students with Disabilities in Kentucky: Inclusion, Student Performance and Validity," *Educational Evaluation and Policy Analysis* 22 (Fall 2000): 255-272.

财政和计划检查组也要制定计划或在随机抽样的基础上对某个州进行突击视察，以检查州和当地的政府对法规的遵守情况。

前面这些可能对不同学校的校长有不同的影响，这取决于所涉及的特殊教育的学生的数量以及学校所提供的特殊教育服务的状况。可以肯定的是，所有的校长都要掌握一定的标准形式（如对家长或课堂教师的分派的形式），并且他们也要给家长提供一些书面交流的材料。虽然这看起来可能有点过于谨慎，但是还要有一个由校长或家长发起的电话交流的记录，这些记录与已经得到安排的学生或接受特殊教育服务的学生有关。另外，校长应该确保其在对残疾学生进行安排、评估、安置和审查的整个过程中的责任都有明确的界定，并且确保要替每一位这样的学生保管对这些步骤进行记录的文件。只有这样，校长才能为其承担的恰当责任作好准备，同时这些责任可能与个别学生的进步、计划的审查或家长发起的导致听证会或诉讼的抱怨过程相关。

诉讼、解释和澄清

由于法律涉及的范围都像 PL101 - 476 那样广泛，就像案件一样，有人就希望对法规中出现的许多问题进行具体的解释说明。个人问题和引起的相关关注的数目太多，我们不再详细列出，不过它们一般都是围绕语义和/或概念上的问题，如“自由的合适的教育”的定义、“最少限制环境”原理的应用、“无歧视测验”的特征、所要求的“相关服务”的范围、对残疾儿童进行分类的标准、诉讼程序的执行。这些问题是家长和学校在要求澄清和达成共识时产生的。

自从《障碍个体教育法》在不同行政管理水平上为差异提供了解决方法以来，当地和州政府都作出了许多解释来满足双方的关注。对于行政决定，很显然只适用于所提出的具体的问题及其背景，比如它们所陈述的无偏见的意见对其他管区内相似的案件并没有约束力。当然许多案件都越过了行政的步骤而进行诉讼，并移交民事法庭进行裁决。

对案件进行分类很困难并且有时有点武断，这是因为有些问题包括了一系列的小问题。对要求全纳的案件主要来自家长，他们认为没有给自己严重残疾的子女提供合适的特殊教育及相关服务。而其他家长想方设法让孩子摆脱特殊教育的服务或安置，他们认为其子女在学校中已经是正常的学生，不应该认为他们有残疾而把他们纳入为残疾儿童服务的特殊计划中。为了对学校进行管理上的区分，有必要对那些曾经阻碍公正评价的具体问题进行检查。

既然 PL94 - 142 和 PL101 - 476 作为基本的原则，它要求所有的残疾学生要接受“自由而合适的公共教育”，那么由这种立场引起的许多问题也就不足为奇了。对残疾儿童进行哪种程度的教育对家长来说是自由的，这一点法庭已经批准，同时法庭还制定了由学校的专业人士对学生进行独立评估费用的标准，对严重智障的学生延长受教育年限的规定，全年寄宿制学校的安置以及如果在其所在的州没有合适的教育计划时可以安排去其他州的规定。如果导管插入手术和其他的支持性服务对学生从特殊教育中获益是必要的话，那么这些服务也应该包括在内。

家长的一些请示（诸如"自由"）当然会与他们所理解的"合适"的儿童教育有关。许多联邦地方法院已经确认残疾个体所受到的合适的教育整合了最少限制环境的概念。法院支持家长对学生进行重新安排的请求（从邻近的学区到居住地所在的学区，或从特殊的寄宿学校到当地的公立学校）要基于这个原则。另一方面，位于印第安纳、爱荷华州以及弗吉尼亚州的联邦地方法院已确定"合适"的概念并不是指要达到"最理想的"、"最佳可能的"或"最优化的计划"的标准，而这些是许多家长所认为的"合适"的概念下的权利。

有趣的是，PL94－142 中提到最高法院于 1982 年就如何处理这一争端第一次作出判决，当时最高法院以六票对三票裁定公立学校不一定要向耳聋的学生提供手语翻译。在霍利诉亨德里克·赫德森中央学区的教育委员会（*Howley v. Board of Education of Hendrick Hudson Central School District*）的诉讼案件中，最高法院推翻了下一级法院的裁决：根据 PL94－142 中残疾学生接受一种"自由的、合适的教育"的要求，纽约州的艾米·霍利这个四年级的学生有权拥有一个手语翻译。最高法院的大部分法官裁决如果学区通过"合理的安排"来确保个体从教育中获益，用这种方式来执行 PL94－142 的程序，并且能够表明个体化教育计划已经得到发展，那么也就达到了法律的要求。在大多数人的观念中，伦奎斯特（Rehnquist）法官认为，PL94－142"没有提出额外的要求，即所提供的服务应该最大程度地满足儿童的需要，使每个残疾儿童潜在的机会与其他儿童的机会均等。"同时他补充道，这一法案"向残疾儿童敞开大门，而不是曾经的仅仅是对特殊教育的保证"。[1] 这一决定可能在一定程度上受到这个事实的影响，即艾米·霍利曾有正常的进步，这一点可以从要求手语翻译之前考试合格和正常的升级上看出。而对这种额外协助的要求是基于这样一个信仰：随着年级不断升高，不断增长的工作量已经超出了儿童固有的能力。虽然对霍利案件的评判毫无疑问是一个有重大意义的决定，但是最高法院并没有真正地澄清"合适性"的标准，事实上是将"充分"和"平等的机会"这些概念植入对残疾儿童的教育中，而这些术语很可能还和原先的"合适性"问题一样，是令人迷惑的且具有争议性。决策者们（通常是法院）现在正致力于这些概念的界定。随着《障碍个体教育法（97 修正案）》的通过，专家们想知道，法院是否会被迫改变他们对霍利案件的解释。《障碍个体教育法（97 修正案）》包括对可测量的年度总目标的陈述，这些总目标与在整个课程中儿童所取得的进步有关。胡福纳尔（Huefner）认为："如果目前个体化教育计划能清晰地预

〔1〕参见 *Programs for the Handicapped: Clearinghouse on the Handicapped*, no. 4 (Washington, DC: U. S. Department of Education, Office of Special Education and Rehabilitative Services, July-August 1982), 1.

测出可测量的进步，那么它可能会迫使法院更加谨慎地对儿童的个体化教育计划结果进行审查。"[1]在这点上，法院会维持对霍利案件的裁决，但是不久以后他们可能会改变看法。

学校行政人员所关心的是如果由于疏忽或不遵循 PL94 - 142 的某些条款而被起诉的话，他们将承担多大的责任。对这一问题最高法院已经在 1982 年作出了明确的规定，当时最高法院维持了下一级法院的一个裁决，这个裁决认为 PL94 - 142 不能被用来作为有关对经济赔偿的起诉的根据。圣路易斯郡特殊学区诉梅涅（*Special School District of St. Louis County v. Miener*）的案件中，特里·梅涅的父母起诉当地的学区，要求索赔 525 000 美元，他们称学校未向梅涅提供适当的教育，而使她进入了一个州属医院。其父母同时还根据 1973 年的《康复法案》第 504 章和确保残疾人不因残疾而在教育中受歧视的民权法进行诉讼。最高法院维持了下级法院的裁决，这一裁决认为违反免遭歧视的规定是个体起诉以获得经济赔偿的一种合法的根据。正像这里提到的一样，如果上诉的话，联邦地方法院的裁决首先要得到美国上诉法院的第八次巡回审判的支持，然后再获得最高法院的支持才行。上诉法院认为根据第 504 章的规定容许这种私人案件，因为行政上的补偿（如通过 PL94 - 142）并不能总是维护个人的权利。[2] 因而，学校可以不对所声称的疏忽或其他的不遵守 PL94 - 142 的情况承担责任，但是如果原告认为他们的不满受到民事法规权利的保护，那么他们就可以利用第 504 章的相关法规。

对残疾儿童采用管教政策的问题受到了很大的关注，这是由于有些残疾如情感障碍、智力衰退，根据它们的定义，包括那些需要监督和管理的在行为上有偏差的学生。同时，这一法律也详细解释了对所认定的残疾学生进行教育安置时的诉讼步骤。关键问题是对残疾学生的破坏性或分裂性行为可以容忍的程度，以及如何对这些学生采取停学或开除处分。

许多这样的案例在联邦地方法院和上诉法院都发生过，因而不必列出具体的案例，大众都普遍认为可以采取停学和开除处分，不过只是在执行 PL94 - 142 和 PL101 - 476的程序性保证情况下，他们把这些步骤视为教育安置的一种改革。[3] 这种方式首先要求对案件召开会议讨论，并评估对教育安置进行变化带来的优点；讨论会必须包括家长（合适的时候包括学生本人）。在一些法院案例中所提到的一个关键的分歧就是破坏性行为是否与残疾有因果关系，这必须在采取正式处分决定之前就确定。例如，如果一个轮椅上的有身体残疾的学生，因为在学校操场上出售非法物品而被拘捕，而这种行为在案件讨论会上确定与残疾没有关系，那么学校就可以像对待任

〔1〕 Heufner, "The Risks and Opportunities," 195 - 196.

〔2〕 参见 *Nation's Schools Report* 8 (25 October 1982).

〔3〕 Donald G. Turner, *Legal Issues in the Education of the Handicapped* (Bloomington, IN: Phi Delta Kappa, 1983), 26 - 27.

何一个正常学生一样采取停学或开除处分。另一方面，如果一个情感严重障碍的学生有亵渎或反抗性行为，而案件讨论会确定其行为与残疾有关，那么学校就不能采取开除处分。相反，只要不违背自由的合适的公共教育的原则，就能考虑个体化教育计划的变化（包括安置的变化）并付诸实施。如今的管理者更加关注具有破坏性行为倾向的学生是否处于一个限制的环境中。同样，由于一些学校中发生了极其严重的暴力事件，许多专家就希望法院能够在以后的时间里重视这一地区，并且给学校一些处理严重案件的权利。

在确定不良行为和残疾间的关系之前，大多数法院对一种短期的紧急停学（可能是三天）是支持的，但是较长时间的停学就一定要按程序性保证条款来执行。因为开除被视为安置的一种变化，所以校长或其他负责人应该谨慎，以确保完全按照要求来做。开除在决定可选择的教育服务或安置的形式上还是有必要的。[1]

前面对相关解释的讨论并不全面。它们仅仅是围绕与诉讼有关的问题的说明。毫无疑问，在这些问题和关注提交到法院之前，关于对它们和其他一些问题的澄清仍将继续。对有关特殊教育的司法解释的研读似乎对学校管理者构成了一定的威胁。但是我们要记住：大多数的家长、市民以及学校在观点上的分歧绝大部分就地就能解决，而不用通过诉讼的手段。另一方面，如果学校行政人员，特别是校长法律知识丰富并且在理论上和实践上都遵守的话，那么在学校中他们会更有信心地工作。在这一方面，前面所提到的对计划执行的告诫和建议似乎特别有意义。特别是校长，他处于一个关键位置上，既要调解家长的许多最初关注，又要在许多问题变得严重（那就是如果进行听证会或诉讼）之前解决它们。

对相关影响的概述

显然，对校长们来说，联邦法律的各个方面实际上对时间的利用以及最终的人事安排（不管是专业人员、专业人员的辅助者，还是职员）都有影响。校长将会受到时间的优化安排或对学校里新的活动进行监督的挑战，并且将直接参与案件的讨论、电话交流以及承担其他随计划的发展而可能出现的责任。同时在对个体化教育计划进行讨论和案件的审查中，校长也必须支持进行特殊教育和正常教育的老师参与。这些所要求的活动可能要花大量的时间，这主要取决于学校中接受特殊教育的学生的数目。

如前文所述，文件使用的必要性对专业人员时间的运用也有影响，管理者不应该期望将这些额外的任务（包括一种全天教育）强加到现存的角色界定中，这样势必会导致严重的士气问题。额外的任务也会违反与教育员工所达成一致的对工作环境的相关规定。如果想追求一种高质量的计划，校长必须警惕这些变化的需求，并且时刻准

---

〔1〕 Donald G. Turner, *Legal Issues in the Education of the Handicapped* (Bloomington, IN: Phi Delta Kappa, 1983), 26－27.

备着就所要求的人力和物力资源与主要管理人员进行沟通。

同样，校长在个人发展和职业发展的过程中起着极其重要的作用，这对于所有的教育工作者最大程度地适应不断快速变化的社会尤其有用。

其他特殊需要的学生：超常儿童

到目前为止，我们主要关注的是那些残疾的和对其所在的学校环境产生适应性问题的特殊学生。而在这一章一开始所给出的“特殊的”定义同样适用于那些高智商或有超过正常学生或一般学生的特殊能力者。然而，学校在提供一种培养和提高这些学生的学科成绩和创造能力的不同的学习环境方面却非常滞后。

在1971年的《马兰国会报告》(*Marland Report to the Congress*)[1]中将全国范围内对这一类人忽视的问题提到了显著的位置。报告声称在1960～1970年调查的所有学校中，57.5%的学校报道没有超常学生。它还指出其他研究表明54.6%的高能力学生不能发挥他们的正常水平，大部分都低于可测量潜能的期望水平。一个州范围内的研究发现在所有的辍学学生中，有3.4%的人智商是120或更高，这一比例共占所有超常学生人数的17.6%，并且高智商女孩的辍学人数是男孩的2倍。[2]伦朱利和帕克(Renzulli & Park)提出辍学的超常学生因为在学校中成绩不好(49%)、找到了工作(40.7%)或不能完成家庭作业(38.1%)而辍学。社会经济水平似乎也影响着超常学生的辍学，这是因为超过48%的辍学的超常学生来自于社会经济水平最低的那部分家庭。[3]

对超常儿童计划的政府资助一直在很大范围内波动，但是到了20世纪80年代末期，绝大部分地区已经能够对学术能力者的特殊计划提供或获得资助。[4]大约30个州对超常学生有强制性的鉴别标准，26个州有强制性的计划。在中学阶段，只有35%的学校有一个与超常计划有关的咨询师或协调人员。[5]

校长和教师将要面对许多与超常儿童的特殊计划有关的问题，从性别问题到平等、社会发展的精英管理论以及特殊设施、材料和设备问题。关于超常女孩的问题已取得了很大的进步，但是进一步提供支持性环境的研究也是需要的。对不能给孩子提供富裕环境的低收入家庭中的超常儿童的鉴别仍然是一个受到关注的问题。

---

〔1〕 参见 S. P. Marland, *Education of Gifted and Talented*. Vol. 1, *Report to the Congress of the United States by the U. S. Commissioner of Education* (Washington., DC: U. S. Department of Health, Education, and Welfare, August 1971).

〔2〕 同上.

〔3〕 Joseph S. Renzulli and Sunghee Park, “Gifted Dropouts: The Who and Why,” *Gifted Child Quarterly* 44 (Fall 2000): 265-266.

〔4〕 对自1992年以来实施的超常儿童计划进行一次有意义的审查，见 Suzanne Gold, “Sixty Years of Programming for the Gifted in Cleveland,” *Phi Delta Kappan* 65 (March 1984): 497-499.

〔5〕 Rachael Sytsma, “Gifted and Talented Programs in America's High Schools: A Preliminary Survey Report” (Storrs, CT: National Research Center for the Gifted and Talented, Spring 2000). 可在www.sp.uconn.edu/～nrcgt上获得.

早期的鉴别程序经常遗漏一些学生，这些学生由于一系列的原因无法参加课后计划或有不同的语言能力。哪怕一个独立的计划就能使一半的学生产生孤立、隔离或隔绝的感觉。[1] 为了防止发生潜在的社会负面影响，校长对这些可能性的觉知是非常重要的。

可以说，超常儿童在公立学校中的经历通常并没有使他们满意或使他们受益，不管是社会还是儿童都忽略了这一点。

在特殊学生的其他方面，校长作为教育领导者肩负着每天实施超常儿童计划的主要任务。理想的状况是，所有的校长作为地区行政团体的一部分，在计划启动时就要参与策划和组织决策。如果不行的话，在制定计划过程中的步骤和决定应该要与校长进行沟通，这才能使校长角色明确化。下面列出了计划启动和实施时要考虑的一些基本的管理因素。

步骤Ⅰ：计划理论基础的发展

A. 概念化——用已经证明的理论对计划的目的作一个总的陈述。

B. 认可——确定法律基础，它包括当地学校董事会的赞成并与州和联邦的相关法规相一致。

C. 长期目标——详细描述并且提炼与概念（A 项）相一致的一般陈述。

D. 定义与鉴定——根据服务的对象，保持 A、B、C 三项的一致性。学生素质的标准是什么呢？使用什么样的系统化鉴定？国家研究中心对超常儿童进行的研究可能对上面几步有帮助。[2]

步骤Ⅱ：组织计划或课程规划

A. 专业教职员工的卷入——产生共识，员工的投入和认可，行政人员、教职人员、辅助人员的合作。

B. 具体的计划目标——将长期目标提炼成具体的课程。

C. 组织或课程选择——探索向特殊学生的学习所提供的模型。

D. 计划监督——对计划的管理、监督和其他管理任务的角色以及他们的职责进行界定。

E. 教职员工——确认教师的性格、选择、兴趣以及在职学习；将整个团体的人力资源进行整合。

---

〔1〕 Julie Alexander, "Long Term Effects of an Early Intervention Program for Gifted and Talented Students" (Ph. D diss., Ball State University, Muncie, IN, July 1995), 76.

〔2〕 国家超常儿童研究中心位于康涅狄格大学，负责人是 Joseph S. Renzulli。网址是www. sp. uconn. edu/～nrcgt. 也可以参见 J. S. Renzulli, "What Makes Giftedness? Re-examining a Definition," in R. Diessner and S. Simmons (eds.), *Notable Selections in Educational Psychology* (Guilford, CT: Dushkin /McGraw-Hill, 2000), 373 - 384.

F. 评估——建立数据收集的步骤，事前或事后测量等。

G. 资金——确定来源、责任、限制等。

H. 公共信息——为达到团体的共识、支持和合作而传播信息。

步骤Ⅲ：教育的实施

A. 教育空间——确定学校内和学校之间的资源、以及社区的设施和资源。

B. 团队选择或个人计划——考虑个人的学习经验以及共同学习。

C. 教学材料——运用学校的资源以及社区的捐献。

D. 战略、方式、技术——考虑学习的进程、确定运用不同的组织或课程选择的时间方式。

既然这些步骤和任务是建立在学区范围内服务于超常儿童的承诺的基础上，那么我们最好应该提前对这些专属于校长的任务或可以由主要的部门人员、教职员工或辅助人员来执行的任务进行详细说明。但是有些时候，当某个地区内一个（或一批）具体的学校被确定为超常儿童教育的专门基地之后，这时，列出的所有步骤和任务对所涉及的校长就会产生一定的影响。同样如果没有明确的学区承诺和政策，校长作为教育领导者就会认为在他所在的学校里超常儿童应该有不同的学习机会，并运用自己的领导权力来使之实现。在后面的这个例子中也需要考虑同样的步骤和任务，并且可能完全处于学校实体层面。相应的责任和义务仍然由校长和他的职员来承担。有几所大学已经有致力于超常儿童教学研究的中心。校长同样希望探索那些对学校来说可获得的并可利用的研究成果。

对教育计划的分析

不幸的是，有许多时候人们强化了这一观念：人与人的差异是一种负面的东西，即使是一般人和天才的差异。虽然大多数致力于教育计划的人口头上都会强烈支持给不同的人提供不同的设施和材料，但是落实到行动上又是另一回事了。由于口头上的认同和真正的实践之间有很大的区别，所以在寻求教育计划以及进一步发展校长自己的一系列假设和问题时，他可能会发现下面的假设和问题是很有帮助的：

一些假设

1. 由于人与人之间差别很大，一种真正的个体化教育计划将给有特殊需要的学生提供更好的帮助。

2. 为了有效地解决这种差别，进行正常教育的教师需要丰富其经验并提高其满足大多数人需要的教学能力。

3. 从事特殊教育与正常教育的教师间的紧密联系不仅是可取的，而且是必要的。

4. 如果不知道每个儿童的能力在什么地方有问题或没有对每个儿童的进步作出连续的评估，那么个别化是不可能的。

一些问题

1. 假设在某一特定教室内所有的儿童都处于同样的能力水平，教师可获得的材料是否在数量上进行分配？根据实际情况，每个教师能容易地获得什么样的额外资源？

2. 儿童在指定的活动上花费时间的这种方式能促进他们对“自我”的界定吗？课堂中的所有孩子都有X分钟的时间在阅读，Y分钟的时间在做算术吗？这种方式可以使所有的儿童在给定的主题上通过花费同样的时间获得同样多的知识吗？

3. 对每个个体教师运用什么样的诊断技术？运用了这些技术能产生什么样的教学上的帮助？

4. 给儿童提供什么样的机会使他们能接触教室以外或不同年龄群体的人？

5. 学生有什么样的机会来接触与学校角色无关的成人？

6. 对课堂中的每一个人教师有什么样的具体目标？教师运用什么测量方式来判断这些目标是否达到？

7. 残疾学生在表现上是否有一定的差距？

8. 对超常儿童提供什么样的支持来拓展他们的能力，是否直到其他人都赶上了才让他们做其他的事？

9. 教师对儿童进行特殊帮助的本质是什么？

10. 对残疾学生目前作出什么样的具体支持？这样的支持倾向于确立一个团体并且通过老师、学生和社会的感知来对这个团体进行鉴别吗？

11. 运用什么样的教育战略来支持这一事实：儿童向其他儿童学习的结果等于或好于向成人学习的结果？

12. 对专业标准、课程、教育及评估的联合在成绩连续统一体的每个末端对学生有什么样的作用？

形成合作型资源的基础

作为学校资源的配置者，校长至少要对那些特殊学生做两件事：(1) 对资源(包括时间)的运用不断评估；(2) 开发新的资源。在第一点中，校长不仅要知道物质材料的详细清单和资助，而且也要知道人力资源的技术和时间的安排。但是学生的时间这一宝贵的资源通常被忽视。对学生(特别是特殊学生)的时间的利用进行评估是很恰当的，当教师、校长和熟知特殊儿童行为的观察者进行合作性研究时这才能有效地实现。

校长面临着任务最大化和人员方面的问题，同时将人为分开的特殊教育和正常教育进行整合(这种两难问题有点像把红、蓝、绿、白四面合在一起,使得它们看起来很相像:在一个或两个面上看起来正好,但是在其他面上就完全不一样了)。对校长来说最有希望的策略就是增加以儿童为中心的教师与特殊教育中的教师间的交流。当教师认为目前的教育问题会给特殊儿童提供有价值的学习经验时,这种方式就显得特别有帮助。

校长不仅要熟悉已有的或可能的有关特殊儿童的法律,而且他应该尽可能多地与当地、地区和大学里有特殊能力的人形成一种面对面的工作关系。这种关系应该向学校提供直接面向学生的服务、对教师的在职教育、物质资源、对计划的协助以及在向特殊儿童提供的服务的许多方面不断地更新。校长也要尝试不同的教职员工模式,这些模式在类似的情境中是有效的,如有一名受过特殊教育训练的成员的团队构成,运用有才能的教师,在职的或未上岗的教育团队。

小结

如果为每个学生提供支持,那么教育将面向所有的学生,"特殊教育"和"特殊学生的教育"这些标签是多余的了。当我们社会不再因为个体的差异而排斥别人时,校长就必须对提供给所有人的课程和教育、资源基础的开发以及教职员工的不断发展有敏锐的观察。花时间来帮助每个学生是校长任务的重中之重。应该为每个儿童准备个体化教育计划,而不仅仅是那些在法律支持下应提供的设施或为能获得额外资助的人准备。

校长对一所学校的教育态度会产生很大的影响,这种影响是通过消除人为强加的障碍来告诉人们学校的真正价值。我们认为校长要尽可能做到这一点。

思考题

1. 为什么校长在影响学校的有关向特殊学生提供支持的教育态度上是一个关键人物?

2. 是否可以想象姓氏会成为一个孩子的障碍?怎样尽可能地消除这样的情况?

3. 一群"正常"孩子的父母提出为小部分的孩子花费了大量的资金,用光了本属于他们孩子的钱,列出你对这群人的反应。

4. 别人的期望怎样使一个残疾人形成自我概念(正面的或反面的),怎样帮助他尽可能做他能做的事?

5. 讨论"通过不等的付出得到平等的机会"的解决方案。

6. 全纳的概念限制了特殊能力儿童的选择吗?

7. 每个儿童都有权拥有个体化教育计划吗?

8. 运用什么样的新的教职员工模式来适应正常教育的启动(全纳)?

9. 考虑到全纳的概念，学校教职员工对课堂中身体孱弱的儿童有什么样的责任？对这些情况你们州为行动者提出了什么指导方针？对课堂中身体孱弱的儿童会出现什么诉讼？

10.《障碍个体教育法(97 修正案)》所描述的"可测量的目标改进了评估手段"对学校体系有什么样的影响？

11. 就"赋予个别学生权利还是确保学生集体的利益"这一问题进行讨论。

推荐读物

1. Baldridge, Steve, and David Doty. *Mediation under the New IDEA: Room to Be Reasonable*. Horsham, PA: LRP Publishers, 1998.

2. Barkhoff, Alison N. *Serving Medically Fragile Students: The Supreme Court Prepares for a Review*. Horsham, PA: LRP Publishers, 1998.

3. Barry, Janet, and B. J. Wise. "Fueling Inclusion through Technology." *School Administrator* 53 (April 1996): 24-27.

4. Farr, Beverly, and Elsie Trumbull. *Assessment Alternatives for Diverse Classrooms*. Norwood, MA: Christopher-Gordon, 1997.

5. Ferguson, Dianne. "The Real Challenge of Inclusion." *Phi Delta Kappan* 77 (December 1995): 281-291.

6. Gardner, Howard. *Frames of Mind: The Theory of Multiple Intelligences*. New York: Basic Books, 1993.

7. McLesky, James, and Nancy L. Waldron. "Responses to Questions Teachers and Administrators Frequently Ask about Inclusive School Programs." *Phi Delta Kappan* 78 (October 1996): 150-156.

第十二章 评价体系

评价是领导过程中的一个基本组成要素。很少有人会对此观点持有异议,但从这个观点出发所引发的关注与争议非常之多,其中有些是基于经验与事实,而有些则是基于误传的信息、当地的传统或出于某种政治需要。人们常常期望校长能够实现学校董事会、中央管理部门、组织团体和/或所谓的打抱不平的个体对评价的期望。正是这些期望促使州和国家领导人对社会各阶层对学校义务的呼吁作出响应,从而加大了学校改革的压力。在这种责任压力的背后是高风险的测验,而这些测验又经常成为决定学生的升学或毕业以及对学校进行奖惩的主要依据。而这些评价又会在一定时间段内继续成为压力、关注及争论的源头。然而,所有人都会承认评价对于持续稳定提高学校内每个个体——包括学生和教师的生活质量的必要性。

本章及接下来的几章将会对校长提供评价过程的结构体系及对如何开始和执行评价过程进行深入的思考。正如同一位常胜教练要把他关于如何打比赛的理论转变成具体的比赛方案及详细的攻防策略一样,学校的领导者也必须拥有一套内容与对于教育和个人绩效的价值体系相一致的评价程序。学习这几章并不能使读者成为一名评价专家,然而,在接下来的两章中所提到的某些参考书目对于发展作为一位校长所必需的评价概念与技能是会有所帮助的。

这两章的组织结构如下:本章建立一个评价体系并讨论如何作出决策、决定评价的对象、资料采集、资料分析、评价以及设置评价方针。第十三章讨论的是教师、其他校内员工及校长对于建立在学生个体成绩之上的结果的评价。

教育评价的基本目的是帮助教育过程更好地满足当事人的需求。评价并不是仅仅停留在对事情是否发生的检查上。相反,它应该是一个不断强调提高以达到学校目的与目标的效率的持续的过程。

寻求评价结果的人通常希望知道方案、过程或工作绩效是否达到了目标体系的要求。如果所评价的事物确实是以服

[注] 本章经 Suzanne V. Drake 博士修订。

务当事人为目的的，那么单单检查方案/工作是否达到了目的并不会得到所期望的符合事实的结果，因为这些目的可能是由那些认为他们知道什么对当事人有益或者那些对方案的"成功"有着特定兴趣的人设定的。评价过程与决策相连，因为评价并不能直接提高绩效，除非它所建议的变革得以贯彻实施。这些变革可能是改良或者使用特定的教学技能，重新确定次重点、目的和/或资源的次序，或者是摒弃或改变可选择的为达到特定目标而制定的方案。在这点上，学校之所以能够履行义务在于它超出了对"是"什么的描述，它还提出新的、补充性的或校正性的举措。

尽管"评价"和"评估"这两个名词经常互相重叠交换使用，它们之间却有着微妙的区别。评价是通过正式或非正式途径收集资料，然后对举措作出决策的思考过程。评估是一个确定目标达成的程度的系统性的过程。使用多样的资料源来提供充分的信息对于作出恰当的判断非常重要。一个精心设计的体系可以为对于评价方案而言至关重要的结构提供补充。

评价是对学生、教职员工乃至学校本身予以关注的一种途径。它不应该成为一个令人生畏的、强迫性的对是否有效达到目标的检查或调查的基础。相反，评价过程应该被认为是澄清目标、采集资料，并在其中作出分析得出有意义的信息来确定提高当前实际绩效的下一步举措的过程。校长将会有机会领导学校董事适当地质疑、修正或变革当前某些观念、实践以及趋势或提出建议。

评价是以决策为导向的

评价意味着需要作出判断。评价对于作出判断至关重要的是其"价值评估"部分。通常，只有那些贯彻实施校正性或补充性的行为举措的人能够作出最好的判断。单方面的、孤立的评价是很少会有效的，不管这单方面的人是校长、家长还是立法者。这些制定的决策往往集中于教-学过程以及这一过程的支持性环境。

图 12.1 描述的是基于评价所得的信息作出决策的步骤。评价这一过程很少能够立即提供"好"或"坏"的信息。某人投币到机器里来测量血压并不能知道机器所显示的数字表明其处于"好"或"坏"的境况，除非他把这些数字放到一个大的群体当中作比较。评价过程同样如此：资料本身没有意义，除非把它放到恰当的群体当中加以比较分析。即便如此，在决策过程中效标的处理可能使结果与观察者的期待或愿望大相径庭。

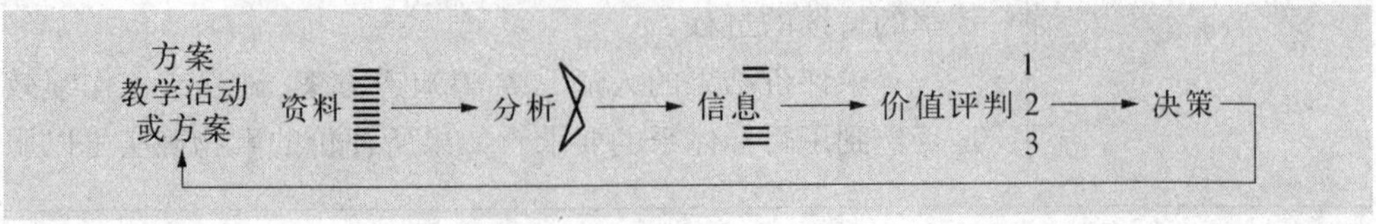

图 12.1 应用评价作出决策的步骤

标准化运动

目前,国家、州及各地关于不同标准的讨论可能会使某些教育家回想起以前关于基础读写能力的最低标准以及培养学生基本能力的责任的讨论。布雷西(Bracey)警告说:在那个年代,最低标准成了大部分儿童的课程标准,这些儿童当中包括那些即使接受重复训练也不能获得这些能力的儿童。[1]

目前的运动是关于更高的标准的,它的目的是在经济全球化的环境之下与其他国家竞争、保障所有学生拥有平等的学习机会、确保学生在21世纪取得成功。决策者与领导者经常指示内容标准要制定成详细的学习目标,然后要求教师和管理者决定以何种方式才能让学生最好地达到这些学习目标。"内容标准"表示在各学科范围内应该学习的内容。"成绩标准"界定了学生学习的层次,用以区分学生运用所学知识的熟练程度。因此,普遍的、开放性的政策允许有较大的弹性并保护各地对课程的自主掌控。但是,由于各学校与各班级之间的实际教学内容变化很大,这又可能产生"一刀切"的错误。另一方面,严格确定的标准与学生的熟练程度可能与标准化评估工具更相契合,然而,它如同直接指定教学课程一样会侵犯各地的自主权。教会学生如何应试是其经常性的结果,并且学校中的这种责任体系成为其前进的车轮,同时也可能使其遭受颠簸之苦。[2]

在经过诸多争论及各州自发进行的实验之后,国家和各州的领导者们都崇尚一套基于各州实际情况、与国家政策相符合的标准与评估体系。目标2000教育法案的通过以及初等和中等教育法案的重新确立,国人对教育改革给予了极大的关注。随着对适当调整与修正教育法案以确保所有的学生都能够从高的标准上接受评估测验的倡议,根据1997年修正的《障碍个体教育法》(IDEA),残疾学生现在也可以参加大型评估测验了。[3]目前,国家、州及各地委员会正探寻如何实施这一法案以满足有特殊需要的学生(参见第十一章中关于有特殊需要学生部分)。有些批评指出,以标准为驱动的课程设置可能会忽略师资较差的学校,并导致对教育变革支持的缺失。其中大部分是基于各地对学校的控制的观点、所有人的受教育机会与成功的扩张,以及对全部都是好学生与对学生进行排名和分类以在系统内维持成功者与失败者的差别孰是孰非的比较。[4]其中某些值得校长与教师们思考的重要问题有:

- 学生必须掌握的知识与技能有哪些?
- 内容标准如何强调至关重要的思维与问题解决的能力而不是对各孤立知识点

〔1〕 Gerald W. Bracey, "A Critical Look at Standards and Assessments," *Principal* 73 (January 1994): 6 - 10.

〔2〕 W. James Popham, "Teaching to the Test?" *Educational Leadership* 58 (March 2001): 16 - 20.

〔3〕 Stephanie Wood-Garnett and Cynthia L. Warger, "Requirement for Accountability," *Principal Leadership* 1 (January 2001): 26 - 31.

〔4〕 David F. LaBaree, "Resisting Educational Standards," *Phi Delta Kappan* 82 (September 2000): 28 - 33.

的死记硬背?

- 评价学生学习的最为合适的方式是什么?
- 如何使用以标准为驱动的评估体系所得的结果?
- 在促进学校进步的过程中政府应起什么作用?
- 国家或各州的不同标准如何多样化?

"如果课程体系与学习标准要在班级实践及改善学生学习上加以区别对待,那么我们必须对如何切实并有效贯彻它们予以认真考虑。"[1]

评价的对象

评价的焦点应该放在某个教学程序、方案或者教学活动的结果上。某个教学程序所期望达到的目标与其实际结果之间的关系应该是评价的焦点。评价的起点往往就是程序或活动的目的和目标。在理想的情况下,一个程序、方案或教学活动的目的和目标应该在程序的开始部分就予以清晰、详细的说明。这样可以减轻评价者的负担。汤普森(Thompson)主张建立一套共同的标准,这样,学生、家长以及教师就可以对共同的教学目的达成广泛的一致认同。[2]

在数学等学科领域内,由于教师、研究人员、学科内容分析专家及学生家长的积极参与,该领域内的专业人员已经一丝不苟地建立起了一套全国性的标准。全国已有49个州建立了或正在建立教育标准,而爱荷华州则允许州内各地区建立各自的标准。[3]在大多数情况下,全国性的内容范围的标准往往被诠释成包含各州对教学所期望的结果,通常还包含标准化评估测验的地方性标准。

在某些学科领域内,人们对内容标准及教学目标并未达成一致意见,其中经常会出现详细目标不明的情况。此时,评价者必须决定是否协助那些负责将目的、目标澄清、阐释成精确的术语的工作人员。考虑到家长们不断施加给学校领导者的压力,这一决定的结果可能是务实的"是"。校长在这一过程当中起着至关重要的作用。他会不断地帮助教务人员建立、复查并修正以使目标明确。限定时间可能会在教务人员有时间复查、重新制定方案目标之前就对原有的方案加以评价。如果事实如此,评价过程就会获得有价值的结果和建议——需要建立起目标。如果评价的意图是判断一项方案是否成功达到了它的目标,那么离开了这些目标评价便无法深入进行。

评价者如何在确认方案目标与研究它们是否与州立标准相契合方面提供帮助呢?首先要分析所有方案性文件及适当的材料。评价者应该对方案中所使用的材料与材料中所阐明的方案目标之间的一致或矛盾之处保持警觉。例如,我们所发现一个普遍

〔1〕 Thomas R. Guskey, "Making Standards Work," *School Administrator* (October 1999): 44.

〔2〕 Scott Thompson, "The Authentic Standards Movement and Its Evil Twin," *Phi Delta Kappan* 82 (January 2001): 358-362.

〔3〕 John Merrow, "Undermining Standards," *Phi Delta Kappan* 82 (May 2001): 652-659.

的现象就是，教师们宣称他们的目的是个体化教学，这样学生们就可以根据他们自己的需要、兴趣与实际进度来学习。然而，他们为个体化教学所设计的方案与教材仅限于学生的进度而非他们的需要与兴趣。其中一个典型的例子就是每个学生必须在不同进度上完成学习活动程序包或者软件程序。让教师们评定目标的次重点可以促使评价者将重点放在那些最重要的目标上进而使其易于控制与操作。

如果评价者在众目睽睽之下正常工作的话，那么他会期望评价的焦点不仅仅局限在学生的学习目标上。学生只是学习目标中所规定的内容就可能会被误导，并且不能为学生在其他层次上提供所需要的决策信息。校长应该慎重，不能将评价技术集中在学校中的某些微观部分，以此来判断总的方案的有效性。

确认标准、目的与目标

一般说来，"目的"是指一个机构或方案所要达到的长期的、概括性的结果。"目标"是所要达到的短期的、由精确时间结构规定的结果，它通常与明确的目的相关，并详细阐述如何达到目的的具体步骤。目的可以是策略上所要达到的结果，目标则是指向达到这些结果的方法性步骤。

描述对学生学习的期望的州立学习目标可以视为州立学习标准的先驱者。清晰的、详细说明的标准可以给学生、教师、管理者及家长关于学生学习内容的更为精确的阐释，并且为评价学生朝向期望的目标所取得的进步提供了基础。标准可以为构建整个体系提供一个框架。学习目的是对每一学习范围中的知识与技能的概括性的阐释。学习标准可以在一个已经阐明的目的内对知识与技能进行详细的解释。学习基准可以成为测量学生成绩的基础，是测量学生在每个标准上所取得的成绩的指标。各地学校设定学生的学习目标，并通过这些目标来达到或超过州立目的。在领导教务人员将本地目标与州立目标相比较，并且在需要的时候作出适当修正上，校长起着至关重要的作用。

一个人可能会无助地陷入术语和定义的泥淖。对此的一个批评就是其过分详细地规定学生的学习目标会出现将注意力集中于琐事而忽略了重要的教育成果的情况。另外一个相关的批评是学习目标容易将教学意图变成狭义的术语。然而，体系完整的目标可以成为评价者和各类人员及人们制定方案的重要指导。对教学目标的阐释应该足够详细，要能够为教学和评价学习的过程指明重点，同时又不限制教师在选择教学策略及教材上的能动性。

学习目标应该能够向阅读者或者观察者详细地传达预期的结果，以及如何判断是否已经达到某个既定标准。它为教学提供了一个有意义的指导，并且也为评估提供了一个平台。此外，目标还应该描述将要进行或实施的教学活动或方案所处的环境。鉴于绩效评估的侧重点，这些目标应该给出期望的学习过程的示例，亦即教学或方案的结果,其中应包括智力上的和情感上的成果以及学习能力的提升。

管理者与教师们试图建立或修正学习目标已有较长历史。在过去,这些目标经常集中在教师教的方面,例如,看下面的例子:

- 应该教历史,这样学生将会将历史的影响与当今社会相联系。
- 应该教诗学,这样学生将会学会喜欢它。
- 应该发展学生对基础性的几何定理的认识。
- 应该对整个班级进行指导,这样学生们将会举止得体。

显然,如果一位评价者想要判断一个方案或活动成功与否,就必须找到一种评估学生的欣赏能力、兴趣爱好、理解能力或行为举止的方法。检查某个目标的一个有效的方法就是在阅读或写出该目标时问:"有什么证据能够证实这个目标达到与否?"如果没有明显的证据支持该目标,那么就应该重新制定这个方案或添加该目标的子范畴。例如,在上面所列的目标中的最后一个可以修改为包含得体举止的示例,如"组织好教学任务,这样可以减少小学生们每天随意离开座位的次数",或者"为学生提供感兴趣的学习机会,这样学生们每天所发生的人际摩擦就会比现在有所减少"。在某些情况下,这些可能是非常恰当的目标;而在另外一些情况下,它们则可能导致死板的、毫无生机的班级氛围。再强调一遍,评价者应该保持谨慎,不能将评价建立在单方面的信息之上。

目前,教学目标直接指向学生以及人们期望学生所能达到的成就类型。这些学习成果阐明了学生学习的具体类型并且把这些内容传达给学生、家长以及学校董事会。教学目标的制定应该以动词开头,如"命名"、"定义"、"比较"、"解释"和"建立"等,这些指的都是学生的学习活动的一部分。[1]

精心策划的任何事项的目标对那些从事该项工作的人与该项工作的评价者同等重要。即使所有的目标都近乎完美,也并不能避免突发的必须优先考虑的事件的发生。因此,校长的作用就不仅是帮助建立起明确的目标,还应该帮助教职员工确定目标的优先次序。正如教职员工们在策划一个详细目标时对所投入的时间、精力乃至感情等都要列入校长考虑的对象中去,目标的优先次序也不例外。校长能够鼓励教师们进行年级间、工作部门间以及有共同兴趣的人之间的合作来策划某个目标,其间,校长提供应有的投入、权利以及方法。关于各年级水平的学习基准的一个发展趋势,就是使比建立在详细年级水平上的基准变得更为宽广,这使在教学结构以及为达到标准所需要的时间上拥有更大的能动性。有必要在发展过程中对这些附加步骤予以证明。

在前面第六章中关于远景与实现远景的讨论中,我们描述了实现一个远景的过

---

〔1〕 关于此方面内容的信息,可以参考 Norman E. Gronlund, *How to Write and Use Instructional Objectives*, 6th ed. (Upper Saddle River, NJ: Merrill/Prentice Hall, 2000).

程。其中的一个步骤在巴斯(Barth)所列出的建立远景的途径中曾经提到过。[1] 他恰当地指出,正是学校所采用的这种方式使我们一直依赖于所经常借助的培训。认为一套目标体系合乎情理而接受它,或者将一名教育者或一个方案囿于一套目标体系——不管或多或少、编写详细与否,可以让一个人陷入一个过于依赖的境地,尽管他可能会感到自我满足。在某种意义上,学校董事会可以将这些目标当成"眼罩"来使用,并且可以在达到所有详细制定的标准后为万事大吉而备感欣慰。如果一个学校里的人正在"构建"一个远景,那么要让一项方案或活动在较长时间内保持按照同一套目标体系进行是不太可能的。在整个时间段内可能出现的情况是,随着对良好绩效界定内容的扩充,我们所需要知道的是目标体系如何变化、成熟与真正完善。

在作出每个决策的时候难道不应该考虑到对学生的影响吗?马赫(Maher)认为在制定新标准时,必须根据现实时间段、适当的资源、网络安全,以及达到成功所必备的基本的支持更合理地分阶段进行。[2]

值得注意的是:我们所制定的目标应该易于测量。从表面上看,这样一种方法可以使每个人都感到满意。目前的现实是,只有那些易于测量的事物才是有价值的。在很多情况下,个体的方案变成了只是针对表面的行为或学习过程的一系列目标,而避免涉及潜在的态度、动机与特征等难以测量的方面。与此相反,我们会发现隐藏在所表达的观点背后的是那些比较重要却难以测量的事物,因此最好的方法就是不要测量任何事物,尤其是不要以标准化的方式来测量。我们对这种回避测量的方式应该予以容忍。

获取资料

资料可以通过观察、测验、问卷调查、意见征集、工具测量、自我评价、机械记录(声频或视频)分析或对成绩、行为、方案结果的历史记录等方式获取。在决定应该获取何种资料时应该首先确定属于各数据组的资料要如何记录、存储并加以分析。作为这个起始过程中的一部分,有一个问题必须作出解答:一组数据与另外一组数据及该方案或活动期望的结果如何相关?单纯地获取资料非常简单,要从几个资源中获取合适的资料并把它们放入到适当的环境中以产生有用的信息却需要进行谨慎的思考。

斯塔弗尔比姆(Stufflebeam)在其关于评价中未获解决的道德问题的讨论中指出,这些问题与"学生评价、方案评价及人事评价的子领域并未获得良好整合"这一事实有关。[3] 作为其结果,如果一个方案被判断为"好",它就可能不经对教学过程(及

[1] Roland S. Barth, "Coming to a Vision," in *Reflections* 1992 (Cambridge, MA: International Network of Principals Center, 1992), 76.

[2] Robert E. Maher, "Let's Not Forget the Children," *Principal Leadership* 1(January 2001): 7.

[3] Daniel L. Stufflebeam, "Professional Standards and Ethics for Evaluators," in *Evaluation and Education: At Quarter Century*, ed. Milbrey W. McLaughlin and D. C. Phillips (Chicago: National Society for the Study of Education, 1991), 275.

教师)与学习结果的检验而直接被接受。这种颠倒的现象即使在公认为杰出的教学过程当中也可能出现。负责使用评价报告的人应该对这种评价的子领域间的松散的关联——如果存在关联的话——保持清醒,不能犯疏忽的错误或对未加评价的子领域作出错误的推断。

设置课程基准的过程是课程审核的一种形式,它可以帮助回答有关改进是否成功或是否需要进行改进的问题。通过使用文献法、访谈法、调查法、观察法及其他获取资料的工具,评价者可以获取资料以向学校董事会、管理者、教师、学生及公众等各界人士提供信息。[1] 奎恩(Queen)讨论了课程与教学的长期与短期评价方法。美国国家标准学会(the American National Standards Institute,ANSI)对教育方案评价的最基本的贡献包括提供了可行、适当与精确的评价标准。[2]

采集最合适的资料

在极少情况下,我们可以说教育状况或这些状况的某些特定方面是全好或全坏、完全没有问题或完全不可接受的。评价过程自身就很有可能是相对有效与无效、合适与不合适的。校长应考虑的重要的事项是所选择的资料与方案的结果或与评价活动的关联。几乎任何一个方案或计划都有积极与消极两方面的特征。评价者应该注意采集能够产生既与优点相关又与缺点相关信息的资料。

有段时间,对于主观性资料与客观性资料效用性的论争非常风行。许多学习结果并不能通过传统的纸笔测验获得精确的测量。为评定各种学习结果,教师可能会更多地依赖于个人观察、学生的行为记录以及成绩档案。不同的学生成绩与表现可以反映出同一个标准在学生群体中的达到程度。教师可以不断加强自己的能力来对不同的学生成绩作出公平、公正的评价。[3] 档案对于班级内部的正式评价非常有效,它能够反映出必须引起全州范围注意的问题。

既然教授、学习与评估彼此相关如此密切,那么校长就应该为课程与评估的结合提供指导。在一个以标准引导下的环境内,将评估与内容标准及课堂教学相匹配已成为必需。学习任务的范围应参考一套广为接受且能够反映在特定的学科领域内公认的学生所应学到的知识与技能的内容标准。[4] 将标准从归档在办公室里或教师的办公桌抽屉里的书面文件转化成课堂实践与行动需要耗费大量时间、精力及资源。一个

[1] Richard W. Shelly, "Curriculum Benchmarking: A Tool for School Improvement," *NASSP Bulletin* 84 (April 2000): 40-46.

[2] J. Allen Queen, *Curriculum Practice in the Elementary and Middle School* (Upper Saddle River, NJ: Merrill/Prentice Hall, 1999), 281-302.

[3] C. Taylor, "Assessment for Measurement or Standards: The Peril and Promise of Large-Scale Assessment Reform," *American Educational Research Journal* 31 (Summer 1994): 243.

[4] Beverly P. Farr and Elsie Trumbull, *Assessment Alternatives for Diverse Classrooms* (Norwood, MA: Christopher-Gordon, 1997), 25.

有益的评价,尤其是如果它能够为改善教与学的过程提供有益的信息,它将会需要大量、复杂并且非常精细的工作。[1]

资料的多元化来源

有些评价存在的问题是其在很大程度上局限于时间与空间,但在大多数情况下,评价必须是综合性的。资料通常需要从几个来源中提取。因为如果只从一个来源中收集资料,虽然可能会收集到几种资料,但很可能会得出歪曲事实的结果。"标准化测验的得分只能给我们提供非常简略的快照,如果只从一张照片里看,任何人可能都会比较糟糕。"[2]很少方案、计划或教学活动会只影响一个群体或一类学生。例如,在中学的教学报刊上的某个实验方案可能看起来是极好的,如果只从学生或者只从教师身上获取信息的话。因为可能会有许多参与到评价当中来的其他团体能够提供信息。在确定使用工具或教师及学生的时间时可能会出现管理上的问题。对基于野外活动的方案而言,意外事故的责任、安全甚至保险等问题都会出现。学生-教师工作负担的转换可能是必要的。单个学生的费用支出可能非常大。家长可能会有担忧。地方上的压力可能会起反作用。简而言之,校长应该确定所有方案可能会影响到的主要人群并且从他们身上获取可用资料。有一种从多元化来源中收集反馈信息的方法,称为"360 度反馈模式",它使用从对学生的需要与兴趣的圆环式评价当中获得的反馈信息。它从多元化来源中着手,通过问卷、详细记录、调查、面谈及其他工具获取信息,保持交流的开放性及高投入度。[3] 在此,我们并非是指每次问题一出现就要增加大量的资料采集工作,但如果要使所做的决策有效,则从关键来源搜集信息就显得非常重要。基恩(Kean)认为学校管理者在采集各种类型的资料时应回答以下问题:

1. 每一位校董需要哪些信息?
2. 校董会如何运用他所得到的信息?
3. 这位校董会重视并信任他所得到的信息吗?[4]

行为研究产生有益资料

在班级层次上采集资料可能是最为有效的。在班级环境中以教师为主导的行为研究再次引起了广大研究者的兴趣。教师通常会在与同事或伙伴合作下能够辨别出所应学习的问题。校长可以通过保障必要的资源及支持教师等方式鼓励教师们进行班级内研究。对教师们行政上的支持可以采取促进本校教师与高校及专业机构的研

〔1〕 Elliot W. Eisner, "What Does It Mean to Say a School Is Doing Well?" *Phi Delta Kappan* 82 (January 2001): 367-372.
〔2〕 William Henderson, "When They Say You're Last." *Principal* 73 (January 1994): 28.
〔3〕 Karen M. Dyer, "The Power of 360-Degree Feedback," *Educational Leadership* 58 (February 2001): 35-39.
〔4〕 Michael Kean, "Multiple Measures," *School Administrator* 53 (December 1996): 15.

究人员或本校内可供利用的人员共同合作的形式。学校为本校教师能够参加研讨班及教师与研究人员能够在专业性会议上报告他们的研究成果提供基金支持，对于专业发展与为班级实践采集有用资料而言，这不失为一笔非常有价值的投资。[1]

产生与收集资料的时机选择

评价者需要对时机选择在各种情境下的效用保持敏感。在特定时间内发生的事件并不一定与某个方案或活动的成功与失败相关。例如，一个人可能在统计上将冰激凌销售量的提高与儿童对理论知识记忆保持能力的下降建立起线性相关，然而，二者之间并不存在因果关系；这种表面的相关关系更可能是炎热天气及暑假的来临共同作用的结果。不幸的是，这种对资料的曲解发生的频率远远超乎人们的想象。

在某一时间段内，同一个方案或者教学行为所能获得的资料能够反映出任何或者所有参加者所在的不同环境。事实上，如果某些计划或举措是成功的，那么从计划的开始到结束它所处的整个环境都会有所改变。例如，如果一所学校显著地提高了家长对学生在家学习辅导的投入程度，那么家庭和学校的环境都会发生改变。资料应该从这方面进行解释。评价者可能期望收集到除在某种程度上投入的家长人数之外（如学生的成绩、态度及行为等）的资料。既然现在操作的基础已经建立起来，那么对期望的适当性应该予以审慎考虑。

既然在某一时间段内相同的测量可能会得出不同的结果，评价者应该意识到他可能测量了不同的事物这一事实。因此，可比性这一问题就产生了。戈尔茨坦(Goldstein)提醒我们除非借助于外界力量，近似的线性趋势不会延伸。他还提醒评价者请注意不应该“屈从于同时代的谬误，正如在白鹳的数目与瑞典人口出生率的变化息息相关这一传说故事中所呈现出的那样”。[2]

搜集资料的方法

在本章中，我们不准备对使用仪器的过程进行详细的介绍；我们的目的是为校长提供评价中经常使用的相关工具的一般性的注意事项、定义及参考等。

一般性的注意事项 在选择或使用一种工具时，评价者应该考虑到它的效度、信度、可比性及实用性。其定义分别如下：

- 效度——工具测量的是它所要测量的事物。

---

[1] James F. Baumann and Ann M. Duffy, "Teacher-Researcher Methodology: Themes, Variations, and Possibilities," *Reading Teacher* 54 (March 2001): 608 - 615.

[2] Harvey Goldstein, "Measuring Changes in Educational Attainment over Time: Problems and Possibilities," *Journal of Educational Measurement* 20 (Winter 1983): 376.

● 信度——工具是一贯有效的。

● 可比性——工具在测量不同的群体时是有效并且可依赖的；即，对于不同的群体它所测量的是同一事物。

● 实用性——在时间、金钱及技术方面的投资应有一定的功利率，在学校决策过程中所体现出的收益应该至少与投资价值相当。

质量还是数量？定性还是定量？ 如前文所述，有时人们认为将评价局限于可量化的事物会更简单或更有效。毕竟，与数字争论是非常困难的。然而，定性的评价和研究却越来越引起了人们的注意。有关定性或艺术评价的假设之一就是观察者是采集"资料"中的原始工具。这引起了某些地区人们较多的关注，因为他们在从看起来可以作出自由判断的资料中寻找安慰。这种行为、结果或预先确定的标准体系到处可见。没有人在作出评判，因此，每个人都不会感到有危险。将评价局限于一套如此无望的资料之中可能会导致智力发展、或至少是绩效的滞后。一套评价体系应该结合定性和定量的评估资料。

使用迎合大众的工具还是自编工具？ 显然，对于"应该使用商业还是自编工具"这一问题的答案应该是："这取决于实际情况。"这取决于对普遍性还是特殊性的需要，取决于各种工具的获得途径，取决于它们对于学校实际情况的适合程度，取决于花费，取决于专家的意见，还取决于众多其他因素。如果要对各种常模进行比较，则必须考虑以下各方面因素：(1) 常模的种类；(2) 常模是否易于获得；(3) 建立当地常模的实用性。以教育评价为目的常模参照测验经常会缺乏测验对象与当地课程所强调的重点的一致性。将现成工具与教师自编工具相结合会更为合适、更能互补。

此外，学校是否能够获得所需工具取决于国家与州推行国家教育发展评估体系的程度。各地区学校可以借助于州立评估方案获得可相比较的地区性结果。校长还可以从高校入学考试成绩及其他用于学术研究或鉴别等用途的测验当中获得额外的资料。校长会期望将这些资料在合适的环境中与各地区合适的人群作比较。另外，校长也可以从州教育部及州内各大学获得帮助。

是否使用当地设计的问卷？ 校长和/或评价者必须认真考虑关于问卷结构的几个步骤。第一步，也是往往容易被忽略的一步，就是要仔细并且严密界定测量的对象，以及如何利用所得的结果，以在设计教育方案中作出决策。应该在认清这几点之后再编制各种测量工具。

第二步要决定被试的作答形式。是采用五级量表、是非题还是选择题？各问题是否能够采取开放式作答的形式？

在问卷编写好以后，在推广到各地区之前应该先将它在地区样本上进行试测。显然，所选出的样本群体应该尽可能地能够代表被试的总体。在被试作答的过程中要提前作好记录反馈信息的准备。要获取这些反馈信息，可以要求被试在问卷的边缝写下评论或鼓励他们在做每个题目的时候进行"出声思考"。

在处理结果时应该重点考虑结构、语义或模糊性问题。如果每个被试对某个问题的回答都千篇一律，评价者就应该考虑到该问题不能够测量出被试间的差异。应该给被试机会让他们指出问题所缺失的方面。

应该慎重计划并执行以下步骤：(1) 界定测量的对象；(2) 确定等级；(3) 编写问题；(4) 地区样本的试测非常重要。问卷的最终修订版应该能够为决策者提供令他们满意的信息。〔1〕

等级与观察工具

采集资料的最常用的工具是观察或等级工具。等级工具曾被批评为是一种能将有偏见的观点加以量化的工具。而观察工具也因其被误用和滥制亦未能幸免。当然，滥用这两种工具的例子不在少数，但仍有许多人支持使用等级/观察工具。校长或评价者必须将测量所得的量化的资料视为判断这一连续体上的点。这些点是经过每个测量者的筛选体系而采用的，因此，这些“分数”既不是神圣的也不是绝对的。

外部评价者的介入

如果要借助外部评价者，那么在评价过程开始之前他们的角色必须予以界定并给予明确的解释。诸如此类的解释对于澄清教职员工、行政部门、学生、大众及其他潜在的评价结果使用者的误解非常重要。根据评价者的角色，可以将他们分为两类：一类评价者希望收集、分析资料，并且尽可能以一种灵活的方式向用户呈现资料；另一类评价者希望担负起评定的职责——详细表述结果是“好”或“坏”，并且给出建议性行为。有时候，如果不能清楚解释每个人的角色，可能不仅会导致主要情节的丢失，而且也会严重伤害“导演”与“制片人”。

另外一个需要加以澄清的方面是责任问题。外部的评价者应该向谁负责——实施被测量的教学活动的那些教师还是教学活动之外的决策者？谁拥有所采集到的资料和信息？评价者应以何种形式向谁汇报结果？如果出现预料之外的地区的人要求查看评价结果，外部的评价者应向谁寻求帮助以清除此类障碍？

此处提出这些警告并不是指外部评价者值得怀疑因此应避免其介入。而是应该预先在此方面达成共识，并且应该将这些共识向涉及评价活动的所有人员传达。

当学校与卷入评价活动的各个方面作斗争时，评价团体应该为学校变革制定新的指导方针、评估进步，并且仔细研究课程与教学策略，而这些都是利用外部评估所无法获得的。当地学校范围内的评价活动可以创造一个人员与学校共同发展的生机勃勃

〔1〕 关于此方面内容的信息，可以参考 James F. McNamara, *Surveys and Experiments in Education Research* (Lancaster, PA: Technomic, 1994).

的程序。[1]

对资料的分析

选择分析资料的方法并不是评价的最后一个步骤。它应该与正确地确认测量对象及选择或建立采集资料的工具同时进行。它不应被留到最后而使评价者面对拥有资料但不知如何处理的困境。

在评估绩效、发展或其他变化的过程中，评价者会面对以下各种难题，其中包括：

1. 我要在一段时间内对一个团体进行纵向比较吗？
2. 我要进行团体间的比较吗？
3. 这些团体的相似点与相异点是什么？
4. 我仅仅要描述一个团体目前的状况吗？
5. 除了教学方案或教学活动之外哪些因素会影响资料（如，人口的迅速增长或团体内使人产生情感负荷的具有争议性的事件、教学方案或教学活动本身的作用）？

如果要进行两个或多个团体间的比较，那么很明显，在实施方案之前它们应该是尽可能同质的，或它们之间的差异并未达到统计上的显著性水平。将每一个可能存在的变量进行匹配是不可能的。评价者可以利用各种技术来部分地解决这个问题并判断团体之间在多大程度上是相似的（参见本章结尾提供的推荐读物）。

比较“数量的增加”

在比较变化的大小或“增加量”时需要加以注意。其中一个很好的例子就是比较两组九年级学生的跑步成绩。假设检验学生跑步训练有效性的标准是在时间上所取得的进步幅度。那么就应该在学期开始和学期结束时测量每组的时间。这样就可以确定两组在时间上取得的进步，并且可以对两者进行比较。拿本例来说，假设其中一组的成绩在学期开始时是 8 分钟/英里（1 英里＝1.6 千米），学期结束时是 6 分钟/英里；另一组的成绩是在学期开始时是 6 分钟/英里，学期结束时是 4.5 分钟/英里。从资料上看，显然是第一组的进步更大，即，较之第二组的 1.5 分钟他们进步了 2 分钟。然而，任何一个跑步者都可以明显地看出，第二组取得了更大的进步，即使“增加量”并不如第一组的那么大。要合理地将两组的“增加量”进行比较非常困难，它需要对评价者进行更多的训练。如果从这个角度来考虑，那么到底哪个组取得了更好的成绩？或者哪位教练应该受到嘉奖？

当然，此时可能又会出现另外一些问题。这种跑步速度的提高有何意义？跑步速度的提高对于一般学生的身体适应性及自我意象的缺失又有何影响？

---

〔1〕 Linda Darling-Hammond and Jacqueline Ancess, “Authentic Assessment and School Development,” in *Performance-Based Student Assessment*, ed. Joan Baron and Dennie Wolf (Chicago: University of Chicago Press, 1996), 53.

前述各种争论的表现比其本身更为直截了当。实际所得的分数通常来源于不是百分之百可靠的测量，因此，所得的分数就更加不可靠。通过精确比较测验分数来判断学生所取得的进步大小的基础，应该是同一学生团体在某时间段内测验所得成绩，而不是同一年级水平上的学生样本在两次测验上所得的分数。此外，还应该考虑到学生转校及中途退学等因素。[1]

增值的衡量标准

伴随着让学校对他们的成绩负责的要求日益增高，很少有教育工作者会完全满足于当前所使用的成绩衡量标准。由于种种原因，测验的平均分可能会在很大程度上误导对特定时间段内学校、方案或个人成绩的判定或对一段时间内收获的比较。如何建立"增值的衡量标准"引起了广泛的关注，它测量学校的绩效及政策与投入的影响，并且将它们与来自诸如家庭和地方特征等因素进行统计上的分离。[2]

使用常模

如果要将团体的分数与常模进行比较，则必须对常模的合适性进行检验。建立常模时所使用的被试群体应该在各方面与将要测量的群体相似，同时还应该时常更新常模。另外，采集资料时的情境也应该尽量相似。

在使用常模时还应该考虑到测量的回归效应。例如，假设某群体的某项能力在很大程度上向上或向下偏离了相似群体的平均数，如果在初测后不久即进行复测，那么它们的分数会趋向于向平均数回归。亦即，那些在初测时得分较低的被试在复测时得分会趋向于增高；那些在初测时得分较高的被试在复测时得分会趋向于降低。假设将一群在阅读上得分都很低的被试集中在一起，他们的得分表明他们的阅读能力低于年级水平四年。两周内如果不对该组被试施加任何外界影响，在两周后对他们再进行复测，他们的平均分会表现出增高的趋势。

下面我们来进一步举例说明。如果一名儿童的父母身高都显著高于平均水平，那么这名儿童的身高较之其父母会更趋向于接近平均身高，因为父母与子女的身高并不呈完全的相关。如果对低于年级水平四年的学生群体施以阅读能力教学，我们并不能说学生成绩的提高是这种教学的效果，它可能仅仅是测量和回归效应的结果。校长在查看资料和设计新的评价方案时应该意识到这种趋势。

常模参照测验尽管可信且有效，但它也并非不存在问题。评价者应该认识到这一

[1] "NASSP Board Takes stands on Key Issues for Principals," *NewsLeader* 48 (April 2001): 3. 也可以参见www.principals.org，该网站对分数的使用与滥用问题也提出了警告。

[2] Robert H. Meyer, "Value-Added Indicators of School Performance," in *Improving America's Schools*, ed. Eric A. Hanushek and Dale W. Jorgenson (Washington, DC: National Academy Press, 1996), 197-223.

点。其中之一就是前面提到的关于常模参照测验反映出的学校课程中某些内容是否应该加以教授这一问题。往往那些被人们认为是非常重要的知识点可能在常模参照测验中被忽略掉了。有时，校长需要针对测验成绩向家长及教师解释这一点，并且应该鼓励学生在学习上将考试项目与实际知识接轨。

预先确定的常模参照测验的另一种选择是标准参照测验。这些测验通常是由教师编写的，所以它不可避免地会存在各种缺点。标准参照测验编写非常耗时耗力，同时也需要编写者掌握非常复杂的测量技术。当然，也可以选择使用课本的发行人所提供的标准参照测验。校长应该谨慎选择这些测验。如果对这些测验加以认真选择，那么它们确实能够与学校教学方案中的课程重点相匹配，也能够对成绩的变化更为敏感；但它们仍有可能将对成绩的考察局限于那些被测量的几种特定的能力之内。

各种较新形式的基于成绩的评估被视为是日常教学中一个不可或缺的部分，它也经常与特定的教学目标、州所要求的熟练程度及国家标准相一致。它们特别强调知识技能与现实生活的应用及学生个体的需要相结合，这为与课程目标相关的教学过程中评估所起的作用提供了新的观点。在下一章中，我们将会详细讨论标准的、非正式的以及基于成绩的各种评估的程序。

对于信息的考虑

评价是以信息为基础的。对信息与资料加以区分非常重要。信息是以供特定环境下作出决策的形式而组织起来的资料；而资料仅仅反映在特定情境中一个变量或一组变量的情形。

例如，在某市某特定地区内的三四所学校中的旷课现象从开学到学年结束都非常严重，并且达到了难以预计的程度。这本身并不是信息。它并不能揭示这些学校的学生当中有 20%是来自那些在农种和收割时间需要在农田里工作的家庭。在这些学校当中关于出勤率的另一个事实是学生的辍学率相对较低；也就是说，当一名学生进入到这些学校当中的某一所之后，他通常会修完八年级的学业。探索这些资料是否相关，以及如何相关的研究是非常必要的，在情形完全明了之前还需要许多其他的资料。当完成这些任务之后，调查者就能够组织成信息来帮助作出决策。

只有在极少数的情形下可以只利用一条信息来加以评价。尤其是在教育领域内，仅人为变量就难以控制，更不用说社会、政治及经济等因素的影响。任何方案都是考虑了几种因素的，同一个方案又会导致多种结果。因此，只利用一条信息来评价某个方案是远远不够的。

出于同样的原因，只看一个结果会使评价者只利用一条信息来作出关于某方案的决策，而这条信息可能与其他所有信息表达的意思完全相反。例如要考查某位教师用来教中年级的学生乘法表的教学用具。教师制作了一些关于乘法练习并附有答案的录音带。每天早晨学生们要花十分钟来听这些乘法练习的录音带,并回答录音带上提出的问题。如果只利用一条信息来评价这种教学方案,那么就有可能作出决策将这种教学方案应用到其他学科或推广给其他教师,或者至少是在以后的教学当中继续使用这种方法。如果所考查的那个问题是"学生学习乘法表了吗?"答案毫无疑问是肯定的。然而,其他非常有意义的资料可能会显露出来:录音机用于其他用途的时间减少了,滞留在那个班级中的时间也会显著增加。

此时评价者又不得不面对另一个现实:不可能收集并分析关于某方案或计划的所有资料。评价者应该认清各种结果的重要程度,包括选择资料进行分析的标准。校长应该和教师们一起参与到同在校内工作的其他外部评价者共同评价教师们的工作绩效这一过程当中去。如果要制定一个关于利用录音带-录音机进行乘法练习的教学法的决策,那么将一组资料与另一组资料作比较并将它们的重要性进行排序是必要的。

评定价值

评价的难点在于评定价值。在作完各种分析并得到信息之后,判断下一步需要做什么的决策者必须经历一个将所得信息排序与筛选的过程,其结果将使某些事物比其他事物更加重要。当然,评定价值这一过程的确在确定由谁收集何种资料及使用何种技术与分析方法等之后就已经发生了;然而,这一过程在判断过程中才达到高潮。

图 12.2 呈现了判断的整个过程。如图所示,针对某特定方案只作一种类型的比较对于作出判断而言并不充分。如果只基于一种比较就信心十足地为某种看起来比

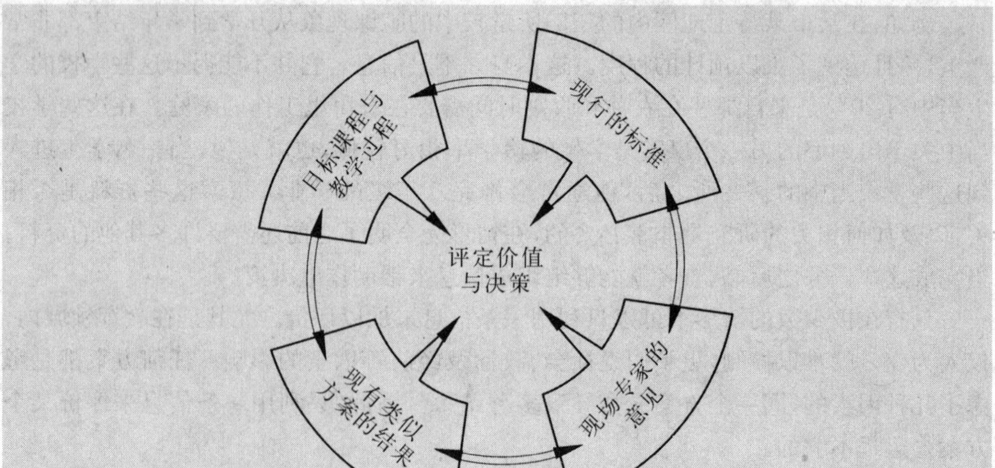

图 12.2 判断/评定价值的过程

周围学校中的其他类似者更好的方案提供各种资源，这是极端幼稚的做法，事实上也是极端不负责任的。另一方面，如果因为在某些方面达不到优秀的标准就终止某个方案也同样是幼稚和不负责任的。

对于呈现评价结果的几点建议

对于呈现评价结果的计划不能被留在评价过程的最后。对于这一步骤的计划应该与其他步骤同时进行，这样就可以收集到相关资料，同时所处理的信息对于当事人而言也是有意义的。

在制定评价计划的每个步骤时几乎都应该回答这样一个问题——谁需要知道什么？与何种决策相关？如果这个问题得到解答，那么收集与存储资料的方法就找到了。不同种类的、必需的报告就初见端倪了。没有任何迹象表明某种形式的报告在各种情境下或所有环境中都是最好的。

设计评价、收集资料与处理资料可能都不成问题，但还必须进行一个非常敏感的步骤——向预期的、通常是未预期的受众呈现评价结果。很少情况下只有一名受众；因此，只使用一种呈现方式很难让人满意。评价过程的复杂性不允许我们以自助餐的方式报告结果。不管是让顾客按照菜单点菜还是为顾客提供全席，结果报告应该针对特定的消费者进行准备。以下几点可供评价者参考：

1. 必须考虑到评价本身对人和所评价方案的影响。最起码的事实是，对某方案进行评价能够激起执行该方案及外部观察者不同的情感与期望，他们可能首先会对评价如此必要的原因产生质疑。**霍桑效应**（Hawthorne effect）的影响在某些参与到评价过程中的人身上表现得非常明显，这将会改变他们的期望。

2. 任何受众，即使是一个小的教师团体，也不会对所呈现的资料进行相同的解释。应该预料到可能会存在错误解释评价结果这一缺陷，因此所呈现的资料，不管是书面的还是口头的，都应该尽可能提防对评价结果的误用。

3. 受众对资料分析的理解存在困难，即使是对于未经处理的资料。这决定了应该针对不同数量和类型的受众而进行报告评价结果的准备。如果所呈现的资料中各组分数之间存在差异，然而只有少数差异达到了统计上的显著性水平，那么在呈现资料之前应该问：读者或者听者能够理解“统计上的显著性水平”的意义吗？如果不能，在经过简短解释后他们是否能够理解？通过显示所有差异会使人感到困惑吗？

4. 不管是书面的还是口头的信息，将会在相当长时间内保持一种或另一种形式，并且这种信息可能与日后所呈现的新信息相关联。

5. 必须谨慎运用评价结果，对于从中作出概括的限度，必须加以谨慎处理。

校长不能忽视保留作为一名职业作家为公众提供报告这一作用的可能性。这就需要条理清晰，减少行话俚语，并且尽可能提出相关问题以期进一步深入研究。

一次计划完善的评价可能会因为对结果的处理不当而失去很多积极作用。不管以何种形式呈现结果,应该尽量将"消费者的"误用或过分概括信息的现象降到最低。这并不是说应该拒绝提供任何信息,而是只呈现给受众所需要的信息,同时应该详细说明其应用的局限性。

普遍性的指导方针

当评价者在回顾以往的评价、制定一项与所要评估的方案及对评价感兴趣的受众相关的评价过程的计划时,他可能会希望记住以下几点:

1. 应该让那些即将接受评价的教育活动所涉及的各种人员尽量参与到评价的设计当中来。

2. 在设计评价方案时,应该列出从评价当中能够得到的各种可能的结果。

3. 对于资料和分析的评价应该在方案、计划或目标教学活动开始之前就作好计划。

4. 单独一份资料或一条信息并不能够为评价提供一个充实的基础,从单个来源所得到的资料通常也并不充分。

5. 方案、采集资料的过程、处理资料的方法,以及资料或工具的类型并不总是绝对的好或者坏,在几乎所有的条件下都是相对适合程度的连续体。

6. 评价者应该在评价过程中对所评价的教育活动之外的各种可能的影响进行检查和考虑。

7. 在制定一个评价计划时应该也计划好接受评价结果的受众,并确定以何种形式呈现这些结果。

小结

评价是组织内部在实现组织目标过程中以提高人们的效力为目的的一个连续的过程。在学校,评价的对象主要是学生对各学科知识积极学习的过程与行为。评价表现出对学生及教职员工的关注,同时也表现出学校对它所服务的大众的使命执行情况的关注。如果通过评价最终不能作出决策,那么这个评价是无效的,甚至会起反作用。

整个评价过程是建立在可资利用的体系基础之上的,从此过程中所获得的结果必须根据适时体系、合适的资源以及运用这些结果所必需的支持进行定位。

如果所有主动参与到评价过程当中来的人都知道评价的目的、过程以及所采集到的数据的分析,那么他们就能够协助整个评价过程顺利进行。共享评价结果是一个非常敏感的过程,它需要考虑到受众以及受众从这些结果中可能得到的暗示。评价应该鼓励非指责性的检查问题,以此来完善实施中的方案和正在进行中的工作。

思考题

1. 校长应该如何支持评价过程？

2. 谁应该负责设计对中学数学课程的教学方案的评价过程？哪些人不应该参与到评价过程当中来？

3. 通过内部设计的评价过程所评价的方案“肯定是成功的”。试讨论该如何避免这种评价结果。

4. 评价非常重要，但该如何恰当运用评价？

5. 在何种情况下学生的投入对评价非常重要？家长的投入呢？外部评价者呢？

6. 试举例说明“数字不会说谎，但统计会说谎”。

7. 将某校（或州/国家）学生的成绩与其他学校（或州/国家）学生的成绩进行比较的利弊各是什么？

8. 讨论在地区、州或国家水平上的标准化运动的优点及其所存在的问题。

9. 联邦政府和/或州政府在学校当中的责任如何影响你在改善学校中的作用？

10. 谈谈你对如何建立一个评价体系的基本想法。如果你是一位校长，你将如何作答？

推荐读物

1. Baumann, James F., and Ann M. Duffy. “Teacher-Researcher Methodology: Themes, Variations, and possibilities.” *Reading Teacher* 54 (March 2001): 608 - 615.

2. Bracey, Gerald W. “A Critical Look at Standards and Assessments.” *Principal* 73 (January 1994): 6 - 10.

3. Charles, C. M. *Introduction to Educational Research*, 3d ed. New York: Longman, 1998.

4. Dyer, Karen M. “The Power of 360-Degree Feedback.” *Educational Leadership* 58 (February 2000): 35 - 39.

5. Farr, Beverly P., and Elsie Trumbull. *Assessment: Alternatives for Diverse Classrooms*. Norwood, MA: Christopher-Gordon, 1997.

6. Glatthorn, Allan A., Don Bragau, Karen Dawkins, and John Parker. *Performance Assessment and Standards-Based Curricula: The Achievement Cycle*. Larchmont, NY: Eye on Education, 1998.

7. Goldstein, Harvey. “Measuring Changes in Educational Attainment over Time: Problems and Possibilities.” *Journal of Educational Measurement* 20

(Winter 1983): 369 - 377.

8. Gronlund, Norman E. *How to Write and Use Instructional Objectives*, 6th ed. Upper Saddle River, NJ: Merrill/Prentice Hall, 2000.

9. Guskey, Thomas R., and Jane M. Bailey. *Developing Grading and Reporting Systems for Student Learning*. Thousand Oaks, CA: Corwin, 2000.

10. Jackson, Anthony W., and Gayle A. Davis. *Turning Points 2000 (Educating Adolescents in the 21st Century)*, New York: Teachers College Press, 2000 (Chapter 3: "Curriculum and Assessment to Improve Teaching and Learning").

11. Joint Committee on Standards for Educational Evaluation. *The Program Evaluation Standards: How to Assess Evaluations of Educational Programs*. Thousand Oaks, CA: Sage, 1994.

12. LaBaree, David F. "Resisting Educational Standards." *Phi Delta Kappan* 82 (September 2000): 28 - 33.

13. Madaus, George F. "The Influence of Testing on the Curriculum." In Margaret J. Early and Kenneth J. Rehage, eds. *Issues in Curriculum*. Part Ⅱ, Ninety-Eighth Yearbook of the National Society for the Study of Education: 73 - 111. Chicago: University of Chicago Press, 1999.

14. McLaughlin, Milbrey W., and D. C. Phillips, eds. *Evaluation and Education: At Quarter Century*. Chicago: University of Chicago Press, 1991.

15. Merrow, John. "Undermining Standards." *Phi Delta Kappan* 82 (May 2001): 652 - 659.

16. Shelly, Richard W. "Curriculum Benchmarking: A Tool for School Improvement." *NASSP Bulletin* 84 (April 2000): 40 - 46.

17. Thompson, Scott. "The Authentic Standards Movement and Its Evil Twin." *Phi Delta kappan* 82 (January 2001): 358 - 362.

18. Tomlinson, Carol A. "Reconcilable Differences? Standards-Based Teaching and Differentiation." *Educational Leadership* 58 (September 2000): 6 - 11.

19. Worthen, Blaine R., W. R. Borg, and K. R. White. *Measurement and Evaluation in the Schools*. New York: Longman, 1993.

第十三章 个体绩效评价

对于学习而言,评价是一个具有挑战性的、但常常是令人灰心的主题,因为它不仅关注对知识的测量以及对知识掌握熟练程度的考查,还关注在各层面上使用评价结果或对评价结果作出解释可能导致的焦虑与后果。对个体绩效的评价也被纳入评价者与被评价者所共同关注的领域。

关于评价的一系列名词在学术著作及教育领域内经常被使用到,其中包括“绩效评估”、“真实性评估”、“另类评估”、“档案评估”以及一些变量等。当前,重要的变革往往发生在对学校内部所有人员的个体绩效的评价上。如同上一章中谈到使用和滥用传统的评估方式时一样,校长应在评估方式的选择、发展及使用等一系列过程中成为独一无二的领导者。

我们有很多机会来探索改善对传统的标准化测验的解释和使用方式以及教师对测验的编写与完善的途径。我们在理解真实性评估以及发展、执行并解释与计划目标相关的另类评估方面甚至存在更大的需求。我们的最高目标是将评估看做改善教学与学习整体中的一个组成部分。以课程为基础的评估影响到教学策略与课堂使用材料的选择。评价过程在学校整体环境的变革中起着杠杆的作用。

评价随处可见。在学校环境中,学生评价其他学生以及他们的老师,家长评价学校建筑的维护,教师评价校长,如此等等。这些非正式的、主观的评价并非都有用,有时候它们是非理性的,甚至还可以是有害的。由于其坚持客观性,我们需要的是正式的、基于数据的评价。没有一种经过计划的评价程序能够改变非正式的、主观的甚至几乎是无意识的评价过程;然而,通过精心设计与认真执行,个体绩效评价就能够减少各种误解。

创造、维护并保证高质量的学习环境与学习经验对学生而言是至关重要的。校长有职责参与对个体及个体所在的团体的评价。只有通过个体的行为及它们之间的交互作用,学校或任何组织的目标才能得以实现。为达到学校目标,必须对这些行为的结果进行评价。

[注] 本章经 Suzanne V. Drake 博士修订。

本章的重点在于讨论学校环境内部与个体绩效评价相关的内容。这包括对教师、其他职员、校长及学生个体的评价。利用在第十二章中所讨论的评价体系，校长应该在为评价的持续过程提供良好的氛围，以及为学校内所有个体的发展提供机会等方面起关键性作用。

教学评价

许多问题与一个人对另一个人的评价有关。事实上，这可能就是问题的症结所在——也就是说，评价被认为是对一个人价值的评判；这样他的相对价值就作为档案被记录了下来。一个人不能正确地评估另一个人的教学活动，也没有证据表明在众多的个人性格与良好的教学效果之间存在着任何关系，二者都是人们经常提及的论题。根据他的工作结果来决定对其重视程度，从表面上看起来这是合适的。

对学生成绩进行全国性评估的号召增加了关于学校教育的失败、对教育支持的需要，以及对标准化和结构重建的需要等的讨论。在这些争论当中不乏真理、事实与误解。麦克唐纳(McDonald)声称："全国性的测验——即使只在某个地域上采用不同的形式以优美的姿态实施——可能将会促使学校盲目地执行其责任。"[1]麦罗(Merrow)认为基于高风险的测验作出留级和毕业的决定可能"使许多优秀的学校失去活力"，并使有天赋的教师迫于履行义务的压力而不是教授常识而走出课堂。[2]另一方面，适应性强的人能够简单地跳过这些障碍继续从事他们的工作，他们甚至开始认为跳过这些障碍就是他们的工作。

似乎情感上的暗示、测量学的艺术所处的可疑境况以及定性的评估都不充分，经过协商得到的合同与组织所处的位置都增加了评价者的困难。然而，回顾教师组织所作的决议可以看出他们接受了评价，并将它作为改善教学活动的一部分。事实上，某些州的教师团体提倡辞退不合格的教师。

大部分合同规定评价者不能参与条件洽谈，这并不能否认教师将校长作为提高教学绩效的资源这一事实。另一方面，某些学校的董事会和管理人员，有时还有大众媒体，容易把州或国家强制性的评价视为对决定教师们谁去谁留的限制。此时校长又一次成了独一无二的领导。由于教-学情境的复杂性，评价应该谨慎进行。

图 13.1 给出了一个评价教学活动的模型。这个模型首先假设所评价的目标是具体的、可测量的，评价结果是可观测到的，测量工具是有效的。此模型还有一个假设，即一位评价者应用此模型之前应该予以考察的是，评价所得结果实际上非常重要，它们包罗一切足以代表所要考查的教-学情境的影响因素。

---

〔1〕 Joseph P. McDonald, "Mistaking the Periphery for the Center," *Education Week*, May 1992, 36.

〔2〕 John Merrow, "Undermining Standards," *Phi Delta Kappan* 82 (May 2001): 653.

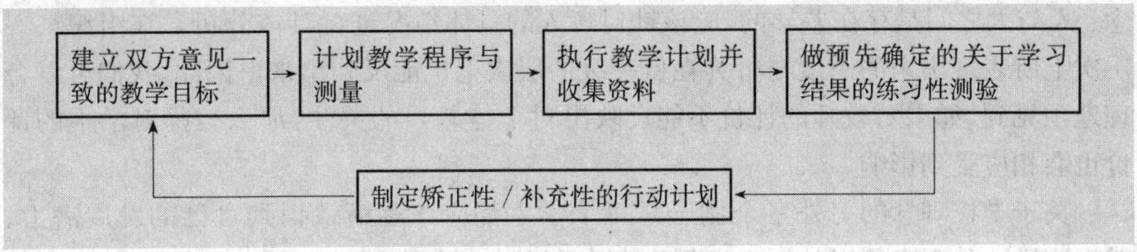

图 13.1 教师评价模型

另外两个评价教师的方法是根据教师所进行的教学活动和优秀教师的个人行为表现为标准来进行的。在第一种情况下,假设在特定类型的教学行为与学习行为之间建立了明确的关系。仅仅通过观察教师的教学行为来评定教师的教学能力这一现象已经引起了人们的认真思考。然而行为是可控制的,因为它至少是可观察的。本章后面指出了对教师行为表现的观察的一些警告。

仅利用评价来确定特定行为的存在与否或程度至少存在一种风险:即可能将人的思考局限于那些容易识别和/或测量的行为表现。这样做就把教学行为或艺术的概念局限在"安全"领域——那些使评价者感到满意的领域。通过这种方法可以走上某些研究者所走的平坦大道:如果一个事物不能被测量,那么它就不值得研究。由于这种过分单纯的观念,许多重要的思考就被排除或忽略掉了。

另一方面,评价者可能陷入这样一种困境,他们认为某些特性(伦理性行为、对学生的关注、调查倾向)是良好的教学行为,并且这些特质与学生的主动学习有联系。孤立起来看,这些特质对结果可能没有作用甚至会起副作用。可观察到的投入变量和结果是没有意义的,除非将它们放置到一个相对完整的环境中。"识别一名优秀教师的标准是能力(专业知识)、良好的人际关系能力(人际知识)与个性(个人内心知识)的结合体。"[1]专业知识包括学科内容、课程及教育学方面的知识。与学生、同事、管理人员及当地社区的人际关系非常重要。个人内心的知识包括道德规范、态度、信仰及敏感性等。[2]对于个体绩效的评估必须谨慎地计划和执行。显然,单独任何一种方法都不够充分,但是将毫不相关的方法硬凑在一起也不能奏效,应该将这些方法灵活结合使用。

评价教职员工的绩效不仅仅是校长的职责,教师们也有义务评价自己的绩效。由于教师的行为与学生的学习情况和行为相关联,校长和教师对此应该予以共同关注(参见第十四章中关于共同发展的讨论)。

评价过程必须与学校理念相一致

在考查教师的绩效时很容易会把学校的理念置之脑后。人们通常都有这样的观

〔1〕 Vivienne Collinson, "Redefining Teacher Excellence," *Theory into Practice* 38 (Winter 1999): 10.
〔2〕 同上,4-11.

念：人与人之间是存在差异的，应该针对各人的具体情况进行具体分析。在组织某一层次上所表现出来的态度与行为在低一级的层次上也能反映出来。因此，我们可以合理地预见到，如果对教师的评价不能反映出对个体差异的关注，那么教师对学生的评价也会相应受到影响。

关于学校理念的另外一个例子是每个学生都应该逐渐认识到自己的发展潜力。对于这样一种观点可以从语义上派生出许多观点，很明显，这句话的意图是每个人都应该有机会发展他的能力。这种理念运用到教师评价的过程当中就是，评价过程既要鉴别个体的优点，同时也要鉴别个体的缺点，并且应该针对如何发展利用这些优点提出建议。

评价过程必须鼓励个体发展

为避免只是成为一名学校情况的检查者，校长应该制定评价方案以此来鼓励每个人都不断学习并发展自己的能力。在此方面他们目前可能只是处于萌芽状态或者根本没有这种意识。这样做能够促进教职员工的发展，进而提高教学水平。一位在专业能力上不断进步的教师较之那些没有获得进步的教师能够更有效地引导学生不断地自我实现。这种方法与最大程度地满足个体需要和实现团体目标是相一致的。

如果评价过程本身是在一个合作的基础上进行的，那么更深层次的表现，即个体从评价过程当中获得发展就可得以实现。如果要使一个评价过程对评价对象真正有意义，那么他就应该在评价过程的发展上不断投入。

如果评价的焦点在个体的发展，那么它就不应该试图将狭隘的成绩扩展到更大范围上加以应用。重点应该放在可以获得发展的那些方面而不是千篇一律的行为表现方面。

评价的目的应该是合作发展

要减少评价可能导致的紧张感或威胁感就需要让被评价者正确理解评价的目的。如果教师能够帮助学校拟定目的并且参与到评估过程当中，那么他就更能够认同这些目的。人们知道一名好的射手永远不会偏离靶心。通过观察，人们发现射手很少瞄准一个不会击不中的目标，找到子弹所击中后留下的弹孔，然后围绕弹孔画同心圆。通过让教师参与到评价的整个过程，教师将不会感到靶子是围绕评价者的发现而建立的。

评价的结果受到评价目的的影响。所有参与到评价当中来的团体都需要明白评价的目的是否包括利益支出、专业发展、享有条件的进步、所享有的特权或其他以确保全面合作与公平为目的的评估。

在评价之前确定评估绩效的标准

人们普遍认为：评价必须与学生学习的目标相关。此外评估的标准必须涉及发生在学生身上或与学生有关的事物，以及这些因素是如何影响学生的学习行为与社会行为的。出于这样的评价目的，评估标准最好能够由评价者与被评价者共同建立。这并不是不需要领导。社区、学校董事会及家长的期望是非常重要的投入。校长和教师必须将成绩标准与学校的目标相联系作为一项重要内容予以考虑。

评价应该是多元来源并且持续进行的

评价不应该是每年进行两次、通常在春季接连进行、每次半个小时甚至半天的一种走过场的行为。从评价的日程来看，它并未获得蓬勃发展。整体上的评价计划应该贯彻到整个学年持续进行，并且年复一年持续进行。

利用一系列的绩效测量方法并且给教师提供一些测量的方法可供选择，能够改善教师和校长们所采用的评价过程。不能单纯依赖校长的面谈或观察，教师可以选择利用多元化来源的资料，包括家长调查、学生调查、学生成绩资料、专业活动、行为研究结果以及其他绩效表现。[1] 校长还有责任基于总体评价作出重要决策，但教师可以更主动地为正在持续进行的评价过程采集和呈现资料。

应该记录并报告每一阶段的评价结果

如果评价过程的某些部分对时间与精力的付出有参考价值，那么记录这些结果就非常重要。董事会的政策、法律和/或合同可能影响评价过程，校长应该熟悉这些指导的每一方面。同样，如果教师评价的真正目的是为了改善学生的学习，那么教师必须在整个评价过程中都获得反馈。评价并不是填写干巴巴的表格，它本身应该成为学习过程的一部分。反馈应该是持续进行的，并不是只在春季签合同之前这一段迷惑人的时间内用一张堆砌了教师们优点和弱点的列表来表示。

人员评价的方法

如前所述，各种层次的组织和社区都得到并利用评价结果。本部分将着重探讨对探寻改善教学基础层次上的专业人员的评价。

研究内容

在构建评价体系之前，拥有包括关于已经建立起来的资料库的内容等在内的背景

〔1〕 Kenneth D. Peterson, Christine Wahlquist, Kathie Bone, Jackie Thompson, and Kaye Chatterton, "Using More Data Sources to Evaluate Teachers," Educational Leadership 58 (February 2001): 40－43.

知识非常重要。校长有很多资料可以利用。其中有些资料需要根据具体的研究来重新组织，与此同时，大部分学校会拥有关于个体教职员工、学生成绩及以前评价的资料。通常年度报告或外部调查机构的报告（即：授权机构的报告、长期计划调查）都可以利用。

研究教职员工

校长期望将教职员工作为一个整体来进行研究以期找出目前可能存在的小团体或模式。校长可以从人员编排文件夹、人事档案、成绩单及以前的评价报告中获得有关资料。幸运的是，这些资料大部分都存储在计算机里并且可以以各种形式进行检索。因为这些资料都已经作为有意义的信息加以存储，所以校长不仅可以找到建立评价过程的基础，还可以发现许多问题可以进一步深入调查研究。

下面这些关于此类问题的例子能够帮助校长从整体上把握有关教职员工的完整信息：

对于教职员工整体

1. 教师们的年龄和工龄的变动范围有多大？这个信息在分布曲线上倾向于哪一端？从中是否能够得到有关岗位空缺或重置的信息？

2. 教职员工们住在学校及学校生源区周围的哪些地方？如果有的话，是何原因导致了这种居住模式？在社区互动与影响方面这种情形又能说明什么？

3. 校内的人员能够代表哪些教师教育机构？从这点来看学校的投入均衡吗？

4. 学校内终身教师的模式是什么？这种人员比例模式在本地典型吗？在整个地区呢？这种人员比例在年龄、学科及教育背景方面均衡吗？

对于教职员工个体

1. 此人在资历或经验方面有何特殊优势？在专业特长方面有何发展潜力？

2. 以前的评价者对此人的优势持何种看法？以前对他的评价恰当吗？

3. 此人有何明显的有利于学校发展规划的外在兴趣？是技术特长？是戏剧艺术方面还是团体领导活动方面呢？

4. 此人过去的业务发展模式是什么？是有计划方案的自学还是通过参加暑期课程培训？学习哪些领域中哪些类型的课程？

5. 有哪些外在影响可能阻碍其业务活动、个人发展或干扰其工作绩效？

6. 有哪些额外的业务成果？是否有本地、州或国家性组织中的其他团体性著作？作过哪些研究？是否有论文发表？

7. 此人是否乐于承担责任？他参与过哪些作为领导的活动？

在这个收集资料的过程当中，校长期望对各种小团体的人保持警觉。对教职员工根据年龄、机构、年级水平、科目等进行分析后，这些小团体就浮出水面了，这些信息能够帮助教师组织教学。

研究成绩模式

校长可以收集到许多关于学生在课堂或学校内的成绩模式的信息。有些研究者认为学习是试金石，通过它可以测量教学是否成功。尽管在此方面的所取得的成果并不是太有用，但对成绩的评价可以使教师有效地探究他们的教学对于学生学习的影响。“分析学生的学习成绩与学习如何产生具体的行为与决策之间的关系对于判断教学效果至关重要。”[1]根据学生的成功进行自我评价对教师而言非常重要，这可以为教师业务能力的持续发展提供强有力的途径。

学生的成绩至少可以通过六个方面来考察：标准化测验成绩；教师评定的分数；行为记录；从内在或外在研究中获得的反馈；同他人的人际关系；特殊贡献，如艺术作品、在学校和俱乐部、学生会及类似组织之内或之外的志愿者工作。以下问题可以帮助读者根据自己学校的具体情况进行思考：

标准化测验分数

1. 使用什么样的测验，测验的模式是什么？这些测验考查的是哪种类型的学习？

2. 对于特定的学科领域，两次测验之间学生进步的幅度有多大？这些资料是否与年度之间学生进步的资料相一致？

3. 我们所提到的这些进步幅度与特定测验之间的间隔相一致吗？

4. 教师和学科领域内对进步所作的分析是否表现出本学科领域内的典型或平均的进步幅度有显著变化？有哪些明显因素导致了这些变化？这些变化与年度变化是否相一致？

5. 与你所在学校相类似的学校中测验所使用的哪些常模比较有代表性？

备用评估体系

1. 证明学生学习进步的其他途径有哪些？学校里有一系列的成绩评估体系吗？给学生建立档案了吗？对评价结果进行说明了吗？

2. 教师利用哪些方式使用备用的评估体系？学生呢？

3. 我们所使用的评估体系与特定的课程目标、州立标准及国家性标准之间的关系是什么？

---

[1] Linda Darling-Hammond, “Standards for Assessing Teaching Effectiveness Are Key,” *Phi Delta Kappan* 79 (February 1998): 471.

4. 这些备用评估体系在学校内部通用吗?

5. 教师自编测验的内容有哪些? 教师自编测验如何与标准化测验及课程目标相关联?

教师评定分数

1. 教师所评定的分数的分布与正态分布曲线相一致吗? 这个分布恰当吗?

2. 全体教师所评定的分数的分布相一致吗? 在部门内或同年级水平组内部呢?

3. 在特定学科领域内同一批学生在课堂上所取得的分数与他们在成就测验上所得分数相一致吗?

行为表现

1. 教师们对于学生的行为表现的评论一致吗? 这些评语真的能将学生区分出来吗,或者教师写给学生的评语就像是从"语录"或评语集中摘录出来的一样吗?

2. 学校的记录是否呈现出学生的某种行为问题模式,而这些行为问题模式又明显集中于同一年级、班级或学科?

3. 某些班级存在行为问题,同时也存在成绩差的问题吗?

后续措施

1. 利用某个样本或者总体来进行调查,学生在更高一年级水平上取得的成绩如何? 在学生所在的学校中这种分布有代表性吗?

2. 学生对于自己所作的学前准备感觉如何?

3. 对于各种评估的研究,包括标准化测验和州内的统一测验,是否能完整地评定学生各个方面的成绩? 它们是否只能得出与学校目的部分相关的资料?

4. 对于那些没有继续接受更高水平正规教育的学生,学校有何后续措施?

人际关系

1. 不同年龄团体、种族团体及社会经济阶层之间互动方式是什么?

2. 在与校外的互动中学生可以获得什么资料? 社区与某些学生团体之间的互动存在某种模式吗?

特殊贡献

1. 学生为学校作出了哪些贡献? 这些贡献是学生自愿作出的吗?

2. 这些贡献是仅仅出自某个或某些学生团体(如: 同一社会经济阶层、年级或学科)吗?

3. 这些贡献是学生通过哪些途径获得机会作出的？

虽然上面所列出的事项并非毫无遗漏，但在设计或帮助设计学校工作结果的评价方案时校长应该能够系统地回答这些问题。这些问题的答案是教-学活动评价与学生成绩和学校目的相结合的基础。

对教-学情境的观察

校长可以利用众多评价表格、量表和其他观察工具，但这其中许多工具实际并不是单纯为观察而设计的。评价者期望它们能够具有双重作用：记录所观察的教-学情境的资料，并且将这些所观察的内容量化。

课堂观察有着较长的历史，被人们普遍使用，但同时人们对此也存在很多关于误用、滥用及毫无效果等夸大的看法。教师也通过从排练公开课到在合同中加以限制等形式应对课堂观察。这些应对形式大部分可以通过描绘课堂观察将用于改善教学而予以避免或者减少(对此我们将在后面“资料与信息的分析”部分予以详细阐述)。此外，将观察限制在与教师合作的技术设计范围之内可以使评价能够改善教学而不仅仅使其证明教学中存在的问题。只要有可能，就应该由评价者与被评价者两方面根据所采集到的资料共同作出决策。[1]

校长应该清楚外在观察者的出现会影响所观察的班级和教师。如果在观察开始之前能够与所涉及的人员共同探讨这种影响，就可以使其更容易达成共识并将这种影响最小化。

有些学校的改革扩大了教师的职责，包括成为团队的领导、部门领导或人事委员会成员，他们要监控并观察辅导过程、消除孤立角色的差别以及增强跨学科团队的合作。一项关于教师对他们作为领导者或团队成员的角色认知的研究证明了前人的结论，即教师对于同一情境并不通过相同方式加以认知。[2]通过对教师作为领导者或决策者等扩展性角色的研究表明，学校应该认识到教-学过程的复杂性以及从中出现的各种支持学校在21世纪成为最高质量的学校的各种契机。

有效的观察技术

校长可以利用各种观察工具记录教师与学生的特定行为表现以及他们之间的互动。这些观察工具有的应用相对狭隘、经常过分简单化，而有些非常复杂、观察过程繁琐，使用者需要经过特殊训练。

---

〔1〕 读者要了解此方面信息，可以参考 Carolyn M. Evertson and Judith L. Green, “Observation as Inquiry and Method,” in *Handbook of Research on Teaching*, 3d, ed. Merlin C. Wittrock (New York: Macmillan, 1986), 162 - 213.

〔2〕 Sharon Conley and Donna E. Muncey, “Teachers Talk about Teaming and Leadership in Their Work,” *Theory into Practice* 38 (Winter 1999): 46 - 55.

目前学校的师资状况可能会使许多复杂工具无法获得使用。不管合约的内容如何，教师们应该参与决定是否使用观察工具并对这些工具进行选择。

读者在决定使用何种观察技术之前需要认真确定应该采集、分析并使用哪些资料。在选择一种观察技术之前，应该首先考虑以下几点：

1. 使用这种技术需要对观察者进行大量的训练吗？因为对观察者的训练不够精确可能会引起对观察结果的质疑。

2. 如果一项观察技术确实能够反映出行为间的差异，而不仅仅是一种对令人印象深刻的行为的记录，就应该使用这项技术。

3. 不能将某种观察技术作为单一的资料来源，并以此作为教师绩效评价的基础。

4. 应该采集有关重要行为表现的资料，应该以一种观察者之外的人也可以加以分析的形式记录这些行为表现。

5. 可观测的教师行为与学生的实际成绩之间的关系是什么？

6. 许多"无法观察"的因素可能会提高平庸的成绩或者否定杰出的成绩。例如，通过身体姿势、语调、含有消极或积极含义的措词等所传达的态度都可以导致特定的、可观察的、可记录的行为表现有效或无效。

这些限制并不是不鼓励读者使用观察技术，而是指应该认真考虑对它们的合理使用。

当地建立的观察程序

通过某种训练可以使观察者记录下平时不能观察到的行为或情境。例如，某位教师和校长达成一致意见，决定记录下对学生表扬和批评的次数，这样就可以建立频次表来表达特定时间段内的此类信息。通过记录这位教师可能会发现他相当大部分的表扬是直接针对两名学生，而大约相同比例的批评则是直接针对一名学生的。每两周乃至两个月的时间段内进行两次或两次以上此类资料的收集对于教师而言是非常有益的。校长、督导长、部门领导或受过训练的观察者可以利用很多此类的计数程序来帮助教师评价他的绩效。对此，我们提出以下建议：

1. 与听学生说相比，教师对学生讲的时间是多少？

2. 与给个体学生或小组提供指导相比，教师给整个班级提供指导的次数是多少？

3. 教师有多少次间断与一名或几名学生的谈话来矫正另一名学生的行为？

4. 与提问相比，教师讲课的时间有多少？

5. 教师所提出的问题中复述事实型的问题有多少？需要学生应用所学知识及其他更高层次的思维能力来回答的问题又有多少？

6. 班级中在提问、成绩提高及教师对男性和女性学生回应方面是否存在性别差异？

7. 在教师提出问题后与学生作出回答之前有多少“等待时间”？

8. 教师与哪些学生进行口头上的互动？与哪些学生进行非口头语言互动？其频率是多少？哪些学生被忽视掉了？

9. 哪些学生在多长时间内在处理学习任务？

教师和评价者可以继续提出许多诸如此类的问题。特定时间段内的录音和录像记录对于教师与校长进行分析和讨论非常有价值。

校长应该试图在所有情况下将他对教师绩效的观察与学生的行为和对学生的教学结果联系起来。观察的目的应该是准确描述课堂内的情境。如果描述是建立在每年一次或两次孤立的、“搔首弄姿”式的观察基础之上，那么我们便会对其准确性提出质疑。这种描述应该尽可能自由而不应顾忌赋予资料之上的权重。只有将获得的资料与教师设定的具体目标相比较，这种描述才可以成为评价过程的一部分。如果想要使评价过程能够提高教师的能力，那么他就应该参与到计划评价过程当中来，阐明教学目标，指出可能有用的资料并且帮助建立解释评价结果的标准。

等级评定的程序

出于行政职责目的而进行的等级评定可以被看做是以改善教学为目的的评价过程这一连续体上的一点，如图 13.2 所示。出于行政职责目的而评定某个体的绩效所需要的时间可以由当地政策来规定。

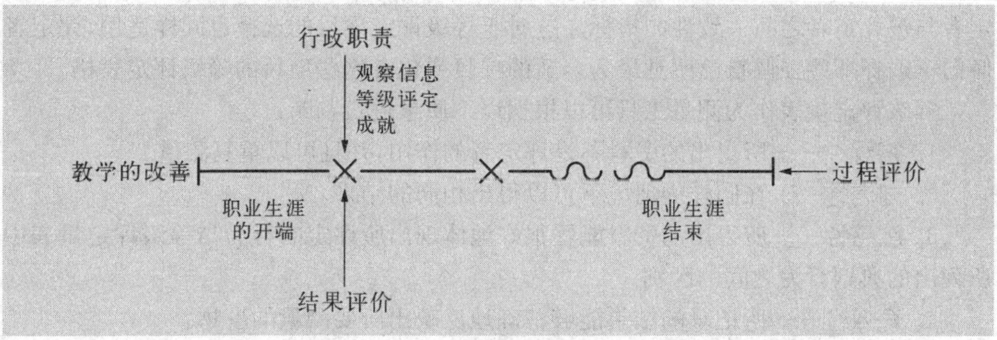

图 13.2 出于职责目的的等级评定是为改善教学而进行的等级评定整体中的一部分

开始评定等级之前

等级评定过程也有其缺陷。有几项研究表明，各种等级评定者对相同的教-学情境之间的相关判断很低甚至不存在相关。导致这种问题的部分原因在于实际测量工具——个体等级评定者的局限性。

我们在几种场合下让管理专业的研究生做一份由 12 个项目组成的等级评定表

格。除个别人外，所有的被评价者都是有经验的教师，其中有些人还负有管理或行政职责。给学生放一段教师讲解某学习单元的录像。针对每个项目，等级评定表格给出了从"优秀"到"需要改进"共五个点。学生对于每个项目所评定的等级的变动幅度很大，从一到四都有人选择，有时甚至是从一到五都有人选择。表格中所呈现的项目甚至包括教师的衣着是否恰当。

由于等级评定者缺乏自知之明限制了评定结果的准确性。评定者倾向于忽视类似他们自身所具有的弱点，并且，较之他们所不喜欢的人他们还倾向于给自己所喜欢的人评定更高的等级。过去所发生的重要事件可能会正面或负面地影响他们对当前教-学情境等级的评定。

等级评定表格有着较长的使用历史，并且现行的等级评定表格也很多，使评价者难以作出选择。从简单的环境检查表到繁琐的以价值为取向的等级量表，等级评定表格存在很多种形式。[1] 尽管记录预定项目的观察结果能够帮助评价者找到对他而言重要的项目的答案，但在此类表格的使用过程中有几点必须引起我们的注意。

这些表格过多地强调个人的性格及所处的物理环境。尽管两者都是事实性因素，他们倾向于忽视学生的学习这一应该首要考虑的事项的重要性。此外，尽管一位教师可能在很多方面（如，准时、保存记录、教态、衣着整洁、举止得当等）得分较高，但其学生可能成绩较差。反之亦然。

这个讨论并不是要轻视这些领域或者贬低等级评定表格的有效性，而是要在表格的选择与使用方面提供一种见解。在等级评定表格上所取得的分数可以作为等级评定者与被评定者之间一致性的指标。这对于等级评定项目的选择也同样适用，评定者倾向于选择那些强调自己感觉最为合适的项目或包含这些项目的等级评定表格。

等级评定量表作为测量工具可以根据以下质量进行判断：

1. 客观性——所得出的资料不是评定者的作用，并且可以重复测量。

2. 可信性——在同样的情境下可以得出相同的结果。

3. 敏感性——所得出的资料能够很好地体现出所评定的行为与等级评定量表中所列出的典型行为之间的区别。

4. 有效性——所记录的结果能够精确地反映出所要测量的事物。

5. 功用性——评定结果在改善教学上所起的作用应该与时间和人力上的支出相均衡。

数字等级（如，1～5）在使用时如果不进行深入描述可能会在以后导致错误的解释，如当资料用于解聘职员时。朗德（Rund）提供了以下范例：[2]

---

〔1〕 读者可能会对 T. L. Torgenson 在 1930 年创立并使用的 16 点诊断性等级量表感兴趣。该量表包括批评、个性化、任务行为、行为控制与治疗教学等类型的项目。该量表曾用于自我评价与学校视导员评价，同时伴有后续确定性观察。在过去的 70 年中我们对此了解程度有多少？

〔2〕 Robert W. Rund, "Seven Evaluation Syndromes to Avoid," *Indiana Elementary Principal* (Fall 1978): 5.

所表现出的专业形象	5
准点上课	3
出勤率	4
专业优势	5
教学效果	2
纪律	1

注：5＝优秀；1＝差

在本例中，此人衣着良好并且参加了夜校攻读硕士学位，然而在课堂教学方面存在一系列的问题。如果对这六项取平均数，那么对于一位外部的官员而言这并不能说明什么。结果平均数 3.3 所传达的是高于平均等级的信息。需要强调的是，较之那些与教学效果相关的外围因素而言，这些方面非常重要。

在计划等级评定过程时，评价者可以考虑以下几点："教师评价在教育方面非常重要，它应该……(1) 以学习者的发展为基础，将之作为教师成功的标准；(2) 为教师提供详细的、可资利用的有关他们优势与弱点的信息；(3) 提供教学效果好与效果差的教师之间的明显区别；(4) 有充分的灵活性，能够用来有效地评估不同教学风格的教师。"[1]

让被评定者参与进来

如果进行等级评定的首要目的是为了改善教学，那么让被评定者参与进来共同选择和/或制定所要评定的项目，以及应用的标准非常重要。这可能会在合约中有明确规定。以下几个步骤对于校长进行个体绩效评价中的等级评定会非常有用：

1. 清楚说明与政策和合约条款相关的评价的目的。
2. 描绘所要执行的程序及所要应用的标准。
3. 如果可行，让教师们一起制定评定项目。
4. 共同制定计划对评价进行评估。明确评估的渠道。
5. 在整个过程中，强调诊断评价的有效性。
6. 帮助教师们利用这些信息进行自我评价。

自我评价

在评价方案中，校长工作的目的之一就是帮助那些被评价者成为熟练的自我评价者。培养教师反映教学情境中所发生的事件及分析各种结果的能力能够使教师更有效地进行教学。有经验的教师可能会从自我评价技术中获益最多。我们应该鼓励他

〔1〕 William G. Webster, *Learner-Centered Principalship* (Westport, CT: Praeger, 1994), 204.

们建立起自己的自我评价的结构，但同时仍可以从检查目前所使用的评价工具或建立自己的评价工具中获益。

对于刚步入教育行业或相对欠缺经验的教师而言，德雷克（Drake）建议根据以下问题来书写基于分析音频或视频课程的自我研究报告。已经证实这些过程对即将从教或正在从教的教师们都非常有用：

1. 我有哪些个性特质？我应如何对待这些方面？
2. 我的声音如何？在不同的情境下我的声音也不同吗？
3. 学生对我的课的反应如何？我是如何激活或创设学习气氛的？
4. 我达到了我对这堂课设定的具体目标了吗？
5. 对于我与学生之间的互动我有何感想？对于学生之间的互动呢？
6. 通过对自我的观察我有何感觉？我喜欢什么，不喜欢什么？
7. 从自我评价技术，如课堂录音当中我学到的最重要的东西是什么？
8. 我在哪些方面改进，才能成为我理想中的教师？我可以从哪里获得帮助？〔1〕

校长可以将每一位教师都能够评估他自己的绩效以此来提高教学效果作为目标。的确，我们可以期望教师对自我评估感兴趣。校长可以通过创造零风险的环境来鼓励教师的这种兴趣，这样教师就可以评估他的工作。可以通过合作来制定计划以从学生乃至同事身上获得反馈信息。有些学校发现对整堂课进行暗中录像的方法非常有效。我们已经证实，让观察者与教师交流观点，以及让教师解释他们所使用的技术是非常有效的双向提高的过程。教师可以制定自己的一份观察学生的项目表来判别自己对班级内学生的影响。一份教师对其个体绩效感想的自我评价项目表应该包括以下几个应该予以考虑的方面：

- 在学生行为方面与学生的关系、对学生需要的敏感性及对学生兴趣的了解。
- 对一系列材料、技术、其他媒体及教学辅助设备的利用。
- 适当性、参与性及在所学内容方面与学生的互动。
- 学生学习的主动性与责任感。
- 对学生功课评价的效果。
- 学生之间的关系。
- 与同事之间的关系。
- 自我完善及业务能力发展的表现。

将自我评价纳入整个评价过程对于校长和教师都非常有帮助。苛勒（Koehler）指出，自我评价能够帮助督导长了解教师的教学风格，并了解教师使用某种教学技术的

〔1〕 Suzanne V. Drake, "Self-Evaluation Techniques to Improve Teaching," *Illinois School Research and Development* 24 (Fall 1987): 8.

原因。[1] 将自我评价的结果纳入整个评价过程可以作为任何观察性预备会议上一个极其自然的开场白。

通过让教师与校长各自独立完成等级评定表格，然后在会议上比较彼此的结果，教师们会发现利用学校的等级评定工具来进行自我评价会非常有用。它能够使教师和学校督导长有机会进行有效的讨论，他们可以互相讨论自己的理解并确认促进各学科内改善教学的强度。

最近，管理人员已经将档案作为一种评价教师的工具。“当个体在保存能够证明他们在工作中所付出的努力以及所取得的成就的绩效档案时，他们学习评估自己的进步，因为在他们收集信息时，这些进步是反映他们工作的必要材料。”[2]

教师可以采用某种具体的形式来展示他们所完成的任务以及他们所取得的成就。默菲(Murphy)在指出教师在时间、材料、空间及程序等方面所需要的各种准备的同时提及了应由校长提出并给予支持的具体操作步骤。[3]

库士曼(Cushman)建议评价者呈现包括从同事那里获得的反馈信息在内的证明教师的学习与进步的档案，并使彼此负有责任，针对设定的目的与标准提供一种更可信的途径来测量其绩效。[4] 档案为反映教师工作绩效与长远目的的设定又提供了一种切实可行的工具。不管是否使用自我评价的方法，教师应该有机会与同事和/或督导长讨论评价的结果。

学生在评价过程中的参与

学生对教-学情境的评价引起了强烈的反响。对于各种持反对意见的观点我们在此并不需要一一进行列举，只是在此要指出一点，即它们的论点集中在一个人对另一个人的个人价值判断方面的反应。学生的评价较之教师更能够使焦点重新回到学习环境与学习结果范围中间的位置。当然，在任何情况下评价也不能仅包含学生的参与。

考虑到学生在时间方面的投入，我们自然而然会认为学生的观点对于改善教学的评价是大有裨益的。然而学生的参与必须审慎使用，并且最好是直接反馈给教师。在一段时间内的一致反馈能够使教师找到教-学过程中优势和弱势，但要想获得实际情况，就必须透过现象看到本质。关于受欢迎的教师的故事非常多，他几乎总是被提名为“年度教师”或在年鉴中予以记载。但在几年以后，当学生回忆哪位教师的教学对他们有帮助时，这些受欢迎的教师的名字很少提及。总之，个人魅力会带来很大的影响，

---

〔1〕 Michael Koehler, “Self-Assessment in the Evaluation Process,” *NASSP Bulletin* 74 (September 1990): 40 - 44.

〔2〕 Carole H. Murphy, “Steps to Successful Portfolios for Principals,” *National Forum of Educational Administration and Supervision Journal* 14 (1997 - 98): 32.

〔3〕 同上，32 - 38.

〔4〕 Kathleen Cushman, “Educators Making Portfolios,” *Phi Delta Kappan* 60 (June 1999): 744 - 750.

从长远看来却未必如此。

年幼的学生能够对教学过程作出真实判断吗？有些作家很明显地认为他们可以并且应该如此。读者可以参考休斯和厄本(Hughes & Ubben)的书中提到的出于此目的而设计的一个非常有趣的工具。[1] 年长的学生能够作出真正对教师和评价者有用的判断吗？克雷纳(Kleiner)指出以下能够提高学生的评定能力的几点建议：轻松没有压力的环境、不太严格的目标和测验以及轻松愉快的班级氛围。[2] 他还指出挑战性过高的、不切实际的教学可能会破坏评价。看来在自我评价模式中教师能够更为有效地利用学生的反馈。此外，肯定或者质疑教师得出的结论也是有价值的。

在考虑到价值的付出以及保持时，学生在评价过程中的参与只能作为专业评价的一些方面而已。

资料与信息的分析

在评价过程一开始，即作出关于评价的目的、过程以及这些目的和过程的结果与哪些资料相关的决策时，对资料的分析就已经开始了。在确定哪些内容对评价起重要作用时我们通常作出的是主观的判断。一旦将资料收集起来，就需要进行分析。

对使用观察技术、等级评定量表以及自我评价等工具获得的资料和信息进行价值判断是整个评价过程中非常重要的一个步骤。在这点上，可以确定其指向积极发展的方向。在这里，被评价者也必须起到积极的作用。让被评价者参与进来的实例之一是临床指导，其重点在于确定并解释教-学行为中所存在的模式。科根(Cogan)指出了一般性指导与临床指导的区别："一般性指导所包含的指导行为所发生的地点一般都外在于课堂……如编定或修订课程……教学单元及材料……与此相反，临床指导的重点放在教师的课堂教学改善上面。"[3]萨乔万尼(Sergiovanni)将指导定义为一种帮助教师达到他们所认为重要的目的体系。[4] 校长在评价过程一开始就可以为教师提供帮助、支持及强化。校长应该意识到在一个愉悦和支持性的环境中完成有价值的、充满挑战性的任务能够使教师更为满意。

对教师方面资料和信息的分析所得到的一项主要结果就是教师能够更熟练地评价自己的绩效。如果校长能够直接同教职员工一起在教室里工作，那么他就能够通过示范如何提出关于绩效的问题和假设、如何采集与这些问题相关的资料，以及使用何种方法来分析这些资料等形式来协助教师。如果学校规模非常大并且/或者部门繁

---

〔1〕 Larry W. Hughes and Gerald C. Ubben, *The Elementary Principal's Handbook* (Newton, MA: Allyn & Bacon, 1984), 238 - 241.

〔2〕 Brian Kleiner, "Viewpoint: Student Evaluation of Teaching," *Journal of European Industrial Training* 13 (1989): 16 - 17.

〔3〕 Morris L. Cogan, *Clinical Supervision* (Boston: Houghton Mifflin, 1973), 9.

〔4〕 Thomas J. Sergiovanni, *The Principalship: A Reflective Practice Perspective*, 2d ed. (Boston: Allyn & Bacon, 1991), 316.

多，校长会发现，同各部门领导及各年级的协调者一同以临床的形式工作会非常有效，这不仅能够有效地履行校长自己的责任，也能够使各部门领导改善其部门内部教学方面的工作效果。

以下几点对于有效分析教-学行为至关重要：

1. 督导长与教师都必须明确，评价的重点是提高教师在培养学生学业成绩以及行为方面的能力。显然，学生的弱点有时会阻碍他们学习，我们必须处理好这一点，但这应该被视为一种例外。

2. 资料的记录必须合理，这样教师与督导长可以独立进行分析并能够达到共同讨论分析的效果，也能够确认行为模式，这些资料在以后必要时可以重新使用。

3. 督导长与教师的互动应该是相对无威胁的，并且不能将焦点放在工作绩效的价值上，除非它涉及学生的行为与学习。

4. 校长应该清楚阐明对教师的成就与行为的期望。

5. 校长需要对组织内部存在的妨碍发展的系统的问题具有非常敏锐的洞察力。

目前将全体教职员工分成若干个"团队"的组织模式对于以一种丰富化的临床方式改善教学带来了很大的希望。有些学校通过采用在工业领域内的质量循环方式的变式后，经历了整个学校在业务兴趣及发展方面的复兴(参见第十章中关于团队决策部分)。

停职与/或解聘

在考虑评价与职员的义务时，对于校长而言最有启发意义的途径是将整个评价过程视为是积极的。整个评价过程应该被视为评估学校及校内工作人员的优点与不足的诊断工具。它应该能够为取长补短提供线索和方法。

不幸的是，任何一所学校都会遇到一种情况，即它们认为矫正某项不足的唯一合理的方式就是解聘某位职员。如果有必要，对于职员的解聘应该尽量简单、公正并且有效地进行，而不能有公众舆论出现，它给教师带来的伤害非常大，并且会动摇学校内公众的信心。通过对数百起由停职、解聘或试图解聘所导致的官司进行分析可以发现，由于教育部对此缺乏合理的处理程序，以及某些学校管理人员具体实施的程序不当，往往会导致争论的产生并引起诉讼。停职或解聘程序的不足主要表现在以下三个方面：

1. 学区没有书面的指导方针对教务人员在衣着、语言、日常行为，以及恰当的教学行为等方面予以规定。

2. 学区及其管理人员没有做好描绘问题行为的事件、教学不足以及用以矫正这些不足的程序的详细书面记录。

3. 学区没有确定的、书面的关于人员停职与解聘的行政程序来坚持合同中关于解聘的条款、州立关于解聘的法令和/或国家范围内为人们所普遍接受的"基本公正"的程序来确认个体的符合宪法的权利。

书面的指导方针

美国数以千计的学区所采用的指导方针表现出从极端保守主义到极端自由主义范围内几乎所有的可能的观点。每个学区都有基本的权利来制定关于人员行为方面的规章与规则，只要这些规章与规则是在法律及州和政府法规许可的范围之内。如果学校已有关于教师教学行为、衣着或日常行为表现等方面的规范，尤其是有普遍接受的教学与学生纪律及关系模式，那么就应该把它们详细公布出来并且使学校内的教师能够获得关于此方面的信息。[1]

教师不能因为行使宪法所规定的权利而被解聘，但如果他们不能达到其专业内的标准与期望值，那么就会被解聘。[2] 这些标准与期望值可以由专业自身概括性地规定或者由教师所在的学区详细规定。

被解聘与停职的主要原因在于能力不足、违反规定、道德问题及其他"合理原因"。当然，这些用语非常的普遍，以至于学校董事会在使用时必须对其实际含义予以详细界定。最好是能够采用书面形式并且对所有可能影响到的人予以公开。如果要对某个人的行为进行审查，学校董事会应该详细阐明当事人的所作所为作为其行为范例或由于其缺少某种行为致使董事会要对其进行审查。

弗莱盖尔(Flygare)认为，涵盖课堂行为及一般性教师行为等的政策或规定在法院对与学区的解聘权利有关的诉讼案件的审理中具有非常重要的作用。他还进一步指出，教师有很大机会赢得诉讼，如果"指导方针含糊不清并过分宽泛"。[3] 为避免人们因为没有指导方针而产生一种虚假的安全感，弗莱盖尔引用了地区法院第十巡回法庭审理的一个案例，指出"即使没有指导方针，教师也会因为采用非传统性教学方法而被解聘，尤其是在劳动力市场上存有更有能力的教师时：亚当斯诉坎贝尔城市学区(*Adams v. Campbell City School District*) 511 U. S. 1242(1975)"。[4]

行为的详细书面记录

教师可能因为校长对其综合性的负面观察而被解聘的时代早已经过去了。对教师缺点的记录必须明确、详细，并且在足够长的时间段内进行收集以使这些缺点不能

〔1〕 我们相信，这些指导方面应该由教师、管理人员、教育委员会成员与公民共同制定。然而，此争论中最重要的一点是，无论这些方针如何制定，它们都应该在学区的具体政策中有明文规定，并且应该为教师提供此方面信息。关于此方面的详细讨论参见 *Lucia v. Duggan*, 303 F. Supp. 112(D. Mass 1969)。

〔2〕 *Pickering v. Board of Education*, 291 U.S. 563 (1968); *Keyishian v. Board of Regents*, 385 U.S. 589 (1967).

〔3〕 Thomas Flygare, *The Legal Rights of Teachers* (Bloomington, IN: Phi Delta Kappa Foundation, 1976), 11.

〔4〕 同上.

被视做偶然性的行为。在各种情形下,督导长应该让其他负责团体对这些观察结果进行核实。此外,督导长应该有描述学校为告知教师其不足之处,并为他们能够矫正这些不足而提出建议等作出努力的相关记录。[1] 此种类型的信息被认为是法律特许的。只要不是将此类信息不加区别地传播,并且只对那些有权利接收此类信息的人公布,管理人员就没有必要害怕受到诽谤罪的控诉。

伊利诺伊州处理的一个案件强调了这一点。一位学校管理人员在教育董事会之前就对某位教师擅自离开教室、缺乏教师必备的能力,以及在就读师范学校时有几门功课成绩较差等方面的影响作出了陈述。这位教师对此提起诉讼并要求赔偿损失,声称这些陈述都是失实的,并且,既然他们是在为她的解聘提供支持,那么他们实际上就构成了诽谤罪。

法院并不同意这种观点。只要管理人员:(1) 在教师的义务中作出了注释;(2) 只对那些有权利获得此信息的人公布;(3) 没有蓄意或故意的伤害,那么他对信息的传达就是在特定条件下法律所准许的(*McLoughlin v. Tilendis*,253 N. E. 2d 85 [Ⅲ. 1969])。[2]

森德(Sendor)描述了缅因州的一个案例(*Wytrwal v. Saco School Board* 70 F. 3d 165 [U. S. App. 1995]),学校董事会决定不与某位曾经受到学区管理人员口头批评的雇员续签合同。[3] 在诉讼过程中,能够表明他们曾经仔细考虑并且用文件证明他们作决定的原因,以及能够清楚阐明这些原因对于管理人员而言就变得越来越重要。作出不与之续签合同的决定必须基于校长和助理校长给出的关于这位教师在管理学生方面的困难、与她的同事及督导长共同工作方面存在的问题,以及她过多的旷工次数等方面的书面评语。法院接受了管理人员关于这位教师的工作绩效方面的证词,各种书面证据中最为关键的一点是能够证明管理人员作出了一视同仁的人事决策,而不管那位教师有没有提出这种要求。

确定的、书面的行政程序

有关教师停职或解聘的详细程序通常在地方合同、州立法规和/或州教育部规定中有所记述。判例法也可以提供指导。除此之外,当然,就是宪法所赋予每个人最基本的权利。这些通常被认为是美国宪法第五及第十四次修正法案所赋予每一位公民的正当的诉讼权利。法院通过他们对这些权利的说明,明确界定了公民的权利,以及在何种情况下这些权利会受到限制,同时授权每一位公民有机会驳回政府剥夺他的正当权利的任何企图。学区应该以这些权利为基础,但除此之外能够确定

[1] Bott v. Board of Education, 392 N. Y. S. 2d 274 (N. Y. 1977).
[2] National Association of Secondary School Principals, *A Legal Memorandum* (Reston, VA: Author, April 1974), 5.
[3] Benjamin sendor, "When a Gadfly Gets under Your Skin," *American School Board Journal* 183 (April 1996): 22-25.

更为具体的、与本地的具体情况相适应的程序来给管理人员提供停职及解聘方面的清晰的指导。

雷德芬(Redfern)提供了一个教师解聘的四个步骤的过程：(1) 前期诊断；(2) 绩效提高计划；(3) 关于矫正性举措的通告；(4) 终止合同的执行。[1] 应该给予教师有关绩效提高方面的具体指导及所需要的时间，并且在整个过程中进行监控。当然，谨慎尽责的文件证明是至关重要的。如果绩效的提高并没有被物化，那么就必须采取矫正性举措。雷德芬指出这个举措共由四个部分组成：(1) 仍然存在不足的通知；(2) 不足的细节；(3) 对教师的帮助；(4) 矫正这些不足的最后期限。

在整个过程中，有关为个体提供帮助而作出的努力的文件证明是必不可少的。一项明确的为全体教师提供帮助的计划，如临床指导程序，是非常有用的。这个计划应该简洁易懂并可以解释给外行听，使任何人都明白该计划是为教师们提供直接的帮助与指导。如果矫正性举措无效，应该给当事人：(1) 有关终止合同原因的通知；(2) 提问"原告"的预审机会；(3) 准备与陈述理由的时间；(4) 在公正的决策者之前的诉说机会；(5) 作出有关决定的原因及作出这项决定的原因的声明。在倾听当事人诉说后的任何举措必须符合学校董事会对于所有解聘行为的行政性解释中所确定的程序及独立的保证。

普拉特(Pratt)列出了在教师解聘当中所应反映的有关法律与伦理事项的几点问题。他鼓励校长："通过采取尊重他人的尊严与价值的举措，有关解聘的决定就可能经受住法律诉讼的挑战，并且能够确保最好地服务于学校与学生的利益。"[2]

逃避惩罚

在管理人员会议室或在教师休息室里，人们经常会听到关于某些非常不称职的教师在学区要解雇他时"逃避惩罚"的故事。对于一名教师而言，个人的与业务上的好名声是非常珍贵的。政府系统已经认识到这一点并且作出了很大努力来确保一个人的好名声不会受到不成立的指控的无意或反复无常的诽谤。如果能够得知真相，我们会发现在大多数情况下不称职的教师逃避惩罚是由于不健全的人事制度、无效的评价过程以及行政任务执行的低效。

处理压力

一般情况下，评价的过程可能会给全体教职员工、学生及管理人员在获得奖赏和

〔1〕 George B. Redfern, "Dismissing Unsatisfactory Teachers: A Four-Phase Process," *ERS Spectrum* 1 (Summer 1983): 17-20.

〔2〕 Frank Pratt, "The Ethical Principal and Teacher Nonretention," *Journal of Personnel Evaluation in Education* 10 (March 1996): 35.

避免与各个层面的义务相关的惩罚方面带来很大的压力。有些人会问这些期望是否过高、在某些环境中不切实际并且与学校改革的目的不相一致。“达到各种标准与提高学生的测验成绩必须通过教师的创造性、至关重要的思维能力、跨学科教学，及以学生为中心的教学方法来实现吗?”〔1〕

校长应该如何处理来自学校内外的各种压力?下面这个案例回答了这个问题，并且为我们提供了一个机会来确认这种压力，同时为处理该案例给所有涉及的人带来的巨大压力作好准备。在研究这个案例的同时，读者可以考虑以下问题：

1. 我们能找到教师与校长之间达成的何种共识?
2. 将对教师绩效的评价与作为一个“完整的人”的教师分离开来是否合适?
3. 当前在教师义务与教育改革当中的哪些政策可能对教师的行为有用?
4. 评价能够在计划业务能力发展与课程改革方面作为最重要的工具吗?
5. 校长面临哪些与伦理有关的问题?
6. 校长面临着怎样的决定?他应该如何处理?

案例研究

皮克斯顿小姐〔2〕

布兰顿小学(幼儿园到六年级)的校长伯克先生每年都要对学校的24名教师进行评价。在课堂观察之后的个人会议上，教师与校长共同讨论并填写表格。最引人注目的是那些成功完成了第三年的教学任务的老师，因为现在学校要考虑是否与他们续签合同。

皮克斯顿小姐在过去的两年中一直教一年级，并且根据伯克先生每年两次的观察，她的课堂绩效被评定为优良。皮克斯顿小姐现在单身，独自住在学校附近的一所公寓里。她在学校里的教师当中朋友很少，人们只知道她在校外有几个朋友。在午餐时间，皮克斯顿小姐把餐盘带回自己的教室中，在靠近门的地方自己一个人吃饭。在自由活动时间里她从来不喝咖啡休息一下。

伯克先生对她与其他教师的交流，以及工作上交换意见的缺乏表示出关注，并且选她加入到委员会。他还建议她在教师们吃午餐的时候进行踊跃的讨论，这很有挑战性并且非常有趣。有一次，皮克斯顿小姐鼓起勇气，在午餐时间来到了很小的、拥挤的教师餐厅，发现餐桌前已经挤满了人。人们挤紧了些来给她让出一个座位，并且欢迎她的到来。就座后，皮克斯顿小姐把未加冷冻的金枪鱼罐头和开罐头刀放在了桌子上，然后就开始吃罐头。在她吃罐头的时候，热金枪鱼刺鼻的味道弥漫到整个房间的各个角落。其他教师们一个接一个地迅速吃完午餐后就离开了，很快就只剩下皮克斯顿小姐独自一个人坐在那里了。

学校对她执教的一年级学生的评价很高，这使很多参加家长会并看见成绩单上孩子在每个评分段上得分都很高的家长们感到满意。在过去两年中，只有校长和某些二年级的教师注意到，有家长打来电话说自己的孩子在二年级突然表现出学习困难并且成绩下降幅度很大。

---

〔1〕 Samuel R. Lewbel and K. Michael Hibbard, “Are Standards and True Learning Compatible?” *Principal Leadership* 1 (January 2001): 16.

〔2〕 本案例由Suzanne V. Drake博士编写。

校长对由基础读者公司出版、所有教师监考的、在每个阅读水平课程结束时进行的年终测验的成绩产生了兴趣。每个阅读教学小组的成绩都被记录下来，并且在填写关于下一步教学材料的申请书之前交到校长办公室。这些测验总结都在办公室里进行归档，因此很明显可以看出皮克斯顿小姐所教的小组得分一直很高。不出预料，每个学生都获得了近乎完美的分数。

今年，学校让皮克斯顿小姐教一组学习困难的一年级学生。该班的15名学生被他们幼儿园的教师评定为接受正常阅读的能力最低而编入该班，并且推荐他们进行扩展性预备阅读活动。

在过去的半个学年中，皮克斯顿小姐递交了六个小组的阅读成绩单。伯克先生注意到这些学习困难的学生大部分都以优秀的成绩达到了同她以前执教学生的相同水平。

为收集更多的信息，伯克先生给皮克斯顿小姐打电话，要求她参加一个会议来检查刚刚结束的评估。他向皮克斯顿小姐表达了对这个学习困难转化组的特殊兴趣，并希望她能够参与到今后课程改革以及选择学生成绩评估体系的决策中来。

在检查这些试卷的时候，伯克先生发现在所有试卷上都有大量的修改过的痕迹。在许多三选一的选择题上，三个答案都曾被标记过。一年级的学生做出整洁的、完整的修改非常让人怀疑，试卷上没有撕扯、折皱或摩擦的痕迹，只有一年级学生使用的软铅笔用力划出的细线。

此时，伯克先生面临作出几个重要的决定。首先，他必须决定采取何种最合适的方式来解决这个突如其来的问题。其次，他必须考虑在这种情形下，是否推荐与皮克斯顿小姐续签合同的问题。而这些表格必须在下周递交给督导长。

科恩(Kohn)认为，校长与其他管理人员永远不能夸耀较高的或者正在增长的学生成绩，这只能将这些测验合法化作为令人满意的结论，而不是关注重要的知识在测验中可能没有被测量到。他建议校长应该尽可能地承受这些压力而不要将它们传递给教师和学生，然后采取专业化的工作来改变可能不适宜的体系。[1]

对非教学人员的评价

校长在理解各类对学校的任务完成做出非常重要的支持性工作的人员的贡献及对他们的评价当中起重要作用。非教学人员，如学校顾问、社会工作者、心理咨询工作人员、医护人员、体育教练及其他人员都有详细界定的与他们的专业训练及资格证有关的角色与作用。对于每一类工作，基于特定的学校需要、由当地界定的工作描述非常重要。这种岗位描述可以诠释成包含明确目的、目标的文件，并且在日后可以定时回顾和修改。对于这些目的和目标可以通过检查表、等级评定量表、任务完成档案及来自各位董事的反馈等一系列工具来共同评价。某个关于对学校顾问的评价的例子也可以应用到对其他人员的评价上来。[2] 由于许多非教学人员在不止一座教学建筑内工作，使用圆环式评价计划(如在第十二章中描述的360度反馈的过程)[3]可能会更有效。

〔1〕 Alfie Kohn, "Fighting the Tests: Turning Frustration into Action," *Young Children* 56 (March 2001): 19-24.

〔2〕 Jeannine R. Studer and Judith A. Sommers, "The Professional School Counselor and Accountability," *NASSP Bulletin* 84 (April 2000): 93-99.

〔3〕 Karen M. Dyer, "The Power of 360-Degree Feedback," *Educational Leadership* 58 (February 2001): 35-39.

其他非教学人员还包括维修/保管人员、餐厅工作人员、办公室与文书等以及其他为学校获得总体成功作出重要贡献的人员(关于推荐的评价程序请参考第十七和第十九章)。

校长绩效的评价

很多时候,校长说对他们的评价是表面的、不存在的(一种形式上的),或者是以一种非正式反馈的形式报告给督导长和/或董事会成员的。校长可以努力寻求一种评价过程来提供有用的信息,以此为基础可以进行适当的变革。这些变革的目的应该使学校朝着达成其目的方向迈进。这种过程不仅对校长的发展有帮助,还可能弥补在关于校长绩效的非正式反馈中出现的各种问题。最为重要的是,一个有效的评价过程能够强调这位对学校的成功起关键性作用的人物的能力。

最常用的评价过程是根据目标修改过的管理评价。评价结果的报告者与校长共同协商来设定年度的共同目标。平常,测量目标的完成方式都已经确定,并且在每年度预先确定的某个时间会举行一个评价会议来回顾在达成学校目标方面所取得的进步。尽管这个程序是合理的,评价过程的质量却可能很不一样,评价的结果可能在“肤浅”到“非常有用”之间变化很大。校长可能期望为他的评价增加某些维度来使之成为更加明确的指向标。

在教学上的指引是人们对校长最为热切的期望;因此,整个评价过程应该包括领导力这一维度。琼斯(Jones)认为地区领导需要详细说明教学指引活动,给各类人员提出可视的、能达到的目标建议作为良好的开端。[1] 他还提到了课堂观察等各种行为、校长书写的评价报告、结构化的参观的次数与累积性报告的数目之间的联系、各种在职人员研习会,以及教师对校长的教育领导活动的反馈等。某些州还成立了校长领导研究会来对校长工作的评价提供指导方针。美国国家中学校长联合会(the National Associations of Secondary School Principal, NASSP)提供了一些评估与发展方案来帮助校长制定或修正个人职业发展规划。蒂洛兹(Tirozzi)根据美国州际学校领导资格认证协会(the Interstate School Leaders Licensure Consortium, ISLLC)设定的标准中所涉及的处理各种事项的具体能力讨论了校长工作的标准问题。[2] 他建议利用网络来帮助21世纪的学校管理人员提高能力以成为有效的领导者。

既然学区要求的评价体系并不能推动校长业务能力的发展,那么就应该去探索新的维度。阿博特(Abbott)描述了通过让两到四位校长组成一个小组一起工作,然后

---

〔1〕 R. Robert Jones, “How Do You Evaluate Instructional Leadership?” *School Administrator* 48 (February 1991): 39.

〔2〕 Gerald N. Tirozzi, “The Artistry of Leadership,” *Phi Delta Kappan* 82 (February 2001): 434 - 439. 关于此方面的更多信息,可以参考www. ccsso. org/standrds. html 和www. principals. org/training/04. html.

进行同伴评价的方法。[1] 在此过程中,鼓励校长确定在本学年里想要提高的一项或多项能力。然后选择在此方面能力上堪称典范的校长与其在本学年一起工作。在评估之前召开一次会议来确定自身发展的期望值以及获得支持的方法。评估发展的途径包括工作档案、观察、自我反省日志、同伴指导及会议等。参与此项目的校长们报告说,通过新的学习他们的领导能力增强了。随着他们放弃传统的学区评价方式,并且成为愿意与其同行分享知识的冒险者,校长们亲身体会到:管理人员无法领导下属从事他们自己都不敢涉及的工作。

校长可能会期望从学生那里获得他们对校长工作效果的看法的资料。学生们将他看成距离很远、被束缚在办公室里、可望而不可即的一个人吗?或者是一个强制实施者?他们能够说出校长所代表的是什么、他对学生的期望是什么吗?他们觉得他有公平感吗?显然,此类问题根据不同学校的具体情况还可以提出很多。与此相类似的一系列问题可能会很有用:如那些家长和赞助者对校长绩效的看法。

如果评价被当做一种促进发展的工具,那么校长理所当然可以从设计优良的、由督导长执行的绩效评价体系中受益,正如来自同伴群体的互补性评估一样。

对学生进步的评价

当人们试图对学生取得的进步进行有效的评价时会面临许多困难。其中之一就是评价的对象与其说是学生不如说是学生的学习或者进步。这个问题很明显,而且正如在本章前面的内容所提到的,在对其他人工作的评价中也会出现这种情况。另外一个困难是使用不当的或狭隘的评价工具、对评价结果的解释、结果报告程序、或者如我们即将讨论的评价与评价方案的目标之间缺乏联系。借鉴来的标准和熟练程度可能会使整个过程更为复杂。

两个彼此不相干的目的曾经在学校中出现:(1)收集关于学生成绩的信息来促进教学;(2)通过对学生、学校、学区、州及国家相对比的测量方式对结果进行比较和说明。伯恩斯丁格尔(Bonstingl)建议从以往的教学与测试范例向新的持续学习与进步范例发展。[2] 或许校长应该鼓励教师对各次评估之间的变化予以更多的关注。麦克蒂赫(McTighe)提出了以下几条基本的指导方针:

- 制定明确的成绩目标。
- 争取保证结果与成绩的真实性。
- 公布评价标准和成绩标准。
- 提供优秀典范。

---

〔1〕 James E. Abbott, "Sharing Craft Knowledge: The Soul of Principal Peer Assessment," T. H. E. *Journal* 24 (November 1996): 97-100.

〔2〕 John Jay Bonstingl, "Are the Stakes Too High?" *Principal Leadership* 1 (January 2001): 8-14.

- 教学策略明确。
- 利用正在进行中的评估来进行反馈与调整。
- 记载并表彰进步。[1]

对学生评价的思考

为使能协助教师促进学生进步的结构化评价与用来作比较、说明，并能影响学生生活的重要决策的累积性评价保持平衡，执行整个评价过程的人必须对学生的各项成绩进行加权。

评价应该能够帮助学生

校长可以帮助教师们强化利用对学生学习的评价来帮助学生取得持续进步的理念。仅仅记录学生学习成绩的相对优良算不上是一种充分的评价。

只要有可能，就应该让学生知道评价他们的学习与成绩的标准。如果将评价看成是由教师执行来对学生进行排名的一种神秘的仪式，那么我们从评价中会所得甚少，甚至会给我们带来各种损失。教师应该鼓励学生以某种方式来证明他们在朝向既定目标迈进，以及在这方面所取得的进步并且找出他们的优势与需要。

评价应该为纵向研究提供学生的发展记录

大部分对学生评价的结果，是学生在如教师自编测验、标准化测验、成绩评估、观察及师生之间进行的一般性互动当中所取得的分数。在此我们应该提出质疑：这些测量结果作为学生发展的证据有价值吗？它们能够为纵向研究提供充分的资料吗？实际上从许多学生的“成绩”记录当中获得的信息类型，只能用来说明该学生在某学校的学习成绩相对一致这一观点。

评价应该成为教师团体的一个诊断性工具

如果评价的目标已经达到的话，那么不管对学生成绩的评价是长期的还是短期的，它对学生是有价值的。如果设计得当，评价工具能够帮助判别我们所采用的方法，以及所使用的材料的恰当性。从短期来看，评价能够提供一种使个性化教学成为现实的方法。

教师们面临着为能力参差不齐的学生提供积极的学习环境这一挑战。研究特殊儿童教育的各个领域所取得的成果引发了大量的教育实践活动。教育诊断中的技巧

〔1〕 Jay McTighe, “What Happens Between Assessments?” *Educational Leadership* 54 (December 1996/January 1997): 7-11.

与收益通过针对所有学生的适当方案为人们提供了对评价的广度与深度的更深层次的理解。[1] 校长应该为教师个体或团队的发展提供机会并支持他们,使他们能够促进自己的业务能力不断发展、能解释并且在课堂上能够利用各种评价工具以及资料。

评价应该被看成一个改善教-学情境的持续性过程。不管是对学生的还是对教师的评价,评价的结果都只是更大范围内的评价体系中的一个部分。

评价应该提供一种与家长和社区进行交流的途径

家长们坚决要求进行评价并且要求获得评价结果的报告。评价方案必须得出与学生发展及家长所关注的框架相关的信息。

马歇尔——一位市区小学的校长,描述了在帮助所有学生达到严格的标准并且取得优秀成绩过程中所面临的挑战。[2] 校长面临着帮助教师建立新一代的评估体系的挑战,这将会通过为学生及其家长提供频繁的、详细的、真实的反馈来推动教学的持续改善。在学习上取得的进步值得庆祝,取得进步的部门就成为一个团队焦点。

本地学校和学区不断完善成绩报告体系以促进各种标准、成绩基准、等级评定及其描述的调整。尽管委员会为改变成绩单的形式所作出的努力会遭到教师、学生及家长的抵制,校长应该通过增加方法的步骤来继续鼓励对这些改善方法的研究与使用。更应该引起注意的是,应该通过精心准备的符合的陈述,并由专业人员来向社区汇报评价结果。

评价学生学习的工具

应该根据学生给自己的目标及能力来评价他们所取得的进步。此外,应该根据学生所接受的教育方案中的标准与目标来对他们的学习进行评价。应该仔细阐明标准来解释在评价过程中所获得的资料的意义。一项资料表明某学生能够使用与"平均水平"的六年级学生所使用的相类似的方法来运用语法技能,那么它并不能传递什么特别的信息。但是,如果这正是该学生所处的学习情境中合理的成绩标准,那么这些资料就非常有意义了。校长有责任与教师们一起设立详细的目标来达到或超过学校教学方案中所规定的各学习单元或子单元的标准。但除此之外,校长必须帮助教师们将评价过程直接与这些目标联系起来。在设计下列每个评价工具时必须考虑到教学方案的标准。

观察法 观察法得到的资料能够为小学生的进步提供一个基础。其中可以利用某些简单的计数工具。例如,学生主动回答问题的频率是多少?他主动与同伴进行互动的次数是多少?他完成作业与没完成作业的比例是多少?此外,当被记录到学习档案

---

[1] James J. Gallagher, "Accountability for Gifted Students," *Phi Delta Kappan* 79 (June 1998): 739 - 742.
[2] Kim Marshall, "No One Ever Said It Would Be Easy," *Phi Delta Kappan* 78 (December 1996): 307 - 308.

时，进行纵向研究的样本会非常有用。

校长可以利用从课程专家、督导长或专攻此方面技能的顾问等方面获得的资源来帮助教师发展此方面的专业技术。结构化与非结构化的访谈，经常会使人获得有关学生发展方面的重要的启示。

教师自编测验　教师自编测验如果能够加以合理编制会成为非常有用并且有效的诊断性工具。现行的一些为培养教师编制测验能力以及测量法方面能力的项目是非常有价值的。“专业上的支持与对教师的训练作为判别评估改革过程成功与否的关键性因素正在出现。”[1]

标准化测验　标准化测验应该被当成并且只能被当成能够获取学生发展的全面信息的众多方式中的一种。应该谨慎向教师和公众告知标准化测验的局限性与在对这些结果进行解释当中所存在的问题。

通过对学生进行测验来测量学生的学习，在美国教育系统内早已成为一种广为接受的实践方法。在最近 20 年当中，人们针对标准化测验提出了许多批评，如其中存在文化偏见、针对测验所产生的教学上的压力、课程的狭隘性以及过分强调低层次的思维能力等等。德・艾葛斯蒂诺(D'Agostino)指出，尽管成绩测验耗时耗力，但它从没有达到改善学校教学的目的。[2]

常模参照测验　常模参照测验的广泛使用，表明学校的目标受到了测验项目的限制。如果教师只针对测验进行教学并以此来证明他们达到了学校的目标，这就可能会导致教师重复以往的教学方法。当然，如果众多的学生都能够正确地回答所有的测验题目，出题者会倾向于剔除这些测验项目。校长可能会期望根据测验体系所建立的常模来建立自己学校的常模。回顾这些测验与测验的错综复杂性并不是本书所要探讨的内容，我们认为校长必须具备一定的能力与理解力基础来涉足此领域。[3]

标准参照测验　标准参照测验由于与课本内容直接相联系，它与生俱来地存在严重的局限性(如，阅读水平测验与基础性课文相关)。校长必须能够与教师们一起工作来澄清这些评估的目的并且帮助他们合理地解释测验结果。校长还必须知道教师、家长及学生等对学生学习总体评价方案存在各种各样的理解。

成绩评估　成绩评估使教师们有机会回顾教学方案目标，并审视他们在个性化教学中所达到的效果。成绩评估的一个重要特性是它将注意力集中在个体学生在发展及操

〔1〕 Michael B. Kane and Vidhi Khattri, "Assessment Reform (A Work in Progress)," *Phi Delta Kappan* 77 (September 1995): 31.

〔2〕 Jerome V. D'Agostino, "Achievement Testing in American Schools" in *American Education: Yesterday, Today and Tomorrow*, Part Ⅱ, Ninety-Ninth Yearbook of the National Society for the Study of Education, ed. Thomas L. Good (Chicago: University of Chicago Press, 2000), 313 - 337. 此资源对于那些对在过去 150 年中成绩测验发展与缺陷的详细总结特别感兴趣的读者非常有用。

〔3〕 W. James Popham, *Modern Educational Meansurement: Practical Guidelines for Educational Leaders*, 3d ed. (Needham Heights, MA: Allyn & Bacon, 2000).

作熟练性上取得的进步，而不是将学生在这些方面的成绩与其他学生作比较。“成绩评估的目的在于将要求学生从四或五个选项当中选出一个正确的答案的测验训练转向要求学生作出创造性回答的练习，这将使评估者能够作出关于在特定情境下‘学生知道什么并且能做什么’的判断。”[1]通过附有谨慎设定的评分说明的一系列评估，教师能够获得关于每个学生进步的信息，并且这些信息可以直接报告给家长。

这个过程需要一定的时间，但教师们会发现付出这些时间是值得的。使用成绩评估的教师必须明白，校长不会宣称那是需要做的事情并且会希望它有效。另类评估最大的问题在于：那些最容易确认并测量的行为通常不是最重要的。现在有一种趋势，即突然停止使用某项有效的评价计划。任何一项具体的评价计划都不是为了短期的效用而设计的。它们应该有使用上的效度；即，随着应用到课堂内外的其他情境当中，它们应该在长期的基础上测量更复杂的学习过程。

一些涉及成绩评估的本质与有效性的两难抉择并不容易解决，但它们却为校长和全体教师提出了需要思考的问题。[2] 皮尔森等人(Pearson et al.)描述了成绩评估如何与标准而不是与常模相参照或是根据其达到标准的程度来评定学生的学习。

档案评估　档案评估是一种非常流行的基于成绩进行的评估过程，教师和学生要共同参与选择将要被记入档案的“产品”。在一段时间内收集的学习样本及其反映提供了一种可以报告给家长的评价进步的方式。可以根据重要的事件来为每位学生建立档案。档案应该包含在一段时间内的行为样本以供学生、家长和教师回顾。档案并不需要局限于打印成文字的形式。通过使用包括音频和视频在内的媒体工具，学生的行为样本可以被制成电子档案，这样，人们便可轻松浏览学生的成绩以及对他们的评价结果，这些资料还可以存储下来以用于各种目的。

档案会直接影响教师的教学理念及教学实践。它们可以成为证明教师和学生学习进步的工具。档案不仅为教师提供了可以更好地研究学生进步的场所，也为学生提供了在传统测验中所无法得知的关于自己的进步的思考机会。克里弗和福斯特(Kieffer & Faust)提出了档案的多重效果及补充性用途。[3]

这种方法作为一种可提供实际能力证据的途径而获得越来越广泛的使用。将它直接用于测量中学生的某些能力的发展也非常有效。学习样本为教师提供了建立学生成绩基线的一种可资利用的方法，也为学生提供了与期望的结果有关的学习的证明。数字化档案软件可以用来创建学生学习的多媒体档案，并且可将其链接到

[1] Elliot W. Eisner, "The Uses and Limits of Performance Assessment," *Phi Delta Kappan* 80 (May 1999): 659.

[2] P. David Pearson, Lizanne DeStefano, and Georgia E. Garcia, "Ten Dilemmas of Performance Assessment," in *Assessing Reading 1: Theory and Practice*, ed. Colin Harrison and Terry Salinger (New York: Routledge, 1998), 21-49.

[3] Ronald D. Kieffer and Mark A. Faust, "Portfolio Purposes: Teachers Exploring the Relationship between Evaluation and Learning," *Assessing Writing* 3 (1996): 149-172.

成绩标准。[1]

报告评价结果

校长必须将报告评价结果的程序与整个评价体系和评价过程相联系。以下几种与家长就学生的进步进行交流的方式是可行的:“成绩”单、检查表、叙述性评语、家长会、电话会议或者几种方式的结合。

许多教育家将评级体系作为根据班级成绩将学生划分等级的一种途径,这会引起学生及师生之间的焦虑。利用学生的“成绩”对学生进行分类,会使教师只注重学生的负面行为并导致教师寻找给学生打低分的证据。这些结果会导致学生的灰心甚至使他们感到耻辱。“学生并不是竞争性评级的唯一受害者……它也通过歪曲其价值观并最终剥夺他们从提高学生的学习成绩当中所获得的满足感而伤害了教师。”[2]克鲁姆勃塔和耶(Krumboltz & Yeh)也指出,如果我们认为所有学生都能够获得成功,那么教师会受到鼓励并通过采用一系列的方法让学生展示能力,以此来寻找学生的优点与发展,以及达到既定标准的证据。

不管评估采用何种方式进行,校长应该作出计划,这样才能够对每一步进行仔细的监控。我们应该给教师们充分的时间来准备评价报告。如果要召开家长会,由学校安排组织资料的方法,并将它们呈现给家长将会非常有用。如果采用叙述性评语或档案法,对恰当的报告技术的分析是非常有价值的。如果能够分阶段逐步进行,并且能够将评分程序及其有效性呈现给学生、教师和家长,那么成绩评估法将会最为有效。[3] 伊格利(Yeagley)建议可使用现存的某种软件工具来整合并分析所获得的资料。这些工具将会帮助整合从一系列来源当中获得的信息并确认学生学习的模式、目标发展的路径。这些程序还可以作出图或表格,这就可以帮助校长与董事进行交流。[4]

在报告任何评价的结果时,都必须考虑到受众。以家长为例,他们会想知道他们的孩子是否达到了年级水平或者是否做得更好。关于年级等值报告方式的一个警告是:一个三年级学生在数学上达到了6.0的年级等值,我们不能期望他全部做对六年级学生所能平均做对的题目。反之亦然,即使分数可能略微低于年级水平但仍然在正常的范围内。另外一个复杂因素是低年级分数的密集程度高于高年级或中学水平分数;因而,在某阶段,下面的分数会比在另一个阶段上离“平均数”更远。此外,对进步

---

[1] David Niguidula, “Picturing Performance with Digital Portfolios,” *Educational Leadership* 55 (November 1997): 26-29.

[2] John Krumboltz and Christine Yeh, “Competitive Grading Sabotages Good Teaching,” *Phi Delta Kappan* 78 (December 1996): 324.

[3] David Bartz, Suzanne Anderson-Robinson, and Larry Hillman, “Performance Assessment: Make Them Show What They Know,” *Principal* 73 (January 1994): 11-14.

[4] Raymond Yeagley, “Data in Your Hands,” *school Administrator* 58 (April 2001): 12-15.

的报告应该真实地报告给学生、家长或学校。与整体评价方案一样，报告的过程也应该本着帮助学生的意图而不能远离学生。

评价非常敏感

不管从学生的角度还是从家长和教师的角度来看，对学生学习的评价是非常敏感的。校长应该帮助教师处理的一个难题就是评价方案导致学生目标的改变。在此方面，学校方面与家长共同协商非常重要。如果学生将"等级"、"分数"或者其他评价的价值象征作为他的主要目标，如同家长和教师所认为的那样，那会很容易地成为他的主要目标。评估的手段，而不是这名学生的教育的既定目标，就成了教育的最终结果。

韦森(Wesson)指出，所报告的分数与家长的社会经济地位，包括职业、受教育水平、家庭收入以及学校所在地等显著地呈高相关，他称之为"沃尔沃效应"。他认为现在应该重新审视我们对标准化测验的信任，并且探寻更为有效的测量智力与知识的指标，这具有重要的教育、个人及社会价值。[1]

父母期望他们的孩子能够做得很好。他们期望评价方案能够告诉他们自己的孩子做得如何好。校长和教师有义务帮助家长关注每个学生的发展性的进步，而非在等级量表上的位置，因为这可能是相当不公平，甚至是没有意义的。家长们关心评价过程是否公平，他们还关心这些过程的结果对他们孩子的将来意味着什么。

校长和教师必须保持警惕，评价的结果是学生的一个永久的记录，将为预先确定学生的成绩提供基础。

小结

评价是一个复杂的过程，它要求评价者拥有知识、能力和智慧。人们必须能够确认有效的行为，即表明某个特定角色(如，教师、学生、校长)在与学校目的相关的活动中做得很好。校长应该知道所有的当地的学区政策、州立法规以及广为接受的人事评价标准。与此同时，将焦点集中在某些特定行为或结果(如成就测验分数)上，可能会使人忽略这个过程或结果可能给个体或许多其他与成功有关的因素带来的影响。

我们能够获得一系列的个体评估工具来证明学生在真实情境中在某项重要任务上所取得的成绩。对学生学习的评价能够使教育家注意到教育的重要目的：帮助学生学，帮助教师教。作出个体朝向选定目标迈进所需要的责任和整体方案的评价。

对受众如何接受结果保持敏感非常重要。评价过程最好能被认为是指向发展与改善并且与学校目标的实现相关的途径。从这个角度来看待评价能够产生一种积极的态度，并且能够创造各种可能性。

---

〔1〕 Kenneth A. Wesson, "The 'Volvo Effect' — Questioning Standardized Tests," *Young Children* 56 (March 2001): 16-18.

思考题

1. 职权共享如何与评价过程相一致？

2. 标准化运动如何影响对教师和校长的评价？

3. 允许实验和错误与评价方案和责任相容是一种社会风气吗？

4. 请指出提高在评价教师绩效过程中所收集到的资料与信息可信度的方法。

5. 设计一个计划处理在皮克斯顿小姐的案例研究中描述的情境。根据个人教育经历写出一个案例研究。

6. 校长的自我评价的观点与工会评价的观点不一致吗？

7. 树立与维护自尊的观念与拥有高绩效期望不相容吗？如果在整个学年度内都维持自尊,第二种观念不会导致更大的失败吗？

8. 做一次维持学校的包括高风险测验在内的学生评价方案,以为拒绝学生升级或毕业提供充分的基础。

9. 可以采取什么步骤来避免将无意义的评语记入"开放的"人事和学生档案？

10. 指出在执行成绩评估中存在的主要问题。如何看待这些问题？

11. 由州教育部及其他认证机构所采用的评价学校的大部分方式是倾向于鼓励统一化还是个性化？应该鼓励哪一种？

推荐读物

1. Baron, Joan B. and Dennie P. Wolf, eds. *Performance-Based Student Assessment: Challenges and Possibilities*. Chicago: University of Chicago Press, 1996.

2. Bonstingl, John Jay. "Are the Stakes Too High?" *Principal Leadership* 1 (January 2001): 8 - 14.

3. Borich, G. D. *Observation Skills for Effective Teaching*, 3d ed. Upper Saddle River, NJ: Merrill/Prentice Hall 1999.

4. Burke, Kay. *How to Assess Authentic Learning*, 3d. ed. Englewood Cliffs, NJ: Prentice Hall, 1999.

5. Collinson, Vivienne. "Redefining Teacher Excellence." *Theory into Practice* 38 (Winter 1999): 4 - 11.

6. D'Agostino, Jerome V. "Achievement Testing in American Schools." In Thomas L. Good, ed., *American Education: Yesterday, Today, and Tomorrow*. Part Ⅱ, Ninety-Ninth Yearbook of the National Society for the Study of Education, 313 - 337. Chicago: University of Chicago Press, 2000.

7. Darling-Hammond, Linda, and Beverly Falk. "Using Standards and

Assessments to Support Student Learning." *Phi Delta Kappan* 79 (November 1997): 190-199.

8. Farr, Beverly, and Elsie Trumbull. *Assessment Alternatives for Diverse Classrooms*. Norwood, MA: Christopher-Gordon, 1997.

9. Gronlund, Norman E. *Assessment of Student Achievement*, 6th ed. Needham Heights, MA: Allyn & Bacon, 1998.

10. Hebert, Elizabeth A. "Lessons Learned about Student Portfolios." *Phi Delta Kappan* 79 (April 1998): 583-585.

11. Kohn, Alfie. "Fighting the Tests: Turning Frustration into Action." *Young Children* 56 (March 2001): 19-24.

12. Koretz, Daniel, and Laura Hamilton. "Assessment of Students with Disabilities in Kentucky: Inclusion, Student Performance, and Validity." *Educational Evaluation and Policy Analysis* 22 (Fall 2000): 255-272.

13. Linn, Robert L., and Norman E. Gronlund. *Measurement and Assessment in Teaching*, 8th ed. Upper Saddle River, NJ: Merrill/Prentice Hall, 2000.

14. Nitko, Anthony J. *Educational Assessment of Students*, 3d ed. Upper Saddle River, NJ: Merrill/Prentice Hall, 2001.

15. Oosterhor, Albert. *Developing and Using Classroom Assessments*, 2d ed. Upper Saddle River, NJ: Merrill/Prentice Hall, 1999.

16. Popham, W. James. *Modern Educational Measurement: Practical Guidelines for Educational Leaders*, 3d ed. Needham Heights, MA: Allyn & Bacon, 2000.

17. Pratt, Frank. "The Ethical Principal and Teacher Nonretention." *Journal of Personnel Evaluation in Education* 10 (March 1996): 29-36.

18. Sergiovanni, Thomas J. *The Principalship: A Reflective Practice Perspective*, 4th ed. Needham Heights MA: Allyn & Bacon, 2001.

19. Ubben, Gerald, Larry Hughes, and Cynthia Norris. *The Principal, Creative Leadership for Effective Schools*, 4th ed. Needham Heights MA: Allyn & Bacon, 2001.

20. Waintroob, Andrea R. "Remediating and Dismissing the Incompetent Teacher." *School Administrator* 52 (May 1995): 20-24.

21. wiggins, Grant. "Designing Authentic Assessments." *Educational Leadership* 54 (December 1996/January 1997): 18-25.

第十四章 通过教工的开发以改进学习

鉴于科技的迅猛发展、标准化运动的推动以及评估手段的日新月异、社会对教师责任意识的日益关注、教师及学校管理者角色的转变，持续的教工开发已成为所有学校发展的必要基石。教工开发不是简单地在每学年伊始为教工提供一次性的专题研习，或邀请演讲者就某个主题发表一番演讲，然后期望教师们立刻把所学融入日常的教学实践中去；教工开发也不是简单地邀请一些演员表演示范性项目，供教员们观赏并从中借鉴。上述活动可以成为一项极好的教工开发项目的部分内容。然而，要想使这些活动取得长期的效果，教工开发项目应包含更多的内容。笔者认为，一套完整的教工开发项目是一个包含课/校内活动和课/校外活动的综合体。

对综合、有效的教工开发项目进行深入的剖析，我们发现，关键要素之一是来自校长的、对教工开发项目的明示的承诺与实质性的支持。校长在教工开发过程中的作用正在迅速扩大，目前已扩展至包含公开陈述的期望和信心，执行一定的措施和程序以形成教工间合作和学习的学校文化。[1] 此外，校长还肩负着教练的角色，帮助下属扩充知识、提升技能。

在这一过程中，校长面临的挑战包括：(1) 甄选专业且有才能的员工；(2) 培育一种有利于激发和释放才能的学习型团体；(3) 推动那些最终将对学生的成绩产生影响的教工开发项目；(4) 鼓励教师们在解决教育难题时充分发挥创造性；(5) 创造各种合作的机会；(6) 对于那些合作制定并实施旨在提升学生成绩的计划的教师，给予专注、热诚和人性化的关怀，并提供必要的资源。

教工开发项目应包含一系列来自学校的有利于员工个体和职业发展的活动和努力。正是基于这些活动和努力，教工才有可能做得更好，对工作和学校才更为满意。同时，教工开发项目还包含学校的各项旨在提升教员间合作和忠诚的努力，以帮助学校树立良好的形象。

行之有效的教工开发项目的首要前提是规范的人事管理体系，在该体系下进行与之相适应的人员招聘、甄选以及安置

[注] 本章经教育学 Donald S. Kachur 博士修订。

[1] Rick DuFour, "In the Right Context", *Journal of Staff Development* 22 (Winter 2001): 14.

活动，从而使校长和教师们都能真正融入学校这一大组织内。有效的教工开发项目还包括与学校目标相一致的各项管理/督导活动、人事政策以及发展的机会等。

开发需求分析：概观

校长不论是试用重组教工队伍抑或更多时候他本人作为现有教工队伍中唯一的新成员时，都需要从整体上把握教工队伍。他们首先需要获得以下方面的信息：

1. 教育水平——教工们学位持有情况如何？分布于哪些专业、获得过哪些资格认证？毕业院校的构成情况如何？哪些指标能够反映当前的职业发展情况？近五年内提供过哪些在职或教工开发培训，效果如何？在选择在职培训项目时，使用过哪些需要数据或决策模式？

2. 经验背景——教工们在当前年级及学科领域中执教的时间是多少？是否一直服务于同一所学校/系统？教工中绝大多数是否一直居住在该社区，还是来自其他社区？如果教工来自其他社区，他们又分别服务于哪些类型的学校或教育系统？目前可获得的、关于过去工作的评估报告有哪些，呈现出怎样的特点？教工们除从事教育工作外，是否还有其他工作经历？他们在社区或学校工作期间担任过哪些领导职务？

3. 需求沟通——在一个相对开放的环境中，需求沟通是多途径的。作为一校之长，他必须密切关注：教工们对“最近怎么样？”这一高提问频率的问题的回答；教工们对教工开发项目评估报告的反馈，对需求评估的反馈；教工们的各项寻求支持的请求以及在管理大会上的发言等。

4. 合作的程度——目前校内有哪些跨学科和跨年级的合作？问题解决的程序如何？进行过哪方面的意见沟通？时间如何分配？学校提供的决策分享的机会有哪些？

5. 资源——目前，为了给教工提供发展的机会，已利用过哪些资源？联邦的、州的或是当地的教育机构？专业社团、营利性组织、社区组织或是基金会？

6. 数据的获取与分析——学生成绩的评估数据反映了什么？反映出怎样的需求特征？哪些需求已为学校所觉察？

以上信息有助于校长对现状进行一定程度的把握：当前学校的优势和存在的不足。这也为减员或增员时的人事选拔提供了确切的依据。同时，通过对这些信息的分析，校长们还可以进行职务调整，以便更好地利用教工的专业技能和兴趣。当然，这种分析，正如前面所提到的，只是一个初步的、低级的分析。

需求分析必须全面、持续才能保持有效。全面的需求评估还必须考察其他重要的方面，包括：课堂观察、自我评估、同事评估、学生及家长的反馈、科研成果，以及对教师个体的目标计划的评估。同时，还必须对学生成绩进行汇总、分析和解释。此项工作应由任课教师及其他教工共同承担。与所有信息系统一样，数据必须及时更新，否则对将来有着重要影响的各项决策就只能基于过时信息的基础之上作出了。信息每年至少更新一次，且格式应易于提取和解释。

教工的甄选

教工开发工作的内容之一就是甄选员工(用于补缺或增员)。和其他系统一样，学校的人事系统亦是牵一发而动全身。每次老员工离职或新员工入职都会对学校整体产生影响。重要的人事职责是校长工作中最富挑战性的一环。通常情况下，校长对人事决策应该拥有决定权，但在有些学校，教师的甄选并不在校长的工作职责内。人员的甄选不只是校长们的特权，但也不应从校长的职责中完全脱离出来。校长和所有教工们应在共享信息(诸如教工档案、能力需求以及学校改进或复兴的长期计划)的基础上，共同投入到甄选工作中来。同样面试选拔工作也应经过精心的策划，由校长、相关工作人员，以及核心管理层的相关人士共同参加。

显然，人员选拔没有预测效标，因此，选拔工作就可能成为最令校长们棘手的工作之一。目前，校长们通常利用从固定渠道获取的信息来预测应聘者职业成功的可能性，例如，过去工作的记录，获取的途径包括：个体的就业档案，或直接咨询其以前的同事等。绝大多数情况下，明智的做法是除了书面评价外，再辅以电话询问或面谈，尤其是当书面评价模棱两可或有明显遗漏时。个体所提供的证明文件中很少包含真正的负面信息，因此，校长们必须对这些文件进行严格和仔细的审核。

证明文件包含对应聘者的教学以及其他各类教学实践的评估报告。校长们应着重审查如下内容：应聘者执教学校的类型、教龄、任教年级以及受训机构的评级政策(如提供)。切记要筛选出那些来自只给予“及格”和“不及格”或“成功”和“失败”两种等级的学校的应聘者。这种情况确实存在：有些教育机构给几乎所有的师范生都评“A”，仅给为数极少的差生评“B”。此外，校长们还应对应聘者所提供的关于任教年级、科目以及不良记录等证明文件本身的可信程度进行审查。

课堂观察(如果可行)将给校长们提供关于应聘者的有价值的信息。这一点无论对于初出茅庐的新教师或是经验丰富的老教师均是如此。进行课堂观察，需要事先取得应聘者及其上级的首肯，并履行必要的程序。授课的录像能够让校长们了解到一些应聘者的“最佳”教学状态。

完整的证明文件还包括：结构化面试记录、标准化测验(例如，全国教师考试)的成绩、机构/州举办的能力测试的成绩、相关科目的学分以及其他相关资料等。

面试时，校长们最为关注“热诚”和“沟通力”两项特征。普莱斯和德雷克(Place & Drake)对伊利诺伊州和俄亥俄州的校长们的研究证实了这一论断。[1] 当被问及这两项特征的具体评价指标时，校长们回答说，并没有统一的标准或评价指标体系。评

〔1〕 William Place and Thelbert L. Drake, “The Priorities of Elementary and Secondary Principals for the Criteria Used in the Teacher Selection Process”, *Journal of School Leadership* 4(January 1994): 87 - 93.

价"热诚"时，最常提及的评价指标有"肢体语言和动作"、"富有激情的谈话"以及"声音"。在关于"热诚"的162条评价中，这三项就占到了56条，即总数的35%。评价"沟通力"时，校长们最常采用的评价指标有"问题回答的质量"、"文字材料"以及"语法"等，约占总评价数的33%。显然，"热诚"和"沟通力"的构成指标是非常广泛的，这也反映出开展教工开发工作的重要性。

无论候选人来自校内或校外，校长们都必须将人员选拔作为一个积极主动的过程来考虑。校长们应参与到空缺职位的信息发布中来，确保信息中包含学校发展所需的特定能力以及要求。同样，其他的教工们也都应该积极参与到选拔过程中来，从而为新员工的成功入职承担相应的责任。

教工档案对教工开发的指导作用

1942～1972年间，美国教育界面临着史无前例的人员扩招。同时，由于社会对新教师的持续不断的需求，维持一支人员充足的专职教师队伍变得非常困难。当时，教育工作的重心在于赋予在职教工更多的经验，使之趋向成熟，同时提供更多在职培训的机会，以弥补快餐式职前教育的先天不足。然而，当时在职教育课程常常也是临时性的"拾遗补缺"工作，只能勉强维持教工的基本教学技能。

20世纪70年代中期开始到80年代初，除科学、数学、工业技术以及特殊教育行业外，几乎所有的领域都出现了师资的过剩。从业人员的富余、招生规模的缩减、市场为两性提供的就业机会的减少，以及教育与其他行业薪资差距的日益拉大等，共同导致了师范教育规模的缩减。许多师范院校的毕业生数还不及70年代的一半。当今的美国正再次经历师资的匮乏。随着招生规模的扩张、退休人员的增加以及相关政策(例如，缩小班级规模)的出台，社会对教师的需求正在迅速扩张。目前，社会对师资短缺问题较为关注，因为就现在的情况来看，教育从业人员的增长速度还赶不上师资需求的增长速度。

在美国的许多地区，尤其是人口相对稳定的中型城市，教师的平均年龄在45～50岁之间。新兴的工业区和就业机会相对饱和的大型城市除外。这加剧了一些学校中师资分布的双峰现象，即主要由两大群体构成：资历尚浅的新教师，以及教龄长、经验丰富、几近退休的老教师。新老教师教龄的巨大差异导致其职业发展需求的差异。这就要求我们重新思考在职教育的传统定义。

许多人为"教育老龄化"扼腕叹息。然而，师资年轻并不意味着一定有活力。事实上，成熟的教工队伍拥有更多的优势。相对成熟的教师与专业机构的联系更为密切，对专业更为执著，政治上也更活跃。同时，他们与社区的关系也更为密切。他们对年轻人的行为有着更敏锐的洞察力，因而常常是学生们求助和咨询的对象。资深的教师能有效降低纪律问题发生的频率，从而带来学校的稳定。同时，在研究和制定旨在提升学生成绩的学校改进计划和发展战略的过程中，他们也最有可能成为带头人。

在职教育与教工开发

与"教师成长与发展"密切相关，并且可相互替换的术语包括："在职教育"、"教工开发"以及"职业发展"。出于多方面的原因，"在职教育"一词会引发多重反应。许多人的负面反应可能是源于过去的一些负性的经历——参加了与自身需求无关或相关甚微的在职培训。对许多人来说，在职教育就是一次性的、被动的听取专家们就特定主题所发表的演讲。传统的在职培训如果：(1) 与受训者的需求无关；(2) 与学校/系统的总体目标无关；(3) 规划时没有受训者的共同参与；(4) 内容无针对性；(5) 无助于个体更加清晰地认识自身及职业目标，就有可能是失败的。

在职培训/教育

在职培训/教育有助于教工们了解法律的最近进展、法律法规、法定的程序，以及突发事件的最新发展。关于后者的培训包括：心肺复苏手术(CPR)的培训、院内感染(血源性病原体)应急处理培训等。其他在职培训项目还包括：学校突发事件管理方案的实施演示，以及新安全系统的操作演示等。

在职培训项目或相对独立，或有明确针对性，或对全员普遍有益。它们中有些可能成为大型教工开发项目的组成部分。

教工开发与职业发展

"教工开发"与"职业发展"的概念更加难以界定。目前，业界对之有着多种界定。[1] 然而，无论业界对其如何界定，教师、校长以及其他教育工作者们在职业生涯过程中都必须不断地学习与工作相关的知识和技能。

在职业发展中，一个关键的环节就是规划(姑且不论其定义)。一项行之有效的教工开发项目是感知到的需求的衍生物。显然，需求的感知者可以使组织中任一级别的员工，但作为教工开发项目的主要受益者，受训教工必须同样感知到这些需求，否则项目就有可能失败。

教工开发不应被视做仅仅是一项服务专业教师、学校甚至教育大系统的正式的、规划良好的培训项目。因为这种看法将教工开发与学生发展分离开来，似乎前者与提升学生的学习并无关联。教工开发应该成为学校日常运作中不可分割的一部分。教工开发项目的规划应与学校系统改进/复兴目标、学生成绩以及教师评估项目联系起

---

[1] Laura Robb, *Redefining Staff Development. A Collaborative Model for Teachers and Administrators* (Westport, CT: Heinemann, 2000), 14; Dennis Sparks and Joan Richardson, *What is Staff Development Anyway?* (Oxford, OH: National Staff Development Council, 1997), 3.

来，直接受其影响。

每个学校都有自己的特色和需求，作为其成员的教工亦是如此。因此，校长在指导规划教工开发项目或对项目建议作出反馈时，必须充分考虑到个体差异。校长们不能将教工开发项目的规划和实施假手他人，尽管这些机构的帮助常常是非常有价值的。教工开发是广大教工的责任，同样也是校长们的责任。

对教工开发趋势的感知

随着对教工开发项目有效构成因子的研究的发展，教工开发也在经历一个不断变化的时期。作为教工开发项目的负责人——校长必须了解教育界的发展趋势、拥有的各项资源以及发展的契机。国家教工开发委员会（the National Staff Development Council）是致力于创新和变革，力求创造一种更为现代化、高效的教工开发模式的知名机构之一。自 1969 年创立后，该委员会已成功地为教育工作者提供了实施高质量的职业发展项目所需的工具和知识储备，以支持学生的高层次学习。[1]

当前教育界标准众多，有针对学生学习的课程标准、教学标准以及教学指导标准等。教工开发项目也有自己的评价标准。国家教工开发委员会设立了国家级评价标准，从而为学校、地区以及州选择高效的教工开发项目提供指导。标准具体分为初级、中级和高级教育三个水平。这些标准有助于决策者们了解项目的选择、学习过程，以及实施有效的教工开发项目所需的组织架构等。[2]

教工开发当前的一个重心就是确立职业发展项目与学生成绩之间的关系。这似乎已成为立法者及其他决策者（教育项目的出资方）最为关注的内容。通常所说的“受训者中心的职业发展”[3]或“基于结果的教工开发”，[4]强调的都是教师学习应该与学生学习联系起来。因此，选择教工开发项目，应考虑：

- 通过实施教工开发项目，使学生的成绩达到怎样的水平？
- 为了达到预期的目标，教师们需要具备哪些知识储备和教学技能？
- 哪些教工开发项目能够使学生的成绩达到期望的水平？

对结果的关注带来了工作的新重点：对因开展教工开发活动而带来的学生成绩的提高，进行量化的评估。

“高效的教工开发项目”指长期的、与地区以及学校目标相一致的、受训教师积极参与并主动运用所学（新知识和技能）的教工开发活动。为了帮助学校更好地设计和

〔1〕 可以登陆www.nsdc.org或拨打 800/727－7288 获得国家教工开发委员会有关信息.

〔2〕 *Standards for Staff Development*, Elementary School ed./Middle School ed./ High School ed.（Oxford, OH: National Staff Development Council, 1995）.

〔3〕 Willis D. Hawley and Linda Valli, “Learner-Centered Professional Development.” *Research Bulletin*（Phi Delta Kappa International）No. 27（August 2000）7.

〔4〕 Joellen Killion, *What Works in the Middle: Results-Based Staff Development*（Oxford, OH: National Staff Development Council, 2000）.

运作职业发展项目，美国教育部（the U. S. Department of Education，ED）出台了“一揽子方案”。[1] 该方案由国家教育部偕同美国北部中心地区教研室（North Central Regional Educational Laboratory，NCREL）以及中陆地区教研室（Mid-Continental Regional Educational Laboratory，McREL）（两机构均由联邦政府资助）共同开发，借鉴了教育部评选的职业发展示范项目的经验。“一揽子方案”易于掌握和实施，从项目实施的全过程（设计-实施-评估-改进）为校长们提供指导。

新的教工开发观认为，教师在校工作的每时每刻都在学习。他们的学习蕴藏在日常工作中。当他们尝试更好地理解自身工作与学生成绩间的关系时，学习亦即发生。[2] 这也意味着学校必须提供机会，让教师们与同级、同专业或同校的教工进行交流和沟通：他们需要就常规性指导方法进行学习和分享，从而确保高质量的指导工作在更大程度上得到普及；他们需要参加各项有益的活动，例如同级指导、行为研究、小组研讨以及课程开发等。同时，还必须给予教师们机会，让其观摩新教育方法的演示，进行实践；同时，在日常工作中，还必须给予他们机会，适时地运用新方法，并看到新方法所带来的实际效果。[3]

科技已成为教工开发中的主要环节。要想使教师们在工作中能够有效地运用高科技手段，对教工开发项目进行合理的设计是关键。校长们必须倡导使用高科技手段。通过运用高科技手段，帮助教师提升学生的成绩，强化既定的学科目标。同时，帮助教师和学生掌握高科技手段，以支持教与学的过程。[4] 与其他教工开发项目一样，旨在提升科技运用水平的职业发展项目必须与学生的学习相结合，提供实践的机会，让教师们在进行课程管理和日常工作中能加以应用；同时，项目还必须是持续的而非一次性的。

国家职业教育标准委员会（the National Board for Professional Teaching Standards，NBPTS）举办的国家注册教师委员会项目（the National Board Certified Teachers Program）为教工开发活动另辟蹊径。NBPTS 的认证是识别和界定优秀教育工作的途径之一。要想获得 NBPTS 的认证，教师必须展示以下能力：在各种情境下，对学生的兴趣点作出正确的专业判断，并据此判断进而采取行之有效的行动。校长可以邀请校内获得过 NBPTS 认证的教师参与其他教师的职业发展活动。教师学

---

[1] North Central Regional Educational Laboratory, *Professional Development: Learning from the Best. A Toolkit for Schools and Districts Based on the National Awards Program for Model Professional Development*. Accessible by contacting www.ncrel.org/pd.toolkit.htm.

[2] National Partnership for Excellence and Accountability in Teaching, *Revisioning Professional Development: What Learner-Centered Professional Development Looks Like*. (Oxford, OH: National School Development Council, 1999), 2.

[3] Willis D. Hawley and Linda Valli. "Learner-Centered Professional Development." *Research Bulletin*, (Phi Delta Kappa International) No. 27 (August 2000): 8.

[4] The Pathways to School Improvement Internet site (www.ncrel.org/pathways.htm) includes a recent Critical Issue document, *Providing Professional Development for Effective Technology Use*.

习的很大一部分是在与同事的交流中完成的。[1]

关于有效的教工开发项目的研究正在改变着传统的教工开发的习惯做法。表14.1展示了教工开发观从传统向现代的转变。

表14.1 教工开发之传统观与现代观

传统观	现代观
目标：满足区域要求	目标：学校改进和个体职业发展的需要
以学科(课程)为重点	以学生成绩为重点
个体的职业发展与学校的改进无甚关联	个体的职业发展与学校的改进关联密切
与管理过程分离	与管理过程紧密联系
由管理层决定	由校长和教师共同参与项目的策划
无规划、非系统	经过长远规划、系统
1～2天的课程	持续的系统学习
通用型	立足个体
与教学脱钩	与教学关联密切
专家授课/讲座	互动式的活动和问题解决
大团队活动	小团队活动，或个体活动
被动；填鸭式的	主动；提倡对行为进行思考
培训	培训、实践、提供反馈
后续追踪无/少	经常性的指导和支持
受训者满意度	投资收益(对学生成绩的影响)
费用/支出	投资

教工开发的形式

参加课程班或研讨会，以之作为职业发展的主要手段，对于学校的改进是大有裨益的。虽然上述的开发活动具有一定的价值，代表了一套完整的教工开发项目的一个方面，它们却并非实现组织目标的唯一手段。

此外，还有许多其他的开发形式。这些形式中有些更加灵活，常常伴随工作发生或与工作关联密切，同样对教工们产生着广泛的影响。本节中将列举其中的一部分供读者参考：

- 师范院校的课程。
- 同级教师、学校管理者、社区资深人士以及某领域内专家的演示。

[1] 可以登陆www.nbpts.org/nbct program.html查找国家职业教育标准委员会的国家注册教师委员会项目。

● 在线指导(通过互联网、局域网或光盘进行)。
● 与专业领域内的其他从业人员或专家进行电话会议。
● 利用州/国家数据库提供的信息网络、布告牌或计算机对话。
● 聘请顾问。
● 同事互助指导以及教学事件分析。
● 与领域内的其他教师或专家进行沟通和交流。
● 同事间教学观摩。
● 教职轮换。
● 参观、学习教育系统内的品牌项目/课程,或访问国内外的其他学校或机构。
● 修学团或工作组。
● 调查组,数据分析组。
● 行为研究和实验研究。
● 回忆录或日志。
● 学科发展研讨会。
● 课程委员会。
● 专业委员会(例如,为残障学生提供专业师资的委员会)。
● 校内委员会项目指导。
● 师范生教学指导。
● 接入当地、州或国家的教师信息中心。
● 校外融资提案的开发与实施。
● 关于大学教师职前培训项目的评论。
● 校内外或校区内外评论审查组。
● 参与企业、学校或社区举办的与提升学生学习/学校风貌直接相关的活动。
● 阅读期刊、教育类杂志或书籍。
● 视听材料。
● 出版教育论文或书籍,开设教育专栏。

校长和教工们可采纳并启动各类有着重要意义的教工开发项目。以上所列仅为其中的一小部分内容。其他开发项目,例如教育旅行、夏令营、学位课程等的价值都已得到了证实。

在开发在职培训项目时,校长们不仅应考虑教师的需求,还应充分考虑自身的培训需求。根据国家教工开发委员会的报告:"提升国内十万余名校长们的知识和技能最直接的效果就是学生成绩的提高。"[1]此外,在他们的帮助下,其他辅助人员,包括

〔1〕 Dennis Sparks and Stephanie Hirsch. *Learning to Lead*, *Leading to Learn* (Oxford, OH: National Staff Development Council, 2000), 1.

学校的心理咨询师、社工、语言治疗学家、辅导员以及其他无需资格认证的教辅人员，如秘书、文员、食堂/宿舍的管理员等，也将从在职培训中获益。

大学在职业发展中的作用

延续了数十年的与高校合作举办教工开发活动的传统，无论对于中小学校本身，还是高等教育机构均是有益的。为了满足教工开发的多层次、多方面的需要，高校开发出相应的反馈系统。例如，在理想状态下，反馈系统会对其员工的专业需求进行评估。根据评估的结果，学校会通过就近高校内的教育学院或继续教育办公室与该高校取得联系，举办专题讨论会或开设相关课程，以满足教工们的培训需求。

大学提供的网络链接和在线课程也为互动式教学和问题解决提供了可能。例如，当遇到难题时，由教师和管理者组成的攻坚小组会决定采用惯用的做法来解决这一问题：他们会与某高校取得联系，组建专门项目组，以便充分利用学校的专业资源，找到解决问题的有效途径。在美国的一些州，高校强强联手，资源整合，以帮助当地的学校解决棘手的问题。例如，美国一些地区的大学合资创立了专项委员会或教育中心。这些合作机构为教工的职业发展提供了更为广阔的契机。

专业发展学校和中心/学会

教工/职业开发的渠道尚有很多，例如，专业发展学校(PDSs)。专业发展学校与大学或其他专业发展学校合作，可以是小学、初级或高级中学，通常不受地域的限制。专业发展学校的主要目标之一是营造一种学习的氛围，使理论、科研和实践得到最佳的组合。在专业发展学校，职前和在职人员的本科及研究生课程都是现场进行的。许多专业发展学校与霍姆斯(Holmes)伙伴建立了联系。霍姆斯伙伴是一所集大学、学院、社区机构、国家专业组织于一体的网络系统，集各方的合力，共同打造高质量的专业发展教育。[1]

一些地区设立的教师中心或学会，也提供了一些专业发展培训。这些机构的设立旨在为教育从业人员提供机会，帮助其获取有益学校整体提升的管理和课程设置等方面的信息和资源。这些中心和学会的资助方通常包括：所属的学校系统、专业组织、国家教育部、大学以及基金会和公司的特别赠予。它们提供的服务包括：培训课、在线教育、专业指导、热点行为研究以及网络教学。

校长中心和学会

校长需要在个体和职业两方面不断成长。他们必须为自身的职业发展设立目标

〔1〕 可以登陆www.holmespartnership.org或拨打614/688-3592联系霍姆斯伙伴。

和方向。与教师一样，他们必须对自身的职业发展进行长期的规划，使之与日常工作紧密结合起来，致力于提升学生成绩，提倡反思，且必须不断创新和发掘与同事合作、讨论以及解决问题的机会。

校长中心和学会为在职并且富有进取心的校长们提供了与同僚一起探索和思考当前学校和管理中遇到的问题的机会。活动的形式是多样的，包括会议、论坛、研修组、工作室，同时还提供资金以帮助校长们实践自己独创的思想。目前，国家、州以及地区都设立有中心或学会，甚至有些城市内也设立了中心和学会。这些中心和学会的共同点就是：提供机会，让校长们从同事那里获得支持，联络友谊，反思过去。这些中心和学会的资金通常来自州政府的拨款、会员费、基金会和公司的联合资助、各方的赠予等。许多校长中心都与国际校长中心系统（the International Network of Principal's Centers）建立了联系。国家校长中心系统是由哈佛教育研究院（the Harvard Graduate School of Education）发起的，它的会员可与世界各地的教育学家们取得联系，共同探讨和决定教学和学校管理中的最佳实践。[1]

管理和教工开发

"管理"一词的含义颇为广泛，因此"'管理'是否是教工开发过程的一部分？"的命题总会引发一定的争议：可以指总体的视察和控制、处理、评估、承担责任，以及其他所有与校长对学校的日常管理有关的活动。

鉴于上述原因，在将管理作为教工开发过程的一部分来讨论时，我们暂且用"教学管理"一词来替代之。"教学管理"一词有着更深层次的含义：它描述的是一个过程，在该过程中，校长与教师们通力合作，共同致力于学校的主要目标（高于教学）的实现。校长在教学管理中所起的作用，就是将管理工作分解到与教职员工合作改进教学工作的各项努力中。这样的管理必然与领导和教工职业发展相连，共存于学习的氛围中。

即使为"教学管理"作了如此具体且明确的定义，我们依然发现，在教学管理过程中总是必然地存在着矛盾和冲突。例如：

1. 校长能否将管理工作与评价过程分离开来？

2. 在教学管理过程中，校长是否一定要表现出他在所有科目的教学上都比专业任课教师更加博识？

3. 在管理过程中，校长与学校核心管理层之间如何协调分工？

4. 校长是否有时间承担教学管理的主要职责？

管理与教学

教学管理不止是检查。在管理过程中，校长与教工之间是教授与学习的关系：校

---

〔1〕 可以登陆www.gseweb.harvard.edu/principals/about/international.htm或拨打该中心热线617/495-9812。

长为教工们提供资源、支持和引导，培育合作的问题解决模式，以实现主要的教学目标。因此，从这一点来看，管理和评价是无法分割的。

管理评价是一个合作帮助员工成长的过程，旨在帮助教职员工更为有效地完成手头的工作。校长的管理工作的内容之一是人力资源管理，这是因为：如果员工持续成长且富有成就感，他就会对工作和生活更加满意，工作的动机也就会更加强烈。

对于校长来说，教学管理与总结性评价同等重要。然而，教学管理要想取得成功，必须与评价区分开来。过去，管理总是意味着检查和评估。例如，对某项工作提出要求，提供方法，然后检查工作的实际完成情况。现在，与受过良好教育的专业人士的合作使我们意识到，与以往的胡萝卜加大棒相比，职业激励和良好的合作往往能带来更好的效果。事实上，胡萝卜加大棒的做法往往会适得其反。

管理必须尽可能让被管理者感到轻松、没有威胁。作为学校的指定领导者——校长肩负着鼓励教学改革、增加有利于提升教学效果的活动的责任。从该意义上来说，校长的作用是激励、启发和倡导变革。与以往直接发号施令的做法不同，校长应该以同事和朋友的身份，与教师们就如何提高教学效果进行磋商，开展头脑风暴，进行思想交流，讨论备选方案，汇总并分析相关领域的统计数据。校长要主动识别教工的需要并适时提供相应的资源；要避免基于其在组织行政阶梯中的权威地位，作出判断或评论。同时，当学生受到伤害时，校长必须挺身而出，果断地采取行动。

以下所列原则有助于提高教学管理工作的有效性：

1. 在沟通顺畅的情境下，教师能够毫无拘束地与校长分享思想，提供反馈，或提出异议，而不担心伤害对方的情感而遭致报复。

2. 校长和教工们普遍感受到：他们在解决问题的过程中建立的是一种专业合作和共同学习的关系。

3. 校长和教工们普遍意识到：专家是运用知识和经验的结果；行政职务本身并不能使校长成为专家。

4. 教工们认识到，校长们认可且尊重他们的个人价值，关心他们的个体及职业生涯的发展。

5. 通过校长积极、有效的反馈，教工的职业能力获得认可。

6. 基于个体间的巨大差异，不存在放之四海而皆准的统一的教学模式。教育是一项具有风险的事业，教育试验的失败并不是能力匮乏的表现。

7. 教工们在专业领域内感到自由，可以毫无顾虑地在教育模式方面进行实验并向多方专业人士寻求帮助。

8. 存在这样的共识：教育是一项集理智和情感于一身的工作。与对教学过程的探讨相比，对情感和人际关系的探讨具有同等重要的地位。

9. 管理的完善应视做正常的发展过程的一部分，而非纠偏。

10. 在教工中发展和谐的同事关系是个体成长的良好契机。

作为专家的校长

“因为校长对教学管理工作负有行政责任，因此他在学校生活的所有领域都必须是专家。”这种想法是大错特错的。除了与普通教工一样的专业职能、提供激励和支持外，校长的管理职能还包括发展教学团队。学校不应只是多个独立的班级的组合；它的员工必须首先认同学校的整体目标，而后致力于担负起相应的责任——把个体的学科目标与学校的整体目标结合起来。校长的职责就在于帮助教师们协调教学工作与学校的整体目标之间的关系，将自身的工作视做学校大事业的一个部分。

校长表现出的专业素养能够帮助其获得被管理者更多的支持。这些专业素养包括更为全面的技术、人文以及概念等方面的知识和技能。其中包括：

- 激励教师改进教学，富有创造力，从而成为一个团结的工作大家庭的一员。
- 将学校放入当地、州以及全国的大教育事业中来考察的能力。
- 齐集大量的资源和技术，改善教-学环境。
- 与社区以及管理机构合作，为教师和学校争取必要的支持。
- 激发学生的合作精神，使之真正融入高效且有建设性的学习型组织中来。

管理：校长和核心管理机构

鉴于当前的趋势是以学校作为变革决策的主体，校长们发现，利用核心管理机构在学科以及年级教学方面的专业技能有益于决策的推行。谓之结构重组、分权或基于学校的管理也罢，教学机构与核心管理机构的关系正随着“学校决策者”概念的日趋成熟而历经变化。过去的管理机构是命令的发布和传递者，而今已俨然成为学校改进活动的推波助澜者。

管理者中绝大多数仍然是教师，而非行政人员。总体而言，校长是学校的管理者，同时也接受任命、就校内进行的所有活动（包括教学管理）对上级管理者及董事会负责。因此，校长的职责之一就是从核心管理机构那里获取资源和支持，从而为学校的教工们提供服务。核心管理机构是教育团队的一分子，他们通常既不控制，也不直接参与管理；他们的工作是通过校长办公室来完成的。理想状态下，他们应该与校长以及所有教职员工们通力合作，共同制定学校的内部政策、行为的模式和程序，以便最大程度地利用所有可用的资源。因此，校长的专业就体现在调动核心管理者的积极性，使之共同服务于学校的改进工作等方面。

教工开发项目的评估

当前教工开发项目评估的重心之一在于该项目对学生、教育者、学校以及整个教育体系所产生的影响。教工开发项目的评估不仅仅是测量受训教师的满意度，当前，评估的重点已转移至教-学工作的实际改善。因项目的实施而对学生成绩所产生的影响,为评估教工开发项目的价值和影响提供了客观全面的信息。

全面的教工开发项目无论包含多少不同的活动,它说到底还是一个项目。校长们可参照第十二和十三章中介绍的方法对之进行评估。综合的评估项目包含的方面是广泛的,因此功能也是多样的。诱骗不满教师继续供职的做法常常也可以产生预期的效果,但从长远角度来看,对学校的发展是有害的。

小结

在学习型组织中,校长的示范作用在教工开发项目的实施过程中(从规划到评估)体现得淋漓尽致。鉴于学校和社会的变化日新月异,持续的学习就显得极为重要。规范一项系统的教工开发项目,对于教育从业人士来说是一次绝好的学习机会,有助于个体的成长以及教学能力的提升。

校长在推进有效的教工开发项目中起着重要的作用。需要提出的是,校长们必须:

- 致力于支持持续学习;
- 营造一种支持职业发展的学校氛围;
- 让教师参与到对自身学习需求的分析过程中来,参与到对教工开发过程的选择中来;
- 提出建议,提供反馈、示范,对突出行为进行褒奖;
- 提供机会,让教工们与系统内外的其他教工交流思想,分享经验和心得;
- 加大工作力度,通过开展教工开发活动,使教与学的过程紧密结合起来。

思考题

1. 你所在的学校要开设教工开发项目。你认为,有效的教工开发项目是怎样的?在规划和实施有效的教工开发项目的过程中,你个人可做哪些工作?

2. 举例说明,新教师和经验丰富的老教师在职业发展需求上存在哪些差异?如何通过教工开发活动使这些需求在最大程度上得到满足?

3. 对比国家教工开发委员会制定的教工开发评估标准,分析你所在的学校/系统的教工开发项目的执行情况。

4. 列举出一些美国教育部评选的职业发展示范项目。对这些项目的内容及实施过程进行考察,分析其对学生学习所产生的影响。

5. 搜索你所在地区的校长中心或学会。考虑参加其所举办的某项教工开发项目。

6. 回顾你所在学校的改进计划、科技计划以及其他计划性文件,并分析学校的教工开发方案是如何与这些计划相结合的。

7. 根据领域内专家的观点，判断教工发展、职业发展（如我们刚刚开始理解）与在职教育（如我们已经熟知）之间的区别。

8. 检查教工发展课程的评估形式。它们能够提供判断与学校目标相关的学习有效与否的恰当数据吗？你取得了哪些进步？

9. 有些人主张管理、监督和评估的目的是校长永远也不能成为与教师们共同工作以改进教和学的“团队”中的一分子。请予以讨论。

推荐读物

1. Bailey, Gerald, and Dan Lumley. *Staff Development in Technology. Bloomington*, IN: National Education Service, 1997.

2. Glickman, C. D., S. P. Gordon, and J. M. Ross-Gordon. *Supervision of Instruction: A Developmental Approach*, 4th ed. Needham Heights, MA: Allyn & Bacon, 1998.

3. Guskey, Thomas R. *Evaluating Professional Development*. Thousand Oaks, CA: Corwin, 1999.

4. Hawley, W. D., and L. Valli. The Essentials of Effective Professional Development: A New Consensus. In G. Sykes and L. Darling-Hammond, (eds.) *Handbook of Teaching and Policy*. New York: Teachers College Press, 1999.

5. Joyce, Bruce, and Beverly Showers. *Student Achievement through Staff Development: Fundamentals of School Renewal*, 2d ed. New York: Longman, 1995.

6. Koehler, Mike, and Connie Kalback. *Administrator's Staff Development Activities Kit: Ready-to-Use Techniques and Materials for Training, Supervision and Evaluation*. Center for Applied Research. Columbus, OH: Prentice Hall, 2000.

7. Loucks-Horsley, Susan, Peter Hewson, Nancy Love, Katherine Stiles, Susan Mumme, Cary Sneider, and Karen Worth. *Designing Professional Development forTeachers of Science and Mathematics*. Thousand Oaks, CA: Corwin, 1998.

8. Senge, Peter, Nelda Cambran-McCabe, Nelda Lucas, Timothy Smith, Bryan Dutton, and Janis Kleiner. *Schools That Learn*. New York: Doubleday/Currency Publishing, 2000.

9. Sparks, Dennis, and Stephanie Hirsh. *A New Vision for Staff Development*. Alexandria, VA: ASCD, 1997.

10. Speck, Marsha, and Caroll Knipe. *Why Can't We Get It Right? A New*

Look at professional Development Programs and Practices. Thousand Oaks, CA: Corwin, 2000.

11. Zepeda, Sally. *Staff Development Practices That Promote Leadership in Learning Communities*. Larchmont, NY: Eye on Education, 1999.

第三部分

专题与讨论

校长经常要处理一些与社会相关的问题。这些问题时常出现，且大多数都没有确定的解决方案。尽管许多问题的出现是无法杜绝的，但是通过利用某种方法、策略或采取某种态度可以有效地降低这些问题带来的损害（既是对学校，也是对学生而言）。

对于校长候选人而言，其培养计划中的一个重要的方面，就是能够促使他认识到在任期内所要面对的问题，以及要能够与学生、教师以及社区人士共同合作，用一种恰当的方式对待学校中某一特殊群体。

问题解决一般被认为是校长最有效和最重要的能力。事实上，大多数模范校长，在此方面的表现都很优秀。尽管有许多优秀的校长在解决问题时所依赖的方法是直觉；但是即使是所谓的直觉，往往也是建立在经验与教育的基础之上的。我们对问题解决的方法进行研究，多可归纳为两类方法：一类是强调过程的，另一类是强调个人品质的。

当遇到问题的时候，倾向于利用一些法则或步骤来解决问题的校长，常常会采取以下步骤作为其问题解决中的一个部分：

1. 调查和诊断那些看起来可能会是引起问题的因素。

2. 鉴别和评估各种问题解决的替代方案；创造性地寻求第三、第四或第五种替代性方案。

3. 会见一些人，特别是那些对问题或问题解决很有影响力的人。

4. 利用调解、反方案或妥协等问题解决方法。

5. 只有经过多次仔细的分析和考虑，才能选择出有建设性的解决问题的方案。

6. 缜密而全面地制定问题解决的执行计划。

在问题解决的过程中，许多校长特别强调个人品质的重要性：

- 成为一个好的聆听者。
- 避免防御性和情绪化的倾向。
- 能够施予他人一种适度的压力或紧张感。
- 保持一种“冷静”的姿态。
- 要能够坚定地秉持公正与合理的原则。
- 要具有坚忍不拔的品质。

许多问题已经存在了多年，诸如暴力、纪律、性别歧视、虐待儿童、滥用药物、儿童独自在家以及少女母亲等问题。此外，还有仇恨犯罪、邪教活动以及传染性疾病等问题。这些问题都是校长所要经常面对的难题。

在接下来的两章中，我们将对这些问题分别加以讨论。而其中有些问题，要判定它究竟是学校问题还是社会问题，几乎不可能。学校与社会，在某种程度上，对当前这些现象的存在以及此类问题的解决，都负有不可推卸的责任与义务。然而，我们可以看到这些问题更多的是社会的副产品，而不是学校特殊的运营方式造成的。

第十五章 与社会相关的问题

当前流行着的一些社会问题，并不只是存在于学校之中，更不是学校的副产物。我们认为，要学校承担起这些问题的评定与解决的全部责任，以及接受这些问题存在的所有指责，将会是一个严重的错误。然而，作为一个重要的社会机构——学校能够并且应当担当起领导的角色来向社会警示这些问题的存在和严重性，学校应该以合作组成员的身份协同更大的社区来寻求解决问题的方案。此外，当问题出现在学校自身时，学校应该要建立一套特别的程序以应对这些问题。本章将分专题来讨论暴力、虐待儿童、滥用药物、少女怀孕、帮团活动以及性病传播等问题。

社会中的暴力

对于我们社会而言，学校是最安全的地方之一。而对于学校的全体人员而言，学校又是一个非常暴力的地方。我们常常可以看到这一观点。在大城市里，学校的雇员常常成为被谴责或非难的目标，他们的这一遭遇仅次于教养所的雇员。[1] 我们经常会遇见这样的事件：一个二年级学生的母亲走进教室，迎头就殴打老师，并喊着："敢欺负我的孩子，让我好好地教训你一下。"一项对校长的调查结果显示：58%的校长曾经遭遇过此类荒谬的指控；71%的校长曾遭遇到口头的威胁；50%的校长曾被亵渎；15%的校长的个人空间受到过侵犯。[2]

这些事件尽管是出现在学校中，但也可能是我们这个社会的溢出物，我们这个社会充满了挫折感与权力欲望，降低了对生活伤害的敏锐性。无论加入帮团组织是吸引力还是驱动力，其根源都在于帮团对权力、尊重以及死亡荣誉的推崇，或是安全感与虚无感的存在。而个体与帮团暴力，就如同一个毒瘤正不断扩散到整个国家。凯茨(Katz)在其文章里还描绘了偷窃的驱动力以及犯罪的感官吸引力，如"杀人时那种奇特的愉悦感"。[3]

---

〔1〕 Marilyn Elias, "Making Jobs Safe", *USA Today*, 8 August 1996, 20.

〔2〕 Charles M. Jaksec, "Research Past Due on Parent Aggression against Middle School Administrators," *In the Middle* 9 (February 2000): 43.

〔3〕 *Jack Katz*, *Seductions of Crime: Moral and Sensual Attractions in Doing Evil* (New York: Basic Books, 1988).

一项针对中西部城市几百名初、高中学生的调查研究显示：对家庭内的暴力行为、同辈人之间的暴力行为，乃至一些违法行为，都有着相当高的认同感。这项研究严酷地验证了“暴力是暴力的祸根”。在接受调查的青少年中，有8%的人赞成男性可以殴打女友，如果他们的女友使其感觉到窘迫或是尴尬；将近15%的人赞成女性可以殴打男友，如果她们的男友使其感觉到窘迫或是尴尬；三分之一的学生赞同在学校里携带刀具；三分之一的学生赞同父母可以殴打孩子，如果他们的孩子顶嘴的话。[1]

早在1996年，就多次出现了非法移民的斗殴事件。2001年“9·11事件”之后，暴力与攻击事件开始扩张。从广播、电视等媒体中一遍又一遍播放的新闻节目中，儿童和青少年获得了很多深刻的教训。但是他们所获得这些教训，可能会在社会中，尤其是学校的走廊或教室里，逐渐地殆尽。

1984年，首席大法官沃伦·伯格（Warren Burger）曾说过：“在我们这个文明的国家中，犯罪可能是最糟糕的。”[2]这一表述令人震惊，因为一个学校的犯罪情况甚至可以成为衡量一个学校好坏的标准。当前大规模的监狱扩建，预示着我们还有大量的工作有待于改善。

暴力问题与每个学校的校长都有着重要的利害关系，其至少有两个原因：第一，在促使公众弄清楚我们这个国家存在的问题方面，校长的领导是必要的。学校中犯罪问题的解决，不能单单依靠学校自身，许多问题既是学校问题，又是社会问题。当我们揭开这些问题的面纱之后，可以看出这些问题实际上有着更深刻的社会基础和社会结构的根源；第二，有关研究证实，校长的有效领导与减少学校中的破坏和暴力行为是密不可分的。著有《青少年支持同辈之间暴力行为以及家庭之间暴力行为的调查》（*Youth Survey on Approval of Violence in Peer and Domestic Relations*）的研究者建议我们采取特定的教育计划，来干预学生对暴力行为的支持性看法——特别是那些要将暴力行为合理化的观点（如，自卫）。在该类计划中，学校要特别关注性别角色的问题，要注意采用非暴力手段来解决冲突的理念。此外，适当地宣传一些反暴力的英雄和非暴力解决冲突的方法，也是非常值得一做的。[3]

校长可以通过下列的各种途径来实施领导：

- 重建或建构一组，让学生、教师、父母和学校董事会成员都能熟知的，且内容具有一致性的纪律条例。这些条例，应纳入一个由学校代表（包括学生）和社区代表共同协商制定的义务章程中。
- 学校范围内所涉及的成人应尽可能地多。
- 尽早而公开地处理问题。

---

〔1〕 *Youth Survey on Approval of Violence in Peer and Domestic Relations* (Muncie, IN: Ball State University, Social Science Research Center and Department of Criminal Justice and Criminology, 1991).

〔2〕 Statement made on CBS, 20 June 1984.

〔3〕 *Youth Survey on Approval of Violence*, 1991.

● 访问社区,从社区的居民那里获取尽可能多的帮助,以监视学校周围的异常或破坏性行为。

● 学校的监管人员和保安人员可以帮助安装设备、进行快速地修复和有效地清理、就事件处理程序提供一些建议以及协助准备一些材料。为此,校长要与他们一起合作来制定一些计划,以缓解潜在的问题。

● 为了保护所有的人,同警方建立一种联系,并与警方就"警方被召唤的时间"以及"警方处理事件的方式"达成共识。

● 制定计划阻止武器被携带到学校内。目前,已经有学校开始使用电子设备,在学校范围内对武器进行探测。

● 为教职员工提供有关的在职培训,以便于有效地处理打架斗殴、家庭暴力、不明入侵者以及有组织的帮团活动等事件。

在问题解决情境中,校长要善于利用集体的力量,为相关人员提供有用的帮助与充足的信息,通过明确的标准与预期来实施领导权力。

帮团、仇恨群体及暴力

在一些车库墙、挡土墙和建筑物上,甚至是学校里,我们很容易看到一些帮团成员相互交流的标记。这些帮团成员的着装非常艳丽并且引人注意,他们的非语言形象以及相互问候的方式具有高度的一致性。这些特征与他们相互吹嘘自己吸毒或其他破坏性活动的次数相比,更具有帮团性质。他们在汽车、用钱方式和衣着服饰上炫耀自己——人们第一反应往往认为这类情况只会发生在东部沿海的大城市里。事实上,在中西部以及相对小的社区里,也常常会出现诸如此类的情况。

我们可以将帮团定义为:一个有着可以被识别的标志、符号、标记的群体,他们有着自己的活动领域,并参与一些反社会的活动。赖利(Riley)引用了加利福尼亚法院刑事司法工作组关于对帮团界定的标准,认为一个群体只有满足下述条件才能被认为是街道上的帮团组织。

● 该组织必须要有一个名称。
● 该组织必须有自己的领地或活动范围。
● 该组织的成员必须经常聚会沟通。
● 该组织必须要区别于其他组织。
● 该组织必须从事过相关的犯罪活动。[1]

事实上,人们加入帮团组织的原因有很多,如满足自己被接纳的需要、归属的需要

[1] Kevin W. Riley, *Street Gangs and the Schools: A Blueprint for Intervention*. (Bloomington, IN, Phi Delta Kappa, 1991), 11-12. See also A. P. Goldstein, *Delinquent Gangs: A Psychological Perspective* (Champaign, IL: Research Press, 1991); *My Bloody Life: The Making of a Latin King* (Chicago: Chicago Review Press, 2000).

和安全的需要等，也有的人是想利用帮团的资源以谋取自己想要的东西。对于学校领导者而言，含意是很清楚的。为了减少青少年的疏离行为和不良环境的影响，我们有必要做一些事情。比如，提供一些途径以供他们从中获得归属感和成就感；整个社区要共同努力以帮助他们去赢得尊重，并满足他们一些合理的物质需求。诸如此类的需求，不应当让他们只有在帮团组织中才能获得。通过信息与支持计划来积极地寻求父母的配合，可能会显得有点穷途末路，但是这样做能挽救很多人的一生。

另一个重要的预防措施是尽可能地了解学生。对学生充分地了解除了有助于解决学生加入帮团组织的问题之外，还有助于解决其他问题。如果学校能够迅速地察觉到学生在行为方式、衣着风格、处世态度和交友类型上的改变，学校及时地给予学生必要的帮助，那么学校就可以有效地避免一部分学生加入帮团组织。教师们应当鼓励学生们去讨论帮团组织对他们生活的影响。〔1〕

学校应勇于承认其所在社区乃至自身存有帮团组织的活动，这对于问题解决而言，已经迈出了积极的一步。1992 年，一项针对初、高中校长的问卷调查显示：位于中等城市的初、高中校长，绝大多数的人不愿承认在自己的学校里或学校附近有帮团组织的活动，尽管经常能拍摄到帮团组织在社区和学校建筑物的墙壁上留下的符号和艳丽的色彩。

拉森(Larson)建议学校，当遭遇这些问题时，可以采取如下措施：尊重每一个学生；开设相关的课程；对武器、毒品和暴力要坚决说“不”；为成人开放学校大门，成立父母/市民安全委员会；保存事件记录(尤其是视频记录)；规范着装；积极寻求警方支持；为教师提供各方面的支持；进行管制。〔2〕

对携带武器而言，使用金属探测器可以起到很好的遏制作用。如果禁带武器的目标是明确的，那么学校应当永久地安装并合乎规范地使用探测器。尽管这样做将会增加学校的开支。吉尔伯特(Gilbert)认为，人们常常容易忽视另外一部分开支——如果发生问题出现诉讼的话，那么新的安全措施将会产生一部分额外支出。〔3〕已遭受武器危害的社区，应优先安装和使用金属探测器来缓解武器对该社区的危害。〔4〕

作为学校较为关注的问题之一，仇恨犯罪也已经重新出现。仇恨群体成员的数目最近几年增长迅速。在美国，知名的仇恨群体将近五百个。有一部分是欧洲仇恨群体的分支，还有一部分已经与欧洲仇恨群体合并。〔5〕仇恨群体的网站信息获得了迅速的增长，适龄儿童很容易得到这方面的信息。仇恨群体的目标是，那些具有不同宗教

---

〔1〕 Michele Wagner, Carla Knudsen, and Victoria Harper, “The Evil Joker,” *Educational Leadership 57*(January 2000): 47 - 52.

〔2〕 Rick Larson, “Get Past Denial, Then Tackle Your Gang Problem, ”*School Administrator 53* (February 1996): 30 - 31.

〔3〕 Christopher B. Gilbert, “How to Keep Your Schools Safe and Secure,” *School Business Affairs 62*(November 1996): 6.

〔4〕 See Lawrence F. Rossow and Jacqueline A. Stefkovitch, *Search and Seizure in the Public Schools*, 2d ed. (Topeka, KS: National Organization for Legal Problems in Education, 1995).

〔5〕 Mark Potok, “The Year in Hate,” *National Forum* 80(Spring 2000): 32 - 36.

信仰或不同种族的人，以及那些有着全球政治的意识形态的人。伯丁格-德·尤瑞尔雷(Bodinger-de Uriarte)指出，学校和“教堂……公墓、露营地”都是仇恨群体经常出没的地方。[1] 她补充道，仇恨犯罪常常源自一些微不足道的侵犯行为，比如：谩骂、戏弄名字以及轻微的侵扰，结果却是严重的伤亡或大量财物的损失。校长应采取一些措施来帮助同事警觉周围即将发生的事情，并较早地处理这些潜在的问题。[2]

自我暴力：自杀

校长、咨询员、教职员和社区领导者应当迅速地判断，是否要为前一天晚上自杀的学生举行追悼仪式。危机小组要有所警惕，要确保有足够多的心理咨询人员为学生提供咨询服务。随后，班主任会向校长请求召开一次全校的追念大会。

青少年自杀不是一个新的现象，只是近年来有一种上升的趋势。在5～14岁儿童中，自杀是死亡的第五大原因；到了上高中的年龄阶段，青少年自杀则上升为死亡的第三大原因。60%的高中生有过自杀的想法；14%的学生做过一些自杀的尝试。[3] 自杀观念的存在似乎与“贫穷与否”、是否居住在旧城区等无关。在一个城镇里，生活在具有中等收入(年收入在65 970美元)家庭里的孩子，12.2%的学生尝试过自杀，23%的学生考虑过自杀，四分之一的学生有过自杀的计划。[4] 对于青少年而言，在面对许多看起来无法解决的问题时，自杀显然是一个可行的选择。电影或电视剧中的自杀情节，一些名人的自杀新闻，乃至一个伙伴的死亡，都可能导致青少年产生一种极端的想法：死亡也是解决问题的一种方法。当出现一些自杀的迹象或症状时，学校教职员要高度地重视，并警惕自杀事件的发生。

俄亥俄州贝顿市自杀预防中心罗列了一些自杀警示迹象：

- 讨论死亡和自杀。
- 有无助或无望的感觉。
- 留级。
- 作业里反映有死亡倾向的主题。
- 对朋友和往常的活动兴趣开始消退。

---

〔1〕 Cristina Bodinger-de Uriarte, “The Rise of Hate Crime on School Campuses,” *Research Bulletin* (Phi Delta Kappa) (December 1991): 2.

〔2〕 The reader may wish to read *Hate Crime: A Sourcebook for Schools Confronting Bigotry, Harassment, Vandalism and Violence* (n. p.: Southwest Regional Laboratory n. d.).

〔3〕 Martha M. McCarthy and L. Dean Webb, “Legal Principles in Preventing and Responding to School Violence,” *NASSP Bulletin* 84(March 2000): 43.

〔4〕 Andy Levinsky, “On the Line,” *Principal Leadership* 1(January 2001): 68-69.

● 充满敌意，易怒。
● 饮食和睡眠的习惯发生变化。
● 哭喊、情绪化，抑郁。
● 鲁莽。
● 吸毒，酗酒。
● 无法集中注意力。
● 丢弃最喜欢的物品。
● 最近遭受了亲人亡故、父母离异和搬迁的事件。
● 以前有过自杀的企图。[1]

一个有着强烈的宗教信仰和对生命轮回期盼的人，也很有可能具有自杀的计划。这也可以被看做自杀的迹象。

校长要与父母和老师进行沟通，来探察某些学生早期的自杀信号。当学生的压力是显而易见的时候，校长应该能够鉴别出哪些资源是可以利用的。在这些方面，校长始终居于核心的位置。对于校长而言，如下所列举的技巧也许是有用的：

● 培训教职员工辨识警示迹象。
● 为新学生仔细作好计划。
● 要确保有足够多的教师和咨询员可以为问题学生提供帮助。
● 认识到学生的特殊需要。
● 与学生父母建立沟通的关系。
● 帮助父母辅导未入学儿童认识学校。
● 建议为儿童进行体检来掌握压力的存在迹象。
● 判断社区的经济动向对儿童的影响。
● 较早开展禁毒、禁酒和禁烟运动。
● 评估学校的情绪氛围。

全国的学校系统已经开始给予年轻人一起工作的专业人士提供了一门培训课程，以便于帮助他们正确辨识儿童发出的信号并给出适当的反应。在很多自杀事件中，学校由于没有为教职员工提供相关的培训、没有适当的阻止计划，或者没有将孩子自杀的迹象告知父母而导致阻止自杀计划的失败，从而被诉讼至法庭。尽管法庭已经不愿意因学生在学校管区自杀而判定学校承担相应的责任，……但是随着有关自杀原因和警示迹象知识的扩增，学校管区所承担的潜在责任也在增加。”[2]

在处理学生或教职员工的死亡事情上，危机处理小组是有益的。一项针对各种可

---

〔1〕 The Reader may wish to contact the American Foundation for Suicide Prevention, 120 Wall St., New York, NY 10005, or visit afsp.org, or visit www.surgeongeneral.gov *for Youth violence: A Report of the Surgeon General*.

〔2〕 McCarthy and Webb, 2000.

能情境的、思考缜密的计划，在简单处理危机和有效控制危机之间是可以看出差异的。在制定这一计划时，需要提前回答下述问题：

- 有哪些咨询资源可以利用？
- 谁可以应付媒体？谁又可以应付警察？
- 在什么样的情况下，学校可以举行一个追悼仪式？
- 学生可以参加追悼仪式的活动吗？
- 学校大小事件都应当因此而取消或推延吗？
- 何种同情心的表达是恰当的？
- 学校应当多快地恢复往常的秩序？
- 在处理学生的死亡事件上，应当与社区中的哪些部门或机构进行合作？

尽管校长要经常肩负起管理学校死亡危机和领导危机小组活动的大部分责任。但是，在危机控制过程中，如果没有教职员工的参与很可能会产生疏漏。邓恩·马克西姆和昂德伍德（Dunne-Maxim & Underwood）指出，教职员工除了能够体验到悲痛的情绪和幸存者的反应之外，还能够分担一些角色模范的责任，帮助另外一批人去克服困难。[1] 危机计划应当尽可能地包括所有的人，帮助他们学习适当的语言反应，讨论他们自己的反应，为他们提供与危机小组的联系方式以便于他们自己和学生获得帮助。[2]

校园里的邪教与儿童

近几年来，邪教活动总体来说有下降的趋势，尤其是对撒旦的崇拜活动。来自警方负责人和研究者的交流引起了我们的注意：越来越多的年轻人开始加入 WICCA 的运动。这一运动常被描述为一个有着对大自然无限崇拜的、信奉多神论的、不信仰基督教的宗教。与 WICCA 相关的网站常常利用巫术、魔法、符咒、服装和首饰，来开展 WICCA 的仪式活动。学生卷入到邪教活动中的原因很多，诸如：因缺乏自尊而寻求权力、无助感、因父母加入邪教活动而被迫参与。然而，在对参加邪教的学生的行为及其持有物的观察中，我们可以发现，学生参与邪教活动的原因可能只是对该教活动的好奇或迷惑。学生如果持续地参与邪教活动，通常会有如下特征：向他人展示邪教符号、阅读邪教的书籍、身体特征和行为方式渐渐发生变化。这些特征应当引起我们高度的关注。

我们对有关邪教的文献进行研究，归纳出如下观测指标，可供判断是否存在潜在的问题：

---

〔1〕 Karen Dunne-Maxim and Maureen Underwood, "Keeping Afloat in Suicide's Wake," *School Administrator* 48(May/June 1991): 21.

〔2〕 Elaine Winter, "School Bereavement," *Educational Leadership* 57(March 2000): 80 - 85.

- 学生的艺术作品或写作涉及有邪教的内容。
- 拥有和阅读邪教的书籍(如：撒旦教的圣经)。
- 关注死亡。
- 随身携带的物品和佩戴的首饰符合邪教习俗。
- 当众指责传统的宗教。
- 警方报告有对教堂和公墓的破坏行为。
- 自残,诸如在皮肤上刻上一些标记或符号。
- 倾向于孤身;变得很神秘。
- 十多岁以及更小的儿童自杀。[1]

下面举出的几点是对某个州的校长的问卷调查得到的：

- 在学校的财物上乱写乱画。
- 用动物祭祀的迹象。
- 学生公开宣明。
- 穿衣风格。

这些指标中的一部分,与酗酒和所谓的吸毒文化,或与有组织的帮团活动的指标相同或类似。就如许多邪教徒所做的一样,每一指标都包含着一些用于交流的代码或符号。这些符号经常表现为基督教中一些著名符号(如,十字架、祭祀羔羊)的对立面,如将打碎的十字架上下颠倒置于圆环之中,或将一符号画成或展示为一种手势信号。当然,一个常规的群体或活动偶尔也会采取一种类似于或相同于邪教组织的符号。因此,对于群体或活动出现了上述的符号,也不能过于草率地下结论。法恩和维克托(Fine & Victor)警告过,"撒旦的旅行"或传说中的旅行(译者注：一些邪教组织的活动),可能会误导官方对这些吸引青少年的邪教组织进行攻击。[2] 如果学校对这些活动给予足够的关注的话,不仅能帮助学生对自己所处状况进行正确认识,而且还不会增强他们继续进行这些探险活动的兴趣。

校长将发现同处理这些问题的法律执行机构保持联系是有益的。常常大的法律执行机构都有人专门负责调查人们遭遇到的邪教活动事件,并帮助他们应对这些事件。这些信息可以与学校或其他机构共享,从而能够为卷入事件中的当事人提供更好的服务。随着另外一些虐待行为影响着儿童,校长应尽可能地帮助教职员工掌握一些辨识可能涉及的邪教活动的知识,让他们能够意识到这些活动对各个年龄阶段的学生可能产生的影响。咨询人员更需要了解一些背景信息,以供其与学生和同事来讨论这

---

〔1〕 The reader may wish to read D. K. Cursan, "Why Troubled Teenagers Might Turn to Satanism," *American School Board Journal* 176(1989): 12-14, 39; A. Moriarity and D. Story, "Psychological Dynamics of Adolescent Satanism," *Journal of Mental Health Counseling* 12(1990): 186-198; and B. Wheeler, S. Wood, and R. Hatch, "Assessment and Intervention with Adolescents Involved in Satanism," *Social Work* 33 (1988): 547-550.

〔2〕 Gary Alan Fine and Jeffrey Victor, "Satanic Tourism," *Phi Delta Kappan* 76(September 1994): 70-72.

些问题。然而，很少有学校为能应付这些潜在的问题作好了准备。

学校的领导者可能会发现，下面的技巧将有助于应对邪教活动对学生的影响。

- 了解邪教活动的标记。
- 帮助教职员工，特别是咨询人员掌握一些能更有效地为学生提供指导的实践技巧。
- 与其他面对相似情境的机构进行联系。
- 针对可能出现的问题准备好一个正式的处理计划。
- 熟悉政策/程序，以避免卷入到对宗教自由问题的辩论中来，因为撒旦教、WICCA 和其他一些邪教往往很容易被当做是宗教。

虐待儿童

对于大众传媒和专业文献而言，关注虐待儿童这一现象并不是新近开始的。1874 年，出现了第一个保护儿童的案例。尤其是自从肯普等人（Kempe et al.）于 1962 年发表了论文《受虐儿童综合征》(*The Battered Child Syndrome*)之后，集中在这个主题上的文献迅速地增加。[1] 统计资料提醒我们："问题显得越来越广泛，影响则越来越长久。"下面的讨论，并不是在呼吁学校要接管这一长期被家庭或社会忽视的责任，而是为了揭示这一现象存在的事实，建议学校人员在履行道德和法律责任时，做好自己的本职工作。

破除神秘感与刻板印象

关于虐待儿童的分布和发生率的事实情况是什么样子呢？要根据肤色、种族血统、宗教信仰或家庭将虐待者进行归类几乎是不可能的。赫尔基（Helge）认为，低收入是虐待儿童的一个重要因素，因为在一个低收入家庭的孩子被虐待的可能性是高收入家庭的四倍。[2] 然而，人们不能因此就对虐待者持有这一刻板印象。事实上，在社会经济的各个阶层上，都有虐待儿童的现象出现。虐待儿童者往往具备两个特征：他们伤害儿童；他们需要帮助。[3]

儿童，作为学术术语容易产生误导。在虐待儿童的文献中，儿童通常指的是自出生至 18 岁之间的个体。据估计，在受到虐待的儿童中，大约有 50％是六岁以上的儿童，20％是十多岁的孩子。这些数字确实是很大的，但都来自真实的案例中。虐待儿

〔1〕 C. Henry Kempe, F. N. Silverman, B. F. Steele, et al., "The Battered Child Syndrome," *Journal of the American Medical Association* 181(7 July 1962): 105 - 112.

〔2〕 Doris Helge, *Child Sexual Abuse in America: A Report of a National Study* (Bellingham: Rural Development Institute, Western Washington University, 1992), 13.

〔3〕 For additional information, contact the National Committee for the Prevention of Child Abuse, 332 South Michigan Avenue, Chicago, IL 60604.

童是各个层次的教育者都关注的一个领域。随着学校的责任向更年幼的儿童扩延，受虐待儿童的年龄也在下降，而学校中虐待儿童的发生率似乎也在上升。尽管当前没有文献记载，研究案例或者官方报道中的数字也只不过是重大问题显露的小部分而已。除了许多没有被注意到的案例之外，还有一些案例被忽略和隐瞒了。因为有一些案例的当事人不希望“被卷入”，有一些案例的报道被歪曲了，还有一些案例被虐待者小心翼翼地隐藏了。

究竟是谁在虐待儿童呢？根据调查，三分之二的虐待者是儿童的父母，其余三分之一的虐待者是家庭的其他成员或可以接近该家庭的人。虐待儿童的父母往往自己在孩童的时候，在身体或情感上就被虐待过或被忽视过。学校职员虐待儿童的含义往往也是这样的。因此，纠正一个虐待儿童问题的意义，不仅仅是解决已出现的问题，还在于可以预防这些问题在下一代身上重现。有人提出：在为儿童提供一个富有关爱、宽容和榜样的情感环境中，学校能够扮演一个什么样的积极角色？

虐待儿童的父母，就像受到虐待的儿童一样，应能够获得帮助。为了给孩子提供一个安全的家，学校必须和社区的其他机构建立起良好的伙伴关系。

另外一个受到关注的问题是性犯罪，其发生率也是很高的并且分布广泛。在大多数的案件中，冒犯者往往是受害人所熟悉的，可能是一个亲戚或家庭的亲密朋友。而乱伦关系的发生也比通常所认为的要多。性虐待的发生率似乎在上升，或者至少可以说是因为受侵犯者的意识增强了，形成了对侵犯者的敌视环境，所以导致了对虐待案件的频繁报道。本书的一个作者就知道，有一所1～8年级的学校，在两年的时间里就发生过两例因乱伦而怀孕的事件。玛农罕(Monohan)认为：“典型的性虐待，常常始于5～9岁之间。”[1]十多岁的少女母亲常常不会将这样的关系报告出来，即使她知道发生了什么。

对一些风险因素的认识，有助于教师和管理人员发现潜在的问题。这些常见的风险因素指标有：频繁的迁居；有身体被虐待证据；在学校里少于两个朋友；在家里酗酒；以及母亲的心理健康状况非常糟糕等。[2]

学校职员的法律责任

道德责任是清晰的，但常常可以很容易地逃避。因为，如果一个问题是所有人的事情的时候，它就很容易地被踢给下一个人，从而导致没有人对此事负责。所有的州都通过立法强制性地执行如下事件的报告：怀疑儿童不是因为偶然事故出现了身体伤害；怀疑儿童受到了虐待、性骚扰或严厉的惩罚；怀疑儿童被剥夺了食物、衣服或被赶出了家门。任何人都可以举报虐待儿童案件，但法律要求体检医生、学校校长、老

〔1〕 Kathleen Monohan, “Crocodile Talk: Attributes of Incestuously Abused and Nonabused Sisters,” *Child Abuse and Neglect: The International Journal* 21(January 1997): 22.

〔2〕 Jillian Fleming, Paul Mullen, and Gabriele Bammer, “A Study of Potential Risk Factors for Sexual Abuse in Children,” *Child Abuse and Neglect: The International Journal* 21(January 1997): 53.

师、社会工作者、牧师和警察人员必须报告这些案件。那些被举报有嫌疑施虐的人，如果情况不属实，可免予追究其民事或刑事责任。值得注意的是：一个人举报虐待儿童的案件是不需要有"证据"的；只要我们有理由相信某个虐待儿童的案例存在，那么我们就可以撰写报告了。

如果学校的职员想给受虐待的儿童及其同胞提供支持的话，那么学校形成一个重要的伙伴关系是非常必要的。支持可以有多种形式，如提供一个宽容的环境、一些成功的机会和对成功的认可。为了避免任何消极的症状再次出现，要对案件进行持续的观察。

学校职员识别虐待儿童

校长要提醒教职员工去留意一些常见的虐待儿童或疏忽儿童的迹象。在辨识有嫌疑的虐待儿童或疏忽儿童的案件并报告它的时候，学校不能假定教师们都知道要如何去履行所要求的义务。大部分老师在报告有嫌疑的虐待儿童案件时一般不会有什么不适的感觉，只有大约15%的老师会产生不舒适的感觉。害怕遭到报复是经常被提起的、不敢报案的原因。这种恐惧主要是指教职员工担心自身和学生的安全。学校的托管照顾可能是受虐待儿童与外界联系的第一选择，所以小学老师就是照顾受虐待儿童的最初的专业人士。

虐待儿童是一个家庭问题。因此，识别学龄儿童的受虐现象可能会让我们发现比其年幼的同胞也在遭受着虐待——这会让他们年幼的同胞幸免于被虐待到上学的年龄。

校长能够通过提醒教职员工去留意儿童被虐待或疏忽的迹象来帮助儿童。很多文献都提供了儿童被虐待或疏忽征兆的详细清单；许多医生和社会机构的工作人员可以利用；学校还可以定期地召开一些教职员工发展讨论会。这些都可以帮助员工能够及时地识别潜在的问题。

受虐待儿童在身体上往往有着特定的特征，比如，往往有着伤口或正在愈合的外伤；手指甲、鼻子、眼睛和耳朵一直都很脏；身体某个部分出现无法解释的触痛感等。当儿童遭到虐待时，很少有主动承认的，尤其是虐待他们的是自己的父母时。儿童常常是被动的并充满恐惧感。

教职员工发展讨论会也应当关注虐待儿童的父母的特征：如果问到一些关于虐待的问题时，他们没有情感反应，对儿童的行为有着不合理的期望并常常表达出一种通过身体暴力能够获得顺从的信念。

向哪里求助

图15.1为报告一个有嫌疑的虐待儿童事件提供了一个程序。有一些帮助资源可以被学校所利用。这些机构或服务在不同的州往往有着不同的名称，但当任务开始的时候，一般都会很容易地被识别出来的。在国家、某个城市或州的福利机构的列表上，

可能会包括如下的名称：

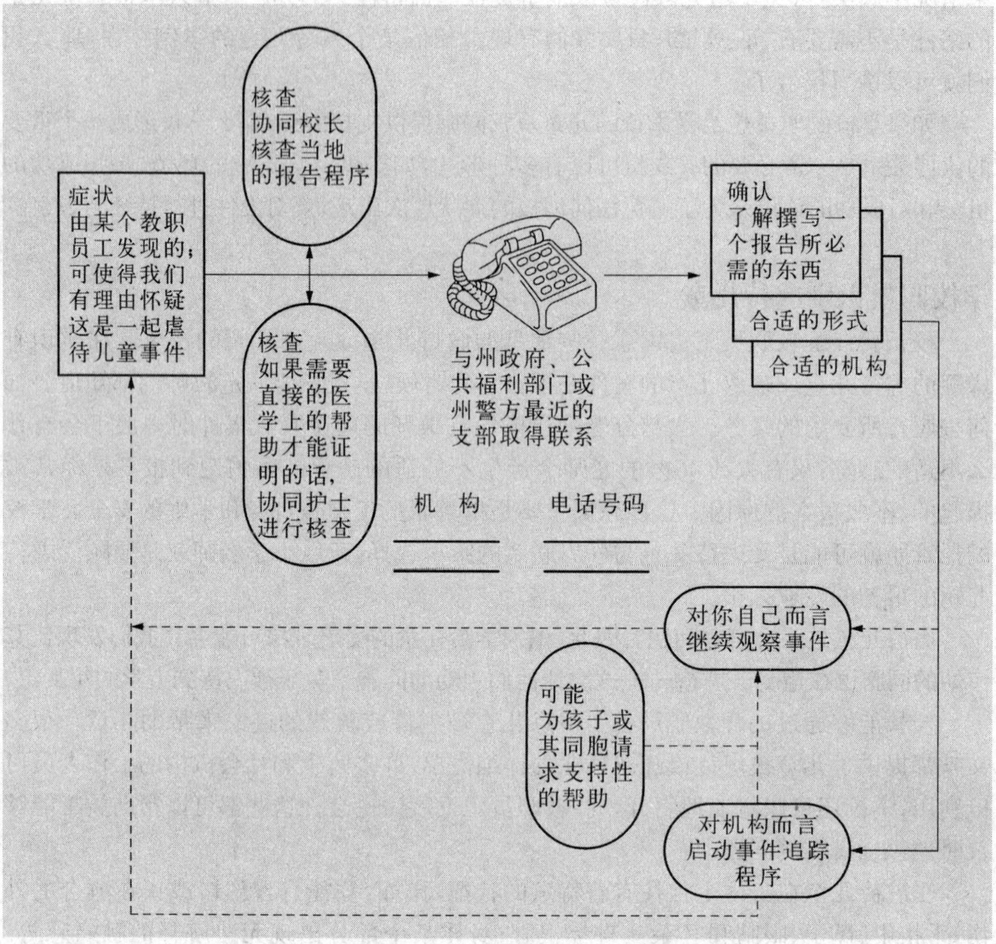

图 15.1 报告一个有嫌疑的虐待儿童事件的程序

- 儿童与家庭服务。
- 儿童福利机构、虐待儿童的儿童保护服务登记处。
- 预防虐待儿童协会。
- 美国人道主义协会儿童分会。

这些名称仅是可利用的机构或服务的一些代表。与当地的服务机构和公众机构进行更多的交流是有必要的。[1] 作为一名社区的领导人，校长要能够促进更多的此

〔1〕 通过当地或州儿童保护机构以及一些商业公司，可以获得一些影片。大部分州的机构可以为学校提供一些文献、传单、海报以及其他一些教学辅助用品。PPS 和一些商业电视台常常会播放一些视频节目。全国教育协会也常常为教育者提供一些成套的训练用品。

方面的交流。

关于执行的建议

在遇到虐待儿童的问题时，校长要去思考扮演一个什么样的角色。下面的指导可以为他们提供一些有益的帮助：

1. 学会辨识学生中虐待儿童的迹象和征兆。

2. 了解关于虐待儿童这一现象足够多的背景资料，从而能从容自如地向学校的职员和本地官员解释此事件。

3. 提醒职员留意虐待儿童的一组指标。留意得越早，就有越多的资源可用来教育职员。通常，有详细目标的计划，都有相应的课程，也有专门的授课人。

4. 了解有哪些社区和政府的资源可用于调研、追踪调查和虐待儿童的治疗，并知道该如何将这些事件报告给社区和政府。

5. 学习并且帮助学校的职员学习法律责任，明白警方是如何督察这些责任在地方的执行情况的。

6. 建立一条明确的沟通渠道以便于每位职员报告有嫌疑的虐待儿童事件。

7. 在学校应当有适当的、即时可用的报告形式以便利用。沟通的最终结果应当是正确地向适当的机构报告此事件。如果在报告程序上有太多的疏忽，就可能导致无法进一步研究。

结论

毫无疑问，预防进一步的伤害是正确的。然而，因为缺少社区在追踪调查上的合作与认可等多种原因，许多专家未能采取有效的预防措施。在报告提交给有关的机构之后，学校仍面对着很多的困难。诸多的原因使得对案件很少有、甚至没有追踪，以致许多事件中的孩子依然遭受着虐待。尽管法律要求教师要继续向有关机构进行报告。但是，鉴于对学生与自身安全的担心，很多教师都不再愿意报告相关事件了。尽管到目前为止没有什么有效的课程，但是学校已经开始向孩子们讲授一些预防性的课程，让孩子们知道“什么事情是可以接受的，什么事情是不可以接受的”。在支持这些课程以及与有关机构建立有效联系的方面，校长的领导是至关重要的。我们相信，这些努力的付出是值得的。因为使一个儿童免于更深的伤害，实际上也就在消除了下一代遭受同样伤害的隐患，从而最终也将保护了下一代。

滥用药物

有关使用大麻的辩论止席卷全国。事实上，人麻的主要供应源就在美国，但只有医用的大麻才是合法的。这些讨论并不是只在青年人中进行。具有讽刺意味的是，关注此问题的成年人并没有看到，他们吸烟、喝酒、饮用咖啡和使用其他化学药物，事实上也让他们成了致瘾药物中的一部分。

在面对滥用药物这一棘手的问题上，社会上的许多机构和公众都持有一种“希望会好起来”的态度，认为事不关己，没有任何的行动。要激励这部分机构和公众进一步采取行动，联合整个社会的资源来解决这一问题，校长与教职员工的有效领导与努力是需要的并且是必要的。不是在矫正就是在预防的模式中，不应该让学校独自承担“教育年轻人不要滥用药物”的责任。学校只有主动地承担部分责任，与有关机构或普通大众进行有效沟通，将内外部资源整合好，才能解决问题。也只有这样做才是最适当的。

认识问题

有一些教授学生有关药物滥用知识的人，其见识常常还不如学生。当出现这种情况时，如果对教职员工而言这不算什么的话，但对学生而言，这简直就是一种折磨。无论是教授，还是引导学习，首要的条件都是要知道学习者的水平是什么。在特殊的环境中，常常将学生分为两部分：因使用违法药物而获得丰富知识的学生和那些如同教师一样对约物知识一无所知的学生。因此，如果要兼顾这两部分学生，或未能营造出一个引人入胜的课堂世界，那么教授这些学生有关滥用药物的知识将是非常困难的。

或许，最有效的反滥用药物的课程是帮助学生增强自我概念、建构一个能够进行正确行为的决策基础。学校的职员需要了解致瘾药物对年轻人的影响。但是，当要判断一个学生的行为是否异常时，教职员必须先将该学生作为一个独特的个体加以了解。否则，没有行为的基准就无法判定行为的偏差，更无法满足引发这些异常行为的需要。

用过或至少尝过致瘾药物(或喝过酒)的年轻人多得惊人。酒是青少年学生最经常使用的一种致瘾药物，但是学生一般并不认为它是一种药物。一个单元的健康课程或短时期内进行一系列有关酒精滥用的讲座，看起来并不能取得很好的效果。高尔茨(Gordes)报道：“以学校为基础并辅以社区活动的课程，可以有效地减少个体在青春期前的饮酒。然而，在推延青少年饮酒方面，那些严格基于学校教育的课程显得缺乏长期的效果。”[1]根据治疗滥用药物的社区机构的统计数字显示，成人滥用药物者与18岁以下的滥用药物者所占的比率几乎相当。

学校还需要关注那些滥用药物者生育和抚养的儿童。每年受到药物损伤的新生婴儿有35万之多。[2] 学校已经设计出了有效的课程，以便于教师有效地与那些产前受到药物影响的儿童相处。实践表明：对于那些药物上瘾的孩子来说，使用精心设计的

〔1〕 Enoch Gordes, “Research on Alcohol Problems,” *National Forum* 79(Fall 1999): 26.
〔2〕 Janet Meyer and John Morris, “Don't Give Up on Me—I Can Learn,” *Principal* 74(September 1994): 36.

教室效果非常明显；给他们提供一个可预测的环境也是有益的；教授一些社会技能是非常重要的，就好比利用一些运动技巧来学习语言一样重要。[1] 如果学校有10%的儿童在出生前受到药物影响，那么每个学校可以为这些孩子开设1～3个班的课堂。在一所拥有2 000名学生的城镇高中里，大约有400人可能在出生前就遭受药物的影响，而大约有700人在他们生活的家庭里，至少有一个成员正滥用着药物或酒精。

1991年，在中西部教育研究学会（the Midwestern Educational Research Assoccation, MWERA）的一个会议上，汤普森等人（Thompson et al.）报告了一个令人震惊的研究结果：做兼职的学生与滥用药物者之间有着很高的相关。例如，酒后驾车的学生中有70%的学生在读书期间有过工作经历。在那些工作过的学生中，使用大麻和可卡因的比例也很高。研究者特别指出，该研究并不是在鼓励学生不要出去找兼职的工作，而是建议学校要特别留意他们的行为，帮助他们建设性地使用自己所赚来的钱。[2]

这对学校可能意味着：(1) 帮助父母和雇主减少在工作场所中使用致瘾药物的机会；(2) 帮助学生寻求一些积极的机会来实现其购买力。对许多课程的效果进行分析得出了一个令人扫兴的结果：一些课程对学生使用致瘾药物的态度产生的影响极小；在某些情况下，课程结束后，滥用药物还会有增长的趋势。验证这些被设计用来解决或缓解问题的课程所传递出的信息，可能会带来一些教育性的启发。汤普森等人认为当前的课程存在三个不足：(1) 课程目标不明确；(2) 这些课程试图通过改变态度来预防或阻断致瘾药物的使用；(3) 这些课程试图通过鼓励使用安全的酒精或鼓励下决心来进行预防或阻断致瘾药物的使用。他们指出态度是改变不了行为的。考虑到第三个缺点，他们质问学校是否真的可以接受替代品的使用。

制定相关政策

每个学校的制度都应当有一套有关在学校里持有和使用药物的政策。对于校长而言，建立行动的合法基础是行动开始的第一步，随后还应该建立起教育特殊政策委员会。

在确定了目标之后，就要制定特殊的政策和发展特殊的程序。所制定的政策可以以州或省教育厅、校长协会或其他学校管区的政策为样本。这些政策和程序应当是细致而具体的，并能被学校中所有人理解。

应对突发事件的程序

突发事件一般包括身体突发事件和破坏性突发事件。学校应当设计一套程序来

〔1〕 Linda Delapenha, "New Challenges for Changing Times," *School Safety* (Winter 1992): 11－13.

〔2〕 Jay C. Thompson Jr., Christina M. Rice, Van E. Cooley, and C. Van Nelson, "Should Students Work?" (research paper presented at the MWERA annual conference, October 1991).

应对这些突发性的事件。这些程序或规章应当被官方批准，并且能考虑到所有相关的人，如父母、学生、教师、管理人员和社区居民。

身体突发事件 身体上的突发事件可能会在下列情境中发生：

- 如果学生已经表现出昏迷不醒。
- 如果一个学生在口头或行为上已经威胁到自己或他人。
- 如果一个学生为了伤害自己或他人而表现出异常的配合。

建议学校教职员工采取的程序 应当考虑到学校里所有人的作用：

- 所有人员——绝不应该单独留下学生而没有人照顾。如果怀疑有人使用禁药或麻醉药，应当有所准备；如果证明紧急事件很特殊，应当求助于校长或有关医院。任何人不得向媒体发布任何的信息。
- 教师——立即联系学校的护士，为其提供所有的相关信息。假设晚一点的时候将有一个调查，作好讨论事实和印象的准备，并仔细地区分两者之间的差异。保留事件发生的书面记录。
- 学校护士——采取适当的措施告知学生的父母或宿舍管理员——这是他们应当做的。如果涉及严重的身体健康的状况时，要咨询家庭医生或学校医生。尝试判断药物使用是一个孤立的事件，还是某一群体性事件中的一部分。如果涉及要使用禁药或麻醉药并且情况非常明显的话，要准备好有关的事实以提交给有关的校领导。保留记录。
- 学校医生——在医疗紧急事件中提供治疗。试着判断药物使用是一个孤立的事件，还是某一群体性事件中的一部分；判断其是行为问题还是健康问题。向有关的校领导报告实际的情况。如果涉及要使用禁药或麻醉药，还需要根据有关法律或条例来执行报告程序。
- 学校校长——在一个紧急事件中，要确保即刻告知学生父母所有的情况。提醒学校相关负责人或所指派的领导作好准备，确保他们对事件有着充分的了解。根据需要召开必要的会议，保存必要的记录。

破坏性的突发事件 有时，一个学生可能会因为其异常的或非常奇特的行为而破坏整个学校的正常运作或活动。在应对这些事件的时候没有现成的程序可以选择，但是下面的观察应当牢记于心：

- 这些行为可能因情绪、器官或化学物质而诱发。要想直接地区分是不可能的。
- 需要立即评估涉案学生、其他学生、教职员工和学校财产的真实危险。
- 如果时间许可的话，应咨询学生服务人员、其他熟知该学生的人员或在该领域有专业技能的人员，以获得相关的帮助，避免一些不愉快或不必要的纠纷。
- 如果危机持续，并缺乏明显的或人格突变的原因，应当立即召唤其父母和/或医生。
- 在大多数的情况下，应根据最适宜儿童的长期计划，确定是否为其提供转诊治疗的服务。

● 在这些情境下,惩罚性的纪律措施是最不可取的。

在危急事件中,校长必须负起领导的责任。校长要确保所有的教职员工都能了解学校关于药物使用和滥用的最基本的政策。此外,教职员工要善于感知到一些压力,体会到营造一种药物实验氛围的价值。如果学生明显受到药物的影响,教职员工要明确知道不要与学生"争辩"和接触,更不能去威胁学生。

处理滥用药物是一个人与人相互作用的过程。在这一过程中,交往的质量比数量更加重要。简单地说教是无用的,满足人的需要才是有效的。创建一个拒绝使用药物但接纳使用者的社会环境,可能有助于减少滥用药物。

青少年怀孕与性教育

许多国家和地方都出台了一些用于减少学校性行为的方案,倡导使用避孕用品,使得青少年(15～18岁)怀孕案件的发生率已经降至历史最低。[1] 正如第三章倡导的合作项目和"全托型"学校已经使得少女母亲能够很容易获得服务。随着中学学校的白天托管中心和校医室愈来愈普遍,使得这些学生及其孩子均能获得适当的照顾。无论这些少女母亲是想借怀孕表达她们对环境的挫折感,还是想让某些人去爱她们,或者只是简单认为这种不幸不可能发生在她们身上,但事实都是她们已经成为了孩子的母亲。因为语言和经验的缘故,她们不懂得如何照顾孩子的身体,促进孩子的发展。而学校的白天托管中心和校医室一般可以为母婴提供帮助和指导。

在没有充分的知识、成熟和经验,或者没能理解这种尝试的后果的情况下,这些少男少女们不得不去面对一些成人的情感。在我们这个时代里,评价青少年的发育问题已经存在着失败。我们的社会提供了广泛的道德规范,但大部分似乎都是存在冲突的。书刊、杂志、电视、电影角色,甚至互联网,都能够激起随便的性交行为。错综复杂的困惑和不精确的信息,使得年轻人在面对"该做什么"和"不该做什么"时不知所措。

据估计,大约有一半的学生在完成高中学业前都有过性交的体验。此外,一些十多岁的孩子为了让某人爱她,或者为了赢得那些她们认为对自己很重要的人的认可,她们不惜怀孕。有人认为这些怀孕主要源自十多岁的同班同学之间的性交行为。这种想法是不正确的。1996年的一个研究显示,大部分孩子的父亲都比其母亲大4～7岁。[2]

这个问题与种族无关,也与低教育程度和低工作期望无关。这对学校的启示是显而易见的。如果这些孩子们在学校里能提高他们的期望,增强对成就、当前和未来的

---

〔1〕 See the 2001 report entitled *Births: Final Data for 1999*, from the National Center for Health Statistics, Washington DC.

〔2〕 Seen Mike Males, "The Ages of Fathers in California Adolescent Births, 1993," *American Journal of Public Health* 18(April 1996): 564.

感知，减少少女怀孕的机会就一定会得到提高。

怀孕不仅带来了生理上的影响，还增加了性病传播（特别是对儿童）的发生率。如果母亲缺乏有关婴儿护理、发展活动和正常行为的知识的话，那么另外一种风险就是儿童潜在的滥用药物事件会增多。除此之外，由不成熟的母亲照顾婴儿产生的挫折反应，可能会将婴儿置身于一种危险之中。在身体上，由十多岁年轻父母照看的孩子比成年父母照看的孩子出现问题的几率要高。

此外，少女怀孕还扩大了贫穷圈。大部分少女母亲来自一个低期望的群体；没有干涉的话，她们将和自己的孩子永远地待在那儿。

因为我们正在谈论青少年学生的问题，所以学校正深深地卷入到青少年怀孕的问题中，而且学校也必须要参与进来。事实上，这一问题也是学校应当要去面对的问题。性教育课程没能解决好这个问题。此外，许多案例还引发了社区很多的冲突反应。可惜的是，我们未能集聚社区的力量，用一种联合的、柔性的方式解决好问题。“性”是一个教育话题，更是集道德、宗教、家庭、医学、社会与个人为一体的话题。在我们这个多元化与瞬息万变的社会里，在这个话题上几乎是不可能达成共识的。期望找到一组可接受的、适合所有时候的和所有青少年性行为的模式，然后通过课堂教化让他们遵守这种行为模式，是完全不可能的，更是错误的。

像滥用药物、犯罪、贫穷和歧视一样，性行为同样也是一个社会问题，处理这个问题需要一个广泛的基础。教育者，无论他们的意图多么好，都不应当假设他们单靠自己就能够解决好这个问题，实际上，他们是不可能独自解决的。然而，对于这些教育者而言问题是显而易见的。他们应当主动地采取措施来帮助社区的各个机构或部门去认识问题的严重性，然后共同合作，以获得适宜的问题解决方案。问题是，什么方案可以解决问题？我们通过提供避孕知识和避孕用品来避免意外怀孕吗？我们通过治疗或预防的方法可以来消除性病传播吗？我们希望宣扬和教化非婚姻的禁欲观念来解决所有问题吗？我们应探究潜在的原因来帮助青年人应对性行为吗？一个富有逻辑的回答可能是“上述皆选乃至更多”。无论答案是什么，社区中所有具有责任感的人和机构——教堂、家庭和社区中的社会机构——必须携起手来，才能解决这个问题。

学校中怀孕事件的处理

学校忽视学生怀孕有着一个很长的历史。学校需要核查一下，在自己所提供的课程中是否将“性与性行为”的教育放置于一个合理的位置上，在此类问题上的处理是否妥当、有效。学校为这些青少年父母开设了有用的课程来讲授实用技能吗？学校是否做过一些努力为他们提供一个能丰富经验、提高收入以及增强自信心的工作吗？

下面这些原则可以引导校长处理好这一问题：

1. 美国的每一个学生都有权利和需要去接受教育，为未来的职业、家庭生活和成为公民作好准备。

2. 公立学校不应当试图只依靠自己来制定一个有关社会问题的政策,这需要依赖于更大的社会。学校必须负起责任来警告和教育社区要重视少女的怀孕问题。在任何政策的制定上,都应尽可能地将社区考虑进来。然而,社区的压力不应当成为学生因怀孕而拒绝其享受宪法权利的理由。

3. 公立学校应当被看做是一个制定政策、设计并提供课程的机构,它应当为怀孕的学生打开而不是关闭未来之门。事实是,这部分学生不同于正常的学生。或者说,发生在她们身上的一些不寻常的事情并不是排斥她们的理由,我们应该为她们提供更多特殊的帮助和照顾。

4. 学校不应当试图给怀孕的学生提供所有的服务。教育的功能和学生的需要是如此的复杂,以至于它们必须通过大量的公共机构、政府机关和活动才能实现或满足。在解决学校中的大多数问题时,与其他的教育机构或社会机构的建立紧密地合作与协调的工作关系是非常必要的。

独自生活的儿童

那些在放学之后必须要自己照顾自己的孩子——挂钥匙儿童,不一定是来自单亲家庭的,尽管这两者之间存在着相关。在很大一部分家庭中,配偶双方可能都在外地工作。因为社会人口流动的缘故,丈夫可能在缅因州工作,而妻子则可能在科罗拉多州,他们的家庭却可能在西海岸。而传统上的家庭支持者(如,祖父母、姑妈、姨妈和叔叔),也可能在几百里以外的地方。此外,夫妻俩均可能不知道他们公寓附近的邻居为何人(美国的家庭平均每年有25%乃至更高的迁移率)。

在一所有500人的小学里,通常会有50~75个儿童在上学前后都是独自生活的。很显然,这一数字会因学校而有所变化。但几乎在任何一所学校里,每天在某段时间里需要独自生活的孩子的数量都是很惊人的。

一些社区已经通过提供电话应答服务来应对这一问题。这些服务大多由志愿者提供,时间多从中午到下午六点钟。服务的内容取决于可利用的资金和志愿者,服务可能包括简单的回家确认、有关安全的提示和对帮助请求进行回应(如受伤或其他一些紧急的事故)等。

志愿老师可能会在一些服务中心接待学生或青少年(住宅区的娱乐室,教堂),帮助他们辅导功课、布置家庭作业或者开展一些其他方面的教育活动。关于学生白天托管的观念,在政策上需要明确一些问题:(1) 有多种服务资源吗?(2) 如果有的话,有协调和质量控制吗?是由哪些机构主管的?(3) 什么样的基金来源是适当的?(4) 一个星期七大都能提供这些服务吗?(5) 允许服务的标准是什么?(6) 什么样的课程活动是适宜的?(7) 只有被选择的学校才应提供这些服务吗?(8) 学校的人员需要有许可吗？(9) 对于白天托管的运作，校长应当承担哪些责任？

由于死亡或离婚、未婚生子和那些独身而领养孩子的原因，单亲家庭在今天的社会中已经非常普遍。据估计，18 岁以上包括 18 岁的孩子中，有 50%的人正生活在或曾经生活在单亲家庭中。单亲家庭的父母感觉到学校的人并不认为他们的这种状况是"正常"的，并认为他们孩子的问题是由这种状况造成的。虽然我们需要质疑这种认识的精确性，但的确有着现实的基础。

尽管法律或制度可能没有要求要这样做，但是校长应该能够发现主动地搜集一些数据来预测学校周围的单亲家庭人口是有意义的，因为这样可以让所有的教职员工了解这些情况，并有助于学校进行一些有意义的工作调整。校长应该与教师一起经常讨论单亲家庭儿童的反应和其特殊的需要。研究或探讨教职员工应如何回应他们的反应和需要。校长和那些独自生活的或者生活在单亲家庭里的学生一起希望得到心理/儿科团体的有用资源，来帮助学校职员预测孩子的反应，减缓孩子和自身的潜在压力。

传染性疾病

在过去的几年里，公众已经越来越了解 HIV、乙型肝炎和其他一些威胁生命的疾病。拒斥感染艾滋病毒和乙型肝炎的学生，已经引起了很多负面的情绪。一些父母拒绝把自己的孩子送到有艾滋病毒携带者的学校里。老师也拒绝这些人到自己的班里来。如同运动场的规则已经在发生变化，法庭也在考虑发生于学生制服上的血案。

对于管理人员、特殊教育教师、护士、公交车司机和其他职业的一些员工而言，他们需要研讨和讲习的场所。为了教育和报告的目的，学校需要能够识别出教职员工正面对着的危险。由于消毒的化学药剂或物质都是很容易获得的，所以学校里的每一位成员都应当积极地去保护自己。有一个真实的故事，一个医生送了一盒橡胶手套给自己的女儿作为毕业时的礼物，因为他的女儿与一所小学签约而即将成为一名教师。可见这位医生已经预见到学校是危险的地方了。尽管，艾滋病毒从医学上看只会通过某些渠道传播，但学校领导需要对学校里发生的所有的安全事故承担责任。其他的疾病(诸如，乙型肝炎)也可能在学校里传播。因此，采用一些有效的预防措施以降低病毒感染的可能性是非常重要的。

还有一些疾病传染的危险性相对小一点，但也具有潜在的破坏性。这些疾病，也可能在学校里传播。学校的教职员工应当接受一些训练，以能够有效地鉴别麻疹、腮腺炎的症状，从而降低这些疾病传播蔓延的影响。由于许多儿童并不怎么定期地进行卫生保健(如，免疫接种)，使得疾病的传播风险可能是加大而不是减小。

较为明智的董事会政策，需要特别考虑给予所有员工一些指导。而校长则需要敏感于每一个人——教职员工、学生和父母——对安全或保护的需求。

文化的混合

美国之所以强大，其原因之一就是她容纳了来自各个国家的人。这些移民带来了多种多样的文化、技能、语言与艺术传统，以及看待事物的各种观点，如此而编制出了一个富有而美丽的美国景图并令全世界而艳羡。在不同的社区，学校中的种群分布可能不同。在纪念种群历史与贡献的时候，校长要能够有区别地作出积极的评价。积极的评价是非常重要的，因为文化传统的差异，常常能够造成人群之间的排斥和不信任，甚至是经常性的暴力冲突。在学生的身上，常常带着父母们所在种群的传统与文化，这使得不信任与暴力也不断地弥散于学校的走廊与教室之内。正因如此，我们才在这里论述这一话题。

在美国，学校人口的主要种群可能也会因学校的不同而有所差异，从白种人到亚洲人、到西班牙人、非洲裔美国人以及到各种文化背景下的混血儿都有可能。在大型跨国公司或研究机构周围的学校里，会有大量具有不同文化背景的科学家或具有不同工作背景的管理人员的子女。更复杂的情况是，许多孩子在这所学校仅仅是短期的学习。在大多数学校里，孩子们有着不同的种族与宗教文化的背景，而这些差异可能很大。但就语言来说，在一个学校里就可能有 20 种，甚至更多种。

种族之间的形势可能会瞬时紧张起来，如，几乎每个城市、每个校长都见证过的发生在 2001 年的辛辛那提事件就是一个好的证明。为了促进关系发展和相互理解，学校采取一些有效的预防和阻断措施是非常必需的。移民的进入以及不同群体在城市内部的迁移都会造成一个国家文化的不断混合。[1]

各种形式的种族主义频繁地出现。尽管为了促进种族融合，美国有过用校车接送孩子上学(用公共汽车将孩子们送到离家远的地方上学，一种致力于种族融合的方式)的历史，法庭也已经指令废除种族隔离制度并进行过其他许多的努力和斗争，然而，种族主义仍然未能消失。无论当前的种族主义是新的，还是根深蒂固而未能消除的某种态度的反映，但毫无疑问的是，由偏见造成的、日常生活的氛围却能够影响到学生的学习。显然，在消除或减少种族主义，特别是学校内部的种族主义上，校长有着不可推卸的职责。为此，学校首先应当检验现有的政策和实践做法(如，按学生成绩分组、职业指导、惩罚条例以及教学策略，等等)是否隐含着对某个学生关于某个种族、民族或社会经济群体的一些假定。对于教职员工而言，在一种开放的、没有威胁的环境中进行检查可能是更有益的。帮助学生提高他们对自我印象(潜力和机会)的认识，可能会抵消掉一部分来自学校外部的负面影响。

学校常常要面对如下两个挑战：一是要能够认识到每种特殊文化视角下的教育

〔1〕 Beverly D. Tatum, "Examining Racial and Cultural Thinking," *Educational Leadership* 57(May 2000): 54-57.

含义；二是要相信“在所有学生的身上都有可能发生”这样的观点。

对有关群组的信息进行简单地分配，很容易将事物定性、分类或分级，以致产生偏见。我们已经清楚地知道群组之间存在着很大的冲突，因此我们应当警惕自己不能通过简单地对他贴标签就把个体归到某个群体中。例如，因为所属群组不同，而对学生有着不同期望的话，就很容易使个体失去一些发展机会，即使这些期望意图是好的或是为“他们的”利益着想的。这些期望是一种诱人上当的“轮廓图”。如果某个群组的学生被认为在数学或科学方面具备很高的天赋或特殊的兴趣，但是其中某位学生没有在这方面表现出优异的才能的话，即使在其他学科上表现突出，也会让教师失望。值得提出的是，我们应当相似地对待那些来自特殊家庭的个体(参见第十一章对某方面有残缺者的讨论)。

校长有责任去帮助那些因被“贴标签”而受到消极影响的学生。课堂使用的材料，应能给人一种只要努力就有收获的观点。所有起源于种族主义观念的行为都应当被迅速地处理。如果可能的话，还应尽可能地预防或阻止。

在乡村里，尽管学生最初看起来很是同质的或相似的。但学校也有义务去教育学生在今后能够与不同种族或不同文化背景的人共事。几乎很少有小镇能够为其区域内所有的学生提供就业机会。许多人都要到很远的地方甚至是不同的国家或地区进行工作；因此，学校如果不能够帮助学生作好成功应对不同人或不同文化的准备，实质上就是在害学生。

小结

孩子们常常会面对一些无法理解的挑战。学校需要为他们敞开自己的大门。教师们遇到的孩子，可能正承受着痛苦、恐惧、药物伤害和饥饿的折磨。一些孩子已经见过别人所未见、经历过别人所未经历过的很多行为。而我们能够为学生做的，就是去提供一个安全的场所，在那里他们能够信任他人。这可能就是校长最好的领导。对我们所有努力的最大奖赏就是，看到一个曾经经历过并克服了挑战的学生迈过毕业典礼的台阶。

思考题

暴力

1. 我们有正当的理由让警察经常在学校里巡逻吗？请讨论。

2. 一位教育者说：“学校犯罪应由警方处理，而学校违纪则由学校来处理。”这是不是一个过分单纯化的概念呢？如果事件的性质位于二者之间的灰色区域，那么我们应该如何做呢？

3. 在贵校里,有什么比较合适的暴力预防计划吗? 如果有,在计划中,哪些环节最重要? 谁会对计划中的每个环节都负责呢?

帮团与仇恨群体

4. 学校如何才能体现给(而不是告诉)潜在的帮团成员另外一条获取尊重、地位和"好生活"?

5. 如何才能很好地将识别帮团活动的知识讲授给职员?

6. 在你所在的社区中,有没有活跃的仇恨群体呢? 在贵校,有什么仇恨群体的衍生事件是显而易见的呢?

邪教

7. 如何才能很好地将识别邪教活动的知识讲授给职员?

8. 如果一名学生参与了邪教活动,而另外一名学生参与了帮团活动,两件事的处理会有什么不同?

虐待儿童

9. 为了区分身体上的虐待和意外损伤,什么样的环节应该加入到贵校的员工发展计划中来?

10. 预防或阻断虐待儿童的事件是学校务必要做的、但并不属于学校职责之内的事吗?

11. 如果被虐待的儿童将是明天的虐待儿童者,那么学校能做些什么来打破这个循环呢?

滥用药物

12. 如何对贵校有关滥用药物的政策和程序与州政府的、国家和各州的专业组织所建议的政策与程序进行比较?

13. 作为预防课程的结果之一,学生可能获得什么非计划内的信息?

14. 当"真正成熟的人"(如,世故、富有魅力等)所包含的反面信息从许多方面涌来的时候,学校如何消除致瘾药品或酒精饮料对学生的影响呢?

青少年怀孕与性教育

15. 少女怀孕会对学校和其他的学生有什么样的影响? 她们的存在是否鼓励了性混乱行为? 它是否反映了学校的品质?

16. 学生在校外的性活动真的是学校的事情吗?

17. 学校对少女母亲或准母亲的“纵容”，会引起缺乏责任感的行为增加吗？

18. 对年轻的父亲，我们应该做些什么？

19. 在所主张的价值系统中，期望学校以仲裁者的身份出现是毫无道理、不公平的吗？

独自生活的儿童

20. 在解决孩子在上学前后必须自己照顾自己的问题上，学校应该和社区中的哪些机构联系呢？

21. 对于社区而言，在工作时间之外的时段里使用学校的建筑所带来的额外开支，在解决儿童独自生活的问题上是一个好的投资。我们如何制定此方案呢？

22. 对于单亲或单个监护人家庭的挂钥匙儿童，学校应当给予特别的帮助吗？

传染性疾病

23. 对于传染性物质的处理，贵校有哪些行之有效的特殊制度？

24. 在教育年轻一代有关传染性疾病的传播上，学校与各种社区群体之间有着什么样的关系？应采取哪些措施来建立和维持这些关系呢？

25. 在传染性疾病的紧急事故的处理方面，学校可以提供什么适宜员工发展的课程吗？

文化的混合

26. 在文化近乎同质的学校里，有哪些方法可以帮助学校向学生灌输一些现实主义的观念，以促进学生获取多元文化的意识？

27. 学校如何丰富学生有关其他文化对现实影响的经验？这是否是一个重要的方面呢？

28. 一些群体试图利用学校假借容忍力概念来制造一种不能容忍做什么的环境氛围，以此来限制一部分人的权利，你认为这可能吗？这种情形又如何避免呢？

推荐读物

1. Dunne-Maxim, Karen, and Maureen Underwood. “Keeping Afloat in Suicide's Wake.” *School Administrator* 48 (May/June 1991): 20－21, 23－25.

2. Elliott, Delbert S., Beatrix A. Hamburg, and Kirk R. Williams, eds. *Violence in American Schools*. New York: Cambridge University Press, 1998.

3. Fine, Gary Alan, and Jeffrey Victor. “Satanic Tourism.” *Phi Delta Kappan* 76 (September 1994): 70－72.

4. Goldstein, A. P. *Delinquent Gangs: A Psychological Perspective*. Champaign, IL: Research Press, 1991.

5. Helge, Doris. *Child Sexual Abuse in America: A Report of a National Study*. Bellingham: Rural Development Institute, Western Washington University, 1992.

6. Hoffman, Allan M. *Schools, Violence and Society*. Westport, CT: Greenwood, 1996.

7. Katz, Jack. *Seductions of Crime: Moral and Sensual Attractions in Doing Evil*. New York: Basic Books, 1988.

8. McCarthy, Martha M., and L. Dean Webb. "Legal Principles in Preventing and Responding to School Violence." *NASSP Bulletin* 84 (March 2000): 32 - 45.

9. Monohan, Kathleen. "Crocodile Talk: Attributes of Incestuously Abused and Nonabused Sisters." *Child Abuse and Neglect: The International Journal* 21 (January 1997): 19 - 34.

10. Riley, Kevin W. *Street Gangs and the Schools: A Blueprint for Intervention*. Bloomington, IN: Phi Delta Kappa, 1991.

11. Tower, Cynthia C. *Child Abuse and Neglect*. Washington, DC: National Education Association, 1984.

第十六章
学校里的问题

将这些问题划归学校并不意味着学校就是问题的根源。而是说，这些问题在学校中更显而易见，而且这些问题必须在学校里解决。事实上，问题真正的根源可能在于社会。因此，要解决问题，社会在适当的时候也要参与进来。尽管如此，在这些问题的解决上，无论是否能够从外界获得帮助资源，学校都需要担负起首要的责任和义务。

学校纪律

纪律并不是因为金属探测器或巡逻犬的使用才开始有的。根据每年盖洛普民意测验可知，纪律已经长期被公众认为是公立学校所面临的最严峻的问题。[1] 许多教师经常将纪律或纪律涣散视做自己面临的最重要的问题和离职的理由。纪律是一名新教师最关心的问题，也是常常被学校管理者用来解释一名教师无法取得成功的原因。校长的领导职责之一就是营造和维持一个安全而有秩序的环境，因为不良的纪律经常会导致一些问题的产生，而这些问题在好学校里是永远不会发生的。

学校的教职员工，也时常因为学校的秩序而遭到公众的攻击。报纸上经常会出现一些令人沮丧的激烈言词和评论。一所学校里往往有数百甚至上千名学生，加上年轻、容易冲动而缺乏充分的自制能力，因此，让他们在一个相对拥挤的环境里待上几个小时，会很容易引发一些问题。加上我们的社会到处充斥着暴力与攻击事件，暴力的镜头频繁地出现在电视节目中——即使是属于儿童的本应纯净的动画片也难以幸免。在学校里，经常能看到学生因受到媒体中负面或暴力节目的影响而留下不好的印记。

学校纪律已经成为校长所要面临的一个重要问题。在这个问题上，常常有如下一些主题容易受到关注：纪律是什么？纪律必须要采取惩罚性和专制性的措施吗？如何才能形成好的纪律？校方必须要雇用那些看起来很凶暴的监工来维持纪律吗？要获得良好的纪律必须要通过学生的服从和遵守秩序

〔1〕 参见 *Phi Delta Kappan*（通常是九月刊）关于此类民意测验的报告。

吗？如果没有学校所在社区的各方面协同努力，可以获得“好的纪律”吗？校方的管理人员可以用民主社会的管理模式来运作学校并仍能得到好的纪律吗？[1] 在这些问题上，仁者见仁，智者见智，答案可谓五花八门。当一个人开始组织和帮助一个群体（包括学生在内）时，当一个人开始去描述纪律是什么不是什么以及不良行为的后果时，领导诸方面的因素就开始出现。

在讨论纪律的时候，有两个词语会经常出现——“秩序”与“尊重”。几乎没有人会否定它们的重要性，但许多人在如何获得秩序和尊重的问题上并没有达成广泛的共识。

营建“好的纪律”与进行“好的教学”是同等重要的过程，如下是一些基本的原则：

1. 明晰目标且使其广为人知——学校的目标以及对每个班级的行为预期应该能够被清晰地认知；模糊意味着没有目标的学习以及不确定的行为。

2. 对良好行为的认识——良好的行为必须通过模仿、教授和学习才能习得。我们不能想当然地认为每个人都具备良好行为的知识并能够辨识出这些行为（人的价值观具有多样性）。

3. 营造相互尊重的环境——尊重并不是单方面的。学校的教职员工应该尊重每一位学生，并将他们视做“正面对生活及伴随生活而来的问题”的人类同伴。

4. 投入——学生应当积极地投入到各种学习过程中，包括纪律（投身到自己的个性化、智力与爱心的发展过程中去）。

5. 尊重个体的兴趣——学校的教职员工要善于接纳学生的想法，并鼓励他们同教师与校方管理人员进行沟通（让他们知道有人在关爱自己）。

6. 榜样——教师和管理者应该充当榜样的作用，应当使自己成为一个具有安全感、守秩序、敏感、较为自律的人（模仿是最好的教与学的方法之一）。

7. 自然地引入与运作——活动的开展要自然地引入，并按照一定的逻辑顺序进行，以表明精心设计与心在教室，亦即时刻都在注意教室里的任何事情（正在活动的组织如果缺乏秩序会导致失败和混乱并引发纪律问题）。

8. 反对无意义的、日复一日的惯例——我们所计划的活动要能激起学生的兴趣，使其感受到面对挑战的乐趣，并能够促进他们采取积极的、多元化的思考方式来面对现实社会中的种种问题。

9. 交迭的关系——应当帮助学生将学校视做一个整体并去认识学校的各个部分（如，班级和各种活动）是如何协同起来构成一个目标清晰而富有意义的整体。

10. 负责——学生要认识到自己并要对自己的行为负责；他们将会因为积极的行为受到奖赏，也会因为不好的行为受到惩罚。

〔1〕 人们经常被动卷入而非主动地参与到有关纪律、暴力和破坏行为之间关系的讨论中。当然，关系肯定是存在的，但我们往往会将它们看做是彼此独立的主题。因为，如果破坏行为和学校犯罪这些纪律问题变得异常或非常极端的话，就要用社会法律来加以制裁。因此，问题的关键就是“程度”。校内纪律是每个学校和每位教师每天都要面对的事务。它是教学过程不可或缺的一部分。

良好的纪律首先是在教与学的交互过程中形成的，这往往需要学生、学校所有的教职员工乃至学校所在的社区（在某些情况下）的共同参与。在制定和维持学生行为规范上，学生也应当积极参与进来，他们可以在面对分歧时学会选择去承担各自的社会责任，而不是采取暴力的解决方式。[1]

纪律的内涵

越来越多的证据表明，纪律已经成为学校的核心问题与公众争论的议题。这是由于学校往往只采取惩罚的方式来处理违纪事件，并认为纪律的本质是专制的过程，在这个过程中往往需要“直接管制”。但我们坚信纪律应当被视为学校中最有意义的学习体验之一。从更广泛的意义上来讲，纪律涉及如何学习成功地适应和面对社会，积极地与各种年龄、智力和生活背景的人交往。纪律应该是一个过程。通过这个过程，个体应当能够认识到自己的权利和这些权利之间的联系，以及自己为了群体功能的实现所应承担起的责任。通过这个过程，个体应当学会尊重他人，这种尊重不会因为种族、肤色、性别、宗教、智力、残疾和年龄的差异而有所不同。此外，通过这个过程，还可以帮助个体了解到有关人际关系的知识以及自己消极或积极的行为可能引起的后果。基于上述观点，我们认为：纪律在某种意义上就是帮助学生学会如何有效地、快乐地与他人共同生活和工作的过程。由此，纪律与学校中任何课程一样，是教与学的过程中一个重要的环节。纪律成为一门必修的课程。不论在学校之内还是在学校之外，也不论是在白天还是在晚上，纪律都存在着。纪律的存在是如此的广泛，以至于每一项学校活动都有它的身影。而这往往离不开学校中所有教职员工之间持续地悉心合作，尤其是作为教学过程中核心行动者——教师之间的悉心合作。纪律已经成为学校中众多学科中的一门，所有的学生都必须学习这门课程。而纪律也是每一位教师最基本的目标，也是每一所学校最宽泛的目标之一。当每个学校都采取上述方法的时候，纪律就不再是学校的主要问题了。

事实上，学生很难被分成是技能与知识的学习者还是情绪行为的学习者。这一事实是学校所有教职员工所要面对的现实。我们必须将每个学生都作为一个完整的人来看待，他们有着完整的情绪体验，入学前后的生活经历都会影响他们的行为，他们对非学习活动的反应影响着他们的学习活动。

不管是谁在管理学校，或者学校有多么贫穷或富裕，学校都是一个很真实的社区——一个社会系统。学生将在这样的一个社区中度过他们一生中最重要的时刻。如果教育者在整个教学过程中完全强调对各门学科的学习过程，那么学生可能会学习到相关的知识。但在同样的时间和地点，学生也可能从同伴那里学到破坏性的和不负责任的行为。我们应该意识到，学校中的每一项活动中都会发生学习，责任行为的习

〔1〕 Barbara M. Landau and Paul Gathercoal, “Creating Peaceful Classrooms: Judicious Discipline and Class Meetings,” *Phi Delta Kappan* 81(February 2000): 450 - 454.

得也是学习过程中最重要的内容之一。因此，每一位教师，不管他教的课程是什么，都必须接受集体的领导，并共同形成一个团队以营建和维持一个有助于学校各种学习活动顺利开展的氛围，这种氛围具有积极的特性并富有感染性，既存在课堂之内，也存在于课堂之外。如果接纳了上述概念，他们就可以作为一个团队共同计划所有基于经验以及认知特性的活动，以激励个体和群体的责任行为的产生。此外，他们还可以设计一些方法让学生参与到社会某个部分的运作过程中来。当然，这一过程可能需要家长或者民众参与进来或者提供一些资源。

成功的学校已经试图营建这种氛围来加强纪律建设，这需要学校所有教职员工的积极参与。这种积极的氛围必须要通过与学生进行个别的交往才能获得。事实上，教师与学生交往的过程就是在为学生提供了一个学习谦虚、友好、尊敬和同情的样例。这一过程既为学生提供了示范的行为，也展示了对个体真诚的关心。这一过程更需要校长及教职员工长期的关注。

学校中任何课程的目标都应包含自律。由能够自律的学生和教职员工构成的学校，必将会形成一个富有感染性的学习环境。霍纳等人（Horner et al.）认为，要在全校范围培育良好的纪律，如下三种基本需求必须要得到满足：

1. 要形成一种文化，在这种文化中，期望学生表现出来的行为必须能够被清晰地描述、教授，并能够获得支持。

2. 要能够为处在险境中的学生提供迅速有效的帮助。

3. 对严重的错误行为要能够给予高度的支持。[1]

描绘学生的人格特征

关于官方对某一特殊群体的人格特征进行描述，有很多报道与记载。在判断哪些学生可能濒临于危险之中，或哪些学生更可能具有暴力行为或骚扰他人的行为上，学校也存在类似的情形。美国教育部（the U. S. Department of Education）公布了一个具有暴力行为倾向的学生的人格特征表，国家学校安全中心（the National School Safety Center）也公布了这样的一个列表。在这两个列表中，对暴力倾向学生的人格特征的描述有很大的差异。[2] 考虑到这些列表与地方提供的列表分歧很多，因此，学校在使用时需要谨慎。

责任与惩罚

每个人都必须对自己的行为负责。这一生活信念在个体的早期就应当去明晰。

---

〔1〕 Robert H. Horner, George Sugai, and Howard F. Horner, "A School-wide Approach to Student Discipline," *School Administrator* 57(February 2000): 20.

〔2〕 Gil-Patricia Fey, J. Ron Nelson, and Maura L. Roberts, "The Perils of Profiling," *School Administrator* 57(February 2000): 14. This source also notes several Websites for additional research.

当规则被违背时，许多人都会最大限度地去避免承担责任。但是，如果规则明确并且合理，或者违反了规则之后能够受到合理地、公平地惩罚时，个体通常会很老实地接受惩罚。不良行为会受到惩罚，而好的行为会受到奖励，通过权衡，每一个人都会在行为的过程中进行小心翼翼的决策。

每个社会团队，包括学校，要想成功地运作都必须制定出一套行之有效的行为规则。在制定的过程中，越多的学生参与进来，那么当规则被违背时，学生就越友善地接受惩罚，团队成员遵守这些规则，并且当他们违反了这些规则能够勇于承担行为后果时，这个团队的关系就会越来越友好；每一个人将会认识到这些行为规则是为了维护整个团队的利益，也是为了维护团队中每一位成员的利益。换句话说，"因为我们关心团队，关心团队中的每一位成员，所以我们制定了规则和惩罚方案。"然而，如果团队中的个体普遍认为制定规则就是为了惩罚，规则的制定并不是基于团队的利益，学校执行这些规则也不是为了维护团队成员的利益，那么这些规则就会遭到各种形式的抵制。在这样的条件下，学生便开始反对教师和管理人员。而且，学生表现出的不良行为越多、受到的惩罚越多，他在同伴中的英雄地位就越高。

最严重的惩罚方式之一就是停学。停学处分使得学生与学校永久地隔离，这又引发了一个新的问题。因为，停学意味着学生被学校拒收，而不再被学校所关注；因此，被停学的学生最常见的反应就是抵制，然后放弃学校。过去曾经有过停学处分经历或者正在接受停学处分的学生，经常会表现出恶意破坏或暴力行为。可见，学校经常进行停学处分(杜绝危险行为发生的一种方法)可能会导致更多纪律问题的产生，而不是减少它们。

法院已经开始非常关注停学处分这一惩罚的方法。而关于停学处分的法律纠纷案件的数量也不断地增加。人们开始反对停学处分，因为它违背了学校的宗旨，是不合理的，更是因为它违反了宪法赋予学生享受教育的权利。美国最高法院在停学案件中裁定，停学处分是非常严重的事件。根据法律特定的法律条款，被停学处分的学生应当享受宪法充分的保护，学校不能依据自己制定的任何程序来勒令学生停学。[1]

停学处分是一种消极的惩罚方法。首先，停学处分是公开拒绝的行为，这可能会助长学生的报复行为。其次，学生因为学业困难而引发不当行为是经常发生的，但是，如果再对这些学生进行停学处分的话，就会加剧他们与其他同学之间的差距，从而再也不能赶上其他同学。然而，人们不时地看到学校禁止一些学生到学校里来上课。如果这是一场意志的较量，你认为谁会是胜利的一方？

将学生限制在学校中可能是一种更为有效的惩罚方法。如果学生违犯规则，可以限制学生的某些特权，并将其与集体隔离以示惩罚。但在隔离期间，学生会受到一种

〔1〕 *Goss v. Lopez*, 419 U.S. 565, 576(1975).

特殊的个体或团体的辅导以纠正其不当行为，同时还能够利用隔离期来缩小与其他学生在学业上的差距。星期六补课在某些方面可能是一种非常有效的方法。不过，学校并不是将这些受惩罚的学生关在教室里，而是为他们提供一些完成学业所必需的帮助，使其能够在学业上赶上同伴。

许多辅导人员拒绝接受有问题的学生，因为他们希望避免人们把辅导当做是用来改善纪律的惩罚的一部分。事实上，辅导人员并不是维持纪律的训导员。如果辅导人员不去帮助有问题的学生去遵守纪律的话，那么实际上他们就是在逃避自己所应承担的最重要的责任。

改善纪律的策略

通过对被提名为纪律良好的500所学校进行调查发现，如下13个特征对于形成好的纪律是必不可少的：

- 校长的工作伙伴在个性特征上应当与校长互补。
- 应更多地强调优点。
- 整体的环境都是朝向良好纪律的方向发展。
- 全体教职员工要具有较高的期望。
- 全体教职员工在工作中都要以学生为本。
- 要探究问题的起因与解决方法。
- 预防不良行为的产生比惩罚更重要。
- 各个学校的纪律课程要有针对性。
- 校长是一个重要角色。
- 全体教职员工应该充分信任学生并应投入大量精力促使学生的信念变成现实。
- 教师要善于处理常规问题。
- 与家长和社区建立稳定的联系。
- 学校要乐于接受外界的评价。[1]

下面是一些学校为了维系自身正常的工作秩序而开展的一些活动。但是，列举这些活动出来并不意味着通过采取这些活动就可以消除纪律问题。所有的学校和社区所面对的环境都是独特的，因此，它们必须根据自身的特点作出更适合自己的策略。不过，下述这些观点都可以被学校管理人员在自己的学校系统之内直接采用或稍加改变之后加以使用。

1. 作为学生、教师和管理人员共同构成的社团，学校应经常地、定期地以规模不

---

〔1〕 以上要点取自 Phi Delta Kappa Commission 的 *Handbook for Developing Schools with Good Discipline* (Bloomington, IN: Author, 1982).

一的群体讨论的形式，来讨论和回顾一下本社团运作的情况。

2. 教育委员会应当为各类学校制定出一个章程和权利清单，这应当成为学校赖以运作的基本的法律构架。

3. 对于具体学校而言，应当有一套明确学生和家长的权利与责任的规章制度可供使用。此外，这一规章制度的内容应当经常巩固和更新。有成效的规章制度应该简洁明了，适用于不同水平的学生并且能被他们熟记。

4. 为了恰如其分地实施学校的规章制度，惩罚那些不被学校认可的行为，需要建立起一套统一而明确的执行程序。教师及相关人员都应该知晓不同事件的处置结果。

5. 学生、家长、教师以及管理人员应共同起草学校的规章制度，并不断进行修订。

6. 经常评价学校的士气，以确定学校在哪些方面还需要改进。

7. 校长及助手应该深刻地洞察全校的情况，积极地到课堂上进行观察，经常巡视课堂内外，并与学生共同参与课外活动。他们应当以友善、开放、支持性的姿态来对待所有的学生和教师。

8. 学校应采取一些措施来鼓励学生参加学校举行的各种活动。例如，为不同的活动安排拉拉队长，设置特别行动的小组，或者为学校各种活动配置"服务小组"——一个组的成员不参加另外组的活动。实践证明，这些措施都是非常有效的。

9. 那些特殊的、正性强化的课程，不仅能够促进学生对学校的热爱、提高学生对学校的自豪感与忠诚度、增强学生的归属感，还可以强化学生对事物积极的态度，培育他们的团队精神。

10. 在发展学生负责任的行为和改善学生行为上，学校应多与家长沟通并积极寻求他们的帮助。

11. 教师与校长一起作为一个专业化的团队来监督和实施学校章程。与此同时，使学生以适当有意义的方式参与进来。

12. 全校的教职员工应当协同校长承担起发展学校纪律、维系学校秩序的责任来。而作为教师，除了让自己成为维系学校正常秩序的权威者的和责任人之外，还应当让自己成为学生的楷模和友善的导师。

13. 学校应当为教师和管理人员举办一些学习班或研讨会，提供在职培训以鼓励他们不断地更新在纪律(已成为学生不断学习的内容)和人性化教育方面的知识。

14. 到必须进行惩罚的时候，应当一致地、公平地、迅速地执行。行为的消极后果，从轻微的到严重的，都应提前考虑到。

15. 停学可作为一种违反纪律的处罚方法。但是，只有当学生非常具有危险性且屡教不改的时候才可以使用。可代替它的、另外一种更为积极的处罚方法就是校内限制。也就是说，学生在学校被隔离并被剥夺某些权利。但是，与此同时，他们将得到特殊的个体或团队的辅导以改进行为，还可获得一些帮助以提高自己的学业成绩。[1]

16. 在规模较大的学校里应该配有教师助手，白天的教学时间在教室四周进行巡视。他们应接受过特殊的在职培训。他们可被安排在校长办公室，但应当密切地与教师一起工作，他们的角色应当是教学辅导员或指导教师，而不是巡警。

17. 中央政府和教育委员会也应当为学校的纪律建设提供支持，并为学校更有效地开展纪律建设活动提供一些必要的资源。

18. 学校应当考察所有的建筑物和空地，以确定经常发生问题的区域；应当仔细规划学生上课、休息与活动的日程表，以尽可能地消除那些容易引发纪律问题的不良情境（诸如推搡和拥挤）的出现。

19. 为了创建和维持一个令人自豪的教学环境，学校应当将监管人员也视做学校委员会的一部分。此外，学校还应当给予监管人员足够的时间和必要的物质资源，以便于他们迅速修复受损的物件以及擦除掉四处乱画的字迹。

20. 学校可以与当地的警方合作，每个学期为学生举办一两次讨论会，共同探讨有关药物滥用、预防犯罪、暴力行为或其他较为适宜的问题。

21. 学生委员会、教师委员会和家长委员会应当单独或者集体地就学校安全、学生权利、课程安排和学校建筑等主题给校长提出一些建议。

22. 经过不断地监控与讨论，有一些问题可以及早地被发现。如果很多教师都发现某个学生可能存在某些问题的倾向，那么学校应该针对这个学生的问题召开一次会议，以制定出问题解决的策略。

许多中学已经证明指导者-被指导者方案非常有效。有些学校将任务加以调整以将所有能够提供支持的人员（如教师和管理人员）纳入进来。在处理特殊情境时还可以做一些额外调整以发挥长处并避免弱点。但是，这类方案往往需要在开始阶段给予教师持续性培训，否则就可能失败。因为，没有适当的预备，指导者的角色和方案的目标就可能混淆，从而可能会对学生造成相反的效果。

良好的纪律并不能轻易实现，它需要学校精心地计划与实施，必要的时候还需要小心翼翼地监视。对于学校而言，营建一个有效而良好的纪律是非常值得的，即使这个过程可能很艰辛并且可能遭遇到很多挫折。

校服

校服制度长期被一些私立学校和公立学校所采纳，这也被学校视为解决纪律问题的一种方法。大部分人认为，校服可以避免帮团标识的浸染，严肃学校的气氛，还可以削平学生之间在经济水平上显而易见的差距。卡鲁索（Caruso）赞成校服的制度，他认

〔1〕 对残疾学生作出停学（无论是校内停学还是校外停学）或开除处分的时候，校长需要更加谨慎。因为身份的变化可能会随着一些程序的变化而影响到学生的安置，参见第十一章。

为校服可以提高学生的出勤率、增加学生的自尊感、强化学生的团队精神，降低学生在服装上的开支、改善学生的行为，从而提高公众对学校的认识。此外，他进一步认为，反对校服制度的推行有悖第一修正法案，并可能造成学生在经济上的潜在困难。另外，还有人认为，推行校服制度有助于提高学生的学业成绩，但在这一点上，尚未有可靠的数据支撑。[1] 埃文斯(Evans)指出推行校服制度多是在小学。事实上，很多问题并没有因校服制度的推行而得到解决。经济差异并没有被削平，诸如，在参加课外活动上或参加正式舞会所穿的礼服上，都可能体现出学生在经济上的差距。[2] 学校决定自己是否推行校服制度也不是一件很容易的事情，这还需要社区广泛参与进来。

受辱

受辱的表现形式是多种多样的。受辱的对象涉及很广，包括低年级学生、运动队的新人、某些种族群体(亚裔美国人最近已经成为羞辱的目标)。受辱的形式绝不仅是穿一些很特别的衣服以表明自己是该群体的"新人"或属于某个群体。有报道，一些高中生为了让某个运动、艺术、音乐或戏剧俱乐部接纳自己，常常吃一些令人作呕的东西、过量酗酒或做一些很羞辱的事情。一些较热衷于运动的学生，在某些场合下，经常遭受到性虐待。许多学生之所以没有报告被虐待的情况，是因为他们希望能够成为某个俱乐部的会员，或者是受到了威胁。布什韦勒(Bushweller)就控制受辱这一现象，尤其是针对某些运动俱乐部中出现的现象，提出如下建议：

1. 要制定出一个反受辱政策，在政策中要明确受辱的含义，确定出不被学校和社会许可的行为。
2. 如果受辱发生，必须即刻给予反应和制止。
3. 全体教师、教练和学校职员都应该接受这方面的培训。
4. 在有可能发生受辱行为的地方(如衣帽间)，要有成人监控。
5. 注意每一个微不足道的细节。[3]

性别问题

一般来说，学校是社会的一个缩影。学校对男孩和女孩往往赋予了很多"适宜"的角色期望。比如，学生上什么课、选择什么课目、进行什么运动以及为何种职业作准备。性别偏见不是空谈出来的——它实际上存在于每一所学校和每一个社区中。因此，在学校中性别平等的权利必须要具有可操作性。作为校长，不仅要熟知宪法和法

〔1〕 Peter Caruso, "Individuality vs. Conformity: The Issue behind School Uniforms," NASSP Bulletin 80(September 1996): 83-88.

〔2〕 Dennis L. Evans, "School Uniforms: An Unfashionable Dissent," *Phi Delta Kappan* 78(October 1996): 139.

〔3〕 Kevin Bushweller, "Brutal Rituals, Dangerous Rites," *American School Board Journal* 187(August 2000): 21. Further Information is available at www.stophazing.org/laws.html.

律赋予每个人的权利,还要明白由于性别的刻板印象和未能全面地营造一种创造性的学习环境而引发的潜在后果。

性别偏见最初源于人们对性别角色的刻板印象:人会因为性别上的差异而有所差异,诸如在能力、兴趣、价值观以及社会职责上,男女之间都有着很大的差异。这一刻板印象不但限制了两类性别的人群在潜能上的发展,而且还很容易使那些不遵从传统规范的个体受到挫败。对于学校而言,追求性别平等的教育的第一步就是全面而深入地核查一下自身管理体制中可能存在的性别偏见。核查的内容既要包括公开的课程,也要包括隐蔽的课程,这类课程往往是构成大多数正式教育中的偏见和刻板印象的一部分。此外,实践活动、教学材料以及普遍意义上的教学环境,都应当包含在核查的范围之内。

教育修正案第九条

根据 1972 年教育修正案第九条:"在美国,任何人都不应该因为其性别受到排挤而无法参与联邦补助的教育计划或活动,或者被拒绝从中获利与遭受歧视。"[1]为了遵循 1976 年 7 月 21 日颁布的这道法案,所有由联邦政府补助的学校都必须做到如下几点:

- 对自己进行一项全面而详细的评估。
- 采取一些必要的措施以消除性别歧视,并对此给以明确的记录。
- 采取并颁布一些问题解决程序以解决学生和职员因性别歧视而引发的抱怨问题。
- 任命一名协调员,以执行教育修正案第九条。

教育修正案第九条还规定,任何机构都不得在入学许可、某种资质的认可(这包括住房、课程或其他的教育活动、咨询服务、经济帮助、学生医疗与保险福利、婚姻或家长状况以及运动)上,予以歧视,为了保护各类机构的雇员,该条令禁止任何机构在雇佣、招聘和聘用职员的过程中存在性别歧视。

教育修正案第九条的进步在于,该法案确保了所有儿童和青少年能够在学校中平等享受宪法所赋予的权利。尽管教育修正案第九条没有规定私人机构必须遵从该法令,但是他们必须在道义上提出符合宪法赋予每位公民的基本权利的方案。

性别、课程与教学

在整个教育过程中,遵循教育修正案第九条仅仅是消除性别偏见的一个部分。教育修正案第九条没有要求教职员工使用指定的课本或者课程材料。因此,校长和教职

〔1〕*Peer Title IX Regulation Summary* (Washington, DC: Government Printing Office, 1972), 1.

员工在使用即将购买的材料之前，必须进行系统地、仔细地核查。下面这些问题有助于学校的核查工作：

1. 教材中出现的男性和女性，涉及的角色是较为广泛的还是传统中的较为刻板的？

2. 不同性别的人之间是否是平等地互相尊重？

3. 男性和女性在情感和行为上是不是有着很大范围的变化？抑或是精心选择的？

4. 有关男性和女性生活方式的描述符合现实吗？

5. 在标准的课本中，与男性相比，女性的数量有多少？（课程所选用的教材中，应包含具有代表性的女性。）

6. 有没有微小的偏见存在？诸如，在白种人中，男性象征着权力，女性意味着顺从；或男女获取成功的标准相同吗？例如，女性的成功是因为其美丽的容貌和烹饪的技艺，而男性的成功是源于他的才智和坚强的意志吗？

7. 对使用性别歧视的语言提出疑问了吗？

8. 在不同性别之间，用到的图片、漫画和引用的语句，在数量上平衡吗？

9. 做一个实验，尽管这个实验可能存在着争议。如果由单一性别的学生构成班级，在科学、数学或者另外一些学科上，会出现何种不同的学业等级结构？对于学业成绩，会有什么积极或消极的影响？

教职员工的发展

无性别歧视的课程比对材料的选择更为重要。学校应当从教职员工的发展着手，帮助职员习得无性别歧视的教学方式。具体的内容有：

- 加强对自身的偏见和性别歧视行为的知觉。
- 提供一些教学技术，使每位教师克服性别歧视行为。
- 在制定无性别歧视的材料上提供培训。或者借用传统的没有性别歧视的教学资源。
- 发布一些有关无性别歧视的教学资源或研究成果等信息。
- 鼓励职员更多地了解女性对于我们这个社会所作的贡献。

越来越多的研究证明以及我们自己的经验显示，小学教师在每天与学生的交互过程中，对待男生和女生经常采用不同的方式，尽管他们自己可能都没有意识到这个问题。通过玻璃观察课堂，研究者发现，教师在对待男生和女生的问题上常常无意识地表现出差异。小学教师倾向于：

- 和男孩子说话多，问他们更高水平的问题，并且督促他们更加刻苦努力地学习。
- 给男孩子仅是详细地口头布置任务，却告诉女孩子该如何完成任务或帮她们完成任务。

● 在教室里，不顾男孩子在哪个位置，直接就对他谈话。

● 赞扬男孩子功课中表现出的智慧，经常批评男孩子的作业没有格式或不整洁。对女孩子却不是这样。

把儿童根据性别进行分组教学可以归纳出积极和消极的经验。在性别混合组中进行教学可以增强男孩子作为领导者和问题解决者的感知，女孩子却没有获得这样的经验。事实上，许多女孩子不愿参加性别混合组的教学活动。在这里，我们必须要当心，在我们试图根除一些陈旧的刻板印象时，不要又制造出新的刻板印象。

学校的性骚扰

据报道，许多立法人员、政府官员，以及大多数的读者都熟知工作场所中的性骚扰事件；但是，对学校中潜在的性骚扰很陌生。我们首先想到的情节可能是一名教师恶意地亲近学生。对性骚扰这一问题，校长同样也需要保持一定的敏锐性。一些教师可能会用猥亵的故事、明里暗里的企图或淫亵的计划来骚扰其他教师。当然，这些有害的行为是不容许发生的。此外，同学之间的性骚扰时间也越来越多。通过对 8～11 年级的 1 632 名学生的调查结果显示，"85%的女生和 76%的男生报告自己曾经被性骚扰过。"〔1〕

学校职员在口头上或在身体上性骚扰学生的罪恶幽灵正不时地笼罩在学校的上空。当然，虚假的控告也是有可能的。学校职员的声誉和职业生涯也为此而时常濒临危险之中。但是，需要注意的是，根据莎士夫特和科汉(Shakeshaft & Cohan)调查的 225 例学生控告学校教师或职员的性骚扰案件中，只有 7.5%的控告被证实是捏造的。〔2〕

学校的政策和程序需要具有适当性并能够被学校所有教职员工理解。在任何情况下都不能触碰到学生的这一政策事实上是一个无效的方法，并不具有实践性。比如，遇到学生打架就必须将学生隔离开，否则就可能会有学生受伤。〔3〕学校的政策应该规定正式申诉和非正式申诉的程序、申诉所需要的材料、具体的申诉流程、调查程序(比如，当调查开始，如何处置被控告的职员)以及支持受害者。〔4〕如何处理类似的事件不能等到事件发生了之后再作决定。在事件发生之前，校长就要能够熟悉事件解决的政策和程序。因为正确的行动需要即刻执行，而一些媒体在知道事件之后也可

〔1〕在 *Detroit Free Press*, 2 June 1993, 6A 中有报告。

〔2〕Carol Shakeshaft and Audrey Cohan, "Sexual Abuse of Students by School Personnel," *Phi Delta Kappan* 76(March 1995): 518.

〔3〕Perry A. Zirkel and Ivan B. Gluckman, "Sexual Misconduct by Staff Members," *Principal* (March 1994): 63.

〔4〕参见 Jeffrey T. Sultanik, "How to Conduct an Investigation of Sexual Harassment or Retaliation," *Your School and the Law* (November 1993).

能打电话过来询问。

家长也不能袖手旁观，任由骚扰持续下去，更不能让学校忽视这一事件。在1999年戴维斯诉门罗县教育委员会（*Davis v. Monroe County Board of Education*）的案件中（收录在美国最高法院案例汇编第56卷906页），受害者在将自己受到骚扰的情况报告给家长和学校的官员之后，因为学校没有采取有效的行动，使得受害者持续受到骚扰。美国最高法院在本案的表决中指出，如果学校管理人员知道一个学生对另外一位学生施行性骚扰，学校官员必须采取措施予以阻止，如果学校当局不采取合理行动阻止性骚扰，学校当局便要承担经济上的责任。

用标准评估/测验将学生分等级的教育环境

如果国家出现危机，不管是经济上的还是政治上的，学校都可能成为公众的焦点。学校既可能成为公众指责的对象，也可能成为公众赖以求助的英雄，甚至这两种截然不同的角色会同时出现。而校长也经常置身于公众与教师不断地质疑和要求之中。最近，学生和家长又联合起来抵制州内统一考试。因为他们认为，这类测验既费时间又费钱，而且只是为了学校在考试中获得好分数。很多社区有大量的学生在统一考试期间缺考。而与此同时，一些州还专门成立了机构以负责惩罚那些在州内统一考试中考得不好的学校。

州政府要求有着特殊需要的学生也要参加考试，学校为此也额外增加了许多的压力，因为要保证这部分学生顺利的考试，校长必须要考虑到便利设施的安置。此外，正如第十二、第十三章所提到的，部分基于时间限制的难度测验也常常引发出很多的问题。[1] 而测验时间在安排上也欠周详。由于考试日期通常安排在春季的学期，加上考试结果出来需要很长一段时间，使得教师们很难根据考试反映出来的问题调整教学计划。于是，下面这个问题便随之产生了：这种考试是为了给学校的教学或课程提供有意义的信息，还是为了向公众显示学校是有责任心的？

为了这些学校无法直接控制的社会因素或经济因素去责备学校显然是不公平的。许多教职员工在明白这一点之后，对这一负面事件的第一反应就是自我辩护。但是，学校的管理人员和教师们必须意识到，一味地追求对学生未来工作能力的培养并不是一个好想法，这种想法有朝一日必将消失；尽管当前商业界仍将高技能工人的缺乏视做我们国际竞争力不强的主要原因。[2]

从商业界的视角来看这个问题，最重要的，无疑就是要确定这些潜在的工人和领导者所应具备的能力"底线"是什么。首先，测验分数似乎给出了答案。学校会将与邻校之间的分数比较看做最重要的事。如今，确定标准成为评估的驱动力。美

〔1〕 要深入了解此问题，参见 Frank Smith, "Just a Matter of Time," *Phi Delta Kappan* 82(April 2001): 573 - 576.

〔2〕 参见 David C. Berliner and Bruce J. Biddle, *The Manufactured Crisis* (Reading, MA: Addison-Wesley, 1995).

国学校促进法(IASA)要求各州建立一套评价学校成功与否的标准。根据分布曲线划等级的做法已经过时了。一套具体的、高质量的标准,是衡量学生学业成绩的标尺。[1] 学校要面对的测验除了常模参照测验之外还有绩效测验。基于这些无异议的评价标准,可以确定出一个学校所处的位置(参见第十二、第十三章)。

真正的问题并不是学校是为了达标还是为了培养具有竞争力的工人。而是在于公众合法的权利得到保障——自己所建立的学校应是"人民的学校",应着重于满足学生和社会的合理需求。这种思想深深扎根于人们的日常生活中,在美国传统教育体制中也是根深蒂固。为了每一个儿童都能有机会成为有用的、自立的公民,国家耗费了大量的物力财力才建立起免费的公众教育体制。对于公众来说,孩子们有必要掌握一些基本的技能:阅读、写作和算术。而检查儿童是否掌握了这些基本技能的方法就是测验。自从17世纪第一个公立学校运动开始,公众便希望孩子们可以获得基本的学习技能;而对学校,公众则期望它们能够对这些努力负责。于是,从美国教育之初,测验便成为检查孩子们是否掌握基本技能和树立责任制最常见的方法——从一个年级到另一个年级、从小学到高中、从高中到大学,均是如此。

事实上,除了阅读、写作和算术之外,还有许多更为基础、更为教育所必需的技能需要学生掌握。这些基本的技能可能会很难被掌握或教授,对于不同的人而言,其意义可能大大不同。对于一个完整的生命而言,每个儿童都可能需要在身体、情感、审美、理智和道德上获得收益,而这些内容已经远远超过公众最初考虑的那些基本技能。常模参照测验是众多评估类型中的一种;然而,认知的许多方面,特别是情感,通过它是无法测验到的。

测验标准运动采用新的方法促进了教育评估的发展。目前的问题是,如何确保学校的目的得以达成,以及如何正确地进行评估和测验——这是所有的教职员工应朝之努力的方向,而不应去攻击教育评估,因为教育评估是公众真正感兴趣和关心的内容。一位真正的教育领导者,除了要能认识到能力培养与教育测验在课程中具有重要的地位之外,还要能够与公众一起去促使能力培养与更加合理地组织教育测验。除此之外,领导者还应当向公众说明,通常的纸笔测验仅是众多教育评估方法的一种,还有许多其他的方法可用来评估学生的发展与成就。同时,还应当让公众相信,学校对他们的付出是负责的。

作为单个学校的校长,要想改变州政府有关评估标准的立法,往往是很艰难的,除非他掌控一家专业组织或在社区影响的范围之内施与领导。然而,校长也有一些特殊机会与教师共同发展一些较为专业的方法,以阐释和贯彻人们对公立学校那些根深蒂固的责任观念。我们可以通过对下面这些陈述或问题从正反两个方面进行辩论以对

〔1〕 Dale Carlson and Adrienne Bailey, "The New Title I Assessment," *School Administrator* 53 (December 1996): 18-23.

此问题展开讨论：

1. 学校中的每一门课程或科目都很重要，测验往往会对学生在知识和情感方面的学习造成一定的冲击。

2. 每一门课程或科目都应该有书面的、可被测量的目标，这一目标应该与一定的标准和能力相关，并应当得到政府或该领域专业组织的认可(例如，国家数学教师委员会)。

3. 每一位教师都有责任根据"为每一个学生所制定的标准"来评估学生的进步程度。

4. 每一位教师都有责任去诊断学生在达成预期目标过程中出现的问题，并有责任去矫正学生的行为。

5. 不管是什么学科，也不管是什么年级，每一位教师都有责任帮助学生习得和发展他们赖以学习的基本技能，尤其是最基本的 3R 技能——阅读(reading)、写作(writing)和算术(arithmetic)。

6. 学校里开设的每一门课程或科目都应该有具体的、固定的教与学的程序，以促进学生的能力以及所谓的基本技能的发展。

7. 如果评估与学校的课程不匹配是不是就意味着学校的课程或评估不太适宜？

8. 学生要在下一个年级水平上获得成功，必须掌握一些技能。对于不同年级的学生，教师要想帮助他们习得这些技能，应该担当起什么样的角色？

9. 学校如何做才能使评估和常模参照测验与教育机会平等相协调呢？答案不再是择优录取吗？如果不是择优录取，那么究竟有什么办法可以解决这一问题？

10. 如果让成绩分数来决定学生能否有机会学习什么知识的话，每个人还有平等的机会来学习阅读、写作和算术吗？学校的每个年级还会设计一些程序来塑造学生的这些技能吗？

11. 在确定学校教学的内容和重点上，家长和社区成员应当多大程度地参与进来？

12. 有哪些合乎伦理的做法，既能够给学校增加一些压力以保持或提高学生在州内统一考试中的成绩，又能够满足所有考生的需求。

在对待责任问题上，校长可通过与教师和家长一起工作来舒缓紧张状态和降低挫折频率。我们经常能够看到，压力常常导致一系列问题的产生，诸如小学生哭闹、高中生旷课、教师放下课程计划来应付考试，甚至导致一些教师为学生提供一些不合理的"便利"条件。(还能否记得第十三章中提及的皮克斯顿小姐的案例？)

这些都是一些有关责任要素的基本问题。这些重要的专业问题尚需进一步的关注和讨论，并以此来探求一些可行的解决办法。

集体协商和校长

在大多数学区内，很多事情往往通过集体协商进行决策，诸如工资、薪水、福利、工作环境等。雇员集体行动最早可追溯到欧洲中世纪的行业协会。最近，国家和一些州开始从法律上认可在公共部门工作的雇员的集体协商权。表 16.1 是公众争取集体协商权过程中的一些重要历史事件的梗概。在这些事件中，集体协商活动的控制权大多数被公众掌握。

表 16.1 公共部门与私有部门争取集体协商权的活动梗概

1932	诺里斯-拉加蒂法(Norris-LaGuardia Act)	承认工人具有组织的权利；禁止公司强迫工人加入他们不愿加入的工会组织；对法庭使用禁令限制工会活动进行了约束。
1932	瓦格纳法，亦称全国劳工关系法(Wagner Act, National Labor-Relations Act)	赋予工人同雇主进行集体协商的权利；详细界定了雇主不公正对待劳工的行为；建立了全国劳工关系委员会。
1946	康涅狄格州的诺瓦克教师罢工	
1947	塔夫脱-哈特利法，亦称劳工管理关系法(Taft-Hartley Act Labor-Management Relations Act)	禁止上岗前必须先参加工会的"封闭性企业"(closed shop)制度；详细界定了劳工的不公正行为；对劳工基金及财务账目的使用进行了限制；保护工会内外的个体。
1959	兰德伦·格里芬法，亦称劳资关系报告暨公开法(Landrum-Griffin Act Labor-Management Reporting and Disclosure Act)	该法是对塔夫托-哈特利法的修正；确保了集会中的言论自由；制定了工会代表选举及其所享权利的指导方针。
1961	纽约市的教师赢得了集体协商权	
1962	美国总统之 10988 号行政命令	赋予联邦政府雇员建立工会和集体协商的权利。
1968	美国总统之 11491 号行政命令	建立了联邦劳工关系委员会

地方上的教师协商小组，校长通常是不参加的。一些州为教职员工专门制定的集体协商法，都明确将校长排除在外。校长往往被视做管理团队的一部分。对校长而言，常常只能是集体协商运动的观众，眼睁睁地看着自己的角色被运动员——教师和教育委员会成员——逐渐地侵蚀，甚至时常被完全遗忘。他们对已经协商好的书面文件只能持赞同的态度。如果校长没有被排除在协商小组之外，就可以进入协商小组中的管理层，从而为集体协商提供一些具体的建议，或直接成为协商行动的参与者。如果校长仍具有管理特权，这样做显然是非常必要的。然而，如果校长特权被严重地侵

蚀的话，也就是说没有教师的允许，校长不能踏入教室进行任何评价。总之，校长应尽可能主动地、直接地参与到协商的过程中来，并部分地履行其作为学校领导的职责。

大多数州都有相关的法律，规定了教职员工具有(或不具有)与地方或更高一级的行政机构进行集体协商的权利。这些法律也开始适用于州政府部门的雇员。一部分州承认教职员工有罢工的权利，但往往都设置一定的条件或情境。也有一部分州将罢工视为非法，但罢工出现的时候，却常常当做没有发生。还有一些地方，容忍罢工行动可能已经成为了一种区域文化。让教师公然对抗州的法律来罢工的话，往往会给公众和学生传递一种不受欢迎的和不受保证的信号。与其如此，还不如颁布法律许可符合条件的罢工活动，严禁那些不符合条件的罢工活动。

当教师罢工事件出现之后，如果情势尚可控制的话，校长要尽可能地坚守岗位，以确保学校正常地对外开放。除非情势危急而存在安全问题，才可以停学。另外，预先作好计划往往是非常重要的。

罢工计划

通常来说，每一个学区乃至每一所学校，都应当准备一个罢工计划。如果还没有这样的计划，就必须立即着手予以制定。除此之外，应当让每一位职员熟悉此类计划，尤其是对计划如何执行这一部分内容。教育委员会代表、学区中心办公室工作人员、交流联络中心的工作人员，以及管理人员，都有明确的职责去熟知这类计划。下面这些观点可以帮助我们有效地思考一些潜在的罢工事件：

1. 管理人员应尽可能地避免同参加或未参加罢工的职员进行任何的讨论。

2. 在整个罢工期间，管理人员不能通过招募学生家长作为志愿者管理班级来维持课堂教学。

3. 在罢工的第一天，食堂职员必须提供正常的服务。

4. 管理人员应当每天都向学生准确地报告有关罢工最新的信息。

5. 管理人员要及时通知原本在工作日程中要使用学校设施的所有外部机构：所有设施暂停使用，直至罢工结束。

6. 管理人员必须终止学生所有的校外活动。

7. 在整个罢工过程中，管理人员必须为不参加罢工的职员提供在职的培训课程，使得这些职员获得必要的知识和技能以提高工作效率。

8. 管理人员应给每一位没有来上班的职员打电话确认对方是否参加罢工。最后，汇总成报告及时送至学区交流中心。

9. 对于那些不参加罢工但没来上班的职员，需要及时地与其联系，以确认该职员第二天是否要来上班。最后，汇总成报告及时送至学区交流中心。

10. 管理人员应当每天召开一次会议来鼓舞士气，并暂停对所有问题学生的讨论。

11. 管理人员应当要求所有未参加罢工的教师为第二天的教学活动拟定和提交一个课程计划。

在罢工发生之前，管理人员应尽可能地多花一些时间去核查一下罢工计划的细节。等到事发之后再去采取补救措施（如：换锁、为机密文件提供防护措施、维修加热/通风系统），不仅容易引发畏怯的心理，说不定还会助长罢工的气焰。

契约管理

校长常常要通过非正式的途径来解决契约的执行问题。尽管问题解决所需要的时间可能会很短暂，但发生频率可能很高。

对校长时间运用的研究表示，校长在教师的契约管理上往往花费的时间很少。这一积极的研究结果表明，校长和教师在处理契约上往往都非常有经验。这可能也意味着契约术语较为清晰与合理。当问题发生的时候，校长可按如下几点操作：

1. 要熟知契约的具体细节以及契约各条术语的含义。
2. 关于契约管理，要了解各级管理人员和人事部门在协商小组中的职责。
3. 要能够有效地运用一些应对各种申诉的技巧。
4. 分析契约各条术语的含义及其对学校各类重要目标顺利达成的影响，并为不得已的变革找出理由。
5. 要能够透彻地理解自己身为校长的管理职能。

熟知契约的具体细节

仔细地阅读和分析契约，将契约的内容转化为校长式的行为术语。正如对法律的无知不能成为你超速行驶的借口一样，对契约中各项条款含义的无知不能避免他人的申诉。熟知契约中的具体细节有助于校长更加灵活地开展工作。尽管契约常常规定了开展某项工作的途径和方式，但也可能给我们提供了不做该工作的理由。

校长应当知道，有哪些做法是可以通过解释契约（或曲解契约）而被允许的。对于一位新校长而言，这可能是一项非常困难的工作，除非他在这个工作系统中已经工作过一段时间。作为校长，要仔细地回顾一下过去在处理契约时有哪些做法是合宜的。这不仅仅是为了了解，也是为了日后对契约的改进或完善。

了解各级管理人员的职责

尽管校长时常看起来很孤立，但在契约管理的过程中，情形并非这样。人事专员、督导长和助理督导长，在契约中担负着一定的职责。在新的决策产生之后或新观念接受考验之时，每个人都可以帮助校长分担一些责任。各部门负责人的职责清晰之后，校长的角色就越发地明确了，尤其是面对申诉的情境。

如果你不能很好地了解谈判小组代表的角色，那么他可能会成为你麻烦不断的根源。但是，一旦你能很好地了解他们的角色，他们反过来也可能为你提供很多的帮助。在就一些提议进行讨论的时候，学校工会代表对你的支持就是一种很好的帮助形式。当然，这对职员来说，可能并非好事。如果某职员表现得不能令人满意，他可能会被解雇，那么早一点通知学校工会代表对问题解决来说可能特别重要。

有证据表明，同专业的学校工会代表一起工作可以让教师在重要的决策上感受到更多的参与。因此，学校工会代表如同很多的专业机构人员一样，可能是一股影响学校发展的重要力量。学校工会代表往往需要遵循专业准则，并按照分权制度而不是等级制度来参与校务管理。当然，这很大程度上取决学校如何选择。如果工会是为了抗争目的而成立或运作，那么学校将会越来越官僚；但是，如果工会能够增强自治权、提高专业水平，以运用教育理论和研究成果进行专业诊断，并给出问题的解决方案，那么学校必将变得更加专业化和民主化。

要对课程、时间、预算（有时）和人事等方面的决策权进行分化，往往需要暂停契约的执行以运作本地的项目。而随着地区**本位管理**（site-based management）和特许学校在学区范围内的应用，一些契约可能需要变更或中止。而教职员工的不满也就会随着契约权利受到侵犯而产生。

有效运用应对各种申诉的技巧

要想说服教育委员会代表和督导长相信申诉程序可能是解决问题的一种很有用的方法并让他们不要过分地害怕，可能是非常困难的。申诉程序可能会成为教育系统健康发展的一种机制，而每位职员都有可能从中受益。

一般而言，申诉通常意味着：(1) 是基于某个事件或某个条件的宣告，可能会影响到某个教师或教师群体的工作环境和福利；(2) 某个契约条款的解释或应用可能引起了争议；(3) 契约规定的权利被怀疑受到了侵犯。申诉机制的目的是为了尽可能地从源头上解决问题。因此，在一所高级中学，大多数的申诉可以或者应该在部门水平上进行解决，如果部门解决不了的话，校长再出面解决。对于小学里的申诉事件，学校工会代表和校长往往可以很快地解决。在较大的学校系统中，成千上百个申诉应当被悄然解决，尽可能减少或不要引起学校系统外的公众的注意。

很显然，在处理任何投递到校长办公室的申诉上，校长都扮演着重要的角色。另外一些申诉可能还需要一级级往上报，让督导长或教育委员会来解决。必要的时候，可能还需要进行仲裁。

在解决申诉的过程中，最重要的可能并不是诸如洞察力或解决问题的态度，而是解决问题的技巧。有时候，一场申诉就好比一场战役。然而，在大多数情况下并非如此。正如前面所提到的，申诉程序给职员表达不满的情绪提供了一个正式的途径。显然，从后一种观点来看，申诉程序为职员和管理部门之间的积极沟通开辟了一条崭新的道路。

倾听技巧 如果一场申诉发生了，那么校长必须表现出卓越的倾听技巧。一件很偶然的事件可能会导致"愤怒激烈的批评"。在没有调查之前，不要妄下结论，因为真正的问题往往不是表面上显露出来的那样。换句话说，就是要先调查一下申诉者所要表达的内容。让双方互相交换一下彼此的观点，这样有助于澄清问题。

记录技巧 常常会有一个表格用来记录申诉的过程。然而，为了更好地解决问题，仅靠简单地记录双方交涉的过程往往是不够的。如果能够进行录音，那么记录的问题就能够更好地解决。在录音过程中，校长应该仔细地记录双方交涉的情况。随着问题越来越清楚，双方就一些有争议的问题达成共识是非常重要的。如果事件在学校层次上无法解决，那么精确地记录双方相互交涉的情况就显得更加的重要。

处理程序 抱怨/申诉程序作为一种沟通的工具，往往需要具有公正性、简单性和及时性。

展望

集体协商无疑会影响到校长公众形象，但是校长也可以影响到集体协商的结果。通过共同决策，学校可以变得更公正、更具有包容性，从而使学校朝着一个"既能考虑到学生和社会的利益，又能考虑到教师的利益"的方向变化。达成一个字义清晰、观点明确、由集体协商出来的契约将会更加简单。同时也会促进人们改革观念，鼓励管理者树立"没有契约问题就等同于优秀领导"这样的观念。在一个知识、技术和全球环境急剧变化的时代，学校也必须要与时俱进，任何的停滞都将是危险的。因此，在这样的环境下，智力萎缩将会很危险，我们绝不能忽视集体协商所带来的挑战机会。

危机管理

学校常常要面对一些危机，其中有一些可能会成为大众媒体关注的焦点，并给学校和校长带来很多负面的影响。教职员工或者学生的死亡、自杀、报告出来的性虐待、暴力行为以及自然灾害等事件，都可能引发危机。因此，这不是"如果危机发生"的问题，而是"危机何时发生"与"危机将会是什么"的问题。

危机管理程序在危机发生之前就应该建立起来。通过为教师提供一些讨论和训练课程以明晰危机出现时应该采取的程序，可以有效地减轻危机带来的影响。通常而言，不同的学校或学区的危机管理计划往往是不同的。校长需要与学区和社区的工作人员一起去改善危机管埋程序。在危险情境下，个体往往需要及时获取如何保障自身安全的信息。因此，准备一份详细的交流工具清单（电话、双向广播、闭路电视等）是非常有必要的。

危机小组应当提前建立。学校应该明确小组的职责并为之提供如何获取帮助的信息。危机小组的构成可以根据学校面对的形势而变化。危机过后,学校的教职员工和具有适当资质的社区人士可组建咨询服务小组或关爱小组。显而易见,这些成员需要事前就被确定并给予一定的培训。如果在危机发生的期间组建这样的小组可能会带来很多不良的后果。

对于应对媒体的个体,其责任应当被明确。通常而言,发言人应该是中心办公室的工作人员,但是在危机期间,校长或教师时常也会置身于摄像机与麦克风之前。为此,为了教职员工能够熟悉相关的政策和程序,学校应当提供必要的培训课程。

媒体发言人应当主动地发布信息,而不只是对媒体询问进行被动地应答。公众和媒体的问题应当尽可能地去预想,答案也尽可能地准备好。媒体发言人应当控制好发问的过程。"无可奉告"并不是最佳的回答。如果你不了解某一问题的信息,你就如实地回答好了。只要录音机和摄像机开着,其间发生的事情就不可能"不被公开"。在整个危机持续的期间,校长应尽可能地关注大多数的新闻报道。[1]

小结

学校仅仅是多元文化中的一部分。文化的多元性给学校带来了很多的问题,同时也为问题的解决提供了许多不同的观点。本章讨论了学校纪律、性别歧视、性骚扰、对评估与考试的期望、校长在集体协商中的职责以及危机管理等方面的问题。这些问题只是发生在学校校园内的问题,仅是学校面对的问题中极少的一部分。但是,成功地解决这些问题将有助于为学生营建一个没有侵扰的、平等的、合作的学习环境。

思考题

学校纪律

1. 学生在学校里的行为能否反映出他的社会行为? 如果能的话,你认为学校维持纪律的做法是否也反映了社会在此方面的做法?

2. 与 20 年前相比,学生的行为是变好了还是变坏了? 请举例说明。

3. 那些经常受到学校纪律问题困扰的教职员工常愤愤地说:"我们又不是警务人员! 监管走廊、卫生间、餐厅和体育场所不是我们分内的事,我们也不会去做那些事情!"你同意他们的观点吗? 如果你是他们的校长,你应该或将要做些什么?

---

[1] See Les Davis, "Swimming with the Sharks," *School Business Affairs* 62(September 1996): 23 - 27; John Dudley, "Amidst Crisis Be Prepared for Tough Questions," *School Administrator* (February 1996): 38 - 39. See also Theodore J. Kowalski, *Public Relations in Schools* (Columbus, OH: Merrill/Prentice Hall, 2000).

4. 假如教师有一个专业的社团并有过成功的集体协商经验。校长应该行使什么形式的职权来与教师一起改善学校的纪律问题?

5. 让学生直接参与到学校纪律改善的活动中来,是否有点像让狐狸看管鸡笼的感觉呢?

性别问题

6. 在多数社区的学校中,最容易被忽视掉的性别偏见问题是什么?单一性别的班级还是运动会?

7. 有人认为,性别的刻板印象在学校很多方面都可以发现:教科书、课程、社会活动、娱乐、甚至在学校的纪律上。有些刻板印象给女性带来了很多的不良影响,也有一些给男性带来了不良影响。请思考一下,看能否举出一些例子,我们应该如何解决这些问题?

8. 请准备一个有关"如何改变学校保守群体的陈旧观念以消除学校中的性别歧视"演讲提纲。

9. 筛除存在性别歧视的课文如何才能成为一种由专业人士操作的审查机制?

10. 审核一下贵校有关性骚扰的政策。确认一下是否存在一些具体区域未能采取妥善的行动或被疏漏了。

生活在一种负责任的环境中

11. 辩论:重点放在获得能力以提高经济竞争力或能力测验上存在差别。

12. 如果一门课程没有明确的、可以接受的、可测量的目标,学校还应该开设这门课程吗?

13. 要接纳具有特殊需要的学生进来,学校需要为其提供合适的便利设施吗?这里面可能包含着什么样的风险?

集体谈判

14. 集体协商程序的演化,在什么方面类似于人类成长的某个阶段?

15. 在你所在的州,什么事情是可通过协商来解决的?它们可进行讨论吗?

16. 在集体协商中,将校长的人和职务之间进行区分在哪些方面显得更加重要?

17. 无效的行政领导将会产生强大的工会。请加以辩论。

18. 校长是否也应当有自己的集体协商小组?这会怎样影响管理团队的构想?如果一个校区的校长有自己的集体协商小组,将会产生什么样的影响呢?

危机管理

19. 贵校有危机管理计划吗?计划中的哪个部分你不太清楚呢?

20. 在整个危机过程中，谁来应对媒体？

21. 为了帮助教职员工，学校应该提供什么样的关于危机的职员发展课程？

推荐读物

1. Caruso, Peter. "Individuality vs. Conformity: The Issue behind School Uniforms." *NASSP Bulletin* 80(September 1996): 83 - 88.

2. Center for Employment Relations and the Law. *The Impact of Teacher Collective Bargaining on School-Site Management in Florida*. Tallahassee: Florida State University, 1984.

3. Davis, Les. "Swimming with the Sharks." *School Business Affairs* 62 (September 1996): 23 - 27.

4. Fey, Gil-Patricia, J. Ron Nelson, and Maura L. Roberts. "The Perils of Profiling," *School Administrator* 57(February 2000): 12 - 14.

5. Kessler, Rachael. *The Soul of Education*. Alexandria, VA: Association for Supervision and Curriculum Development, 2000.

第四部分

辅助性的服务管理

我们坚定地提倡在学校中采取一种减轻校长对日常琐事承担过多直接责任的组织运转模式，这种模式可以使校长把工作重心集中在他们的主要职责上，即指导全局和教育的领导工作上。当然，我们认识到校长不能够放弃对日常细节事务管理的责任。但是，不需要牺牲工作效率或增加高昂的系统运作成本就能建立减轻校长日常工作的学校运作模式。只要校长愿意，并能够适当地授权，很多事都可能被顺利地完成。除此之外，学校的中心管理部门需要以强烈的信念接受这一授权，并认为授权是必需的和适当的。校长不必对授权感到内疚，他们也不必参加每一个有关商务管理活动的会议、签署每个文件或在学校日常活动中亲自介绍每位员工。我们相信在学校商务事务中的校长管理技术应该是"例外管理"，即：日常工作应该由对校长负责任的其他人处理，而特殊的和例外的事务应该被提交给校长处理。

这样说，我们不是要降低学校运转的辅助性服务的重要性。我们只是不想让校长陷于日常琐碎事务中！在需要的时候，建立为教职员工提供资源的辅助性服务是教育领导者的一种重要行为，因此，也是校长工作的一个重要部分。以下各章将讨论学校办公室、商务、设施管理。

第十七章 学校办公室：信息交流的场所

学校办公室是信息沟通、资源配置和控制的必不可少的场所。除此之外，学校办公室也是制造中心：是信息数据产生的中心、信息交流中心和一个公共关系交流中枢。

一般来说，如何管理学校办公室的过程能传达给我们许多有关校长和学校的信息。一个经济有效的学校办公室对实现学校既定的教育目标是非常重要的。校长努力建立一个理解并致力于实现学校目标的强大的办公室工作团队，是学校的最大利益。

公众真正了解一所学校往往是通过这所学校的办公室的运转情况和办公人员的行为，这种影响甚至超过了与教师接触的方式。同样的，全体教职员工也能迅速感觉到从学校办公室运作方式中所传递出来的态度。如果学校日常补给需要、计算机和打印设施的大量需求能够被预见并及时配备，减少这个过程中可能出现的问题，那么校长的可信度也将获得提升。如果学校秘书能够彬彬有礼地回答无休止的问题，并且似乎仍然乐意提供进一步的帮助，那么，公众就会更加愿意接受学校的信息。当然，值得注意的是，这些方法应该保持而不应结束。人们往往容易掉入这样的圈套“如果不被打破，就无需调整”。当今的世界不仅要求学校要保持技术进步，而且要保持对学校教育活动的服务观念。

办公室的管理工作内容包括：(1) 组织，(2) 人员，(3) 设备，(4) 政策和程序，(5) 信息，(6) 沟通，(7) 控制。为了有效地发挥作用，这些部分需要保持适当的平衡。对每个办公室的运转进行仔细地分析以及对日常事务预先计划，这对于保持办公室工作的持续高效率是很重要的。对于未知事件、突发事件和可能来自任何情况下的新需要，计划是同样重要的。当然，不是全部的未知事件都能被预见到，但是，对于学校员工利益影响重大的应急计划是能够被制定出来的。

办公室应当系统地总结一项活动对另一项活动的支持及影响，这样，当不可避免的不利因素出现时，就不致对办公室工作的效率产生消极影响。从这个角度来说，每一年的工作总结都是非常有用的。[1]

〔1〕读者可参阅 Thelbert L. Drake and William H. Roe, *school Business Management: Supporting Instructional Effectiveness* (Boston: Allyn & Bacon, 1994)中的第三、第十二及第十三章。

学校与学区及社区的沟通场所

学校办公室通过邮件、电话、广播、办公室之间的备忘录、与家长和教师及学生面对面地接触，以及其他一些方式接收和发送各种交流信息。如果信息要被传递给另一个人且传达准确的话，那么，接收到的信息能够被准确地理解是很重要的。相反也是正确的，沟通信息应被准确地设计，以保证想要传递的信息能够准确而有效地传达出去。简单地说几句话或把它们写在纸上，以及通过电子邮件发送给他们并不能保证想要传递的信息达到预期的效果。

有时候，良好的沟通因为频繁的传递信息而产生迷惑。信息传递的频率没有信息目的明确及信息内容清晰重要。这并不是说对某些内容的重复是不好的，特别是对于一些新的概念和思想，重复是必要的。信息的接收者应尽可能多地了解为什么信息直接传输给他们，这样可以使他们更好地接受和理解这些信息。

有效沟通必须考虑信息接受者在语言节奏上的语意特点。因为，最常用的 500 个英语单词中，每一个都可以表述大约二十八种不同的意义（总数大约为一万四千种），所以，信息的发送者需要对意义误解保持敏感。当然，单词不是信息沟通的唯一工具。声音的高低、手势、视觉的符号和许多其他的元素都向接收者传达着信息。在许多学校，如果学校中使用多种语言，那么必须要考虑到不要因为不同群体的沟通需要没有得到满足而将他们从其他群体中排斥出来。

学校-社区的沟通

一些学校所服务的社区对学校系统和个别学校进行了多方面的投入（见图 3.1）。所以，它们希望与学校进行特定的沟通。学校的报告卡、在地方会议的讲演、关于即将来临事件的公告以及写给个人的信件都是学校和社区交流的中介。学生们都期待着每一天的班级任务、特殊的班级事件和其他来自学校的信息。每个星期，家长和学生也期待着学校关于一周内学生进步的评语和学校布置的周任务。学校和家长通过网络交流可以传递连续的信息，并节省双方的时间。[1] 这种交流传递了他们想让对方了解的信息。相关的语言处理程序提供给学校办公室和教师以最省力的方式产生专业的资料（学校或班级的信息函）的工具。校长将会愿意看到，在需要的时候，办公室员工和教职员工能够检查书面的交流文件以保证信息准确、语法和拼写正确、形式适当而且副本清晰。

甚至对于地方管理的学校，应该具有通过多种媒介及学校形成的资料而将学校的信息发布给公众的明确的政策和程序。校长应该完全熟悉学校区域的政策和与公众

〔1〕 Jeffrey Branzburg, " Talking to Parents Online," *Technology and learning* 21(April 2001): 54 - 56.

交流的最新动态以及学校公共关系活动的总计划。

包括由教师发起在内的所有的学校沟通活动，都需要符合政策指导方针，以避免出现尴尬和破坏性的情况。正如前面提到的，学校和公众通过计算机网络的沟通对可能的时间、努力和费用进行适当的权衡是必要的。毫无疑问，过多的文件会迅速地增加费用。一次关于促进学生学习的、易读的、准确并有用的信息交流，能产生正面的影响。信息交流的目的在于产生积极影响，即深层次的信息沟通的作用超过了单纯向读者和听众发布有意义的信息。

通过电话和电子邮件进行的交流活动能够为补考工作、日常作业安排和即将发生事件的公布等方面提供信息。通常这些交流是通过专线电话和计算机传输的，并且这些信息是由教师发布的。校长的领导对加强技术工具的有效性是很重要的，因为对教职员工进行委托和授权是必要的。

内部沟通

正如前面的章节所提到的，有效地作出决策需要准确并且尽可能完整的信息。电脑提高了对数据的运算和分析能力，它们尤其对通过电子邮件与各部门人员沟通以及针对不断变化的情况作出每天、甚至每小时的同步信息更新这两方面都有很大帮助。关于后者，例如可提供给教师有关办公室出勤率的报告。

内部的沟通应该成为一种惯例和常规化工作，要清楚、简明，但必须完整。每一个沟通应该有一个非常明确的目的，否则将被延期或取消。使这样的沟通常规化以便全体教职工能在每天的特定时间（星期一、星期三、星期五或其他工作时间）以一种熟悉的程序化安排来沟通和交流，这种程序化安排是为能够在最短的时间内搜寻所需要的信息，这种常规化工作是相当必要的。每一次被呈现的信息项目次序应该是相同的（例如：时间表变化、会议通知和议事日程、专业的信息、人事信息等）。

邮件和信息

邮件和信息的处理需要精确无误的程序，以避免发送错误、延误或丢失信息的现象发生。邮件和信息应该被指定在一个特定的工作区进行处理。学校日常的邮件系统应该是开放的、事先被分类整理出来、按特定路径传送到合适的目的地。时间和邮戳日期应该在所有接收的邮件和信息中使用，以便将来按照年代顺序查阅。那些该让校长特别注意的信件，应在电脑上注明，并且由校长秘书用下画线或相关提示信息以及在相关信件和文件中添加注释等方法，作出优先关注的标示。一些校长发现拥有能将信息材料进行分类整理的秘书是非常重要的。

学校网站

为了能提供关于学校概况、计划、特殊事件和其他沟通咨询，学校发现建立网站是很有用的。网络企业可以帮助学校在互联网上建立主页，但在大多数学校，教职工和学生中就有一些具备相关专业知识的人员。创建一个网站除了可以增加接触公众的信息渠道外，还是一项可以帮助学校整合信息资源，向学校系统提出使用信息技术重要性的工程。校长需要考虑的问题至少有以下几条：

1. 建立网站的具体问题是什么？
2. 建立和维持这样一个网站的费用是多少？
3. 设计网站的成本是多少？
4. 这些成本可从州或社区的哪些资源中获取？
5. 谁来管理网站？
6. 如何更新和维护网站？
7. 谁能够使用网页(例如教师、学生等)？

学校运作一个网站为学校发展提供了一个良机，但它也是一项花费时间和资金的工作。正如前文所建议的那样，详细的计划对于建立一个能与任何可能访问网站的人进行沟通的有效工具是很重要的，不论这个访客是否来自地方社区。[1]

信息服务

除非信息是准确的、最新的、以有意义的形式提供的、可获取的以及与需要作出的决策有关的，否则它就是无用的。现在，学校收集的很多信息并不符合这些标准。的确，太多的数据只符合准确性的标准。许多被保留原样、未经加工的信息数据可能有一天对于学校或另一个政府机构是有用的。

在学校网络系统中，收集到信息数据并不意味着工作结束。它仅仅是为决策程序提供服务的一个手段。信息本身以及产生、储存和操作它的网络系统并不是神圣的、毫无差错的。那些整合数据和分析数据的程序必须被当做是修正系统的工具。程序不该限制决策，因为它只产生某种特定类型的信息数据。

信息服务应该包括一个不断更新、易于获取的信息系统。这个信息系统应该包括州相关部门的教育公告、学校董事会决策指南、学校管理规定、学校人事政策、商业协议、预算及相关的财务文件、活动备忘录和手册、学校日历、所有其他地方学校和人员的信息、对教育十分重要的地方法律和法令以及关于政府和社会机构的信息。拥有进入州教育管理部门数据库、网络和公告栏的权利是必需的。我们在第六章中已阐述过，关于领导的专业能力的构建，一定程度来源于校长对于政府和教育部门的有关信息的快速和准确的领悟。一个好的秘书可以通过提供信息和研究信息为提高校长的领悟力和洞察力起到很大帮助。

---

〔1〕 Several additional considerations are noted in Laurel O'Brien, "Home Away from Home," *Association Management* 48 (February 1996): 81 - 85,186.

一个有关学生管理、作息时间、图书馆管理和财务管理的数据系统是非常有帮助的。目前,已有许多为特定学校而设计的程序和服务能给校长提供用于帮助决策的大量信息。关于学校考勤的数据——学生、教师、职工;学校的物资、建筑、设备和供应品;以及有关这些方面的信息,对校长而言,在需要时应该是可获取的。管理教师信息的人员需要能够获取他们正在研究问题的相关信息资料。

学校关于就业和教育机会的最新和准确的信息,对于咨询计划是必要的。从CD、互联网和激光磁盘上的可获取的信息,对学生进行多样的选择是有帮助的。

优先要考虑的问题

下列问题的解答将有助于确定办公室中需要收集哪些信息。

1. 要想解答日常运转的问题和作出所要求的报告,需要做哪些工作?
2. 要使用这些信息的是谁?同样重要的是,谁不可以获取这些信息?
3. 信息的储存、检索和分析的最佳格式是怎样的?
4. 信息能作为其他资料来源的副本吗?为什么?
5. 信息系统有多灵活?
6. 系统运转和更新的费用与预算一致吗?

几乎对于教育管理的各个方面,进行计划的原则都要针对于计划的应用。校长会发现对前述问题作出很好的解答将是十分有用的,并且他要注意一点,即在没有开始召集到那些收集、分析和使用信息的人员的情况下,不可能找到上述问题的全部解决方案。

办公技术

在21世纪,对于学校的运转而言,建立一个有用的、连结着中央办公室、州教育管理部门和全球其他信息资源的信息系统是一个基础性工作。当校长作抉择时,特别是考虑哪些地区的资金可被划分给学校的问题时,信息系统可能是很有帮助的。尽管信息系统常被用来解答"如果……会怎样?"的问题,但是系统也对回答系统构建标准方面的问题,诸如处理问题的时间安排、员工薪水的决定、学生的安置和系统维护与修复等有很大帮助。与州信息系统连接是很有帮助的,也是可行的。资金预算、员工出勤以及入学登记的变化只不过是,或将会是由电脑从学校中央管理机构传输的一些数据报告。学校可以通过计算机网络获取州教育管理部门公告栏和有关课程的信息文件。学生、全体教员和学校管理人员应该能够进入学校数据库,去获取研究和决策所需的数据信息。

通过制定详细的计划所节省下来的时间,可以用于向教育活动提供更直接的服务。随着信息价值的增长,花费在收集和组织数据信息上的同等的时间能够带来更高的回报。

罗德瑞古兹(Rodriguez)建议在学校的中央办公室招收具备提供高速信息交流技能的办公人员。[1] 如果可能的话，高速信息传输至少应该被用在系统范围内。虽然公用事业和通讯技术的最新发展使得这些可能性能够变为现实，但是学校必须考虑如何获取资金。奥立弗(Oliver)警告说："当一项科技计划被实施时，其预算应该是稳定而有保障的。"[2]学校要建立一个对学习者和决策者有帮助的、有效的和以科技为基础的信息系统，需要长期的资金保证和人员保证。如果将学校信息系统视为摆设，那么随着时间的推移，其有效性就会降低，并给学习者和社区传递消极信息。

学校的数据信息，特别是学校董事会成员、教师和校长等使用者共享的数据信息必须是安全的，只有经过批准和认可的使用者才能获取和更改数据信息。计算机能够对出勤、财务和午餐收费等方面有帮助，但是若被未经批准的人进入系统可能导致纠纷甚至是法律问题的发生。扬和伍德兹(Young & Wodarz)提供了一个在评估办公室技术安全性方面的能对校长有帮助的问题项目清单。[3]

学校秘书

读者们在与许多办公室通过邮件、电话进行联系的经验告诉他们办公室秘书工作的重要性。秘书礼貌的用语、愉快的态度和热情的帮忙，都能够为任何一个办公室的有效运转提供很大帮助。每件事情尽在掌握之中和无论何种需要都可得到满足这种信心的传达，是秘书能够作出的最重要的贡献之一。许多校长将自己的成功归功于有一个称职的秘书。

重要的第一次联络

学校秘书对许多学生家长和相关机构工作人员来说，通常代表着学校的形象。他的工作以书面的形式来表现学校的政策。秘书准确的报告会给接收者一个关于学校的印象。秘书通常是教师、学生、家长或其他人在联系校长时所遇到的第一个人。教师和学生的精神状态不好，通常是由于校长办公室的人员消极地对待他们。在与校长联络的过程中，校长办公室人员绝不应该给人留下一个"看门人"的印象。然而，一个机智的办公室接待人员在小心地询问来访者是否决定要求校长亲自接待或是否可以由其他人来处理时，需要有高超的技巧。

秘书不应当承担传达自己该做什么工作和为谁工作(例如为教师打字和复印)以及在

---

[1] Jesse Rodriguez, "Building an Adaptive Information System," *School Administrator* 54 (April 1997): 22-25.

[2] James Oliver, "Ten Must Ask Questions When Developing a Technology Plan," *School Administrator* 54 (April 1997), 29.

[3] Roger L. Young and Nan Wodarz, "Technology Security: A Checklist Approach to Assessment," *School Business Affairs* 66(February 2000): 23-30.

办公室中谁该负责什么工作的任务。这些政策应该由校长制定并让每一个人员明白。

最糟糕的情况莫过于，办公室接待人员说，“我不知道校长在哪里”或“我不知道他何时会在”。一个诚恳的有礼貌的回答必须是这样的：“琼斯先生在开会”或“史密斯太太在吃午餐”或“他正在和学生会面”。在这之后，应关切地询问对方是否需要其他帮助，例如“他将在两点钟回办公室，是否要给他留口信?”或“是否要他给您回电?”或“您是否需要其他人帮你处理问题?”

以下的指导方针可以帮助校长避免问题的发生和恶化：

1. 当紧急事件出现时，一个清楚的、校长可以随时调整的任务的优先排序很重要。

2. 办公室的工作和办公人员的职责应当为每个教师所了解。

3. 全体教职员工应定期地熟悉和回顾办公程序。

4. 针对专业职员的办公室指令应由校长而非秘书发布。

5. 影响全校的重要决策不该由秘书作出。在校长离校期间，一切意料不到的情形也应列入计划之中。在日常办公室工作之外，秘书应该在有新情况发生时可以找到临时负责人，以便作出相应决策。

6. 应该有一个学校秘书人员名单，或者若有可能，应成立一个秘书协会。

人员的持续培训和发展

学校中央管理部门应该为办公室人员的在职培训制定一个计划，这一点是被广泛认同的。在对这个培训计划熟悉了之后，校长应确定在他自己的办公室中需要进行的培训。大多数校长保留原有的办公室工作人员，这些办公室工作人员送走了前任校长，再迎来新任校长。然而，校长不该想当然地认为办公室的所有事务都在正常地运转着。如果校长能够考虑到每件事情还可以做得更好，他应该通过自由的人事变革而创造出更多的发展机会。

尽管办公室工作人员对学校工作细节的关注对于学校的有效运转和给社区留下积极的影响都是十分必要的，但是，办公室工作人员在职培训在时间和金钱上的花费是最少的。如果学校在人力资源投入方面没有可行的系统计划，校长应该强调在职培训计划，如果有必要的话，应该提供一个示范的计划。校长应该鼓励办公室工作人员参加地方秘书协会，如果可行，在培训计划中帮助他们努力工作以获得全国教育行政管理协会承认的资格证书。[1]

办公室员工工作的评价

工作描述是一种重要的方式，内容包括办公室每个职务的责任和任务。工作描述

〔1〕 登陆www.naeop.org察看详情。

是对员工工作评价的开始，它阐释了每个员工完成工作的要求程度。例如，对秘书工作的评价，我们可以从教师、学生家长、学生和其他员工等很多渠道那里得到大量的信息反馈。工作描述每年都应该进行，这样我们可以知道大家对这个职务的期望，从而有利于员工工作的改善。

工作分析

对办公室工作人员的工作量和工作活动的评价，对于判断他们的时间和精力是否有效利用是很重要的，在学校的工作当中，如果经常出现对于物资、材料不足的抱怨，以及其他相关问题，这就表示校长应该采取相应措施了。这些措施不仅要努力减少组织中系统问题，而且要增加办公室工作人员的工作效率。办公室常常有这样的情况：员工或秘书可能在重复同样的工作，或者是，由于某项工作完成过快而影响了其他工作的完成。

一个有效的办法是，办公室工作人员可以对一周或两周内的工作任务进程和时间消耗做一个记录，以时间和工作类型制作图表、概述或其他相关组合文件。这些结果和资料将对校长考察办公室工作起到重要作用。

如果校长不能确定在执行某项任务时工作人员应当承担的工作量，那么他应和相应管理人员和培训人员讨论这个问题，并最终制定工作要求。

办公室环境

校长应该对办公室环境提出自己的特别设想，比如：地面区划和内部设计。研究人的动作与物理环境之间相互关系的科学被称为人体工学，它寻求使工作条件适应员工的工作任务。举例来说，如果将边角尖锐的桌子放在办公室中的重要通道上就是不明智的，因为这样就会造成潜在的危险。除此之外，应很好划分工作区，应该尽可能地方便工作。工作区应按工作流程设计布局，相关任务的工作人员应尽量安排在一起。将文件、设备和数据根据相关任务区放置可以节省工作人员的时间。办公室的通道可以通过放置设备来精心建立，这样可以引导员工提高效率，减少员工在工作区域的无效逗留，而且可以减少员工之间非工作性交谈。当然也必须考虑为来访者提供良好的等待区域而不受工作噪音的干扰。[1]

物质环境

琼斯走进了一个办公室，走近了那个像古城墙一样的柜台，等待接待员从自己的桌子前站起，穿过整个房间走过来，打印机、影印机伴随着窗外空调

〔1〕 校长应该注意自己的形象，花费一定的时间来研究什么样的衣服帮助传递一个合适的形象。

机的“嗡嗡”声，似乎在“合奏着”连续不断的曲调。他告诉接待员他和校长订了2：30的约会，但因为电话里充满了“管弦乐”的声音，因此他必须不断地重复自己的名字。

接待员让他等一下，因为校长正在与别人电话交谈，说话时接待员向门后教师邮箱旁的两个人点了点头，教师们的态度似乎很友好。在这狭窄拥挤的地方，对闲聊总是有益的。

当听到一个对讲机“嗡嗡”的声音几秒钟后，接待员出现在墙的后面，告诉他校长有空。校长的门开着，他热情地欢迎了琼斯先生，希望他随意一些。他跟在琼斯先生后进门并把门关上，嘴里说着把门关上不让那些机器声进入的必要性。令琼斯先生感到惊讶的是校长也意识到了这一点。

实际的工作环境对在其中工作的人以及来访者都是很重要的，物质环境因素对人感觉的影响是不知不觉的，但是，有时候是有意识的，它帮助或妨碍了工作。对于琼斯先生，噪声正在影响他对学校的印象。工作环境中平均在40或50分贝的噪声水平是合适的。保持声音在一个合理的水平是可以做到的，吸收声音的材料和有技巧地放置物体能设法减少噪声。铺设地毯和窗帘是非常有用的。将柔软的物质放在合理的地方能减少噪音(例如：在文件柜旁放一个打印机，紧邻一台电脑/印刷机)。

当然人们不能将注意力完全集中在办公室的物质环境上，无论是外部办公室还是校长办公室，柔和的光线不仅能传达出比较有亲和力的氛围，而且也有益于人们在重要思想上达成共识。

使办公室容易接近是非常重要的。办公室不仅是为教师设立的，同时也是为学生设立的。一般的学生是不可能感觉到办公室是他们所要关心和需要感兴趣的地方，这样的信息在他们被问及如“我们怎样帮助你才能使你成为这个学习大家庭中的一份子”及“为什么你总是在我们有重要事情时打搅我们”等问题时有清楚的表露。

一本工作程序手册

学校办公室的许多工作在程序、过程、时间或所有这些方面都是例行常规。如：购买程序、常规维护请求以及更多的一些任务都由学校中央管理系统专门设计了相应的程序。这些程序通常以备忘录表格、表明变化、附件及其他形式加以记录。在一些情况下，学校中央行政会为学校商务活动准备一本程序手册，如果有些学校没有，校长也会考虑建立这样一本手册的可行性。

一本活页程序手册对秘书和其他员工的工作是大有帮助的，为了便于快速查询，程序手册可以被划分和细分为种类繁多的细目(例如：入学、购买材料、紧急就医、沟通格式)。相关表格的副本应很好地依据适当的分类插于其中，当正式的程序和表格发生改变，这些副本也能够被很容易地替代。如果校长希望把细节或者特别的内容加入程序手册中，他们也很容易做到。所有的程序手册和表格都应被保存在磁盘上，以便需要变化时及时更改。

一本程序手册的优点是显而易见的：(1) 编制一本手册澄清了许多工作程序；(2) 使新的工作人员有了工作指导；(3) 建立好的程序有利于保持最新的信息；(4) 程序手册也可以帮助减轻校长重复作出决策的负担。

在程序手册中应包括办公室主任需要的一张时间表以及提供日常责任和截止期限的检查表，当规定了期限之后，所有的办公室工作人员就都知道了时间上的要求。有些校长已经发现在他们计算机中的日历提醒是很有用的。

小结

学校办公室的工作对学校的良好运转起到非常关键的作用，它是沟通的纽带，是信息储存库以及内外联络的处理器。办公室人员的工作、办公室环境和与来访者进行交流的程序都是非常重要的。办公室收集、分析大量的相关信息，为学校获得校内外的支持作出了贡献，因此，我们应重视学校办公室的工作。

思考题

1. 学校办公室如何影响教学环境？运用具体事例说明。

2. 如果你是办公室的访客，你会如何描述第一次参观学校办公室带给你的感受？

3. 调查办公室工作人员的工作量，看看什么工作任务可以在使用高效技术时减少或消除？在合理工作量的前提下还可以附加多少工作任务？

4. 在对待教师和教辅人员以及非专业人员时，校长的管理方式应该不同吗？

5. 尽管许多好的建议由办公室传递给校长，但是同样好的建议由于办公室工作人员个人的筛选和修饰而被浪费，这就是沟通方式吗？

6. 讨论一下如何才能使校长放手让办公室人员改进工作程序，同时对办公室现有的工作负责。

7. 为学校办公室设计一个工作流程的模型，并配备家具和设备，让大家一起讨论设计结果。

8. 描述一下你们学校教师们使用的信息系统，办公室是如何与信息服务部门联系的？在紧急情况下，尤其是当通话系统失灵时，办公室是否能迅速通知到每个人？

推荐读物

1. Drake, Thelbert L., and William H. Roe. *School Business Management: Supporting Instructional Effectiveness*. Boston: Allyn & Bacon, 1994.

2. Mais, Charles. "Are Your Computers Communicating?" *School Business Affairs* 58 (May 1992): 22 - 25.

3. O'Brien, Laurel. "Home Away from Home." *Association Management* 48 (February 1996): 81 - 85, 186.

4. Oliver, James. "Ten Must-Ask Questions When Developing a Technology Plan." *School Administrator* 54 (April 1997): 26 - 29.

5. Young, Roger L., and Nan Wodarz. "Technology Security: A Checklist Approach to Assessment." *School Business Affairs* 66 (February 2000): 23 - 30.

第十八章 学校商务管理

分级管理、特许学校和分校的建立，是在学校管理系统上增加商务功能的例子。校长不仅要处理学校传统的商务活动和业务，如教学资料的购买和资源管理等，他们的责任在扩大。在一些情况下，学校的人员预算、能源管理也成为校长管理职责的一部分。尽管现在还没有学校商务活动管理的统一模式，但是，校长们已经发现了一系列他应该承担的责任（这一主题将在第十九章中被更详细地论述）。与校长相关的商务管理活动可能将包括设备维护、购买、编制预算、资源分配以及接受和管理来自校外的基金。在一所大的学校中，这类基金总计可能超过 100 000 美元。

所有的学校商务活动都应有精确的账目和有效的应答，这样的要求对学校是合理的。校长应清楚地说明他将如何处理商务活动及业务，如果校长在这方面处理得当，那么他在其他领域就能拥有更多的可信度。

学校将最为重要的目标——促进学生有效学习，写入学校未来的计划中是很容易的。尽管令人振奋的决策每一刻都有可能产生，但如果每到任务截止期限前学校工作就慌乱不堪，那么学校系统就没有很好地工作。如果校长持续看似忙碌地工作但不能有效地进入学校商务管理和办公室管理（或食堂管理），那么这个系统就是有问题的。另一方面，关于商务活动是否应该花费过量的时间去仔细计算的问题，不同的校长有不同的方式，一些校长专注于有效的会计系统，而另外一些则仔细检查每一个细节。

校长作为一个组织的领导，是学校所有员工——教师、办公室人员、维护和操作人员以及学校各个组成部分的连接中心，他的工作是为了促进一个共同目标的实现，即促进学生知识的增长。这种观点认为校长是建立和维持学校各个组成部分联系的关键；与此相对应的观点认为，校长应设计工作描述，并监督工作的完成。如果学校的商务管理如此运作，会存在这样的问题：有效的工作程序可能被建立，责任被分配，但是工作人员对工作持有责任心对整个学校的工作同样重要。实际操作中，为了提高学校中某一单位的效率，一部分的监督责任可能被止在执行任务的工作人员所承担了。事实上，如果对工作人员进行足够的培训和协调，可能会比施以监督更能使工作趋于优秀。当然，也需要形成责任制，因为职员可能会因为取得一点甚至没有工作进展而放任自己。对准确和诚实的要求是必要的，学校内在的控制法应该为学校程序的运作提供保证。[1]

校长的职责是解释清楚为什么做、做什么或者制定一个流程以便使员工顺利有效地完成工作，即使日常工作也不例外，校长只在特殊情况下作出必要的行为。

但是，这并不表示校长持放任不管的态度，每一年都应该对操作程序及其相关影响进行反思。学校中心管理机构应该提供被视为有效和合作的管理服务，学校有一些节省资金并有效的合作活动，如集体维护以及其他活动，如地毯的清理、假期清洁等。

财务的职责

因为地方纳税人时常对于他们税单中所提及的变化存在疑问，所以对于学校财政和当地税收结构的大体了解是非常必要的。教师有时候也一样需要帮助来回答这些疑问。

我们并不是表明原则上我们需要一个财政专家或会计员担任校长，但是我们确信一个实实在在的学校管理者，必须有足够的知识来完全掌握学校的财政预算、进行会计处理，并有理解和运用专业语言的能力。在作出有关基金配置的决定的时候，校长应该作为主要管理人员参加决策。

如果将处于增长趋势的基金的分配权和更大的预算决策权授予地方性学校或地方管理的学校（或其他类似条件的学校），这些学校的校长就会发现理解每一个分配的合理原理是很重要的。如果要以每一个学生或者每个计划为基础分配资源，那么将对于指标中注册人数的改变造成什么影响？公用设施资金包含在内吗？资金缺口将达到怎样的程度？是否有富有经验的人？如果时机合适，考虑到员工经济福利，学校有剩余资金使用吗？新的工作会与人员或预算的变化一起产生吗？

在教育发展过程中，财政已经形成而且经常成为一种统治因素。“金钱指挥权力”并不是一种毫无根据的说法。一个很了解财政的人在与那种仅仅是期待而不能使“钱财”集聚的其他管理者比较时，往往具有优势。我们曾经接触过一些给人留下的印象是财政管理能力超过普通人的学校财政管理者和商务管理者。有时候，当被询问时，他们通过对基金雄心勃勃的讨论来表示他们掌握一些深奥的不易解释的诀窍。实际上，事情并不是特别复杂，财务和预算的基本知识，加上对学校的财政管理的研究和理解学校对于财政的分类系统，还有过去五年来学校的预算，这些将为校长提供在任何学校作为领导者的财政系统的基础。

金钱，或者它的衍生物，实际上控制着组织管理和成功的方式。教育活动可能通过增加学校的收入来使之受到激励；或者可以因为缺少财政支持而使之衰弱和气馁。

[1] Rita Dunn, "The Missing Factor in Accountability: Improving Internal Control Practices for School Financial Management," *Connections* 3 (April 18, 2001) 参见www.nassp.org/connections.

因此财政能成为控制学校其他活动的工具。在这样的情况下，我们发现了保持学校政策、计划、财政一致的必要性。如果不能让它们正确地配合，让财政不受约束、不受控制地发展，那么财政会破坏学校正常发展。我们应正确地使用和控制金钱，如同使学校生命繁荣的血液一样对待金钱。因而，编制财政预算——将教育计划转化成一种财政计划的手段，每年已经变成了一个非常重要的管理程序。如果处理适当，它将是重要的教育领导活动而不是常规的管理细节。[1]

预算

已经有一些形象的说法，说应该这样称呼预算："烦恼在你消费之前，取代了消费之后的烦恼。"我们认为教育预算是教育需求的财务表现形式，当被正式采纳时解释给公众，表示一个社区愿意从道德和经济上在一段时间内支持的教育计划。

在一定的时期，商业和工业上把预算看做是一种控制手段，经常比较预算数字和实际功绩之间的差别能够使管理控制活动有效进行，并使各种实现目标的努力相互协调。然而，这是对预算的不全面的理解，事实上，预算应该是一种基本的规划手段和偶尔的控制。预算通过将总计划分解为部分，使得费用更容易被估计，以便反映组织的运作方式。然后使部分重新计算费用，以便和总收入进行比较，这样的过程要求一种有秩序的规划，需要校长和全体教员一起计划需要做什么、以什么样的方式执行以及谁负责执行。

以下是编制预算带来的益处：

1. 建立了长期或短期的行动计划。
2. 对计划相关的过去的活动进行了评价。
3. 建立并明确了特定的发展目标。
4. 建立了实现目标的工作计划。
5. 通过财务计划提高了管理工作的安全性。
6. 估计收入同时预测了支出。
7. 组织中整体的协调与合作。
8. 建立了管理控制的系统。
9. 建立有序的员工和院系的发展程序。
10. 方便为公众提供信息服务。

制定预算

十年前，巴蒂泽尔(Bartizal)建议在学校建立预算机制。[2] 一些设置学校社区董

〔1〕有关深入探讨，参见 Thelbert L. Drake and William H. Roe, *School Business Management: Supporting Instructional Effectiveness* (Boston: Allyn & Bacon, 1994).

〔2〕J. R. Bartizal, *Budget Principles and Procedures* (Upper Saddle River, NJ: Prentice Hall, 1942), 1.

事会的学校管理模式取得了成功，另一些由于误解而失败。学生家长和学校建议董事会不仅给学校提供了建议，更多的是作为学校监督委员会在发挥作用。

在实际操作中，校长面临的困难问题是如何鼓励积极主动、且有知识的人参与到预算的制定过程中。越来越多的教师平静地谈论学校预算，但令他们不满的是，花费很长时间列出物品目录，但得到的却只是彩色粉笔。更糟糕的是，精心设计的科研计划所需的实验设备在不被通知的情况下替换为一些没用的东西。在这种情况下，校长想让教职工参与学校预算的制定是荒唐的。

幸运的是，通过有效的预算相关工作和有实践精神的教师群体，要求通过预算工作，保证学校决策科学的一种代表性的压力正在形成。

有几种制定预算的方法，但是产生于学校的预算方式和方法却很少。每个领域的预算都有其相应的特点，但是，预算的核心思想和典型方式有以下三种：(1) 计划、项目预算(PPBS)，(2) 零基预算(ZBB)，(3) 递增预算。

计划、项目预算 为了实施教育领导功能，校长应该对学校项目资源分配进行规划，通过对学校众多不同类型项目资金计划的控制来影响学校目标的实现进程。

关于计划、项目预算的文章有很多，尽管早在 1949 年 PPBS 的概念就已正式产生了，但是直到 20 世纪 60 年代中期，才得到政府机关尤其是国防部的支持。从那时起一些州、市政府和机构开始采用 PPBS 形式的预算。

这些发展给项目负责人带来压力，使他们必须以清楚、精确地期限描绘其目标。PPBS 的系统是真正的系统，因为所有的活动都是统筹考虑的，而且，总的计划同相关计划之间的关系是仔细考虑过的。

有一些地区的学校也发现，正式的 PPBS 程序对于教育部门和立法机关这些已经习惯递增预算的部门来说太麻烦和太困难了，因此，很多学校要求建立针对学校的项目预算，这样形成了对传统预算的改变。于是，传统的预算被用于中央管理层总结各分项目的费用，而项目预算用来帮助解释一些项目费用的细节。

设置前提条件 几乎没有学校会制定没有限制的预算，因此，如同建立预算目标和步骤一样，应该建立预算相应的前提条件。校长是制定预算的关键人物，因为他不仅必须协调学校的各个部门，而且必须要保证学校中央管理部门的决策在前提条件方面同社区保持一致。校长必须对预算有清楚的认识，包括哪些项目有可能导致抵制的增加。

制定预算过程中，一旦需要的目录被列出，最好让教师和工作人员帮助提出相应的前提条件。可疑的预算限制不能够详细说明项目的需要。然而，很重要的一点是，前提条件比较高的计划并不会牺牲前提条件低的计划中对于一些昂贵材料和设备的要求。

启动系统 不同的学校中的全体教职员工对设备的需要是不同的，一些校长发现通过部门领导收集信息是非常有效的，另外一些校长认为采取小的委员会的方式是最有效的方式。无论采用哪种方式,全体教职员工必须参与到关系他们工作职能的预算制定过程中来,这样他们就能对学校的财政工作施以积极有效的影响。这些预算涉及长期和短期计划,以及选择利用可获取资源的最佳行动方案。

人的因素是关键,校长应该同与预算程序相关的学校工作人员一起制定预算,清楚地解释预算会有效地减少在教职员工心中易于产生的对预算的恐惧心理。

关于评估程序有一个特别的要求必须明确,校长有影响全部评估活动和确定全体教职员工能正确参与评估活动的双重责任。实现这双重目标的解决方法之一就是评估目标的完备,如果目标陈述准确,那么活动的评估结果将被描述出来。一个没有设定应达到什么标准的目标不是一个真正的目标。校长不该接受不适当、不清楚、不明确的目标。校长通过责任制保证资源的合理使用。

零基预算 零基预算要求每年对每个项目的连续年度预算进行论证,通常每项计划的预算分为勉强维持水平、正常发展水平和进步水平。关于计划的优先项目和资金量水平可被各个学校或管理中心建立。

零基预算是强调实践性的,它需要计划优先安排的连续性分析,至少是在理论上。如果最优先的项目是被流动性比较高的管理团队作出的,那么预算就会有不稳定性。

递增预算 或许最普遍使用的预算程序是传统的或者递增预算,递增预算的出发点是上一年度的预算水平,进而作出关于分配给不同项目新资金的预算决定。对于已荒废和没有生产性的项目不加分析地追加资金是递增预算的缺点。对所有项目资金全盘的增加可能会导致至关重要的项目预算不足,并且制约了这些项目对于学生积极作用的发挥。

其他资金来源

学校的资金来源可能来自联邦政府、州、政府机构以及私人基金,来自私人基金的资金通常没有被学校充分利用或完全不知道利用。一些大学的拨款办公室和一些教育部门可以帮助雄心勃勃的校长寻找有用的资金来源。校长鼓励并且协助教师申请资金用来完成部门工作或教学改革。曾经有一位小学教师将获得的 5 000～25 000 美元不等的资金用于整合社区内现实的数学教学情况的项目以及其他相关项目。

一些学校及地区已经建立了增加和分配资金的外部控制基金会,用以帮助学校了解和实现它们的目标。必须注意的是,当通过税收和其他传统的资金来源不能够为学校提供足够的资金支持时,基金会不能成为唯一的弥补资金不足的来源。因为一个实际的原因是,基金会最多只会给每一个孩子增加 100 美元,而且常常会更少。[1] 设置年度可使用资金限制的原因是为了将钱用在更为紧迫的需要上,而像数码相机和乐谱

〔1〕 Carol Merz and Sheldon S. Frankel, "School Foundations: Local Control or Equity Circumvented," *School Administrator* 54 (January 1997): 30.

架则不在考虑范围内。

学校的其他收入包括校友会赞助、其他组织使用学校设备资源费、出租学校设备的收入以及教育募集所得款。[1] 对于这些潜在的收益同样要仔细地对待，特别是校友会赞助和教育募集资金。校长们常常希望通过与学校所在地商业管理人员紧密地协作，为学校开发这样或那样的收入来源。

技术 我们知道追求技术先进是一个连续不断的过程，很多新项目的设备只能使用五年。老设备往往由于零件缺失或零件不兼容而不能被修理。有很多方式来保持设备的先进性，如有些高科技的公司利用 1997 年的减税法案来减少公司购置新设备的投入。于是 12 999 名校长要求联邦代理机构优先考虑给学校捐赠有用的教育设备。[2] 但是学校不能指望通过获取旧的设备来保持技术的先进和设备的良好运转。

当为一个学校或者地区制定预算的时候，关于技术的费用必须考虑在其中；否则，这些预算投资很快就会被证明是不合理的或是没有回报的。据统计，30%学校技术预算额应该用于员工的发展。学校支持系统是基本的，但却常常没有被给予足够的预算。简而言之，技术预算是一个连续不断的项目，而不仅仅是获得一些电脑、监视器和仪表盘。[3]

学校基金的会计报告

预算是为一所或几所学校所作的开支计划，用来支持学校指导性计划的开展，同时，财务会计工作是被设计用来检查支出是否按照计划进行的工作。校长经常会发现学校工作中对学校财务会计工作漠不关心并忽视工作的必要性。但是，如果教职工真正参与到预算编制过程中，那么这种漠不关心和忽视现象会减少到最低程度。

计算机财务系统已被大多数学校所采用，这使得财务分析和财务报告的时间大为缩短。计算机的处理过程必须被参与到过程中的每个人所理解，因为这个自动处理系统只有在提供正确信息的情况下，才能产生准确的结果。刚开始记录数据的工作是必要的，也是需要花费时间的，但这种时间上的花费是值得的。在刚开始输入数据的时候就想节省时间的想法是不正确的。在这个过程中，甚至关于最少量资金的最轻微的可疑操作的意见，都应该被提出来。

小额现金基金

人们常常不支持学校持有现金，但实际上，学校通常都有一笔少量现金，用来应对

---

〔1〕 John C. Pijanowski and David H. Monk, "Alternative School Revenue Sources," *School Business Affairs* 62(July 1996): 4 - 10.

〔2〕 B. J. Wise, "Technology at Silver Ridge : An Update," *Principal* 79(February 2000)51. See also www. computers. fed. gov/doe/school/12999htm.

〔3〕 Sara Fitzgerald, "Budgeting for Technology's 'Hidden' Costs," *School Business Affairs* 66 (February 2000): 4 - 7.

突然的变化和购买少量学校急需用品以及那些难以通过正规申请购买程序获得的物品。小额现金不是对学校正常购买程序的妨碍和撤销，相反，它能够很方便地、快速有效地为学校配备一些低价物品和服务。学校的小额现金可能是现金形式，也可能是一个小额的银行账户。小额基金的账户中只包括初始额、附加额和扣除额。

库存现金加上银行里的全部储蓄和现金账册上的进账登记金额或收据上的金额，应该等于初始的总金额，账册或收据应该显示和登记以下内容：

- 一系列进账或收据金额。
- 收款人。
- 付款额。
- 转账项目。
- 开支的目的。
- 收款人签字。

其他信息可能被总会计部门记录，来保证中央会计系统的匹配。

购货金额应该保持一个小数量，库存金额也应该保持最小量，而且不用时要上锁。收据和开支的记录应该分门别类地保存在现金出纳箱或抽屉里。

学生活动基金

学校应该慎重对待学生活动基金，因为它们往往被忽视和管理不当，特别是当这些资金来自培训费、体育竞赛的奖金、演出和音乐会的门票收入、义卖以及各种各样的特别活动。通过这些途径，每年学生活动基金可获得数以万计的美元，在一个大的学校体系中，哪怕一所小学校每年的学生活动基金都达到了六位数。

对学生活动基金是否真的属于学校公用基金并且应该由学校董事会管理的质疑逐渐增多。因为有太多的例子证明，学校董事会很少注意学生活动基金，使得学生活动基金的使用处于无监管状态。

一般来说，通过学校某项活动筹集的资金必须被视为学校的公用资金，因此，活动收益的使用权属于学校董事会，同时，必须像管理学校其他基金一样对公众予以说明。[1] 就法律来说，如果基金是通过公众募集并为公众服务的，那么基金的性质就是公众基金。[2] 因此，从本质上说，各个学区的董事会有义务确认并控制一些学校监管的学生组织和学校服务机构的资金使用情况。

尽管这些学生活动基金毫无疑问，处于学校董事会的管理权限中，但是在管理的方式上，和学校普通的基金的管理有一些细微的不同之处。表现为，应该努力使学生活动基金尽可能地用于学生，为他们提供学习的机会，让他们关心并且感受正确控制

〔1〕 *In re German Township School Directors*, 46 S. and C. 562 (Comm. pleas Ct, Fayette Co. Pa. 1942).
〔2〕 *Petition of Auditors of Hatfield Township School District*, 161 Pa. Super. 388, 54 A.2d 833 (1947).

学生活动基金的责任。

由一个专门的活动基金管理者为一个地区所有学校提供账目管理的中央财务管理体系被证明为是成功的。这种中央管理过程保证了标准化的程序和安全性，与此同时，它方便了财务报告，有利于查账并且为计划和管理工作提供了正式的数据。在规模比较大的学校和有大量资金的社区，每个学校都应该有参与基金管理活动的财务人员。

无论让学生、教师或者办公室工作人员担任基金活动的财务人员，以下的原则会帮助形成合理使用资金的计划：

1. 所有收到的资金应该通过给予资金提供者收据来确认，收据可以是正式的也可以是一定编号的票据。

2. 现金尽快存入银行，并保留储蓄记录。

3. 给予存款人相应收据。

4. 存款的数量应该用专门账目记录或记录于合适的总账之下。

5. 管理账目的人员应定期报告账目的数量（一般是一个月）。

如果使用学生财务员，那么建立一套学生账目是有益的。建立两套账目的优点是显而易见的，即非常有利于学生的参与管理。

学校商务管理协会的公告栏中和学校商业管理文本中都能够找到学生活动基金管理的样表和条款。各个州一般都有关于学生活动基金和额外课程基金的使用指导条例。最好的学校商务活动管理者能够每一年都回顾和评价学生活动基金管理的程序与方式。

学生活动基金的支出至少应该遵循以下原则：

1. 资金使用要求应该始于基金的管理者。

2. 应该得到学校管理者的同意（通常是校长）。

3. 必须以支票支付所有的款项。

4. 支出必须合理记录于专门的账本或是合适的基金账目之下。

商品推销活动

学校中的有些活动不仅仅要求解释现金的收支，还必须依据常规标准将不同种类的供给物计算清楚，并和基金财务体系保持一致，给一定的学生活动以清晰准确的描述，体育比赛和学校商店就是典型的例子。

通过销售糖果、饼干、学校纪念物等活动为学校筹集资金的方式，可以带来资金的增加，同时也会产生很多问题。内坦尔（Natale）指出筹资者的三个注意事项：安全、公正、合礼仪。[1] 其中学生的安全是首要因素。学生挨家挨户地出售和交付商品可

〔1〕 Jo Anna Natale, "When Fund-Raisers Go for the Gold, Do Schools Get the Shaft?" *Executive Educator* 12(June 1990): 17-19.

能会导致严重的后果，俄克拉何马州的一个学生作为筹资者在挨家挨户销售商品时被杀害。显然，这样的活动需要仔细地指导。对学校的另外一个消极影响是，一些不是学生的人假装为合法的学校筹资人，打着学校的幌子为自己赚钱。帕斯柯派拉(Pascopella)提出了网上筹资的建议。[1]

企业的利益 在大公司中有一种新的趋势，就是通过单独（不允许学校再接受其他企业）向学校出售设备、技术、硬件和软件以及赞助学校的体育活动来抓住企业未来的客户。例如，获得向学校提供软饮料贩卖机合同，对企业是有利的，因为，这样可以获得许多额外的市场需求。哈迪(Hardy)指出在竞争激烈的市场商业环境中，保持稳健的发展政策对学校和学生都是有利的。[2]

校长应该尽力向学生和教职员工解释清楚决策的过程，这样就会消除误解。这种澄清同样适用于财务过程，如果学生和校长单方面或双方面对自己的角色有错误的理解，那么，财务过程将会对学生产生消极的影响。

非学生基金

一些传统使得学校办公室必须承担用于非学生群体和组织的基金管理工作，如PTA、校友委员会等等。如果校长因为没有这些基金而开心，他应该谨慎地保持这种开心。这种非学生基金常常有补充和支持学校与社区成为一体的功能。但是，这种社区和学校关系的持续发展，并不鼓励学校主动承担责任，有时候，承担责任可能会有相反的作用。

当传统已经建立时，有些新上任的学校领导在试图否认学校有管理和解释非学生基金的责任的时候，会发现这是非常难以应付的。一个培训的过程是非常有效的。

森德瑞(Sandri)建议采取以下措施来减少非学生基金的错误使用：(1) 与这些组织的管理者签订合同；(2) 协调每月的银行账目；(3) 支票应该由两个人签字；(4) 提取现金时应由两个人同时在场；(5) 每个月检查银行的存款数额；(6) 每年检查账目。[3]

校长努力健全财务制度的工作，甚至是与学校相关组织的财务制度，如学习团体、赞助者和PTA，会减少以后工作的问题。对于管理差、没有丰富资金来源的学校，学生家长会成为提供资金支持和指导意见的群体。对非学生基金进行集中管理或其他社区组织坐视不管都是不合理的。校长往往面临这样的一种情况：一方面，学生家长的参与是值得的，但另一方面，这样会导致社区对学校支持的不足。对学校支持者采取开放和公正的方法，是解决这个问题的正确反应。

---

〔1〕 Angella Pascopella, "Fundraising on the Web," *Curriculum Administration* 37(May, 2001): 58-59.
〔2〕 Lawrence Hardy, "The Lure of School Marketing," *School Business Affairs* 66(May, 2000): 21.
〔3〕 Edward R. Sandri, "Preventing Fund-Raising Fraud," *Executive Educator* 14(February 1992): 39-41.

物资供应和设备管理

在管理过程中，全国公认在物资供应和设备项目管理中存在差别。物资供应项目包括纸、铅笔、计算机存储盘等等。它们在应用中不是昂贵的物品，通常替换这些物资比设置一个复杂的控制系统来维修它们更经济和可行。易耗物资一般由部门进行统计，如果这些物资损坏了，那么一定要更换。设备零件不被认为是易耗品，这是因为没有到使用寿命。设备包括课桌、椅子、影印机和计算机硬件。这表示一定金钱的投资使得控制和利用设备物资变得可行和明智，如果设备坏了，修理设备而不是进行替换。设备零件通常是一个全系统库存控制程序的一个部分。

物资供应管理被看做是处理购买、接收、存储和分发统计学校日常物资的总的操作程序。这种管理程序的运作方式是非常重要的；它会使学校给公众留下浪费和不诚实或者节俭和诚实的印象。

近些年来，在物资供应管理领域中，许多改进的管理方法和技术已经被采用了。大的城市社区学校都被迫承担支持一个复杂的、每日运转的集中仓库的任务。小的学校已经开始发现了集中管理、分散储存方法的优点。这个方案结合了集中和分散储存的优点，同时，这个方案可以通过对特定的人员设置有限责任和建立从物资的计划和购买阶段到使用阶段的记录系统来对物资供应管理进行充分的控制。

最后，必须明白系统是由人来执行的。因此，当建立操作程序的时候，管理者必须主要考虑人的因素。当要求有复杂的报告和后续程序时，员工的工作热情就会受到影响，有时会超过相应的收获。真正对管理的挑战是在员工中建立合理使用供应物资和设备的正确评价。

在整个学校管理系统中，应该制定出关于储存和分配供应物资的相关决策。大的学校系统将使用集中仓库管理系统，拥有大量的不同种类的物品。小的学校系统将使用集中管理和分散储存供应的管理方法。一些社区发现联合购买、储存和分配学校物资是非常有效的方法。校长有责任知道系统运行的方式、拥有交接时间表等等。他应该对可行的、更好的指导方案的改进保持敏感。

一旦供应物资和设备抵达学校，校长必须决定最好的储存、分配和统计物资和设备的方式。设备也必须精心地使用。

供应物资和设备的接收

供应物资这方面的管理工作与学校的预算和购买程序密切相关。校长应该很熟悉系统的购买程序和实际操作。“大家共同分享和关心”的教育管理理念同样适用于供应物资管理和仪器的购买活动。但是，教职员工常常很容易就感到他们不是仪器购买程序的参与者，特别是当他们将供应物资和仪器的质量反馈给相关责任人员的时候。一位敏感的校长能改善这个问题，同时提高学校供应物资和设备的质量。例如，当物品购买代理人认为产品 a 好，但使用者们一致选择产品 b，那么，校长认为产品 b 比产品 a 好。

如果设备和供应物资是直接从厂商或者经销商运到学校，那么对接收过程中细节关注的责任就是学校自己的。在这种情况下，校长应该注意，当收到装载的货物时，应该采取以下步骤：

1. 检查硬纸箱或木板箱的外部是否因为运输而发生损坏。

2. 在接收货物签字前，注意在提货单上写明损坏的物品。

3. 检查物品以确认货物同所定货物一致且数量相等。

4. 如果一切准备就绪，通知装运公司的中心办公室，支付其费用。这个程序因制度的不同而不同，但通常是转寄由厂商提供的发票的副本和表格。

5. 审查货物以储存和分配。如果是教科书和一般设备，这意味着印刷上学校的名字，分配一个连续的编码。如果是昂贵的仪器，这些编码会刻在仪器的不同地方。对这些仪器的说明和编码应该登记在地方和州警察局里，如果仪器被偷，将有助于找回。

6. 将接收到的物品和设备的数量和基本情况合理地记录在账本、卡片或者电脑文档中。在接收物品的时候就应有需要担保和修理的记录以便及时补救。

应该建立长期的货物存放记录系统，这样就可以随时知道物品的位置、数量、材料并且易于被找到。

一个具体的物品清单的应用，会有利于确定仪器的位置、分配设备，甚至有利于规划仓库内物品的布局。应该定期对物品清单项目进行检查，检查对选择每个月的物品供应和学期末的物品供应都是必要的。至少一年一次对所有的物品和设备进行清点。

储存

学校物资设备的存储空间好像是一个永恒的问题，将供应物资直接送到需要使用它们的地方是必要的。这种方法的缺点是显而易见的，包括事实上没有足够的空间存放它们。另外，对于存储供应物品错误管理的可能性是比较高的。可能会导致物品的遗失。提供中央储存空间是值得的，校长必须决定是否开放或者关闭仓库。

开放储存至少有以下优点：标准的供应物品能够迅速地配备，需要存储的空间需求减少，这样使得建立长期的存货数目清单更加真实，并且减少办公室文书工作和时间花费。开放仓库的缺点包括，教师在忙碌的工作中制定的物品清单可能是值得怀疑的。偶尔，可能会导致让学生去搬运学校供应物资。

封闭式的储存几乎解决了上面所有的缺点。封闭式储存也把供应物资的消耗与供给结合起来。封闭式的仓储可以节省教师的时间。一个简单的可获得物品的列表被分发给每位教师(见图 18.1)。如果所有的办公室都是联网的，那么可以使用电子邮件进行交流。建立分配时间表，使得教师知道要求的物品将在间隔多长时间后、在何时被送来。例如，间隔 24 小时、半天或是在明天早晨十点。

学校某日所需
的补给物品

教师________　日期________

数量	单位	项目
		新闻纸，9×12
		新闻纸，18×24
	令	带线条的新闻纸，9×12
	打	铅笔，#2
	卷	大提琴带
	盒	订书钉

图 18.1　学校某日所需的补给物品

存货目录

我们建议采用一个长期的存货目录。针对每一种物品的简单的平衡表或卡片，能够提供频繁使用的物品及时的存量信息。定期的检查能够提供需求物品的信息，如果这样的存货列表保存一年以上的时间，那么，它可以为办公室提供预测来年需求的依据。

校长要评价办公室的管理程序的效率以及供应物资和设备的管理状况，下面的图(18.2)对于评价供应物资的取得和统计很有帮助。

同在其他管理功能中一样，如果校长不加以注意，用于供应物资和设备管理的时间很容易入不敷出。但是，如果他能够在正确评价和使用供应物资方面得到每一位教职员工的帮助，那么顺利完成任务就指日可待。

充足要求	是	否	评论
1. 补给物品对所有教育区域都适用			
2. 补给物品数量维持一年用量			
3. 补给物品按地区划定标准			
4. 设备对于所有教育区域都适用			
5. 设备按工作顺序排列			
6. 补给物品和设备按相同的基本原则被分配给所有学校			
7. 在不耽搁教育教学的情况下，补给物品按时传送			
8. 储藏设施充足			
维修和更新要求			
1. 设备要按时维修和保养			
2. 设备要按时更换			
3. 缩短维修消耗的时间			
4. 存货清单应集中控制			
5. 教师和员工应知道怎样咨询问题			
可获取物品			
1. 应急补给物品可以被及时获取			
2. 使用者参与物品选择过程			
3. 计算机和文件记录都完整地保存在学校系统和中央管理办公室			
4. 信息的修改和确认在每一页都可进行			
5. 地区补给物品或设备目录对全体教职员工来说是可获取的			
使用			
1. 所有教育区域都有进入通路			
2. 全体教职员工都知道怎样使用设备			
3. 全体教职员工都知道有关设备使用方面的政策规定			
4. 使用者都知道分配过程			

图 18.2 设备和补给物品的清单

小结

妥善处理学校的商业事务能够为学校内部员工和校外的公众提供一个稳定的环境，这样一些不易被看到和不易被测量的成绩才能够取得。如果学校要不断进步，那么，对细节的关注、财务和员工的整体性以及使商务活动更加有效的真诚的努力都是非常重要的。平衡学校商务活动与学校教育和学习活动是校长的一项重要任务。

思考题

1. 预算系统怎样才能成为有力的教育领导程序？它又会怎样阻碍教育的进步？如何评价教育预算的双重作用？

2. 学校和地区用以防止学生和教师遭遇垄断市场合约的政策是否到位？

3. 观察一些地方管理学校并找出有多少种(a)预算分配，(b)教职员工参与预算过程的模式？

4. 学校会计工作与学校责任义务之间有何不同？

5. 讨论：所有的活动基金无论是来源于何处，都应该在一个财政年度末汇总到总基金，并对它进行重新预算。

6. 应该鼓励学生组织(团体)去创收吗？讨论其过程和结果。

7. 试比较零基预算和递增预算。这两者的优缺点各是什么？

8. 设计一个能够成为学生学习知识和体验承担责任的基金管理计划，并使它仍然接受教育董事会的监督。

9. 在你所在的地区，如何使用基金会的基金？

10. 管理机构如何防止校长过分强调商业角色？

11. 讨论社区中家长和赞助人成为学校资金提供者的可能性和缺陷。

推荐读物

1. Drake, Thelbert L., and William H. Roe. *School Business Management: Supporting Instructional Effectiveness*. Boston: Allyn & Bacon, 1994.

2. Dunn, Rita. "The Missing Factor in Accountability: Improving Internal Control Practices for School Financial Management." *Connections* 3 (April 18, 2001). Accessible at www. nassp. org/connections.

3. Hardy, Lawrence. "The Lure of School Marketing." *School Business Affairs* 66 (May 2000): 17 - 21.

4. Natale, Jo Anna. "When Fund-Raisers Go for the Gold, Do Schools Get the Shaft?" *Executive Educator* 12 (June 1990): 17 - 19.

5. Odden, Allan. "Raising Performance Levels without Increasing Funding." *School Business Affairs* 63 (June 1997): 4 - 12.

6. Pijanowski, John C., and David H. Monk. "Alternative School Revenue Sources." *School Business Affairs* 62 (July 1996): 4 - 10.

7. Sandri, Edward R. "Preventing Fund-Raising Fraud." *Executive Educator* 14 (February 1992): 39 - 41.

第十九章 设施管理

校长在计划和运转学校设施过程中起着关键作用。学校设施本身就是一种沟通的媒介。它的外观、设计乃至它的自由使用，都在给学生、教职员工、社区、参观者、潜在的商务客户以及相邻社区传递着关于学校的很多信息。然而，学校正在步入妨碍而不是方便、有效利用设施的时代。尤拉(Uline)指出："对于许多社区，对合适的设施的定义仍然是吝啬和狭隘的。"[1]一部分问题可能是由于学校行政区传达学习者和教师需要的方式以及当这种需要得不到满足会如何影响学习结果时不够明确。"我们谈论有关教育的价值和重构教育的需要，但是信息常常不连贯并且不易表达清楚。"[2]史蒂文森(Stevenson)坦言："更好的物质条件造就更好的学生。"[3]许多例子都证实，构建或更新学校设施没有阻碍学习，而是促进了学习。当校长用清楚的语言向所有社区成员表达先进和适合的学校设施是如何影响学习时，他的工作将会非常有帮助。

设施评价

校长会收到来自全体教师、学生和维护人员关于如何提高学校设施使用效率的大量建议。如果学校设施经常被社区组织使用，那么，它们同样会有一些建议。这些建议伴随着对校长能够做一些事情的期望，如果按照这些建议制定决策，那么可能会发生变革。但是，不要因为"设备评价"而将校长置于反动的角色。提供一个正式的评价程序是比较好的，这样可以整合社区组织的意见。

在规模较大的学校，设施规划者和学校商务管理办公室常常对学校现有的设施不断评价。通常，这些评价涉及安全、维修、建筑物内能源的利用以及学生对场地和设施的利用率。至少需要回答以下问题：

1. 关于急救设施、食物服务区、休息室、洗手间、锁柜间、温度、空气循环和建筑材料是否达到了最低健康标准?

---

〔1〕 Cynthia L. Uline, "Decent Facilities and Learning: Thirman A. Milner Elementary School and Beyond," *Teachers College Record* 102(February 2000): 457.

〔2〕 同上。

〔3〕 Kenneth Stevenson, "School Physical Environment and Structure: Their Relationship to Student Outcomes," *School Business Affairs* 67(February 2001): 44.

2. 对商店、体育馆、操场及避难区的安全标准是否仔细审查过?

3. 灯光、温度和声音是否有利于健康和让人舒服?

4. 信息传递的工具(电话、双向收音机、呼叫器等)是否有效以便紧急信息能够迅速发送和接收?

5. 安全设施是否最新并可使用?

6. 学校建筑物维修是否达到了健康和安全标准并且令人舒畅?

7. 在当地的天气条件下,能源是否被有效利用?

学校设施评价的主要焦点应该放在设施的教育适当性上。具体的评价问题应该在学校总体任务下设置,同时适合社区和社会的要求。应该界定问题的答案,以便建立适合系统的计划程序和政策。有以下几个例子:

1. 在教学过程中,当改变教学方式时,房间和空间是否足够大? 房间和空间是否适合未来的班级和活动?

2. 对于身体残疾的个体,是否有专用通道和服务?

3. 在建筑物内外有没有非功能区? 校长应该注意这些非功能区,如隐蔽的通道、楼道等容易产生不良行为和为暴力提供机会的地方。

4. 在应用新的教育模式时,学校设施设计是否具有灵活性,例如,是否所有的房间能够实现网络对话? 是否有线和无线联系方式安装完毕且可操作?

5. 空间设置是否有利于学生和教师节省时间?

6. 学校中一个区域的教育和非教育活动是否会影响其他区域的教育活动?

7. 对于使用者来说,学校设施的空间和仪器是按照合适的比例分配的吗? 例如,今天,教室的平均面积是 900 平方米,坦纳(Tanner)认为,25%的美国学校太拥挤了,部分原因在于我们考虑教室最小面积时没有考虑到社会距离。他建议 20 个小学生应拥有 1 029 平方米,20 个中学生应拥有 1 344 平方米。[1]

8. 在设施使用区附近,是否有足够的安全保障?(剧院和电脑房附近事故易发区需要有安全保障)

9. 在需要的地方是否能够得到电力和管道服务?

如同前面所提到的,在设施的评价过程中校长必须关注教学设施与教学设施所服务的教学项目两者之间的关系。一旦优先条件程序被建立,参与评价的员工在运用这些程序时理解了它们,那么,评价技术的细节(即,完成表格、调查或团体程序)就能够被有效地贯彻。

评价结果的交流应该按照先前达成的一致形式和时间表去做。关于新设施的评价,对结果的误解往往会抵消仔细评价的收益。

[1] C. Kenneth Tanner, "The Classroom: Size versus Density," *School Business Affairs* 66 (December 2000): 22.

寻找其他用途

大多数的学校设施没有足够的仓储空间、自由活动空间。但是,大多数教学设施中有发现额外用途的可能。如,学校走廊可以用来展示学生的作品。简单的木条就可以提供无限的布告空间。如果不允许使用木制品,那么,多孔和防火的瓦片可以起到同样的效果,使单调和乏味的学校走廊增添新的情趣。当然在改变之前必须要检查当地的消防和安全条例。

某个地方可以单独作为休息和中午活动的地方,也可以作为上体育课的地方,或者成为学校每一门课的一部分。自然科学、艺术、历史、文学和数学等,每一门课都可能与学校小型的环境密切相关。以学校为跳板,为相关活动提供了无限的可能性。例如,一个测量组织可以从学校迅速了解该地区的测量历史、边界的实际情况、重大事件、市政府信息等等情报资料。

如果学校有幸在校区内或者离学校很近的地方拥有一块未开发的自然环境区域,那么,它可以由学生、教师、社区参与者加以建设,这样的区域可以促进很多项目的发展,同时也为整个社区提供资源。[1]

社区和中间代理机构的使用

社区组织和中介机构使用学校设施应该由教育政策委员会和相应的管理程序约束,如果管理程序不清楚,校长应该努力解释并在需要的时候加以修正。当校长面对社区组织的要求,同时校长也希望通过拓展学校可利用设施的使用来融入社区,以下几条可以作为校长的工作清单,或者说是应该考虑的问题:

1. 现有什么样的和使用学校设施相关的政策?
2. 谁拥有最后批准权?制定了什么样的程序?
3. 如何提出使用请求?要填什么样的表格?
4. 如何收费?
5. 设施管理人必须作什么样的准备?
6. 何种相应社区服务应该被通知(特别是警察和安全巡逻)?程序是什么?
7. 每一步程序要多长时间,整个程序要多长时间?
8. 关于社区组织使用学校设施的问题应该对学校教职员工做何种工作?
9. 如果学校设施的使用可以由校长以外的人安排,那么如何避免安排在时间上的冲突?

学校怀着对继续教育和发展新技术的兴趣,充分利用时间和资源,加强学校公共

〔1〕 C. Kenneth Tanner, "Into the Woods, Wetlands and Prairies," *Educational leadership* 58 (April 2001): 64 - 67.

设施对社会的开放程度，来创造更好的经济效益和社会效益。像全开放学校这样的合作常识的出现，将影响教育计划和时间安排。学校设施是否可以被宗教团体和组织使用引起了争论。关于私人团体使用学校设施的政策需要仔细地考虑。[1] 校长对那些对学校设施有兴趣的人的需要保持敏感，可以充分利用学校设施，加强学校和社会在继续教育、娱乐和社会服务中的合作。关注私人企业是很重要的，创造性地使用学校设施为那些不能拥有它们的人提供了机会。

设施管理人员的关系和责任

必须要慎重地考虑校长和学校设施管理者、学校树木绿地管理者、设施管理者的监管人之间的关系。毫无例外，在任何混乱的情况下，一个重要的因素是缺乏对以上三者关系的清楚理解。学校在这个领域的运作应该更加透明。他们之间的相互关系可以容易地理解和阐述，但是实践中的相互理解、尊重和合作在任何时间都需要不断发展和坚持。

校长常常发现他处于传统的形式下，即他必须为学校中的所有问题和活动负责。严格地说，这表明校长有权监管学校的所有管理雇员。但是问题是：为什么不懂设施管理专业知识的校长要管这么多的事？另一方面，如果社区、政策建议委员会、中央管理机构支持校长成为学校领导工作的主要负责人，那么，就应设置校长助理（服务协调员）负责学校设施的维护和安全运作。

设施管理者的监管人被赋予检查学校设施运转情况的权利和责任，但并不是直接管理设施的管理者。监管人决定需要做什么工作，制定工作的标准和时间，配备设施和供应物品，通过正当的检查和报告渠道，保证设施管理工作的正确性。

通过任务表格、时间表的辅助功能，校长可以检查设备管理工作的执行情况和维修任务的完成情况。一个散页的记录本记录每一天、每一周、每一月的任务，最终汇集起来可以检查设备管理工作。有了这样的工具帮助，校长就能预先知道什么工作在什么时间完成。

传统的情况下，校长被认为是一个即时的管理者；另一方面，设施协调员或集中检查员将对学校特定设施执行这样的功能。对于他们之间的关系需要通过明确相应责任进一步澄清。[2]

当校长的公共设施协调员或中央办公室人员对学校的设施管理负责时，就表明这个人

- 对学校设施的监管负有责任。

---

〔1〕 Ralph D. Mawdsley and Charles J. Russo, "Religious Groups and the Use of Public School Facilities," *School Business Affairs* 67 (February 2001): 45 - 50.

〔2〕 关于设施管理人员工作期望的详细介绍，参见 *Custodial Staffing Guidelines for Educational Institutions*, ed. Jack C. Dudley (Alexandria, VA: Association of Physical Plant Administrators, 1992).

- 与监管人员配合,决定员工的长期需要和紧迫需要。
- 与设备管理者商讨工作量和时间安排。
- 检查设施,比较工作进度。
- 监督特殊情况对时间进度的偏离及偏离既定工作路线的情况。
- 会见和批准设备管理者的计划。
- 建立纪律措施。
- 评价设施管理人员的工作及对学校目标的贡献。

校长希望同中心管理部门一起研究精简某些特定设施服务部门的可能。这样不仅有利于节省资源、避免招聘和解雇的问题,并且不需为特殊原因培训员工,此外,精简使得加强员工行为的标准化更加容易。

接受管理者的职责以后,校长或设施协调员将对每一个设施管理人的福利和在工作中的表现负责。设施管理者不能放纵自己,在工作中也不能不考虑校长的尊严。最为重要的是,设备管理人员必须被接受为对学校教育提供重要支持的团队中的一个组成部分。

能源管理

假如学校最近经常停电,能源公司限制电量输出,能源价格不断波动,那么,学校就不能一味忽视能源保护了。如果政府限制征税,那么学校就不可能通过额外的地方收入来支持能源浪费的设施和活动。因此,学校的这笔钱就只能来自其他预算。不考虑能源的来源,通过简单的能源保护和定量供应措施,助长持续节约能源的意识,就可以减少学校的能源消耗和花费。如果包括公用事业开支在内的一笔总资金被划拨给了学校某幢建筑的管理者,那么节省能源就显得尤其重要。

通过对当前学校活动的检查,马萨诸塞州的一所学校用节能钠灯替换了学校的照明设施,为学校赢得了多方面的利益。这种新的灯不但为学校的安全和维修活动提供了更亮的环境,而且从能源消耗中节省的费用和减少学生不良行为的费用可支付原来15个月的能源费用。

能源的稽核工作已经表明如何使学校减少多达50%的能源费用。制定学校年度校历时,应该考虑到一年中最冷、最热和下雪的天数。在一些地区,已经改为一周四天工作制来帮助使用、维持和节省能源。

无障碍设计

如果学校要在最少限制的环境中为所有追求成功的人提供机会,那么,学校管理者必须重视学校设施对伤残人士的障碍问题。通常要考虑的问题是,进入学校和在其中活动的物理条件方面的问题。也就是说,如果有斜坡,那么它们是否足够宽?

尽管这些事情是基本的，但是，校长应该帮助整个学校在更广的范围内建立无障碍环境。例如，在教室或者其他教学空间中，是否有学生的某种教学活动受到限制？个性化学习中心的资料是否都能取得？学生是否可以使用广播中心、计算机实验室娱乐中心？

学校是否一方面最低限度为残疾学生提供方便，但是，另一方面却阻止残疾人为学校工作？学校的设计是否阻止了坐在轮椅上的家长参观学校？如果学校是用来为成年人提供再教育、文化或娱乐活动的场所，那么，是否只有身体健全的人有权参加？

如果学生或者教师由于一条腿坏了、脚踝挫伤了，或者因为其他相关的意外事故而暂时伤残，也能从这些无障碍建筑和场地中获益。其他紧急情况也应被考虑在内。如果需要从学校建筑中快速撤离或者快速迁移到避难区，那么不仅无障碍设计是必要的，而且一个关于残疾学生和教师的详细转移计划是非常重要的。

当残疾人试着使用许多非残疾人所不需使用的设备时，许多挫折甚至是危险便出现了。试想坐进轮椅进行一次短途旅行，现在试着从喷泉旁拿到一份饮料，参加一次会议，看看你离桌子有多远，在桌上记一个笔记。这一些小事却是不容易做到的。对残疾人的其他问题还有如火警铃和电话的高度，地面上护栏式的覆盖物以及门的宽度。更进一步说，在你所在的州的残疾人指导方针和美国残疾人法案等相关的书中所涉及的东西。

更新和/或添加

在很多地方教育设施得不到很好的修理，也不适应当今学生所需要的技术的应用。美国财政部估计，大概需要 1 160 亿美元来改变学校的条件、应用必要的学习和教学设施。[1] 学校的更新远远不止粉刷、清洁和修理，而是要使基础结构升级来适应技术、教师队伍、相关社区和对学生的关心。

一些问题需要在使用基金去改造学校设施前被肯定地回答：

1. 更新后的教学设施，是否会被使用理论寿命的 75%？
2. 将学生重新分配到附近学校是不切实际的吗？
3. 学校的长期发展规划是否支持学校的设施更新？
4. 学校设施建设场地是否符合地方和州规定规则的最低标准？
5. 从现在起的 10～15 年，学校设施的改变能否适应课程和组织的改变(如，技术的改变)？
6. 与新建设施的有效寿命相比，更新学校设施的费用是多少？

很明显，校长在吸引学校中央管理层的注意、为促进学校教育项目发展而提供设

〔1〕 Don I. Tharpe, "The Unique Problems of Inner City and Urban Districts," *School Business Affairs* 63 (April 1997): 29.

施方面起到关键作用。学校的需求应该以项目资料的形式表达，而不应该以投诉的形式。

活动教室

据估计，超过三分之一的美国学校使用活动教室。[1] 活动教室的需求产生于自然灾害和其他一些情况下，临时的建筑物可以适应学校入学人数的变化。但是，活动教室绝不能被认为是有计划的、“永久的”建筑物的替代品或者是和传统建筑方式不同的一种廉价方式。当为短期任务建设永久建筑物不切合实际时，临时建筑物就是非常有用的。弗莱明(Fleming)指出考虑活动教室的四条标准是：教室是否能够按期交付？是否符合学校的长期计划？要花多少钱？建筑商有无可信赖的建筑经验？[2] 通常条件下，活动教室的费用是传统建筑费用的一半或更少，当然，这其中有暂时使用和永久使用的差别。

计划新的设施

计划新的学校设施为校长展示他们的领导能力提供了广阔的机会。计划过程是一个为一代人的教育作出卓越贡献的机会，而不是令人讨厌的琐事和负担。全体教师和学生家长往往关注这样一个问题，即教育到底是什么，却很少真正深入涉及教育问题中。计划全新的教育设施和大面积更新教育设施，需要澄清学校的目标和任务，以及实现学校目标和任务的方式，这种澄清不仅仅在设施完成的年度，而且包括在此之后的年度。教育需求和教学技术的快速变化对新的设施是一个挑战。

教育活动的参与者和相关人员应该相互交流共同努力，寻找最理想的解决方案。教育委员会、社区、中央管理机构、设施负责人、教师、学生家长、学生、大学的专家都应该参与进来。事实上，校长有责任使这些人员参与进来。虽然计划程序的完成不是本章的内容，校长应该熟悉这个过程，并且准备去影响它。下面就是一个程序的简单描述。

计划过程

一个新建筑的计划并不是开始于对于新建筑的需求，学校系统的专业人员必须考虑学校持续发展的计划和学校整体的任务。计划必须慎重考虑。它包括两个部分：(1)系统的、长期的、持续的计划和评估；(2) 为特定设施制定的计划。

---

[1] C. Kenneth Tanner, “The Classroom: Size versus Density,” *School Business Affairs* 66 (December 2000): 22.
[2] James A. Fleming, “The Saga of Relocatable Classrooms,” *School Administrator* 54 (June 1997): 14.

长期计划 校长和全体员工需要尽可能参与到包含学校所有设施在内的、范围广的、长期的计划中来，就好像在计划自己工作的设施。校长应该参与以下步骤：

- 持续评价现有教学设备是否足够。
- 认识到新的课程和正在出现的教学组织形式对现有设备的影响。
- 认识到新教学技术的出现。
- 持续关注学龄人口数量的变化和入学申请人数的变化。
- 认识到潜在的学生的住房问题。
- 认识到学校的土地使用情况。
- 与相关城市居民保持有意义的交流。

关于学校设施的长期计划已经写了很多。在本章最后的推荐阅读部分将帮助那些希望就该问题进一步深入研究的校长。

特定设施的计划 校长的工作至少涉及五个计划的步骤：教育计划、图纸的设计、设备的安装、使设施适应教职员工和学生以及社区持续的评估设施。

教育计划 对特定教育设施的教育计划的表述应该有其特定的形式。与一般的观点相反，建筑设计者不能也不应该改变教育的特定规范。这是学校专业人员的责任。懂得学校环境对教师和学习的重要性以及人的因素对教育整个活动重要性的教育家，就是应该制定教育特定规范的人。校长应该参与其中，同时保证教师同样参与其中。

当然校长必须小心导致某些错误的因素。当教师被要求帮助准备教育规范(说明书)，他们往往只关注自己感兴趣的年级和课程。他们怀着伟大的梦想，他们发扬着振奋人心的理念，当他们最终提交自己的报告时，却因为丝毫不切合实际而被淘汰。这是粗暴的和不公正的。校长应该看到，在没有参与制定教育规范之前，教师们很好地完成着自己的工作。对这种情况，最简单的办法是检查对整体计划负责的人是否提供了足够和实际的指导。以下各条对帮助员工准备有帮助：

1. 提供与整体计划相关的信息。
2. 提供关于审查和批准的程序的信息，以减少误解。
3. 说明在实践性上的限制，包括时间、空间、财政条件。
4. 提供有用的材料来激发清晰的想法和思路。如果有可能，考察教育革新的学校及设施，以获得良好的效果。[1]

教育规范的内容 教育规范说明了在什么时间有多少人参与到什么样的学习和活动中，与其他教育和非教育活动有什么关系。这种规范要求：空间关系、设备和教具的主要零部件以及特殊的环境需要等内容都要被包括在内。

学校的目标不是一成不变的，明天和今天会有所不同。在这个被描述为“躁动的”社会中，变化日新月异。教育计划委员会被要求制定出一个与社会发展相吻合的持续

〔1〕 详细资料见本章推荐的阅读材料。

40 年、50 年或更长时间的计划。公元 2060 年的教育目标和达到目标的手段将是什么呢？学校的工作要点是否是有着几个用来录音和现场直播的播音室的传播制作中心？所有的内部空间都不该轻易改变吗？在一年中，班级学生人数是否应该固定不变，并且指派一个教师来指导？学生团体应从事一些社区的服务实践、查找全国的信息资源和准备电子协助报告等工作吗？卡斯塔尔迪（Castaldi）认为这项工作就是去“计划筹备一个灵活的、可调整的、能适应于未来教育活动的难以预料要求的系统”。[1]

技术 正如前面章节所讨论的那样，应该对技术提供资金预算。在为新的设施制定计划甚至对旧的或修复了的设施寻找空间时，必须看得长远，尤其是有关技术方面更是如此。留出房间作为计算机实验室是过时的做法。学校正在以无线的形式提供上互联网的方法和提供文章、作报告和介绍展示等方面的轻便的工具。无线方式取代了连接每台计算机的两条电线，使教师和学生无论在校园的何处都可保持联络。从成本上比较，无线联络方式要低于传统有线联络方式。[2] 在某种意义上，由于无线网络支持者的工作，使得计算机实验室能够走近学生，这远远优于学生走进遥远的实验室。被用做计算机实验室的房间现在也可以转作他用，用于提供多种用途的预备空间。

校长一定不要陷入一个误区，即老是试图为当今那些只使用现代化手段的学生们提供设施。他一定要帮助学生们为一些躁动的、未知的和难以预料的事件的发生作好计划。拥有这样一种长远的眼光才能描述出未来几年可预期的计划。

空间关系 教育者总是试图按照详尽的图纸设计学校设施。其实，无需描述具体细节，甚至具体形状，最好的方法是采用集团式建设，通过鉴别出有必要拥有特权部分的手段，描述出不同设施之间的空间关系。[3]

偶尔，某些室内活动和室外活动之间的关系或者操场问题，都被忽视了。体育课和运动课通常被视为是第一位的。然而，在设计草场和室内与室外区域间关系时，很多其他活动都应被考虑在内。从初中一直到高中的文化课都应和室外活动结合起来。室外活动能为数学和社会实践课提供大量的素材。简言之，操场本身应被视为学习的场所和有完备规划的场所。它不应被仅仅视为一个打球场地或防火训练期间学生排队的地点。

新设施的空间定位 下面几点可以作为校长定位新设施的指导方针和灵感来源：

1. 全体教职员工应知道设施的物理特征。
2. 全体教职员工应能合理地解释为什么他们的特定的区域被那样设计。
3. 全体教职员工应该认识到，在利用学校设施过程中如何做到节约，例如能源的节约、时间和空间的使用、原材料的节约和低成本地转换为多种用途等。尽管由于这

---

〔1〕 Basil Castaldi, *Educational Facilities* (Boston: Allyn & Bacon, 1994), 161.

〔2〕 Sylvia Charp, "Wireless Networks," *T. H. E. Journal* 28 (January 2001): 12—14.

〔3〕 有关描述这些空间关系的方法示例，参见 *Guide for Planning Educational Facilities* (Columbus, OH: Council of Educational Facility Planners) 或 Castaldi's *Educational Facilities*, cited in note 12.

些项目中的一部分其早期成本较高，但从长期来看，支出将减少。

4. 学生应作为学校设施空间定位过程中不可分割的一个部分。学生是未来的纳税人，这一点不能忽视。另外，空间定位过程给予学生培养在群体中的领导才能以及与来自社区的成年人和教职员工合作能力的机会，并能加强学生组织与整个教育系统的联系。

5. 童子军、学习小组、俱乐部成员、社区创建参与人、图书馆使用者和其他将会使用学校设施的人，应该学习有关设施的知识和上述每一点的理论基础。

6. 社区应普遍认识到设施的预期用途、成本以及它怎样帮助实现社区的目标。全体教职员工、学生和家长应该参与到社区空间定位过程中去。

评价新的设施 对新设施的评价是总体设计过程的一个必要部分。中央管理办公室和该办公室对设计者的评价意见反馈应被视为常规性的工作。校长的工作应主要集中在保证对新设施的评价活动的充分性。

在不同的评价形式中，文字表述是不同的；当然，这对于校长和教职工调整评价活动是非常有意义的。评价程序应当清楚地阐述教育评价活动的目标以及与学校学习环境的关系，并包括评分程序、指标权重以及在特殊环境中应用的说明。例如，如果一个评价活动的目标是增加学生的沟通技能，那么对于学生个体学习指标的评分标准就会与以发展学生研究能力为目标的教育评价活动的评分标准完全不同。

教育设施的评价是一项敏感的工作。校长和教职员工、中央管理部门一定要以把误报信息和错误理解信息的可能性降低到最小的方式努力工作。

小结

学校设施通常是社区本身和社区在教育上所取得成绩的一种表现。它也通过学生和教职员工如何使用、维护和评价的方式来表现校长的价值理念。一个重要观点是——“设施”一词恰恰隐含有设施应当为主动学习提供便利条件之意。校长面对今天日新月异的社会，所面临的挑战是，尽快找到保持设施始终成为提供方便的工具的广泛机会。

思考题

1. “形式取决于功能”是在关系到解决建筑问题时常被引用的一句话。这句格言可用于设计一个在教育功能未知的情况下、千变万化的社会环境中建议如何开展教育工作的学校吗？请讨论。

2. 考察一下20世纪40年代、60年代和90年代建立的学校。这些学校的哪些特征反映了在教育实践中的变化。

3. 试讨论开放的环境如何会带来更严重的约束。

4. 有时,某些空间使用的方式成为不可调整的传统方式。如何去避免该问题?
5. 坐在轮椅上去参观一个建立于 20 世纪 50 年代的学校。
6. 在您的学校,采用何种方法检测设备维修工作?
7. 观察一些地区,看看有哪些手段用于评价教育设施的有效性。
8. 您预期未来将会有怎样的教育技术和为学习提供方便的重新构建的模式?

推荐读物

1. Castaldi, Basil. *Educational Facilities*. Boston: Allyn & Bacon, 1994.

2. Dejong, William S. "Building Change into New Buildings." *School Administrator* 54 (June 1997): 10 - 13.

3. Drake, Thelbert L., and William H. Roe. *School Business Management: Supporting Instructional Effectiveness*. Boston: Allyn & Bacon, 1994.

4. *Guide for Planning Educational Facilities*. Columbus, OH: Council of Educational Facility Planners, 1985.

5. Stevenson, Kenneth. "School Physical Environment and Structure: Their Relationship to Student Outcomes." *School Business Affairs* 67 (February 2001): 40 - 44.

6. Tharpe, Don I. "The Unique Problems of Inner City and Urban Districts." *School Business Affairs* 63 (April 1997): 29 - 36.

7. Uline, Cynthia L. "Decent Facilities and Learning: Thirman A. Milner Elementary School and Beyond." *Teachers College Record* 102 (February 2000): 442 - 460.

第五部分 结论

第二十章 反 思

对于校长来说，当今是一个前景广阔、信息数据和观念多样化、学校正成为社会关注焦点的时代。他有很多机会可以引导学生和家长，在一个负责的、关注行为的体制下共同分享学术完备的理想。但这需要一个坚忍的、脚踏实地的人去应对那些在崎岖的、充满未知困难的、不时艰难费力的路途上出现的不可避免的挫折与挑战。

我们可以听到关于教育和学校的很多意见和呼声，如呼吁学校驱逐经济上的竞争对手；尖刻地嘲笑顽固和偏见的态度，但又以同样偏见的态度去对待相信或试图相信的权利；主张学校应向简单质朴的状态回归，或许这种简单与质朴从未出现过。所有这些呼声和其他一些意见正试图使学校按照它们的设想去发展。学校整体计划被割裂为四分五裂的课程，以至于对学校的人员而言，最简单易做的就是生活在他们自己的小世界中，做他们所能做的工作，并希望最终结果是正确的。但毕竟一个人不可能真正担负全部责任，不是吗？因此，学校又再一次成为争论的中心，在这里，不同学术流派、不同政治倾向、不同经济利益的团体都试图压倒对方而占据上风。

仔细想一下，在不久的将来，人类的寿命将可以达到 120 岁，我们足不出户就可以了解全球的信息；光纤和声波缔造的信息沟通系统跨越了传统的语言沟通障碍。机器自动化使我们生产出完美无瑕的产品、帮助清洁和保护我们的居所、为我们烹饪菜肴、让我们可以随心所欲地从一个地方快速来到另一个地方。如果我们能找到消除人与人之间的非人性行为的办法，那么遍及全世界的饥荒也许将只会存在于我们的电子记忆簿中了。

当这些有可能变成现实时，一个人造的亚当花园的景象就将展现在我们的脑海里，在那里我们飘浮着、飞来飞去，在美术家和建筑师勾勒出的林荫路和公园里骑车，还有能够维持人体营养、返老还童和带来灵感的良药。到那时，自动化工业就能够研制出可使我们不必从事体力劳动的任何一种可能的机器。

学校是否已经错误地使得宣传和娱乐媒体将这些"美好"的景象和物质世界的繁荣作为我们最终要实现的目标了呢？是否我们应该超越物质范畴来考虑人与人之间的关系以及人类与其赖以生存的世界之间的关系？或者最好的方法是否是应该把人们的注意力转移到提高学生考试成绩上，从而使人们相信学校仍在正常运转，我们的工作岗位也能够得以保存？应当立即停止人类为满足自身无止尽的物质欲望所做的一切以及对环境所做的无止尽的开发。无家可归、饥饿、疾病不再局限于国外。这些情形同样存在于我们的城市、城镇和乡村里。甚至战争的爆发和制造 2001 年"9・11 事件"的愚蠢行动，都是人类理智丧失的结果。

期望和神话

对于某些特殊社会角色而言，比如校长，能够清楚大家期望什么是十分令人欣慰的。一个渴望成功的人所要做的，就是去做那些我们大家所期望的和正确的事情——简言之，做正确的事。然而，这里存在一个问题。不同的人，如商业组织、家长、教师和学生等，对校长有不同的期望。这些期望难以达成一致给即将上任的校领导带来了一些严重的问题。校领导该怎样正确地做好一切事情呢？

对于教育，有一类期望就是一种神话式期望，它认为教育正如人们所界定的那样，能够解决一切社会问题和经济问题，并且能引导受教育者获得美好的生活。这是错误的！学校被赋予了太多超过它本该承载的责任，学校被期望带来的效果超过它能够产生的效果，并且在许许多多的事例中，学校为自己设定的职责超过了它们应该担负起的。一个消除这类神话的办法就是，去承认学校不是一个具有改变社会善恶、唤醒社会良知功能的机构，社会也不应该把纠正社会不良风气的职责强加于学校。

教育者们不必相信他们应该独自引导受教育者获得美好生活，也不必相信个人的梦想能通过简单地走进学校和成功地完成学校作业就能实现。事实上，这是一种最自以为是的观点。但是，另一方面，在面对我们的社会所遇到的重大问题上，教育者应该这样表述学校的角色："我们是国家重要的社会机构之一。让我们携手去寻找和确定社会发展的重要目标，为达到这些目标而共同奋斗。"当然，在当今复杂的社会里，实现社会进步需要各种社会机构携手联合形成网络系统，作出更大的努力从而形成更大的凝聚力。

失落的梦想

许多教育先驱将他们的一生致力于消除无知、贫穷和社会偏见的运动中，并为使教育在社会进步中起到更大作用而努力奋斗。许多家长否认把孩子送入学校就是为了实现孩子和他们自己的梦想。教育被人们视为释疑解惑的方式。其实，没有必要放弃教育梦想，但对于教育机构领导者而言，是时候更加现实地对待如何成功地实现教育梦想的问题了。

首先，虽然教育者基本上能够控制学校教育，但他对于学生在校外如何开展广泛的学习只是名义上有一定控制力。到学生高中毕业以前，学校对学生的影响只占学生全部生活的9%。由于学生生活的90%以上时间都在校外，因此，尽管认真负责的教师可能希望指导和影响学生全部的学习生活，但实际上只能很少地或丝毫都不能控制到。还没有意识到这一点的教育者和公众需要清楚这种情况。

其次，很多问题的出现是我们整个社会问题产生的副产品。学校不应该完全承担对这些问题的评价和解决的责任，也不该为问题的存在遭受责备，更不该为问题的恶化而内疚。这些社会问题的副产品有，种族歧视、宗教偏见、吸毒、暴力、疾病、对孩子的忽视、虐待和青少年早孕等问题。然而，学校能够并且应该在向社会提出警示以及与地方和州合作以寻找解决这些问题的途径上适当地发挥主导作用。此外，当这类问题出现在校内时，学校必须制定出专门的程序去应对和处理。

再次，作为社会公平性机构的公立学校，必须兼顾到所有人的期望，但在对多数人普遍地负责的同时还要对少数人格外关注。不能指望公立学校能取悦所有的人，公立学校因此自然会遭到批评。校长就是主要直面这种批评与冲击的人。批评必须被当做是“应忍受的苦难”，把这种有益处的批评和异议理解为美国生活方式的一个部分，这才被认为是民主化的成功。校长们必须知道该如何有风度地处理好这些批评和异议，如何看待和评价它们，特别是如何有效利用它们，不仅使学校同时也使全社会取得越来越多的进步。

第四，美国的公立学校是扎根于美国文明历史中的，在任何时刻，它都有必要作为这个社会日积月累起来的传统的一部分而正常运转。生活不是一成不变的，社会在变化，价值观在经历变革，信息技术和四通八达的交通把世界缩小了，也使我们的国家与其他国家在政治和经济上交织融合在一起。学校的新作用和新功能也许会描绘出一条不同的道路。

教育机构的新领导必须为塑造出有贡献精神和责任感的人才和大众而把视野拓展到校外，并深入到复杂的、相互影响的社会的各构成部分中去。当教育者的梦想和观点以更现实的方式(即学校应服务于更明确的目标)而被重新勾画出来时,必须把它与公众共同分享。这些梦想和观点可能包括其他社会机构怎样能够与学校联合起来去填补社会的明显空缺。除非公立学校这种符合需要的共享和互动式观念能形成,否则公立学校仍将遭受批评和不理解,成为随着公众偏爱的注意力定期转变却无法完全迎合需要的永久的替罪羊。

需要变革

许多变革都是必要的,我们需要关注研究者、研究的内容以及与信息时代和经济全球化有关的功能所必须研究的内容。我们的组织应当更加灵活以便快速应对现实变化的需要和创新的繁荣。我们应当有序地实践我们所说和所相信的东西。我们相信教师应当有职业自律性来满足班级中不同的、多样的教育需求。而不应该是,我们分配时间、空间、创造减少和消除自主教育实践与思想的考试和评价。我们认为学生相互之间是不同的,然而,我们在规划他们的时间、空间和信息资源时,好像他们是相同的。我们应该被控诉将教育参与者、教师和学生简单化,如同机器人(被动和无精神)一样地对待。

现实可能是残酷的,但我们不知道如何建立能够提供最好的学习条件的学校环境。我们依然根据不同的年级和班级教授书本和科目的知识,而不是针对不同的孩子进行教授。

我们在管理学校时,依然认为好像所有的教师是相同的,并且所有的孩子都应以同样的速度和方式学习同样的东西。我们依然认为学校是孩子们学习的唯一场所,并且他们只能向成年人学习。

换句话说,有思想的教育者知道在学校中许多地方都需要改革,现在已不允许再犹豫,我们处在一个引导变革的社会环境中,我们的未来需要这样的改革。

尽管有一些来自自由派和保守派两个极端的一些呼声,在现行的教育体制下,我们不需要和多样化教育方式一样多的学校。我们应该建立有教师、专家、社区成员组成的任务团队来对教育问题进行研究、分析和提供解决方案。这些团队以任务为中心,可能是暂时的、遇到新的问题时就形成新的团队。

现在应在学校系统中结合多样性、灵活性,在学校和社区中提供多样的选择和学习场所,使每个学生能够发现最适合自己的学习策略,并走向符合自己才能和兴趣的成功。

小结

社会在发展,科技在进步,全球性的通讯技术在发展,在世界范围内每天 24 小时几乎连续不断都有新闻发生。在世界上仍然有成千上万的人在一些领导者的带领下制造着仇恨和毁灭，2001 年“9・11”事件就是一个例子。在我们的国家中，我们看到有人在散布仇恨，有些人在建议人们相互残杀。我们已经创造了一个工业化的复杂社会，却难以创造一个充满爱心和责任感的世界。

社会思想体系的环境同样在改变——如果不是内容的改变就是强度的改变。我们经常在公众媒体上听到和看到一些关于精神和心灵价值和经验的文字。这是否能够被认为是一种情感需求的体现、一种真实的求索或者是对物质世界提供安全感的失望？文学艺术的进步是对探索真实世界的注解，高更的画——我们来自何方？我们是什么？我们走向何方？可能就表达了这样的情感，如同毕加索对世界本质的追寻，世界并非我们所看到的。对一般公众的广告往往强调自我为中心。同时，一些宗教群体正在产生并且迅速获得大量的追随者，人们希望被告知应该做什么。领导如何对追随者实施催眠是非常清楚的。

材料、课文和整个课程都是按照特定的价值体系和一定的技术基础编写的，坚持不同教育方式的斗争已经在州之间、个体之间、群体之间展开。是否我们现在的学校将变成为价值和观念的竞争对手，或者被迫成为如同产生于联邦学校生产厂的同样车间模具的产品。

在今天这个藐视不可利用资源的世界上，道德还有意义吗？道德教育是否应该成为偶然开展的行动？实际上，说什么是道德和非道德是否合适？或者这样的问题使得一个人逃避了自己思索什么是道德以及道德的责任应该是什么。如果校长和教师要帮助学校中的每个学生改善生活的质量，他们是否应该在没有解释清楚自己的价值观、信仰的情况下做这些事呢？我们认为不应该，我们相信一个校长应该超越组织的角色，甚至超越对组织和技术的领导，来面对这样一个问题：他是谁，为什么他是这样的。可能只有这样，校长才有可能帮助其他人回答同样的问题。只有这样校长才能抓住现实并改造它、引导它，并告诉别人哪种行为是适当的。在社会中评价什么是正确的、什么应该是被学习的领导者，当然应该采取道德的行为。

这是多么伟大的时刻，领导一群人和下一代，以负责任和道德的方式解决今天我们面对和未来要面对的问题。

思考题

1. 以获得财富、物质以及以金钱来评价成就的观念如何影响教育？权势影响公正的观念对教育有无影响？如果有，是什么？

2. 自然与社会的协作与竞争是否符合适者生存的原则？学校是否在强化其中的某一条？

3. 学校领导有没有责任影响与学校有关的立法？

4. 普遍存在的代沟会带来什么样的后果？毕竟，学校应该更关注学生，是吗？

5. 关于公立教育的主要误解、曲解以及错误信息是什么？有效的澄清途径是什么？

6. 分析讨论：在多数学校的日常管理中，学校往往要求一致性而忽略学生个性的发展。

7. 讨论：校长是否应该敢于倡导新的社会规范？

8. 有没有一些确定的、共同的社会目标？学校在建立这些目标的过程中应该发挥什么作用？

9. 如果一些问题是世界范围内的，那么，世界范围内的美德教育是否有序？世界范围内的教育规划有没有必要？这些问题对校长有什么影响？

10. 讨论：校长必须忍受批评之苦，理解多样性选择是美国方式。

附录 诉讼案例

名称	参考号	日期
Adams v. Campbell City	511 U. S. 1242	10th Cir. 1975
Arnold v. Carpenter	459 F. 2d 939	7th Cir. 1972
Barbin v. State of Louisiana	506 So. 2d 888	La. App. 1987
Bauer v. Minidoka School District No. 331	778 P. 2d 336	S. Cty, Idaho, 1989
Bethel School District No. 403 v. Fraser	478 U. S. 675	1986
Board of Education, Island Trees Union Free School District No. 16 v. Pico	457 U. S. 853	1982
Board of Education of Hendrick Hudson School Dist. v. Rowley	458 U. S. 176	1982
Board of Education of Westside Community Schools v. Mergens	110 S. Ct. 2356, 110L. Ed. 191; 58 USLW 4720	1990
Bott v. Board of Education	392 N. Y. S. 2d 274	1977
Bown v. Gwinnett County School District	112 F. 3d 1464	11th Cir. 1997
Brown v. Board of Education	347 U. S. 483	1954
Bystrom v. Fridley High School	822 F. 2d 747	8th Cir. 1986
Cedar Rapids v. Garret F.	526 U. S. 66, 119 S. Ct. 992	1999
Ceniceros v. Board of Trustees	66 F. 3d 1535	9th Cir. 1995
Clark v. Arizona Interscholastic Association	886 F. 2d 1191	U. S. App. 1989
Corporation of Presiding Bishop of Church of Christ of Latter-Day Saints v. Amos	483 U. S. 327	1987
Debra P. v. Turlington	644 F. 2d 397	5th Cir. 1981
Denno v. School Board of Volusia County	182 F. 3d 780	11th Cir. 1999
Desselle v. Guillary	407 So. 2d 74	La. App. 1982
Dixon v. Alabama State Board of Education	294 F. 2d 150	5th Cir. 1961
Dixon v. Alabama State Board of Education	cert. denied, 368 U. S. 930	1961
Doe v. Bolton	694 F. Supp 440	N. D. I11. 1988
Doe v. Duncanville Independent School District	994 F. 2d 160	5th Cir. 1993
Doe v. Koger	480 F. Supp. 225	D. C. Ind. 1979
Doe v. Renfrow	635 F. 2d 582	7th Cir. 1980
Doe v. Renfrow	cert. denied, 451 U. S. 1022	1981
Engel v. Vitale	370 U. S. 421	1962

名称	参考号	日期
Epperson v. Arkansas	393 U. S. 97	1968
Everson v. Board of Education	330 U. S. 1	1947
Fleischfresser v. Directors of School District	15 F. 2d 680	7th Cir. 1994
Force v. Pierre City School District	570 F. Supp. 1020	W. D. Mo. 1983
Gary v. Menche	626 So. 2d 901	La. App. 1993
Goss v. Lopez	419 U. S. 565	1975
Hall v. Board of School Commissioners	656 F. 2d 999	5th Cir. 1981
Hall v. Board of School Commissioners	modified, 707 F. 2d 464	5th Cir. 1983
Harlow v. Fitzgerald	457 U. S. 800	1982
Harris v. Joint School District	41 F. 3d 447	9th Cir. 1994
Hazelwood School District v. Kuhlmeier	484 U. S. 260	1988
Hines v. Caston School Corporation	651 N. E. 2d 330	Ind. App. 1995
Honig v. Doe	484 U. S. 305	1988
Horton v. Goose Creek Independent School District	693 F. 2d 524	CATex 1982
Horton v. Goose Creek Independent School District	cert. denied, 103 S. Ct. 3536, 463 U. S. 1207, 22 Cal. 3d 508	1983
Hoyem v. Manhattan Beach City School District	585 P. 2d 851	1978
Immediato v. Rye Neck School District	73. F. 3d 454	U. S. App. 2d Cir. 1996
In re German Township School Directors	Common Pleas., Fayette Co., Pa. 46 S. and C. 562	1942
In re Rogers	234 N. Y. S. 2d 172	1962
Indiana High School Athletic Association v. Raillce	329 N. E. 2d 66	Ind. App. 1975
Ingraham v. Wright	430 U. S. 651	1977
Jager v. Douglas County School District	862 F. 2d 824	11th Cir. 1989
Jeglin v. San Jacinto Unified School District	827 F. Supp. 1459	CD Cal. 1993
Jones v. Clear Creek Independent School District	977 F. 2d 963	5th Cir. 1993
Katzman v. Cumberland Valley School District	479 A. 2d 671	Pa. Commonwealth, 1984
Keyishian v. Board of Regents	385 U. S. 589	1967
L v. Independent School District No. 314	289 N. W. 2d 112	Minn. 1979

名称	参考号	日期
Lanner v. Wimmer	662 F. 2d 1349	10th Cir. 1981
Lee v. Weisman	112 S. Ct. 1249	505 U. S. 577,1992
Lemon v. Kurtzman	403 U. S. 602	1971
Lucia v. Duggan	303 F. Supp. 112	D. Mass. 1969
McCollum v. Board of Education School District, No. 71	333 U. S. 203	1948
McLaughlin v. Tilendis	253 N. E. 2d, 68 S. Ct. 461, 92 L. Ed. 649	1969
Mozert v. Hawkins County Board of Education	827 F. 2d 1058	6th Cir. 1987
Mozert v. Hawkins County Board of Education	cert. denied, 484 U. S. 106	1988
New Jersey v. T. L. O.	469 U. S. 325	1985
Oberti v. Board of Education	995 F. 2d 1204	3d Cir. 1993
O'Connor v. Board of Education	645 F. 2d 578	7th Cir. 1981
In re: Patrick Y.	354 Md. 113, 729 A. 2d 404	1999
Petition of Auditors of Hatfield Township	161 Pa. Super. 388, 54A. 2d 833	1947
Pickering v. Board of Education	291 U. S. 563	1968
Rich v. Kentucky County Day Inc.	793 S. W. 2d 832	Ky. App. 1990
Rodriguez v. Board of Education	480 N. Y. S. 2d 901	1984
Roemer v. Maryland Public Works Board	426 U. S. 736	1974
Roman v. Eskew	333 N. E. 2d 138	Ind. App. 1975
S-1 v. Turlington	635 F. 2d 342	5th Cir. 1981
S-1 v. Turlington	cert. denied, 454 U. S. 1230	1981
Sacramento City Unified School District v. Rachel H.	14 F. 3d 1398	9th Cir. 1994
San Antonio v. Rodriguez	cert. denied, 454 U. S. 1230	1973
School Board of Nassau County v. Arline	679 F. Supp. 833	U. S. Dist. 1987
School District of Abingdon Township v. Schempp and Murray v. Curlett	480 U. S. 273	1963
Scott v. Board of Education of City of New York	597 N. Y. 2d 385	App. Div. 1993
Sherman v. Community Consolidated School District	8F. 3d 1160	7th Cir. 1993

名称	参考号	日期
Smith v. Archbishop of St. Louis	632 S. W. 2d 516	Mo. App. 1982
Smith v. Board of School Commissioners of Mobile County	827 F. 2d 684	11th Cir. 1987
Smith v. School City of Hobart	811 F. Supp. 391	U. S. Dist. N. D. Ind. 1993
Special School Distrtict of St. Louis County v. Miener	498 F. Supp. 944, 673 F. 2d 969	U. S. Dist. 1983
Special School Distrtict of St. Louis County v. Miener	cert. denied, 459 U. S. 916	1982
Steirer v. Bethlehem Area School District	987 F. 2d 989	3d Cir. 1993
Steirer v. Bethlehem Area School District	cert. denied, 510 U. S. 824	1993
Stephanie v. NeBraska School Activities Association	684 F. Supp. 626	D. Neb. 1988
Stevenson v. Davenport Community School District	110 F. 3d 1303	8th Cir. 1997
Stuart v. Nappi	443 F. Supp. 1235	D. Conn. 1978
Tinker v. Des Moines Independent Community School District	393 U. S. 503	1969
Veronica School District 47 J v. Acton	515 U. S. 646, 115 S. Ct. 2386	1985
Virgil v. School Board of Columbia County, Florida	862 F. 2d 1517	11th Cir. 1989
Wallace v. Jaffree	472 U. S. 38	1985
West Virginia State Board of Education v. Barnette	319 U. S. 624	1943
Wood v. Strickland	420 U. S. 308	1985
Wytrwal v. Saco School Board	70 F. 3d 165	U. S. App. 1995
Yellow Springs v. Ohio Athletic Association	647 F. 2d 651	6th Cir. 1981
Zorach v. Clauson	343 U. S. 306	1952

词汇表

A

Accommodations	调整
Alternative schools	选读学校
Assessment	评价

B

Balanced calendar	均衡的校历
Balkanized	割据
Barrier-free design	无障碍设计
Benchmark	基准点
Block schedule	片块作息时间表
Buckley amendment	巴克利调整法案
Budget	预算

C

Charter school	特许学校
Collaboration	协作
Common law	普通法
Community	社区
Constitutional tort	宪法侵权
Content standards	内容标准
Coprincipalship	团队管理
Corporal punishment	体罚
Crisis team	危机团队
Cyberfair	虚拟市场

D

Decentralization	分权
Digital children	数字化时代的儿童
Disability	残疾

E

Educational specifications	教育规范
Eight Year Study	八年研究

词　汇　表

Equal Access Act	平等接近法
Evaluation	评价

F

Flexible schedule	弹性时间表
Fourteenth Amendment	十四修正案
Full-service school	全方位服务学校

G

Goal displacement	目标转移

H

Handicap	障碍
Hawthorne effect	霍桑效应
Home schooling	在家就学

I

Improving America's Schools Act	改善美国学校法
Individualized Education Plan, IEP	个体化教育计划
Infosphere	信息域
In-service education	在职教育
Interstate School Leaders Licensure Consortium, ISLLC	州际学校领导资格认证协会

L

Lancaster Plan	兰开斯计划
Lemon test	莱蒙检验

M

Magnet schools	磁力学校
Multiage grouping	混龄分组

N

National Policy Board for Educational Administration	全美教育管理政策委员会
Net generation	网络一代

O

Objectives 目标
Organization 组织
Organizational culture 组织文化

P

Performance standards 成绩标准
Postmodernism 后现代主义

Q

Quality circle 质量圈

R

Reality-oriented learning 现实导向的学习
Regular education initiative 常规教育主动性
Released time 放学时间
Reliability 信度
Relocatable 可移动性

S

Satan Deluder Act 撒旦迷惑者法案
Save harmless 保持无害
School choice 择校
Service learning 服务性学习
Services coordinator 学校服务协调员
Site-based decision making 现场决策
Situational leadership 情景领导
Sputnik 苏联人造地球卫星
Stakeholders 股东
Student activity funds 学生活动基金
Supervision of instruction 教育督导

T

Theory 理论
Theory X X 理论

Theory Y	Y 理论
Theory Z	Z 理论
360-degree supervision	360 度监控
Title IX	第四法案
Tort	侵权
Tracking	按学生成绩分组
Transformational leadership	改造型领导力

V

Validity	效度
Virtual high school	虚拟中学

W

Weberian bureaucracy	韦伯式官僚主义
WICCA	巫术迷信
Work-based learning	基于职业的学习

译后记

目前国内关于校长学的研究尚处于起步阶段，校长们尚缺乏一本专业性的书籍来为他们的工作提供指导、参考与帮助。为此，我们选择了翻译美国研究校长工作的专家——德雷克教授的这部经典之作。

从社会与历史基础出发，本书以平白的语言阐释了每一位校长在工作中所遇到的现实问题。本书涵盖了校长日常工作中的各个方面，从管理基础、操作的基本原则与细节，到与组织和评价相关的现实与事务。本书为读者提供了关于校长每天所要面对的真实、现实的事务，包括：同社区机构的协作事业、全方位服务学校以及受标准化运动和高风险测验影响的评价。本书还包括教师士气、同性恋者权利以及来自强制测验的压力等问题，详细讨论了组织文化、受到挑战的社会事务，深入探讨了当今学校中包括校内暴力、青少年怀孕及残疾学生等问题，并对于此类现实问题进行了案例研究。本书在讨论关于组织、领导的当代观点的同时还涉及了被当今许多专业标准委员会所采用的标准。本书评断了美国学校向优秀发展的主动性并为校长如何帮助学校实现此目的提供了建议。此外，本书还讨论了校长们认为对他们而言特别具有挑战性的问题，并为之提供了明智的、具有操作性的解决方法。

本书可以作为教育学、学校管理学等专业本科生、研究生及各种成人教育的教材和参考书。同时也可以作为校长日常工作的参考书籍。

本书自 1974 年第一版以来，受到了非常广泛的关注。经过多次修订，至今已经出版至第六版。我们是根据最新的第六版翻译的。

本书的翻译工作由朱永新策划，由刘润刚负责翻译的具体组织工作，朱永新、胡靖审校。参加翻译的人员如下，前言：朱永新，第一部分：朱永新、许庆豫，第一章：许庆豫、程刚，第二章：许庆豫、王椿阳，第三章：林璐，第四章：葛存根，第五、第六章：史晓白，第七章：胡洁，第二部分、第八章：李锐，第九章：田晶，第十、第十一章：丁志强，第十二、第十三章：刘润刚，第十四章：沈森，第三部分、第十五章：邵爱国，第十六章：叶海玲，第四部分、第十七、第十八、第十九、第二十章：李勇。

限于译者水平，加之时间仓促，不当之处恳请读者批评雅正。

译　者

2007 年 10 月